coordenadores
Eduardo Dantas
Carolina Mynssen
Milena Bassani
Maurílio Rodrigues

DIÁLOGOS ENTRE DIREITO E MEDICINA

VOLUME II

GZ EDITORA
ABA Associação Brasileira de Advogados
COMISSÃO NACIONAL DE DIREITO MÉDICO
Rio de Janeiro
2024

1ª edição – 2024

Diagramação: *Olga Martins*

CIP-BRASIL. CATALOGAÇÃO NA PUBLICAÇÃO
SINDICATO NACIONAL DOS EDITORES DE LIVROS, RJ

D527
v. 1

Diálogos entre direito e medicina / coordenação Eduardo Dantas ... [et al.]. - 1. ed. - Rio de Janeiro : GZ, 2024.
498 p. ; 23 cm. (Diálogos entre direito e medicina ; v. 2)

Inclui bibliografia e índice
ISBN 978-65-5813-080-2

1. Medicina - Legislação - Brasil. I. Dantas, Eduardo. II. Série.

23-86005 CDU: 340.134:61

Meri Gleice Rodrigues de Souza - Bibliotecária - CRB-7/6439

08/09/2023 12/09/2023

contato@editoragz.com.br
www.editoragz.com.br
Estrada do Capuava, nº 1325 - Box Q - CEP 06715-410
Bairro Barro Branco - Município de Cotia - SP
Tels.: (0XX21) 99585-0737 / 99755-0737

Impresso no Brasil
Printed in Brazil

APRESENTAÇÃO

É com muita alegria e empolgação que tenho a honra de apresentar a todos vocês o segundo volume de um livro incrível, chamado «Diálogos entre Direito e Medicina: Volume 2".

Este livro é mais um importante trabalho de dois importantes institutos - Medicina e Direito que, mesmo parecendo diferentes, estão bem ligados e são superimportantes na nossa vida. Como presidente da Associação Brasileira de Advogados, estou muito feliz em compartilhar isso com vocês.

Neste livro, a gente explora bem como o Direito (as regras que seguimos na sociedade) e a Medicina (a área da saúde) estão juntos, trabalhando de mãos dadas. Olhamos para coisas que acontecem na sociedade e precisam de muita reflexão. Este volume foi feito para continuar e aprofundar o diálogo entre esses dois lados importantes.

O que você vai ler aqui é fruto do esforço e da pesquisa de pessoas que entendem muito sobre Direito Médico e Direito da Saúde na Associação Brasileira de Advogados. Essas pessoas são profissionais que sabem bastante e querem não só ensinar, mas também ajudar a fazer as coisas direito nessas áreas.

Os temas que esses profissionais abordam são bem variados e interessantes. Eles falam sobre problemas éticos (que têm a ver com o que é certo e errado) na medicina, e sobre desafios novos por causa da tecnologia na área da saúde. A variedade de coisas que são discutidos nesta obra mostra como essas áreas estão juntas e como são muito importantes para a nossa saúde e justiça.

O coração deste livro tem uma pergunta muito importante: como o que é certo e errado, as regras e a medicina se juntam para fazer o mundo de hoje? Com tantos avanços médicos acontecendo, é muito importante que quem entende de Direito e quem entende de Medicina trabalhem juntos para fazer o futuro da saúde ser bom e seguro.

Esse livro não é só para orientar, mas também para criar um espaço onde as pessoas possam conversar sobre esses temas tão importantes. Quando você ler os ensaios, casos e análises aqui, vai ver que muita gente inteligente se juntou para entender mais sobre o Direito Médico e o Direito da Saúde. Os autores não só entendem bem dessas coisas, mas também ajudam a todos nós a saber mais sobre elas.

Ao olhar para as coisas que ligam o Direito e a Medicina, a gente vê que essa colaboração é mais do que só resolver problemas médicos na justiça. Os articulistas falam sobre um monte de coisas diferentes, desde como a inteligência artificial na medicina é importante até como proteger as informações dos pacientes em um mundo digital.

Conforme o livro vai seguindo, fica claro que nós precisamos olhar para todas essas áreas juntas para resolver os desafios de hoje. Quero convidar todos vocês a pensar sobre como os pacientes podem tomar decisões na medicina, entender as coisas difíceis que os médicos precisam decidir e pensar sobre as coisas boas e difíceis da engenharia genética.

Por fim, quero convidar todos vocês a lerem este livro com a cabeça aberta e vontade de aprender, não importa o que você faça na vida. Entender como o Direito e a Medicina funcionam juntos é muito importante para fazer o futuro ser melhor e mais justo para todos.

Aproveitem muito essa viagem pelo conhecimento, onde os "Diálogos entre Direito e Medicina" continuam a inspirar e esclarecer.

Com gratidão e alegria,

Esdras Dantas de Souza
Presidente da Associação Brasileira de Advogados (ABA)

PREFÁCIO

Estimados leitores, bem-vindos a mais uma obra magistral que busca explorar as complexas e multifacetadas interações entre dois campos aparentemente distintos, mas intrinsecamente interligados: o Direito e a Medicina. É com grande entusiasmo e honra que introduzimos o segundo volume deste compêndio inovador, intitulado "Diálogos entre Direito e Medicina: Volume 2". Uma sequência que promete não apenas dar continuidade ao enriquecedor debate instaurado no primeiro volume, mas também aprofundar e expandir o diálogo entre essas áreas cruciais da sociedade moderna.

Os textos aqui trazidos e apresentados são fruto de ponderações e pesquisas de duas comissões da ABA – Associação Brasileira de Advogados: a Comissão de Direito Médico, e a Comissão de Direito da Saúde, compostas, em suas versões nacional e regionais, por profissionais atuantes, comprometidos não apenas com a boa aplicação do Direito, mas também com o aprimoramento de suas bases conceituais.

Ao folhearmos as páginas deste segundo volume, é impossível não se impressionar com a amplitude e a diversidade de temas abordados. Desde questões éticas inerentes à atividade médica até desafios jurídicos emergentes na era da medicina digital, esta obra mergulha nos recantos mais intrigantes do Direito Médico e do Direito da Saúde. A abrangência de tópicos tratados neste livro testemunha o quão profundamente entrelaçadas estão a prática médica e a esfera jurídica, e como ambas as áreas se beneficiam de um diálogo constante e enriquecedor.

No âmago desta obra reside uma pergunta fundamental: como as dimensões éticas, legais e médicas interagem para moldar nosso mundo cada vez mais complexo e tecnologicamente avançado? Em um momento em que os avanços médicos estão ocorrendo em um ritmo alucinante, é imperativo que os profissionais do Direito e da Medicina colaborem para traçar um caminho coerente e ético para o futuro da saúde.

Este livro serve como uma ponte entre essas disciplinas, uma plataforma na qual especialistas de ambos os campos podem se unir para compartilhar suas visões, pesquisas e reflexões.

No entanto, antes de mergulharmos nos intricados temas tratados neste livro, é essencial estabelecer as bases conceituais que sustentam as áreas do Direito Médico e do Direito da Saúde. Muitas vezes usados de forma intercambiável, esses termos possuem nuances distintas.

O Direito Médico, por um lado, concentra-se nos aspectos legais que regulam a prática médica, os direitos e responsabilidades dos profissionais de saúde, questões de negligência médica e consentimento informado.

Por outro lado, o Direito da Saúde abrange uma gama mais ampla de questões, incluindo a regulamentação de instituições de saúde, políticas de saúde pública, financiamento de cuidados de saúde e acesso equitativo aos serviços médicos.

Esta obra transcende as fronteiras convencionais entre as duas disciplinas, destacando que a colaboração entre o Direito e a Medicina não se restringe a situações de litígio médico. Ela abraça um espectro completo de tópicos interdisciplinares, desde a ética da inteligência artificial na medicina até a proteção legal dos dados do paciente em um mundo digitalizado. À medida que esses temas são explorados e debatidos, torna-se evidente que a resolução eficaz de desafios contemporâneos requer uma compreensão holística e uma abordagem integrada.

A importância da produção acadêmica apresentada neste volume não pode ser subestimada. Cada ensaio, cada estudo de caso e cada análise crítica contribuem para o desenvolvimento contínuo da doutrina no campo do Direito Médico e do Direito da Saúde. Os autores que generosamente compartilham seus conhecimentos e visões não apenas demonstram um domínio profundo de suas respectivas áreas, mas também catalisam o avanço coletivo do conhecimento. As ideias aqui presentes não só iluminam os desafios atuais, mas também pavimentam o caminho para soluções mais informadas e justas.

Convidamos cada leitor a embarcar nesta jornada intelectual que oferece uma visão abrangente das interseções entre o Direito e a Medicina. Explore as reflexões sobre a autonomia do paciente diante das decisões médicas, mergulhe nas considerações legais sobre a engenharia genética e sua promessa de cura, e considere as complexidades éticas que surgem na tomada de decisões em situações médicas críticas. À medida que avançamos nas páginas deste livro, é impossível não se sentir imerso em uma tapeçaria rica e interligada de conhecimento humano.

Exortamos todos os leitores, sejam acadêmicos, profissionais de saúde, juristas ou simplesmente curiosos, a se entregarem a este livro com mente aberta e aspiração de aprendizado. Pois é somente através da compreensão das interconexões entre o Direito e a Medicina que podemos esperar moldar um futuro mais ético, equitativo e esclarecido para a saúde em nossa sociedade.

Aproveitem esta jornada intelectual rica e perspicaz, onde os Diálogos entre Direito e Medicina continuam a inspirar e iluminar.

Eduardo Dantas
Recife, Agosto de 2023

SOBRE OS COORDENADORES E AUTORES

COORDENADORES

EDUARDO DANTAS

Advogado, inscrito nas Ordens do Brasil e de Portugal; Sócio titular do Escritório Eduardo Dantas Advocacia & Consultoria; Bacharel em Direito pela Universidade Federal de Pernambuco (1995); Especialista em Direito de Consumo pela Universidad de Castilla-La Mancha (2001); Mestre em Direito Médico pela University of Glasgow (2007); Doutorando em Direito Civil pela Universidade de Coimbra; Ex Vice-Presidente e membro do Board of Governors da World Association for Medical Law; Procurador Jurídico do Conselho Regional de Odontologia de Pernambuco; Autor dos livros Direito Médico (Editora GZ, 2009), Comentários ao Código de Ética Médica (Editora GZ, 2010), Droit Médical au Brésil (Editora GZ, 2013); Aspectos Jurídicos da Reprodução Humana Assistida (Editora GZ, 2018); e Contemporary Issues in Medical Law (Editora GZ, 2018); Coordenador do Livro Tendências do Direito Médico (Editora GZ, 2021); Diálogos entre Direito e Medicina (Editora GZ, 2022); e Comentários à Lei Geral de Proteção de Dados sob a perspectiva do Direito Médico e da Saúde (Editora Foco, 2023).

CAROLINA MYNSSEN

Advogada inscrita na OAB e OA de Portugal, professora, pesquisadora e gestora. Pós-graduada em Direito do Consumidor pela UCAM. Pós-graduada pela UCAM em Direito das Famílias e Sucessões. Mestranda em Direito da Saúde e Meio Ambiente pela UNIMES - SP. Pós-graduada em Gestão em Saúde pelo Hospital Israelita Albert Einstein. Graduanda em Gestão pela UNIABA- DF. Presidente da Comissão Nacional de Direito Médico da Associação Brasileira de Advogados. Membro da Comissão da Mulher da ABA-RJ; Secretária-geral do IAB da comissão permanente de Direito Médico, Saúde e Bioética. Coordenadora do grupo de pesquisa de Direito Médico do Centro de pesquisa da Associação Brasileira de Advogados. Mediadora capacitada. Sócia fundadora do escritório Martins Mynssen Advocacia e Consultoria.

MILENA BASSANI S. PIERRI

Advogada inscrita na OAB São Paulo e Pernambuco, atuante no direito da saúde há mais de 10 anos, especialista em Direito Médico e da Saúde pelo

IPDMS, Pós-graduanda em Direito Médico e Bioética pela PUC-Minas. Presidente da Comissão de Direito Médico e da Saúde da OAB/PE - Subseção de Jaboatão dos Guararapes, Delegada da ESA/PE em Jaboatão, Coordenadora do MBA em Direito Médico e da Saúde da OAB/OLINDA. Professora da Pós Graduação em Direito Médico e da Saúde em instituições de ensino, Presidente da Comissão Nacional De Saúde da ABA - Associação Brasileira de Advogados. Fundadora da Escola de Direito da Saúde. Sócia do Correia de Almeida & Bassani Advocacia Especializada em Direito da Saúde com sede em São Paulo e Recife

MAURÍLIO RODRIGUES
Maurilio Rodrigues de Medeiros Junior, Advogado. Graduado em Direito pela Faculdade Internacional da Paraíba - Laureate Internacional Universities em (2010); Pós Graduado em Direito Processual Civil e do Trabalho pela escola de Magistratura do Trabalho da 6a Região - ESMATRA (2017/2018); Pós Graduado em Direito Médico e da Saúde pela faculdade Legale (2020); Especialista em Direito Médico pelo IPDMS - Instituto de Direito Médico e da Saúde (2021); Tutor Acadêmica do Programa de Formação em Direito Médico; Professor Palestrante convidado na Pós- Graduação Lato Sensu em Práticas Jurídicas Aplicadas ao Direito Médico e a Saúde; Vice Presidente da Comissão Nacional de Direito à Saúde da ABA; Secretário Geral da Comissão de Direito Médico e da Saúde OAB-PB; Palestrante.

AUTORES

ANTONIO DE OLIVEIRA
Advogado. Pedagogo. CEO do Escritório Vidal de Oliveira Advocacia Especializada., Pós-graduado em Direito Médico e da Saúde. Pós-Graduado em Direito Processual Civil. Pós-Graduado em Direito Médico. Odontológico e da Saúde Especialista em Direito Médico pelo Instituto Paulista de Direito Médico e da Saúde, Membro da Comissão Nacional de Direito Médico da Associação Brasileira de Advogados - ABA

ARTHUR JENSON BERETTA

Advogado (OAB/MS 15069), Conselheiro da OAB-MS, 6ª Subseção. Presidente da Comissão de Prerrogativa e Ética da OAB-MS, 6ª Subseção. Integrante da Comissão Estadual de Direito Médico, Sanitária e Defesa da Saúde da OAB/MS; Membro da Comissão Nacional de Direito à Saúde da ABA, representando o Estado de Mato Grosso do Sul. Possui graduação em Direito pela Universidade Estadual de Mato Grosso do Sul (2010).

Especialista em Direito Médico pelo Instituto Paulista de Direito Médico e da Saúde-IPDMS. - arthurberetta@hotmail.com

BÁRBARA DE GUADALUPY TOLEDO SOUTO VIEIRA
Advogada com MBA em Direito Médico e Proteção Jurídica aplicada à Saúde. Especialista em defesa de médicos e cirurgiões-dentistas. Especialista em Direito à Saúde e Planos de Saúde. E-mail: barbaratsouto@gmail.com

BEATRICE BRITO AKUAMOA
Graduada em Direito pelo Centro Universitário de Brasília- UNICEUB. Advogada inscrita na Seccional do Distrito Federal da Ordem dos Advogados do Brasil (OABDF). Sócia proprietária do escritório Beatrice Brito Akuamoa Advocacia, Brasília/DF. Pós-graduada em Direito do Trabalho e Processual do Trabalho pela ATAME. Pós-graduada em Direito Público pela Faculdade Projeção. Pós-Graduanda em Direito Médico, Odontológico e da Saúde pelo Instituto Paulista de Direito (IPD). Curso de extensão "Treinamento Avançado em Direito Médico"- Samantha Takahashi. Membro da Comissão de Direito Médico da OAB/DF. Membro da Comissão Regional Centro-Oeste de Direito Médico da Associação Brasileira de Advogados (ABA). Advogada atuante na área de direito médico, odontológico e da saúde. Instagram: @beatriceakuamoa_. E-mail: beatrice.akuamoa@gmail.com

BRUNA CORREIA LIMA LINHARES
Advogada – OAB/GO 22.504. OAB/TO 10.773. Vinte anos de experiência profissional na área da Saúde. Sócia do escritório Linhares & Roriz Advocacia da Saúde. Pós-graduada em Direito da Medicina pela Universidade de Coimbra, Portugal. Pós-graduada em Direito Médico e Hospitalar pela Escola Paulista de Direito, em São Paulo. Pós-graduada em Compliance em Saúde pelo Hospital Sírio-Libanês, em São Paulo. Especialização em LGPD pela EJM Cursos. Representante da ABA no Estado do Tocantins. Membra das Comissões de Direito Médico e da Saúde da OAB do Tocantins. E-mail: contato@brunalinhares.com.br

CAMILA PRETTO ROSTAND PRATES
Graduada em Direito pela Universidade Feevale, tendo buscado experiência internacional cursando parte da graduação na Universidade de Lisboa, Portugal, em 2015. Pós-Graduada em Direito Médico e da Saúde pela Escola Verbo Jurídico (em 2018) e especialista em Responsabilidade Ético-Profissional Médica pelo CEISC (2019). Sócia fundadora do escri-

tório Prates&Rockenbach Advocacia e Consultoria Jurídica, prestando assessoria jurídica preventiva e contenciosa na defesa dos profissionais da saúde. Presidente da Comissão de Saúde e Direito Médico da OAB/RS subseção Canela/Gramado. Membro da Comissão Nacional de Direito Médico da ABA (Associação Brasileira de Advogados) e Membro da Comissão Regional Sul de Direito Médico da ABA. pratescamila.adv@gmail.com

CRISTIANE MARQUES DE JESUS
Advogada com 23 anos de experiência, professora com 30 anos de experiência, servidora pública com 23 anos de experiência e palestrante com 23 anos de experiência; Associada do Escritório Rogério Tavares Advogados - 2000 a 2023; Advogada Correspondente do Escritório Marques, Machado e Huwiler - 2009 a 2012; Advogada Correspondente do Escritório CAMOZZI Advogados Consultores Associados - 2017 a 2019; Monitora do Curso de Conselheiros Escolares do Governo Federal pela SEMED Nova Iguaçu- 2015 a 2017; Ouvidora da Educação na SEMED de Nova Iguaçu - 2017; Auxiliar Jurídica da Educação na SEMED de Nova Iguaçu - 2017 a 2018; Coordenadora de Auditoria da Educação na SEMED de Nova Iguaçu - 2018 a 2019; Assistente Técnica do Gabinete da Secretária/SEMED de Nova Iguaçu - 2019 até o ano corrente; Cofundadora do Doses Jurídicas - Circuito de Palestras - 2022; Fundadora do Projeto Estrelas Femininas - Empreendedorismo - 2022; Especialista em Direito Civil e Processual Civil - 2002 e 2018; Especialista em Supervisão Escolar e Gestão Escolar - 2007; Especialista em Direito Médico e da Saúde - 2018; Pós- graduanda em Direito Digital - 2023; Pós-graduada em LGPD - 2023; Pós- graduanda em Gestão de Escritórios e Departamentos Jurídicos - 2023; Membro da Comissão da Mulher OAB/Méier em 2016/2018; Membro da Comissão da Mulher OAB/Méier - 2022/2024; Presidente da Comissão de Direito Médico e da Saúde da OAB/Méier; Secretária Geral da Comissão de Direito Médico e da Saúde Estadual da ABA/RJ; Membro do Grupo de Trabalho em Direito Médico e da Saúde do CREMERJ; Membro da Comissão de Direito Médico e da Saúde da Seccional OAB/RJ. (cris.marques.advogada@gmail.com).

EDUARDO CORREIA DE ALMEIDA
Advogado especialista em Direito Médico e da Saúde, pela Faculdade Legale. Mestrando em Direito da Saúde, na Universidade Santa Cecília (Unisanta) – e-mail: eduardo@direitomedicosaude.com.br

EDUARDO VASCONCELOS DOS SANTOS DANTAS
Advogado, inscrito nas Ordens do Brasil e de Portugal; Sócio titular do Escritório Eduardo Dantas Advocacia & Consultoria (PE); Bacharel em Direito pela Universidade Federal de Pernambuco (1995); Especialista em Direito de Consumo pela Universidad de Castilla-La Mancha (2001); Mestre em Direito Médico pela University of Glasgow (2007); Doutorando em Direito Civil pela Universidade de Coimbra; Ex Vice-Presidente e membro do Board of Governors da World Association for Medical Law; Procurador Jurídico do Conselho Regional de Odontologia de Pernambuco; Autor dos livros Direito Médico (Editora GZ, 2009), Comentários ao Código de Ética Médica (Editora GZ, 2010), Droit Médical au Brésil (Editora GZ, 2013); Aspectos Jurídicos da Reprodução Humana Assistida (Editora GZ, 2018); e Contemporary Issues in Medical Law (Editora GZ, 2018); Coordenador do Livro Tendências do Direito Médico (Editora GZ, 2021); Coordenador do Livro Diálogos entre Direito e Medicina (Editora GZ, 2022); Autor de diversos artigos publicados no Brasil, Portugal, Israel, EUA, Polônia, República Checa e França; Membro da Comissão Especial de Direito Médico do Conselho Federal da Ordem dos Advogados do Brasil (Gestões 2013/2015 e 2016/2018); Professor do VI Curso de Pós-Graduação em Bioética do CDIP - Centro de Investigação de Direito Privado da Faculdade de Direito da Universidade de Lisboa. (Portugal); Professor do Curso de Pós-Graduação em Direito de Família da Universidade Federal de Pernambuco - UFPE (Recife - PE); Professor do curso de pós-graduação em Direito Médico e Hospitalar da EPD - Escola Paulista de Direito (São Paulo - SP); Professor do curso de pós-graduação em Direito Médico, Odontológico e da Saúde do IGD - Instituto Goiano de Direito (Goiânia - GO); Professor do curso de pós-graduação em Direito Médico e Saúde Suplementar do Instituto Luiz Mário Moutinho (Recife - PE); Professor do curso de pós-graduação em Direito Médico, da Saúde e Bioética da Faculdade Baiana de Direito (Salvador - BA); Professor do curso de pós-graduação em Direito Médico e Odontológico da Sociedade Brasileira de Direito Médico e Bioética (Brasília - DF); Ex-Presidente da Comissão de Direito e Saúde da OAB/PE; Fundador e Ex-Presidente da Comissão de Direito Médico da OAB/AL; Ex-Membro da Comissão de Direito Médico da OAB/RJ (2021); Membro da Comissão de Direito Médico da OAB/PR; Membro honorário do Membro honorário do grupo de pesquisas "Direito da Saúde e Empresas Médicas", do Centro Universitário Curitiba - UNICURITIBA, sob coordenação do professor Miguel Kfouri Neto; Presidente da Associação Pernambucana de Direito Médico e da Saúde; Vice-Presidente da Asociación Latinoamericana de

Derecho Médico; Ex-Presidente da ALDIS – Associação Lusófona de Direito da Saúde; Coordenador pedagógico da Association de Recherche et de Formation en Droit Médical (Toulouse, França); Membro do International Advisory Board do Observatório de Direitos Humanos: Bioética, Saúde e Ambiente, da Universidade de Salerno, Itália; Presidente da Comissão de Bioética e Biodireito do IBDFAM – Instituto Brasileiro de Direito de Família; Membro do IBERC – Instituto Brasileiro de Estudos em Responsabilidade Civil; Vice-Presidente da Comissão Nacional de Direito Médico da Associação Brasileira de Advogados - ABA; Membro do Conselho Editorial da Medicine & Law Journal, revista da World Association for Medical Law; Coordenador do Conselho Editorial da Revista de Direito Médico e da Saúde. E-mail: eduardodantas@eduardodantas.adv.br

EIZANI RIGOPOULOS
Advogada, Pós-Graduada em Direito Empresarial e Direito Médico e Bioética pela Santa Casa de São Paulo. Vice-presidente da Comissão de Direito Médico e da Saúde da OAB/Guarulhos. Membro da Comissão de Direito Médico – Região Sudeste, da Associação Brasileira de Advogados (ABA). Fundadora do escritório de advocacia Rigopoulos Advogados, com ênfase e atuação em nível nacional para defesa dos interesses de clínicas, consultórios, médicos e demais profissionais da área da saúde. E-mail: contato@rigopoulos.adv.br

ELEILZA SOUZA
Advogada e professora de Direito Médico e da Saúde. Mestranda em Direito Civil pela Universidade de Lisboa. Especialista em Direito da Medicina pela Universidade de Coimbra. E-mail: izasouzaadv@gmail.com.

FABÍOLA BOULHOSA P. SOARES
Advogada. Graduada em Direito pela Facimp- Faculdade de Imperatriz (2008). Pós-graduada em Direito do Trabalho e Processo do Trabalho pelo LFG. Pós-graduada em Direito Médico e Da Saúde pela Faculdade Legale Educacional. Pós-Graduanda em Direito Médico, Odontológico e da Saúde pela EPD. Especialista em Direito Médico pelo Instituto Paulista de Direito Médico e da Saúde- IPDMS. Membro da Comissão Nacional de Direito à Saúde da Associação Brasileira de Advogados – ABA. E-mail: (fabiolapassos121@hotmail.com)

FAYROUZ MAHALA ARFOX
Graduada em Direito pela Universidade de Cuiabá – UNIC (08/2008). Pós-graduada em Direito do Estado, pela Universidade Anhanguera-Uniderp,

em 04/2013. Pós-graduada em Direito Médico pelo Centro Universitário Leonardo da Vinci (Escola Verbo Jurídico), em 06/2017. Pós-graduada em Direito Processual Civil – Teoria e Prática do Novo CPC, pela Faculdade de Direito da Fundação Escola Superior do Ministério Público, em 10/2017. Sócia fundadora do escritório Arfox Sodré Advocacia, atuando em serviços jurídicos de natureza consultiva e contenciosa, atuando na defesa de profissionais da área da saúde. Atualmente é membro da Comissão de Saúde da OAB/MT subseção de Cuiabá e Membro representante de Mato Grosso na Comissão de Saúde da Associação Brasileira dos Advogados – ABA e Vice-Presidente da Comissão Regional Centro-Oeste de Direito Médico da ABA. fayrouz@arfoxsodre.adv.br

FERNANDA BRASIL BEZERRA
Advogada inscrita na OAB/DF nº 30.010 desde 2009. Especialista em defesa médica. Sócia proprietária do escritório Fernanda Brasil Advocacia Médica, Brasília/DF, com atuação em todo o Brasil; Advogada Especialista em Direito Médico e da Saúde, pelo Instituto Paulista de Direito Médico e da Saúde (IPDMS); Curso de extensão "Treinamento Avançado em Direito Médico"- Samantha Takahashi; Membro da Comissão de Direito Médico da OAB/DF; Membro da Comissão Regional do Centro-Oeste de Direito Médico da Associação Brasileira de Advogados – ABA; Palestrante em Congressos Médicos; Coautora do livro "Direito Preventivo para Profissionais da Saúde", Ed. IPDMS; Pós-graduada em Direito Tributário pelo Instituto Brasileiro de Estudos Tributários-IBET; Pós-graduada em Direito Penal pela Damásio Educacional– SP; Instagram: @fernandabrasil.adv E-mail: fernandabrasilb1@gmail.com
Fernanda Layse da Silva Nascimento - Advogada especialista em Direito Médico e da Saúde. Gestora de clínicas com atuação em compliance na saúde. E-mail: lsn.fernanda06@gmail.com.

FERNANDA NASCIMENTO
Médica e Advogada. Especialista em Direito Médico e da Saúde, Pós-Graduada em Auditoria de Contas Médicas e Hospitalares, Pós- Graduada em Perícias Médicas e em Medicina do Trabalho, Pós- Graduada em Perícias Médicas e Medicina Legal pela Santa Casa de São Paulo, Formação em Direito Médico, Cursando MBA em Gestão em Saúde pela PUC-RS e Psiquiatria pela CENBRAP. Graduação em Direito pela Universidade Estácio de Sá. Graduação em Medicina pela Universidade Severino Sombra – USS. Professora e palestrante na área de Perícias Médicas, Bioética e Direito Médico em cursos de Graduação e Pós-Graduação de Medicina e Direito. Secretária Adjunta e Membro da Comissão

Nacional de Direito Médico da ABA. Presidente da Comissão Regional de Direito Médico da ABA. Atuação como Assistente Técnica em processos Judiciais e Perita Judicial ad hoc. Diretora Técnica da empresa Pericons - Perícias Médicas e Consultoria. drafernandanascimento@gmail.com, @ drafernandanascimento_

FLÁVIA CAROLINA CHAGAS MALAQUIAS
Especialista em direito médico e da saúde, Pós graduada em LGPD, direito médico e tributário. malaquiasadvogada1@gmail.com
Flávia Mello Tapajoz de Oliveira - Advogada (OAB/RJ 142017), Pós-Graduada em Direito Médico e da Saúde pela ALEPI - ESCOLA DO LEGISLATIVO do Piauí; Especializada em Direito Médico pelo Instituto Paulista de Direito Médico e da Saúde - IPDMS; Presidente da Comissão de Direito Médico e da Saúde da OAB/RJ - Subseção de Teresópolis; Integrante da Comissão da pessoa com Deficiência da OAB/RJ - Subseção de Teresópolis; Conselheira da 13° subseção da OAB/ Teresópolis; Presidente da Comissão de Direito Médico e da Saúde do Estado do Rio de Janeiro e da Comissão de Direito Médico da Regional Sudeste da ABA; - flaviatapajoz@hotmail.com

FLAVIA MELLO TAPAJOZ DE OLIVEIRA
Advogada militante há 17 anos com atuação para pacientes principalmente com doença rara; Pós Graduada em Direito Médico e da Saúde pela ALEPI - ESCOLA DO LEGISLATIVO do Piauí; Especializada em Direito Médico pelo Instituto Paulista de Direito Médico e da Saúde - IPDMS; Presidente da Comissão de Direito Médico e da Saúde da OAB/ RJ - Subseção de Teresópolis; Integrante da Comissão da pessoa com Deficiência da OAB/RJ - Subseção de Teresópolis; Conselheira da 13° subseção da OAB/ Teresópolis; Presidente da Comissão de Direito Médico e da Saúde do Estado do Rio de Janeiro e da Comissão de Direito Médico da Regional Sudeste da ABA; Pós Graduada em Direito Processual Civil pela UNIFESO; Pós-Graduada em Direito Processual do Trabalho pela ESA; Pós Graduada em Direito Material e Processual do Trabalho pela FDDJ; Pós Graduada em Compliance com foco em práticas anticorrupção, prevenção de práticas criminosas nas áreas de licitações e contratos pela FAVENI; Pós Graduada em Direito Previdenciário pela FAVENI. (flaviatapajoz@hotmail.com).

FLAVIA MELLO TAPAJOZ DE OLIVEIRA
Advogada militante há 17 anos com atuação para pacientes principalmente com doença rara; Pós Graduada em Direito Médico e da Saúde

pela ALEPI - ESCOLA DO LEGISLATIVO do Piauí; Especializada em Direito Médico pelo Instituto Paulista de Direito Médico e da Saúde - IPDMS; Presidente da Comissão de Direito Médico e da Saúde da OAB/ RJ - Subseção de Teresópolis; Integrante da Comissão da pessoa com Deficiência da OAB/RJ - Subseção de Teresópolis; Conselheira da 13° subseção da OAB/ Teresópolis; Presidente da Comissão de Direito Médico e da Saúde do Estado do Rio de Janeiro e da Comissão de Direito Médico da Regional Sudeste da ABA; Pós Graduada em Direito Processual Civil pela UNIFESO; Pós-Graduada em Direito Processual do Trabalho pela ESA; Pós Graduada em Direito Material e Processual do Trabalho pela FDDJ; Pós Graduada em Compliance com foco em práticas anticorrupção, prevenção de práticas criminosas nas áreas de licitações e contratos pela FAVENI; Graduada em Direito Previdenciário pela FAVENI; (flaviatapajoz@hotmail.com).

GABRIELA PROSPERI BICALHO
Advogada, pós-graduada em Direito da Saúde pela Faculdade Arnaldo. Pós-graduada em Direito Público pela Anhaguera-Unidep. Especialista em Direito Médico pelo Instituto Paulista de Direito Médico e da Saúde (IPDMS). Membro da Comissão de Direito Médico da OAB/MG. Membro da Comissão de Direito Médico da Regional Sudeste da Associação Brasileira de Advogados (ABA). Membro da Comissão de Direito da Saúde da Regional Sudeste da ABA. E-mail gabrielabicalhoadv@gmail.com
Gabriela Prosperi Bicalho - Advogada. Pós-graduada em Direito da Saúde pela Faculdade Arnaldo. Pós-graduada em Direito Público pela Anhaguera-Unidep. Especialista em Direito Médico pelo Instituto Paulista de Direito Médico (IPDMS). Membro da Comissão de Direito Médico da OAB/MG. Membro da Comissão de Direito Médico da Regional Sudeste da ABA. Membro da Comissão de Direito da Saúde da Regional Sudeste da ABA. E-mail gabrielabicalhoadv@gmail.com

GYANNY DANTAS
Advogada inscrita na Oab 15597-Pa. Formada pela Universidade da Amazônia. especialista em Direito Médico e da Saúde pela Faculdade Legale. pós-graduanda em Direito Médico e Bioética pela Puc Minas. pós-graduanda em Direito Médico e Odontológico pela Escola Paulista de Direito - EPD. Curso de extensão em direito médico pelo instituto paulista de direito médico e da saúde. Curso de extensão em Deliberação Moral em Bioética Clínica. membro da Comissão Nacional De Direito Médico da Aba. Presidente da comissão de saúde da Oab/Pa. Membro da comissão de saúde do conselho federal da Oab. Delegada regional da caixa de assis-

tência dos advogados da Oab Santarém/Pa. Membro do Comitê Estadual de Saúde do Tribunal de Justiça do Estado do Pará.

JORDÃO HORÁCIO DA SILVA LIMA
Advogado. Doutor em Saúde Global e Sustentabilidade (USP). Mestre em Saúde Global e Diplomacia da Saúde (Fiocruz). Professor Titular da Faculdade Evangélica Raízes e da Universidade Estadual de Goiás (UEG). Membro do Instituto de Direito Sanitário Aplicado (Idisa). Membro da Comissão de Direito da Saúde da OAB/GO. Membro da Comissão Nacional de Direito Médico da Associação Brasileira de Advogados (ABA). E-mail: jordaohoracio@hotmail.com

KARINA LANZELLOTTI SALEME
Advogada, Bacharela em Direito pela FMU - Faculdade Metropolitas Unidas (2005),), Especialista em Responsabilidade Civil na Área da Saúde pela FGV - Faculdade Getúlio Vargas (2009), Especialista em Direito Médico, Hospitalar, Laboratorial e Odontológico pela EPD - Escola Paulista de Direito (2012), Sócia e Diretora Jurídica na Área de Responsabilidade Civil Profissional na Área da Saúde da ZNT Assessoria e Consultoria e da Paes Barretto & Lanzellotti Advogados Associados, Acadêmica da Cátedra de Responsabilidade Civil da ANSP - Academia Nacional de Seguro e Previdência, Membro do Grupo Nacional de Trabalho de Responsabilidade Civil da AIDA - Associação Internacional de Direito do Seguro, Membro da Diretoria Executiva da Asolademe - Associação Latino Americana de Direito Médico, Membro da ALDIS - Associação Lusófona de Direito da Saúde e da Comissão de Direito Médico da Associação Brasileira de Advogados - ABA - Regional Sudeste. E- mail: karina@znt-net.com.br

LETÍCIA AGUIAR ALMEIDA YAMANARI
Cirurgiã Dentista, especialista em Endodontia pelo Centro Universitário de Santa Fé do Sul. Advogada. Especialista em Direito Penal e Processo Penal pela Escola Brasileira de Direito - EBRADI. Extensão no programa de formação em Direito Médico pelo Instituto Paulista de Direito Médico e da Saúde. Extensão no Treinamento Avançado em Direito Médico pelo Instituo de Ensino Samantha Takahashi. Vice-Presidente da Comissão de Direito Médico, Odontológico e da Saúde da OAB subseção de Santa Fé do Sul - SP. E-mail: leticiayamanari@hotmail.com

LETÍCIA PINTO CORRÊA
Graduada em Direito pela Universidade Federal de Juiz de Fora. Mestranda em Saúde Pública pela Universidade Federal do Paraná. Especialista em

Direito Médico pela Faculdade Legale. Especialista em Direito Médico pelo Centro de Ensino em Direito Médico e da Saúde Especialista em Compliance pela Faculdade Venda Nova do Imigrante. Especialista em Direito do Trabalho, Processo do Trabalho e Previdenciário pela Universidade Estácio de Sá. Certificada em Estudos Avançados em Plano de Saúde pela Escola de Direito da Saúde. Certificada em Auditoria e Controle Interno pela Escola de Auditoria de Curitiba/PR. Instrutora de Mediação de Conflitos Hospitalares da Âmbar Mediação. Membro da Comissão de Mediação e Conciliação da OAB/Juiz de Fora. Membro da Comissão de Direito Médico da OAB/MG. Integrante da Comissão de Ética em Pesquisa da Secretaria Municipal de Saúde de São José dos Pinhas/PR. Representante do Paraná na Comissão Nacional da Saúde da Associação Brasileira de Advogados. Advogada. Autora. Conciliadora. Doula da morte. Mediadora. Palestrante. Contatos: lpcadvogada@gmail.com; (41) 98474-3406; @direitoprasaude

MAIANA MARTINEZ CAMPOS
Advogada e professora de Direito Médico e da Saúde. Especialista em Direito Médico, Biodireito e Bioética. Mestre em Administração. E-mail: maianacamposadv@gmail.com.

MARCELA MACHADO NASCIMENTO
Advogada. Pós-graduada em Direito Civil e Processo Civil pelo Legale Educacional. Pós-graduada em Direito Médico, Odontológico e da Saúde pela EPD. Especialista em Direito Médico pelo Treinamento Avançado em Direito Médico Samantha Takahashi. Membro da Comissão de Direito Médico da OAB Rio de Janeiro – Capital. Membro da Comissão Estadual de Direito Médico e da Saúde do Rio de Janeiro – ABA. E-mail: (marcelamn.adv@gmail.com)

MÁRCIA CAVALCANTE CHAGAS
Advogada e Professora. Especialista no Direito Médico e da Saúde. Pós-Graduada em Direito Processual Civil; Direito do Trabalho e Processo do Trabalho, Administração e Supervisão. Graduada em Direito pelo Centro Universitário do Distrito Federal. Graduada em Letras pelo Centro de Ensino Unificado de Brasília. Professora há mais de 30 anos e palestrante. Membro da Comissão de Bioética e de Direito Médico da OAB/DF. Membro da Comissão Nacional de Direito Médico e Membro da Comissão Nacional de Direito à Saúde da Associação Brasileira de Advogados/ABA. Atuou como Presidente e Vice-Presidente da Comissão Nacional de Direito à Saúde da Associação Brasileira de Advogados/ABA. Diretora de

Planejamento Estratégico da Associação Brasileira de Advogados/ABA. Advogada militante do Direito Médico e da Saúde. Sócia-fundadora do escritório Varrone Cavalcante Advogados. advogadaemsaude@gmail.com, @marciacavalcante.adv

MAURÍLIO RODRIGUES DE MEDEIROS JÚNIOR
Advogado especialista em Direito Médico e da Saúde, pela Faculdade Legale. Pós Graduado em Direito Processual Civil e do Trabalho pela escola de Magistratura do Trabalho da 6a Região – ESMATRA – e-mail: mauriliorodriguesadv@outlook.com.br

MILENA BASSANI S. PIERRI
Advogada especialista em Direito Médico e da Saúde, pela Legale e Pós-graduanda em Direito Médico e Bioétiaa pela PUC- Minas. e-mail: milena@direitomedicosaude.com.br

MONICA BARBOSA MARTÍRIO
Advogada. Pós-graduada em Direito Médico e Hospitalar pela Escola Paulista de Direito – EPD. Especialista em Direito Médico e da Saúde pelo Instituto Paulista de Direito Médico (IPDMS). Cursando Especialização em Direito Médico Preventivo pelo IPMDS. Cursando Especialização em Direito à Saúde com Curso Avançado em Planos de Saúde da Escola de Direito à Saúde. Membro da Comissão de Direito Médico da OAB/SP. Membro da Comissão de Bioética e Biodireito da OAB/SP. Membro da Comissão de Direito Médico da Regional Sudeste da ABA. E-mail advocacia.monicamartirio@gmail.com

RAFAEL GUSMÃO DIAS SVIZZERO
Advogado, palestrante e consultor jurídico. Vice presidente da Comissão de Defesa do Consumidor da OAB/MG. Pós graduado em Direito do Consumidor. Pós graduado em Direito Médico da Saúde. MBA em gestão de Seguros e Resseguros. Membro da Comissão de Direito Médico – Região Sudeste, ABA. Membro Instituto de Jurídico de Estudos Direito da Saúde IJEDS/DF. Membro do grupo de estudos BIOMEDS/SP. Associado BRASILCON. Associado AMAT. Ex dirigente de Procon por 14 anos (rafaelsvizzero@yahoo.com.br).

RICARDO GRANDISOLLI ROMANO
Especialista em direito médico e da saúde, direito público e privado e Pós graduado em direito civil. direitoromano@adv.oabsp.org.br

RUBILENE LUSTOSA DE OLIVEIRA
Advogada. Pós-graduanda em Bioética. Pós-graduada em Gestão na Saúde pela PUC. Cursando Especialização em Direito Médico Preventivo pelo IPMDS. Curso Complience na Saúde pela Albert Einstein. Especialização em Deliberação Clínica pelo Instituto Paliar - Bioética. Especialização em Direito Médico e da Saúde. Especialização em Processo Civil, Direito Empresarial e Direito Previdenciário. Presidente da Comissão de Direito Médico e da Saúde pela ABA - Jundiaí/SP. Membro da ABA Regional Sudeste. Secretaria Ad hac da Comissão de Direito Médico e da Saúde OAB 33ª subseção - Jundiaí/SP. Associada SBB Sociedade Brasileira de Bioética. E-mail: lustosa.rubi@gmail.com

SIMONE SILVA DE SOUSA NETA
Advogada e professora de Direito Médico e da Saúde. Especialista em Direito da Medicina pela Universidade de Coimbra. Idealizadora do Curso Expert em Direito Médico Preventivo. E-mail: simone.sousa.1@hotmail.com.

THIAGO LUIZ ATTIÉ
Advogado. Graduado em Direito pela Faculdade Interamericana de Porto Velho - UNIRON. Especialista em Direito Médico e Odontológico. Pós-graduado em Direito Médico e Odontológico pela Faculdade Cambury/GO. Secretário Adjunto da Comissão de Direito Médico, Sanitário e defesa da Saúde OAB/RO (2019-2021). Conselheiro jurídico e científico da Sociedade Brasileira de Direito Médico e Bioética - ANADEM. Vice-Presidente da Diretoria de Rondônia da Asociación LatinoAmericana de Derecho Médico - ASSOLADEME - Capítulo Brasil. Palestrante. Membro da Comissão Nacional de Direito Médico da Associação Brasileira de Advogados - ABA. Vice-Presidente da Comissão de Direito Médico Regional Norte da Associação Brasileira de Advogados - ABA. Sócio fundador do escritório Attié Advocacia em Direito Médico e da Saúde. Email: attieadvogado@gmail.com.

SUMÁRIO

A RELAÇÃO JURÍDICA ENTRE MÉDICOS E DEMAIS PROFISSIONAIS DA SAÚDE

Ricardo Grandisolli Romano
Flávia Carolina Chagas Malaquias

SUMÁRIO: Introdução. **1.** Relação entre médicos **2.** Relação perante o profissional de enfermagem **3.** Relação perante o fisioterapeuta **4.** Relação perante o fisioterapeuta **5.** Relação perante odontologista **6.** Relação perante o fonoaudiólogo.

Introdução

A equipe multiprofissional que envolve o médico e outros profissionais da saúde para o tratamento do paciente, se baseia na cumplicidade e no respeito da liberdade individual de cada profissional, ressalvados os limites das respectivas autonomias e, em conjunto, sempre priorizando o melhor para o paciente.

O Código de Ética Médica é claro quando diz no Capítulo I - Princípios Fundamentais, XVII, que as relações do médico com os demais profissionais devem basear-se no respeito mútuo, na liberdade e na independência de cada um.

Absolutamente todas as profissões na área da saúde são igualmente importantes e necessárias e, embora atuem de forma diferente devido às suas especialidades, o objetivo final é sempre o mesmo, qual seja, a saúde e o bem estar do paciente.

Essas diferenças entre os profissionais da saúde, no sentido de cada profissional possuir uma função específica, devem ser reconhecidas e respeitadas para que não ocorram atuações indevidas ou invasões de espaços, ocasionando com isso, prejuízos para o paciente.

O Código de Ética Médica[1] em seu Capítulo III – Responsabilidade Profissional, esclarece que:

> É vedado ao médico (...) Artigo 2° – Delegar a outros profissionais atos ou atribuições exclusivas da profissão médica"; e, "Artigo 10° – Acumpliciar-se com os que exercem ilegalmente a Medicina ou com profissionais ou instituições médicas nas quais se pratiquem atos ilícitos

Portanto, cada profissional da saúde tem o seu papel no tratamento do paciente, sendo inadmissível destacar o mais ou o menos importante. São atuações diferentes e necessárias, tendo cada profissional suas peculiaridades, o que os torna indispensáveis e essenciais no tratamento do paciente.

Fica claro, nos dias de hoje que, a atuação multiprofissional entre médico, dentista, enfermeiro, terapeuta ocupacional, psicólogo, fonoaudiólogo, fisioterapeuta, entre outros, se torna cada vez mais presente e necessária para o bom resultado no tratamento do paciente. De forma que não deve haver disputa, nem tão pouco concorrência, visto que cada profissional exerce o seu papel e, todos juntos buscam tentar curar o paciente ou, pelo menos, oferecer uma melhor qualidade de vida.

1. Relação entre médicos

Seja por competitividade extrema, ou por falta de senso de solidariedade profissional, não é raro ouvir histórias de desmoralização e de comentários jocosos entre médicos e, na pior das hipóteses, de médico falando sobre outro para paciente ou terceiros.

1 Conselho Federal de Medicina. CFM. Código de ética médica. Disponível em: <https://portal.cfm.org.br/etica-medica/codigo-1988/capitulo-iii-responsabilidade profissional/> Acesso em: 06 de ago. de 2023.

Ciente desta realidade, o código de ética médica, vem ordenar a relação jurídica entre médicos, e elenca como princípios fundamentais, o respeito mútuo entre médicos, bem como a solidariedade na defesa da profissão. Portanto, adotar uma postura contrária pode, a depender da situação, caracterizar afronta a ética médica.

Devemos lembrar que o médico lida com o bem mais importante que um ser humano pode ter: a vida. E, se assim o é, compete a eles atuarem em harmonia, com objetivo único de ajudar o próximo da melhor forma possível.

Por isso, o código de ética médica destacou um capítulo próprio (VII), com 10 (dez) artigos, que regulam a relação jurídica entre médicos, inclusive quando do atendimento de um mesmo paciente. Assim, adiante serão, sucintamente, abordados os mais relevantes.

O primeiro deles (artigo 47º) , busca assegurar dois direitos básicos do médico que são: a) exercer sua profissão e b) assistir seus pacientes, sem interferência, política, religiosa, filosófica ou financeira de seu superior hierárquico[2].

Por sua vez, o artigo 49º, visa reprovar a conduta do profissional que se colocar contrariamente a movimento legitimo da categoria médica para obter vantagem, para si ou para terceiros, de qualquer espécie. Nesta situação, podemos estar falando de uma benesse econômica, política, social etc.

Seguindo a linha de raciocínio, dispõe o artigo 52º que, em havendo uma situação de paciente devidamente tratado ou medicado por seu médico assistente, não poderá outro profissional, mesmo que em cargo de hierarquia, alterar a prescrição ou tratamento definido, mesmo que essa mudança não cause prejuízo a qualquer das partes envolvidas.

2 COLTRI, Marcos Vinícius. *Comentários ao Código de ética médica*. 3ª ed. ver. atual. ampl. – Salvador: Editora JusPodivm, 2020, p. 239

Exceção a regra acima dita apenas se aplicará quando a modificação for mais benéfica ao paciente, sendo salutar que o médico prescritor do novo tratamento comunique o fato ao médico assistente[3].

Ainda sobre os cuidados com pacientes atendidos por mais de um profissional, temos que, caso o médico assistente entenda necessário um procedimento especializado, deverá, o especialista, tão logo concluída sua atuação, fornecer todas as informações relativas às condutas adotadas, bem como encaminhar o paciente de volta àquele que fez a indicação.

Nesta situação, o que se veda é a conduta de o médico especializado manter para si, paciente que, originalmente, é do médico assistente.

Por óbvio que, em havendo solicitação do próprio paciente, respeitada sua autonomia, o especialista poderá dar continuidade no tratamento no lugar do assistente, bem como se inexistir a necessidade de o paciente retornar ao tratamento inicial[4].

Outro tema abordado pelo código ético e de extrema relevância, refere-se aos médicos que trabalham em escala de plantões nos hospitais.

Alerta-se para o fato de quando da troca e turnos entre plantonistas, aquele que for deixar o hospital deverá dialogar com seu colega, passando-lhe todas as informações sobre os pacientes, principalmente aqueles em estado mais grave.

A ideia é que, apesar de as informações constarem em prontuário, a verbalização entre os profissionais, por óbvio, terá maior riqueza de detalhes, levando inclusive ao debate das melhores técnicas que deverão ser aplicadas daquele momento em diante.

---

3 Ibidem. p. 252.

4 Ibidem. p. 255.

Evidente que, caso não seja possível, por motivos alheios à vontade do médico que encerrou seu turno, a anotação do prontuário bastará para que reste afastada qualquer possibilidade de infração ética.

Um ponto de importante mudança vem lastreado no artigo 50º do código ético, na medida em que, verificada um erro ou conduta antiética de um colega, o médico deverá informar o fato aos órgãos competentes sob pena de assim não o fazendo ser a ele imputada uma conduta antiética, passível de processo administrativo perante o conselho de classe.

Essa alteração de conduta é fato recente, pois, antigamente, havia um grande constrangimento em denunciar colegas de profissão, sendo inclusive "proibido de fazê-lo".

2. Relação perante o profissional de enfermagem

A relação entre médicos e profissionais de enfermagem é essencial para o fornecimento de cuidados de saúde e qualidade aos pacientes. Ambos desempenham papéis complementares e colaborativos, cada um com responsabilidades específicas, mas interdependentes, visando ao bem-estar dos indivíduos atendidos.

Os médicos são profissionais responsáveis pelo diagnóstico de doenças, prescrição de tratamentos, realização de procedimentos médicos e tomada de decisões clínicas complexas. Eles são legalmente autorizados a assumir a liderança no cuidado dos pacientes e têm a responsabilidade principal pela condução do tratamento.

Já os profissionais de enfermagem desempenham um papel crucial no cuidado direto aos pacientes, auxiliando nas atividades diárias, administração de medicamentos prescritos, realização de procedimentos técnicos e monitoramento do estado de saúde dos indivíduos sob sua responsabilidade.

A relação jurídica entre médicos e profissionais de enfermagem é regulamentada por leis e normas específicas. Essas normas estabelecem as atribuições, responsabilidades e limites de atuação de cada profissional, buscando garantir a segurança dos pacientes e a qualidade do atendimento.

Inicialmente, cumpre trazer a lei nº 12.842/2013 (lei do ato médico) que dispõe sobre o exercício da medicina. Ela estabelece as atribuições do médico, incluindo o diagnóstico, a prescrição de tratamentos, a realização de cirurgias, entre outras atividades médicas. Além disso, ela prevê a responsabilidade do médico pela coordenação do cuidado ao paciente.

A atividades dispostas nesta legislação, são privativas dos médicos. Ou seja, só podem ser realizadas por profissionais formados em medicina e devidamente registrados no Conselho Regional de Medicina (CRM).

Além disso, ela define algumas competências dos demais profissionais da área da saúde, como enfermeiros, dentistas e psicólogos, bem como estabelece que eles não podem exercer atividades privativas dos médicos.

Não podemos deixar de lado, também, o código de ética médica (Resolução CFM nº 2.217/2018), estabelece os princípios éticos que devem nortear a conduta dos médicos no exercício de sua profissão, abordando questões relacionadas à relação com outros profissionais de saúde, incluindo a necessidade de respeito e cooperação.

Ele representa um marco para a profissão médica. Sua observância é de extrema importância para assegurar a qualidade, a ética e a integridade da prática médica. O compromisso em respeitar e segui-lo, reforça a confiança da sociedade na classe médica e contribui para a construção de uma medicina humanizada e responsável.

No Brasil, a Lei nº 7.498/1986 regulamenta o exercício da enfermagem e estabelece as competências e responsabilidades dos profissionais de enfermagem, definindo as atividades que podem ser realizadas, bem como o campo de atuação desses profissionais.

De acordo com a legislação supra, as atribuições do profissional de enfermagem são diversas e incluem: a) participar da elaboração de políticas de saúde e de programas assistenciais de saúde, em todas as instâncias de governo; b) participar da elaboração de medidas de prevenção e controle sistemático de danos que possam ser causados aos pacientes durante a assistência de enfermagem; c) prestar assistência de enfermagem segura, livre de danos decorrentes de imperícia, negligência ou imprudência; d) prescrever medicamentos estabelecidos em programas de saúde pública e em rotina aprovada pela instituição de saúde; e) realizar consultas de enfermagem; f) prescrever e realizar ações de enfermagem para a promoção, prevenção, recuperação e reabilitação da saúde; g) prestar cuidados diretos de enfermagem a pacientes graves com risco de vida; h) participar do ensino, da pesquisa e da avaliação de serviços de saúde, bem como das atividades de planejamento e gestão dos serviços e da educação continuada[5].

É importante lembrar que as atribuições dos profissionais de enfermagem podem variar de acordo com o nível de formação e especialização.

De se destacar, ainda, a resolução do Conselho Federal de Enfermagem (COFEN) nº 564/2017, estabelecendo o novo código de ética dos profissionais de enfermagem, que dispões sobre a atuação do enfermeiro na equipe de saúde, suas competências e responsabilidades. Ela estabelece os limites de atuação do enfermeiro e sua relação com outros profissionais de saúde, incluindo o médico.

5 BRASIL. Lei 7.498 de 25 de junho de 1986. Dispõe sobre a regulamentação do exercício da enfermagem, e dá outras providências. Disponível em: < https://www.planalto.gov.br/ccivil_03/leis/l7498.htm> Acesso em: 03 de ago. de 2023.

De acordo com esta, os profissionais de enfermagem têm o direito de exercer a enfermagem com liberdade, segurança técnica, científica e ambiental, autonomia e ser tratado sem discriminação de qualquer tipo. A resolução também estabelece as infrações que serão consideradas leves, moderadas e graves[6].

De se notar, assim, que tanto o Conselho Federal de Medicina (CFM) como o Conselho Federal de Enfermagem (COFEN) possuem resoluções e códigos de ética que orientam a prática dos médicos e dos profissionais de enfermagem, respectivamente. Essas normas estabelecem diretrizes para a relação entre as duas categorias profissionais, enfatizando a importância da comunicação, do trabalho em equipe e do respeito mútuo.

Essas são apenas algumas das leis e normas que regem a relação entre médicos e profissionais de enfermagem. É importante ressaltar que a legislação pode variar de acordo com a região, uma vez que os Conselhos Regionais de Medicina e de Enfermagem também têm competências para regulamentar a prática profissional.

Por isso, é fundamental que médicos e profissionais de enfermagem conheçam e cumpram as normas legais e éticas aplicáveis à sua prática profissional. Essa compreensão ajuda a estabelecer uma relação profissional saudável e colaborativa, promovendo o cuidado adequado aos pacientes e evitando conflitos ou problemas legais.

3. Relação perante o fisioterapeuta

O Código de ética e deontologia da fisioterapia, destaca em seu artigo 21º, que o profissional, formado em fisioterapia,

6 Conselho Federal de Enfermagem. CFE. Código de ética dos profissionais de enfermagem. Disponível em: <http://www.cofen.gov.br/resolucao-cofen-no-5642017_59145.html> Acesso em: 21 de jul. de 2023

deve tratar com respeito seus pares e demais profissionais da equipe multiprofissional, independente se de forma verbal ou por escrito. Assim, vejamos.

> **Artigo 21** - O fisioterapeuta deve tratar os colegas, membros e não membros da equipe de saúde e outros profissionais, com respeito e urbanidade, sejam verbalmente, por escrito ou por via eletrônica, não prescindindo de igual tratamento de suas prerrogativas.
>
> O dever do sigilo deve ser respeitado pelo fisioterapeuta, por tomar conhecimento de problemas pessoais do paciente, devido a sua profissão, podendo gerar justa causa, conforme trata o art 32.
>
> Artigo 32 - É proibido ao fisioterapeuta:
>
> I - revelar, sem justa causa, fato sigiloso de que tenha conhecimento em razão do exercício de sua profissão;
>
> II - negligenciar na orientação de seus colaboradores, quanto ao sigilo profissional;
>
> III - fazer referência a casos clínicos identificáveis, exibir cliente/paciente/usuário ou sua imagem em anúncios profissionais ou na divulgação de assuntos fisioterapêuticos em qualquer meio de comunicação, salvo quando autorizado pelo cliente/paciente/usuário ou seu responsável legal.
>
> § Único - Compreende-se como justa causa: demanda judicial ou qualquer previsão legal que determine a divulgação.

Destaca-se que, o profissional formado em fisioterapia é responsável por prevenir, diagnosticar e tratar problemas relacionados às funções e aos movimentos do corpo.

Utilizando-se de exercícios adequados, da aplicação de terapias e da utilização de aparelhos ele é capaz de curar ou melhorar uma série de problemas e distúrbios, bem como reabilitar o paciente para que se torne mais independente no dia a dia[7].

O atendimento é feito por meio de avaliação e solicitação de exames complementares capazes de diagnosticar o problema do paciente para, posteriormente, prescrever o tratamento adequado específico para cada um. O fisioterapeuta deve elaborar um atendimento personalizado e, muitas vezes, deve solicitar auxílio de outros profissionais da saúde, como educadores físicos, terapeuta ocupacional, nutricionista ou médicos.

Importante lembrar que, o trabalho em equipe não se refere somente ao atendimento multiprofissional, mas também a dedicação do paciente em relação as suas responsabilidades no tratamento.

São várias as áreas em que o profissional formado em fisioterapia pode atuar, como consultórios, hospitais, clínicas, academias, na área estética, centros de reabilitação, etc. Destacaremos a fisioterapia hospitalar, uma vez que o tema se refere à relação do médico com os profissionais da saúde.

Trata-se de uma área bem delicada da fisioterapia, onde os profissionais desse ramo trabalham em Unidades de Terapia Intensiva (UTI), com o objetivo de manter o paciente bem, vivo e funcional durante o período de internação, buscando ficar sem sequelas ou ter o mínimo possível.

O trabalho do fisioterapeuta no hospital contribui na redução do tempo de internação do paciente, atuando nas áreas de emergência, enfermaria, internações ou centro de terapia intensiva (CTI).

Uma das diferenças da fisioterapia hospitalar e das demais áreas em que o fisioterapeuta pode atuar, é que no hospital os

7 O QUE faz um fisioterapeuta e quais são suas possibilidades de atuação. Uniacademia, 2023. Disponível em <https://www.uniacademia.edu.br/blog/o-que-faz-um-fisioterapeuta> Acesso em 04 de ago. de 2023

fisioterapeutas vão até os pacientes internados, diferente de outras atuações em que os pacientes vão até o local em que os fisioterapeutas prestam atendimento.

E mesmo após receber alta, em muitos casos, é necessário continuar com as sessões de fisioterapia em casa.

Vale frisar que, na fisioterapia hospitalar, haverá um maior contato com o médico, visto que estarão atendendo o mesmo paciente dentro do mesmo ambiente e, consequentemente, trocando informações diretamente sobre os tratamentos, perspectivas e resultados.

Explica Suehellen Milhomem, fisioterapeuta do Hospital das Clínicas da USP[8]:

> Na fisioterapia hospitalar, o profissional deve conhecer a fisiologia do corpo humano e as doenças que podem ocorrer. Além disso, é uma especialidade que atua em conjunto com uma equipe multiprofissional na prevenção, tratamento e reabilitação cardíaca, pulmonar e funcional, sendo que a sua principal função é promover a independência do paciente

Portanto, a relação do fisioterapeuta com o médico tem apresentado cada vez mais destaque e importância no tratamento do paciente, uma vez que o trabalho de um profissional complementa o do outro e, juntos, buscam atingir a saúde e cura do paciente, ou pelo menos torná-lo o mais independente possível para que tenha uma melhor qualidade de vida.

8 FISIOTERAPIA hospitalar: qual o papel do especialista? Escola de Educação Permanente. FMUSP. 2022. Disponível em < https://eephcfmusp.org.br/portal/online/fisioterapia-hospitalar/> Acesso em 31 de jul. de 2023.

4. Relação perante odontologista

A relação jurídica entre médico e odontologista, como todas as outras aqui já explanadas, também é de extrema importância no contexto da prestação de serviços de saúde e na proteção dos direitos dos pacientes. Ambas as profissões possuem responsabilidades significativas no diagnóstico, tratamento e prevenção de doenças, exigindo uma análise aprofundada das normas legais que regem essa relação profissional.

Como já dito em referência a medicina, a odontologia também é uma profissão regulamentada no Brasil. Seu exercício, portanto, é condicionado à obtenção de registro junto ao respectivo conselho federal e regional.

Os profissionais da área da saúde, incluindo médicos e odontologistas, estão sujeitos a princípios éticos e deontológicos que norteiam suas condutas no relacionamento com pacientes e colegas de profissão. O Código de Ética Odontológica delineia os deveres e responsabilidades desses profissionais.

Em suas disposições preliminares, o artigo 3º é claro ao dizer ser objetivo do odontologista a saúde do ser humano, cabendo a ele atuar de forma a satisfazer as necessidades de saúde da população e a defesa dos princípios das políticas públicas de saúde e ambientais[9].

A responsabilidade civil, é um dos principais pontos de intersecção na relação entre médicos, odontologistas e seus pacientes em comum. Por isso, quando presente uma comorbidade que necessite da atuação de ambos os profissionais, como, por exemplo, uma neoplasia bucal é de suma importância uma comunicação clara, completa e respeitosa.

---

9 Conselho Regional de Odontologia de São Paulo. CROSP. Código de ética de odontologia. Disponível em: <https://site.crosp.org.br/uploads/etica/6ac4d2e1ab8cf02b189238519d74fd45.pdf>. Acesso em 31 de jul. 2023. p. 03

Isto, pois, em ocorrendo algum dano decorrente de negligência, imprudência ou imperícia no exercício profissional, ambos serão responsabilizados civilmente, com obrigação de, eventualmente, a reparar os danos causados. Além disso, em casos mais graves, como lesões corporais ou óbitos decorrentes de negligência, é possível a responsabilização penal dos profissionais envolvidos.

Outro tema de convergência entre as profissões é o consentimento informado. Se trata de um pilar fundamental na relação médico-odontologista-paciente. É notório que, antes da realização de qualquer procedimento ou tratamento, deve-se obter o consentimento expresso do paciente após esclarecimento de forma clara e compreensível sobre os detalhes do procedimento, os riscos envolvidos, as alternativas disponíveis e os possíveis resultados. Trata-se de uma salvaguarda legal que protege os profissionais de futuras alegações de falta de informação.

Por isso, em se tratando de procedimento que envolva ambos os profissionais, faz-se necessário que o termo de consentimento, seja o odontológico ou médico, estejam coesos e suficientes para que o paciente consiga adotar a melhor escolha para si.

Não menos importante, os prontuários médicos e odontológicos devem dialogar entre si, serem precisos e completos. Devem, sempre, documentar todas as informações relevantes sobre o paciente, incluindo histórico clínico, resultados de exames, diagnósticos, tratamentos e evolução. O prontuário servirá como um documento de respaldo em casos de questionamentos éticos ou judiciais e contribui para uma prestação de cuidados de saúde mais segura e eficiente.

Como visto, uma relação jurídica coesa entre médico e odontologista, conseguirá garantir a qualidade do atendimento, a segurança do paciente e a integridade dos profissionais.

No que tange a relação interpessoal entre os profissionais, os códigos de ética, dispõem de normas de conduta e urbanidade, visando um trabalho harmônico.

O código de ética odontológico, no seu artigo 12º, preza que o dentista deverá sempre agir com respeito, lealdade e auxiliando na colaboração técnico-científica[10].

Por sua vez, o código de ética médica, em seu preâmbulo, inciso XVII, demanda que o médico, para com os demais profissionais da saúde, deverá agir com respeito mútuo, na liberdade e na independência de cada um, visando sempre o interesse e o bem-estar do paciente.

5. Relação perante o psicólogo

O profissional formado em psicologia se dedica ao tratamento e estudo dos processos mentais e comportamentais dos seres humanos. Ele pode atuar em diversas áreas como psicologia clínica, hospitalar, educacional, social, do trabalho, etc.

O Código de ética profissional do psicólogo, estabelece que o relacionamento deste com outros profissionais da saúde como, por exemplo o médico, deve se limitar ao compartilhamento informações relevantes, devendo resguardar o caráter confidencial, de acordo com o artigo 6º, alínea b. Verifiquemos.

> Art. 6º – O psicólogo, no relacionamento com profissionais não psicólogos:
>
> b) Compartilhará somente informações relevantes para qualificar o serviço prestado, resguardando o caráter confidencial das comunicações, assinalando a responsabilidade, de quem as receber, de preservar o sigilo.

10 Ibidem. p. 09.

O trabalho de um psicólogo envolve diversas atividades, como a realização de entrevistas e testes, a elaboração de planos terapêuticos, análise de comportamentos e emoções, e orientação e aconselhamento aos pacientes[11].

Além disso, ele também pode atuar em pesquisas, desenvolvendo estudos para o avanço da ciência psicológica e para a compreensão dos processos mentais e comportamentais dos seres humanos.

Em resumo, a função do psicólogo é contribuir para o bem-estar psicológico e emocional dos pacientes, ajudando-os a compreender e lidar com problemas e desafios do dia a dia, seja devido a um diagnóstico inesperado ou tratamento de distúrbios, através de orientação e aconselhamento em diferentes áreas da vida[12].

Por isso, os profissionais formados em psicologia podem e devem trabalhar em equipe com outros profissionais da saúde, como médicos, enfermeiros, assistentes sociais e terapeutas ocupacionais, para um atendimento mais completo para o paciente, de acordo com sua necessidade.

Normalmente, essa atuação multiprofissional, em especial com o médico, ocorre na psicologia hospitalar, que trabalha para viabilizar uma melhora no tratamento do paciente.

Enquanto o papel do médico é curar a doença, o psicólogo que atua no hospital tem a função de orientar os pacientes e seus familiares em como lidar com os problemas do paciente diante das dificuldades que está enfrentando na saúde.

A psicologia hospitalar é destinada a atuar nas instituições de saúde, nos quadros mais delicados de doenças, diagnósticos ines-

---

11 PSICOLOGO: tudo sobre a profissão. Quero bolsa. Disponível em <https://querobolsa.com.br/carreiras-e-profissoes/psicologo> Acesso em: 28 de jul. de 2023.

12 Ibidem.

perados, falecimento de entes queridos, e cirurgias de alto risco, que podem acarretar distúrbios mentais que necessitam de acompanhamento de um profissional atuante na área da psicologia.

Desse modo, o psicólogo hospitalar dá suporte não somente aos pacientes, mas também aos seus familiares quando necessário. Como já relatado anteriormente, esse trabalho é realizado por meio de uma equipe multiprofissional que inclui médicos, enfermeiros, fisioterapeutas, fonoaudiólogos, terapeuta ocupacional e outros profissionais da saúde.

O trabalho do psicólogo no hospital abrange não somente pacientes explicitamente com transtornos mentais, mas também irá lidar com pacientes aparentemente saudáveis psicologicamente, mas que, após uma doença, desenvolvem alguns distúrbios que exigem o acompanhamento de um psicólogo.

Diversos são os tratamentos hospitalares que envolvem uma equipe multiprofissional, o que ultimamente está cada vez mais comum. Além do médico, o psicólogo também tem tido atuação importante na saúde do paciente.

Atualmente, tem sido cada vez mais presente a indicação do psicólogo pelo médico no ambiente hospitalar. Os profissionais formados em psicologia têm tido um papel muito importante no tratamento de doenças que, infelizmente hoje em dia estão aumentado de forma muito rápida, como depressão, síndrome do pânico e ansiedade.

É importante compreender o trabalho de toda a equipe, suas dificuldades e seus facilitadores, buscando desenvolver as melhores maneiras de relacionamento entre os profissionais que estão atuando. Mesmo porque, havendo essa boa relação entre o médico e o psicólogo, sem dúvida alguma irá refletir em um melhor resultado do tratamento para o paciente.

Dessa forma, enquanto os médicos enfatizam o funcionamento biológico e as decisões sobre vida e a morte, os psicólogos, por sua vez, tratam dos processos emocionais e sociais de cada paciente.

Portanto, de suma importância o profissional que atua em psicologia dentro dos hospitais, fazendo toda diferença na recuperação e qualidade de vida do paciente. Isto, pois, em conjunto com o médico e demais profissionais da saúde, busca levar mais independência e um atendimento mais humanizado para o paciente.

6. Relação perante o terapeuta ocupacional

A relação entre o médico e o terapeuta ocupacional é uma questão de extrema importância no contexto da prestação de serviços de saúde. Ambos os profissionais desempenham papéis fundamentais no cuidado e reabilitação de pacientes, buscando melhorar a qualidade de vida e promover a recuperação de indivíduos com diferentes condições de saúde e incapacidades.

O médico, conforme preceitua a legislação brasileira, é o profissional habilitado para a prática da medicina, sendo esta a ciência e a arte de prevenir, diagnosticar e tratar doenças, bem como de manter a saúde, aplicando os conhecimentos técnicos e científicos próprios desta atividade profissional, observadas as normas legais que lhe são pertinentes

Por outro lado, o terapeuta ocupacional, regulamentado pela Lei nº 6.316/1975, é o profissional que, em equipe multidisciplinar e sob prescrição médica, utiliza procedimentos específicos de terapia ocupacional com a finalidade de proporcionar condições para a prevenção, habilitação e reabilitação de pacientes portadores de alterações cognitivas, afetivas, perceptivas e psicomotoras, decorrentes ou não de distúrbios genéticos, traumáticos, de doenças adquiridas ou de condições psicossociais

Além das bases legais que regulamentam as práticas dos médicos e terapeutas ocupacionais, a ética profissional desempenha um papel primordial na relação entre esses profissionais. A ética médica, como já exaustivamente mencionado, é regida pelo Código de Ética Médica que estabelece princípios fundamentais que devem ser observados pelo médico no exercício da sua atividade, como o respeito à vida humana, a autonomia do paciente, o sigilo médico e a busca pelo aprimoramento científico[13].

Por sua vez, o terapeuta ocupacional também possui seu próprio código de ética norteador de sua conduta profissional. Esse código é estabelecido pelo Conselho Federal de Terapia Ocupacional (COFFITO) e reforça princípios como o respeito à dignidade e autonomia do paciente, o compromisso com a melhoria da qualidade de vida e a atualização contínua dos conhecimentos técnicos e científicos[14].

O médico, no trato com o paciente, será o responsável pelo diagnóstico, prescrição e supervisão do tratamento, conforme a legislação médica e as normas do Conselho Federal de Medicina. Ele é o único profissional da área de saúde com competência para diagnosticar doenças e prescrever tratamentos médicos, além de determinar a necessidade de exames complementares para fins de diagnóstico.

O terapeuta ocupacional, por sua vez, atuando sob prescrição médica, tem como responsabilidade a aplicação das terapias ocupacionais específicas, buscando a reabilitação e a melhoria da qualidade de vida do paciente.

Assim, a colaboração entre o médico e o terapeuta ocupacional é essencial para um tratamento eficaz e integral do paciente.

Dentre os pontos de intersecção entre as expertises, o prontuário integrado é uma das ferramentas mais valiosa. Isto,

---

13 Direito Médico: Medicina e o Direito aplicado aos profissionais da saúde. eadadvocacia, 2023. Disponível em: <https://eadvocacia.adv.br/direito-medico/> Acesso em: 01 ago. 2023.

14 Conselho Federal de Fisioterapia e Terapia Ocupacional. COFFITO. Código de ética e deontologia da Terapia Ocupacional. Disponível em: < https://www.coffito.gov.br/nsite/?page_id=3386 >. Acesso em 20 de jul. 2023.

pois permite o compartilhamento de informações relevantes entre os profissionais envolvidos no atendimento ao paciente.

Reforçando essa posição, a Resolução nº 1.638/2002 do Conselho Federal de Medicina, dispõe sobre a digitalização e uso dos sistemas informatizados para guarda e manuseio dos prontuários dos pacientes, estabelecendo a necessidade de integração das informações clínicas relevantes, garantindo a comunicação entre os profissionais e a continuidade do tratamento.

Não menos importante, o sigilo profissional é um princípio fundamental para ambos os profissionais da saúde e está previsto tanto no Código de Ética Médica como no Código de Ética do Terapeuta Ocupacional. O sigilo abrange todas as informações obtidas durante o atendimento ao paciente, incluindo diagnósticos, histórico médico, resultados de exames e demais informações pessoais.

O descumprimento do sigilo pode acarretar sanções disciplinares perante o respectivo conselho profissional, além de responsabilização civil e penal em casos mais graves. Por isso, deve ser mantido mesmo após o término do atendimento. Salientando que, o compartilhamento de informações só é permitido mediante consentimento do paciente ou em situações previstas em lei, como comunicação de doenças de notificação compulsória.

No âmbito da responsabilidade civil, tanto o médico quanto o terapeuta ocupacional podem ser responsabilizados por danos causados ao paciente em decorrência de negligência, imprudência ou imperícia na prestação do serviço. Além disso, em situações de negligência grave ou imperícia que resultem em lesão corporal ou morte, o médico ou terapeuta ocupacional podem responder criminalmente.

Portanto, a relação entre o médico e o terapeuta ocupacional é de fundamental importância para o atendimento adequado e integral ao paciente. Ambos os profissionais possuem papéis complementares, mas distintos, com responsabilidades e competências bem definidas pela legislação vigente.

O trabalho conjunto e colaborativo desses profissionais pode proporcionar uma abordagem holística e eficaz na prevenção, tratamento e reabilitação de pacientes com diversas condições de saúde. É essencial que os médicos e terapeutas ocupacionais estejam conscientes de suas responsabilidades legais e éticas, respeitando os limites de suas atribuições, em benefício do bem-estar e recuperação dos pacientes.

Por isso, o respeito aos limites de atuação, o cumprimento das normas éticas e legais, a manutenção do sigilo profissional e a comunicação efetiva são pilares fundamentais para o desenvolvimento de uma relação profissional saudável e eficiente entre médicos e terapeutas ocupacionais.

A integração das práticas e o trabalho em equipe são essenciais para garantir um atendimento integral e de qualidade aos pacientes, buscando sempre a promoção da saúde e a melhoria da qualidade de vida.

7. Relação perante o fonoaudiólogo

De acordo com o Conselho Regional de Fonoaudiologia de São Paulo (CREFONO), a fonoaudiologia no Brasil teve início na época do império: em 1912, documentos comprovavam que essa área já se diferenciava da educação especial, com o início de pesquisas específicas, relacionadas aos distúrbios da voz e da fala, e com a implantação de cursos de orientação a professores.

O estudo do profissional formado em fonoaudiologia é pautado na comunicação e na linguagem, o que o possibilita tratar problemas como deficiência auditiva, pessoas com gagueira, dicção incorreta, e outras alterações que dificultam a correta comunicação do paciente.

O fonoaudiólogo pode atuar em diversas áreas e, uma delas é a fonoaudiologia hospitalar, dentro das UTIs, maternidades e enfermarias, por exemplo. O trabalho se inicia com o paciente ainda no leito, de maneira intensiva e preventiva.

Ainda, avalia e reabilita a função de deglutição e aspectos relacionados à comunicação do paciente, proporcionando atendimento humanizado e fornecendo melhor qualidade de vida enquanto os pacientes encontram-se internados. Por isso, o fonoaudiólogo se torna um profissional importantíssimo dentro do ambiente hospitalar.

Portanto, o objetivo do fonoaudiólogo é prevenir e/ou minimizar complicações e sequelas, a partir do gerenciamento da alimentação e da comunicação, de maneira segura e eficaz.

Sua atuação na equipe multiprofissional visa obter a recuperação da saúde e bem-estar do paciente, buscando reduzir o tempo de internação e proporcionando uma melhor qualidade de vida

Ainda, o profissional formado em fonoaudiologia pode atuar em unidades básicas de saúde, ambulatórios, consultórios, clínicas, domicílios, asilos, creches, atividades de ensino, pesquisas e afins.

Quando da sua atuação em hospitais, terá contato direto com médicos no tratamento dos pacientes. Sua atuação será de maneira multiprofissional com os demais profissionais. Dentro deste sistema cooperativo, é muito importante e necessária a participação dos fonoaudiólogos.

Vê-se, assim, que, a relação com o médico está cada vez mais presente e necessária no atendimento do paciente, visando proporcionar maior independência e melhor qualidade de vida.

Dentre os tópicos de relevância que atingem ambas as profissões, de se entender como o principal, o sigilo. Analisemos.

O Código de Ética da Fonoaudiologia, em seu artigo 10º, inciso XIII, afirma que o profissional deverá preservar a intimidade e os problemas do paciente que estão sendo tratados.

> Art. 10 Constituem deveres do fonoaudiólogo na relação com o cliente:
> XIII – preservar a privacidade do atendimento, impedindo a presença ou interferência de pessoas alheias, a não ser

> em caso de supervisão, estágio ou observação, com anuência do cliente ou de seu(s) responsável(is) legal(is).

Ainda, conforme o artigo 16º, o fisioterapeuta deve ter uma boa relação com os demais profissionais da saúde, a fim de que os mesmos não tenham o seu trabalho prejudicado e nem a sua imagem.

> Art. 16 Constituem deveres do fonoaudiólogo na relação com profissionais das demais categorias:
>
> I - manter boas relações, não prejudicando o trabalho e a reputação dos outros profissionais, de modo a respeitar os limites de sua área e das atividades que lhe são reservadas pela legislação em vigor;
>
> II - esclarecer sobre as responsabilidades e atribuições nos serviços de Fonoaudiologia, quando solicitado.

Portanto, muito importante a boa relação do fonoaudiólogo com o médico e demais profissionais, tratando sempre com respeito evitando assim que ocorram penalidades éticas, conforme explica o artigo 17º.

> Art. 17 Constituem infrações éticas do fonoaudiólogo nas relações com profissionais das demais categorias:
>
> I - prejudicar o trabalho ou depreciar a obra, a imagem ou os atos de outros profissionais das demais categorias;
>
> II - deixar de comunicar aos órgãos competentes, inclusive de categorias profissionais, casos de omissão ou irregularidades que possam prejudicar o cliente que está sendo acompanhado pela equipe ou a coletividade.

Lembrando que, não há que se falar em profissional melhor ou mais importante, visto que tanto o médico quanto o fonoaudiólogo estarão exercendo seu papel de acordo com o que lhe cabe sua especialização. E, para o paciente, o trabalho de ambos é essencial.

Conclusões

A relação jurídica entre o médico e os demais profissionais da saúde tem acompanhado a evolução da sociedade e a complexidade das demandas no campo da saúde. Ao longo dos anos, as legislações foram se aprimorando para regulamentar as práticas e garantir a segurança tanto dos profissionais quanto dos pacientes.

Um dos marcos fundamentais nessa evolução foi a criação dos conselhos profissionais, que visam fiscalizar e normatizar o exercício das diversas profissões da área da saúde. O Conselho Federal de Medicina e o Conselho Federal de Odontologia são exemplos de instituições que têm o papel de zelar pela ética e qualidade dos serviços prestados por médicos e terapeutas ocupacionais, respectivamente.

A colaboração interprofissional também foi uma mudança significativa no cenário da saúde. Antigamente, as práticas médicas eram bastante isoladas, mas hoje é consenso que a atuação integrada de diferentes especialidades traz benefícios para o diagnóstico e tratamento dos pacientes. Essa interdisciplinaridade permite uma abordagem mais holística, considerando não apenas aspectos físicos, mas também psicológicos, sociais e culturais do paciente.

A tecnologia também desempenhou um papel crucial nessa relação. A informatização dos prontuários e a telemedicina, por exemplo, facilitaram a troca de informações entre profissionais, possibilitando um acompanhamento mais completo e ágil do paciente. A segurança de dados e a confidencialidade das informações também foram aprimoradas com o uso de sistemas digitais e criptografados.

A responsabilidade civil e penal dos profissionais da saúde também passou por mudanças ao longo do tempo. O entendimento de negligência e imperícia foi se aperfeiçoando, bem como as punições em casos de má conduta. A responsabilização de um profissional por danos causados ao paciente requer uma análise detalhada das circunstâncias e do contexto em que ocorreu o evento adverso.

É importante destacar o papel da educação continuada na relação entre médicos e demais profissionais da saúde. A formação inicial é essencial, mas a atualização constante dos conhecimentos técnicos, científicos e éticos é imprescindível para o desenvolvimento de uma prática de excelência e em conformidade com as demandas da sociedade contemporânea.

Não devemos deixar de sermos atentos ao fato que, a relação jurídica entre o médico e os demais profissionais da saúde continuará a evoluir em consonância com os avanços tecnológicos, as mudanças sociais e as necessidades da população. Novas leis e regulamentações poderão ser criadas para se adequar aos desafios emergentes e garantir uma assistência de qualidade.

A promoção do trabalho em equipe, com respeito e valorização das contribuições de cada profissional, será cada vez mais encorajada, possibilitando a construção de soluções conjuntas para os problemas de saúde.

A telemedicina e a inteligência artificial poderão desempenhar um papel ainda maior na integração de informações e no diagnóstico precoce de doenças, proporcionando uma assistência mais acessível e eficiente.

A valorização da ética e da humanização no cuidado com o paciente será uma constante, buscando sempre a dignidade e o bem-estar daqueles que buscam os serviços de saúde.

Em um mundo em constante transformação, a relação jurídica entre o médico e os demais profissionais da saúde será uma peça-chave para o avanço da medicina e para o alcance de melhores resultados na promoção da saúde e na reabilitação dos pacientes. A interação harmoniosa e colaborativa entre esses profissionais será uma garantia de que o cuidado com a saúde estará sempre em constante evolução, priorizando sempre o bem maior da sociedade: a preservação da vida e a promoção do bem-estar físico e mental.

Referências

BRASIL. Lei nº 7.498 de 25 de junho de 1986. Dispõe sobre a regulamentação do exercício da enfermagem, e dá outras providências. Disponível em: <https://www.planalto.gov.br/ccivil_03/leis/l7498.htm> Acesso em: 03 de ago. de 2023.

COLTRI, Marcos Vinícius. *Comentários ao Código de ética médica.* 3ª ed. ver. atual. ampl. – Salvador: Editora JusPodivm, 2020.

Conselho Federal de Enfermagem. CFE. Código de ética dos profissionais de enfermagem. Disponível em: <http://www.cofen.gov.br/resolucao-cofen-no-5642017_59145.html>

Conselho Federal de Fisioterapia e Terapia Ocupacional. COFFITO. Código de ética e deontologia da Terapia Ocupacional. Disponível em: < https://www.coffito.gov.br/nsite/?page_id=3386 >.

Conselho Federal de Medicina. CFM. Código de ética médica. Disponível em: <https://portal.cfm.org.br/etica-medica/codigo-1988/capitulo-iii-responsabilidade profissional/> Acesso em: 06 de ago. de 2023.

Conselho Regional de Odontologia de São Paulo. CROSP. Código de ética de odontologia. Disponível em: <https://site.crosp.org.br/uploads/etica/6ac4d2e1ab8cf02b1892385 19d74fd45.pdf>.

Direito Médico: *Medicina e o Direito aplicado aos profissionais da saúde.* Eadadvocacia, 2023. Disponível em: <https://eadvocacia.adv.br/direito-medico/>

FISIOTERAPIA hospitalar: qual o papel do especialista? Escola de Educação Permanente. FMUSP. 2022. Disponível em <

https://eephcfmusp.org.br/portal/online/fisioterapia-hospitalar/> Acesso em 31 de jul. de 2023.

O QUE faz um fisioterapeuta e quais são suas possibilidades de atuação. Uniacademia, 2023. Disponível em <https://www.uniacademia.edu.br/blog/o-que-faz-um-fisioterapeuta> Acesso em 04 de ago. de 2023.

PSICOLOGO: tudo sobre a profissão. Quero bolsa. Disponível em <https://querobolsa.com.br/carreiras-e-profissoes/psicologo> Acesso em: 28 de jul. de 2023.

O SEGURO DE RESPONSABILIDADE CIVIL PROFISSIONAL MÉDICO COMO INSTRUMENTO DE PREVENÇÃO DE RISCO

Eduardo Vasconcelos dos Santos Dantas
Karina Lanzellotti Saleme

Introdução

Este artigo possui a pretensão de convidar o leitor a refletir sobre o seguro de responsabilidade civil profissional médico como sendo uma das formas para se mitigar os possíveis prejuízos financeiros decorrentes de reclamações relacionadas ao exercício da medicina, proporcionando maior segurança a todos os envolvidos no sistema de prestação de serviços da saúde.

Antes de haver o enfrentamento do tema, faz-se necessário um sobrevoo no mundo do seguro. A ideia do seguro como elemento de proteção diante de fatores adversos da vida é demasiadamente antiga, havendo-se notícia de que a preocupação em neutralizar a imprevisibilidade iniciou-se com a travessia dos cameleiros da Babilônia (século XIII a.C.). Ao final de cada jornada, contabilizava-se o número de camelos mortos e o prejuízo era dividido entre os comerciantes, que compravam de seus pares novos animais para que o destinatário dos camelos não sofresse a perda da "mercadoria" encomendada.

No entanto, o conceito moderno de seguro surgiu no final do século XVII e início do século XVIII, principalmente em Londres durante a Revolução Industrial.

Lloyd's of London, fundado em 1688, é considerado um dos primeiros e mais proeminentes mercados de seguros do mundo. No início, Lloyd's era um café frequentado por comerciantes, armadores e seguradores marítimos que se reuniam para negociar apólices de seguro de navios e cargas. Esse ambiente informal evoluiu para uma instituição formalizada de seguros.

O seguro se desenvolveu como uma resposta à necessidade de proteção contra riscos e perdas financeiras imprevistas. A ideia central do seguro é a distribuição do risco entre muitos indivíduos ou empresas. Os segurados pagam prêmios em troca de uma garantia de compensação financeira caso ocorra um evento coberto, como acidentes, incêndios, roubos ou outros tipos de perdas.

Ao longo do tempo, o setor de seguros se expandiu para cobrir uma ampla gama de áreas, incluindo a responsabilidade civil profissional, seguro de vida, seguro de saúde, seguro de automóveis, entre outros. As seguradoras desenvolveram modelos matemáticos e estatísticos para calcular riscos e prêmios, garantindo a sustentabilidade financeira do setor.

1. A cultura do seguro: perspectivas globais

A cultura do seguro pode ser entendida como um conjunto de valores, atitudes e comportamentos relacionados à proteção financeira e à mitigação de riscos[1]. Ela desempenha um papel crucial na conscientização, na educação e na participação das pessoas em relação aos produtos e serviços de seguro. Uma cul-

1 POLIDO, Walter. Seguros de Responsabilidade Civil: manual prático e teórico. Curitiba: Juruá, 2013, p. 372.

tura do seguro bem estabelecida contribui para a estabilidade econômica, a resiliência social e a segurança financeira dos indivíduos e das comunidades.

A cultura do seguro pode variar significativamente de um país para outro, e é interessante explorar como ela se manifesta em diferentes partes do mundo.

Em alguns países, especialmente os europeus, a cultura do seguro é bastante integrada à vida cotidiana. Os cidadãos têm uma consciência aguçada dos riscos e reconhecem a importância de se proteger contra eventos imprevistos. Em certos países, o governo exige a posse de determinados seguros como requisito legal, incluindo o seguro de responsabilidade civil profissional, sem o qual, não é permitido exercer a atividade laborativa.

Nos países escandinavos, por sua vez, a cultura do seguro está fortemente ligada à prevenção e redução de riscos. Os indivíduos e as comunidades são incentivados a adotar medidas proativas para evitar acidentes e danos, o que contribui para a redução das reivindicações de seguros.

Na Alemanha, Suíça e Japão, o seguro é profundamente enraizado na sociedade, sendo considerado uma prioridade e um elemento essencial do planejamento financeiro.

Em contrapartida, e de forma isolada, em alguns países da Ásia e África, as comunidades se unem para compartilhar riscos e criar fundos coletivos de seguro, assim se apoiam mutuamente em caso de desastres naturais ou outros eventos adversos.

Por outro lado, como é do conhecimento do senso comum, os Estados Unidos têm uma forte ênfase na responsabilidade individual e na proteção de ativos pessoais. Os indivíduos são encorajados a adquirir uma variedade de seguros, desde seguros de saúde e de vida até seguros de automóveis e residenciais, para garantir a proteção financeira em caso de eventos imprevistos. Neste país, existe a obrigatoriedade do seguro de responsabilidade civil profissional para as instituições de saúde públicas e privadas[2].

Esses são apenas alguns exemplos de como a cultura do seguro pode se manifestar em diferentes países. É uma combinação complexa de fatores sociais, econômicos, legislativos e culturais que moldam a percepção e a participação das pessoas no mercado de seguros.

2. A cultura do seguro no Brasil

Apesar dos avanços, o Brasil ainda enfrenta desafios na promoção de uma cultura do seguro mais forte. Alguns dos principais obstáculos incluem a falta de educação financeira, a desconfiança em relação ao setor de seguros, a informalidade e a falta de acesso à produtos adequados.

Superar esses desafios requer esforços conjuntos de seguradoras, corretores, reguladores e advogados militantes na área para promover a educação financeira, a transparência, a acessibilidade e a confiança no setor.

Diversas iniciativas têm sido adotadas para fortalecer a cultura do seguro, tais como programas de educação financeira, campanhas de conscientização, parcerias público-privadas e aprimoramento da regulamentação são algumas das estratégias empregadas. Além disso, o avanço da tecnologia e a digitalização têm contribuído para tornar os seguros mais acessíveis e transparentes, ampliando o alcance e a participação da população.

Segundo a SUSEP (Superintendência de Seguros Privados), autarquia vinculada ao Ministério da Fazenda, responsável pelo controle e fiscalização dos mercados de seguro, previdên-

2 PIERRE, Philippe. Erro médico: Acesso a seguros públicos e privados. In: Direitos humans, saúde e medicina: uma perspectiva internacional. Maria Claudia Crespo Brauner, organizadora – Rio Grande: Editora de furg, 2103, p. 33

cia privada aberta, capitalização e resseguro no Brasil, o seguro mais contratado em nosso país ainda é o de automóvel.

É curioso, e até mesmo irracional, observar que muitos brasileiros, incluindo os médicos, objeto do presente artigo, ao adquirirem um carro, recusam-se a retirá-lo da concessionária sem a contratação de um seguro para protegê-lo de um possível furto ou roubo.

Entretanto, esse mesmo médico não verifica a necessidade de contratar um seguro de responsabilidade civil profissional para proteger seu patrimônio em caso de reclamação decorrente de seus atos profissionais.

Aparentemente, e devido justamente a ausência de educação financeira e da educação do seguro, a maioria da população diria que o risco de furto/roubo é infinitamente maior a uma reclamação devido a um alegado erro profissional.

Entretanto, engana-se quem pensa dessa forma, uma vez que, segundo dados do IBGE[3], no ano de 2021, dos 59.242.869 (cinquenta e nove milhões, duzentos e quarenta e dois mil, oitocentos e sessenta e nove) automóveis em circulação no Brasil, apenas 192.000 (cento e noventa e dois mil) foram objeto de furto/roubo, ou seja, representa 0,32% de sinistralidade nesta modalidade.

Por sua vez, as reclamações relacionadas aos atos dos profissionais da saúde, em especial dos médicos, estão cada vez maiores em nosso país, estimando-se que cerca de 12% dos profissionais são demandados anualmente[4]. Ou seja, estatisti-

3 Disponível em < https://cidades.ibge.gov.br/brasil/pesquisa/22/0?ano=2021> . Acesso em: 13 agosto. 2023.

4 Não existem informações oficiais individualizadas em relação ao médico, pois a sinistralidade apresentada pela SUSEP engloba todas as modalidades de profissionais, tais como arquitetos, engenheiros, contadores, advogados, veterinários, enfermeiros, fisioterapeutas, farmacêuticos e dentistas, e não somente médicos. Tal percentual foi fornecido pela reguladora de sinistros ZNT Consultoria, que atua na regulação de sinistros de seguros

camente, seria muito mais fácil ocorrer a perda financeira devido ao ato profissional, que eventual perda financeira devido ao furto/roubo de um veículo.

Proteger o carro através do seguro pode parecer uma escolha lógica, rotineira e racional para os brasileiros. No entanto, a falta de proteção dos atos profissionais através do seguro de responsabilidade civil profissional revela uma irracionalidade na forma como avaliamos os riscos. Ou, no mínimo, uma estranha escolha de prioridades.

O seguro automotivo é amplamente divulgado e popularizado no Brasil, incentivando os proprietários de veículos a protegê-los contra possíveis roubos ou furtos. Essa cultura de proteção veicular é compreensível, pois o carro é um bem material de alto valor e sua perda pode representar um prejuízo financeiro significativo.

No entanto, muitos brasileiros, em especial os médicos, negligenciam a proteção de seus atos profissionais através do seguro de responsabilidade civil profissional. Isso é especialmente relevante pois seus atos impactam diretamente na vida das pessoas.

Ao não adquirir um seguro de responsabilidade civil profissional, o médico se expõe a riscos financeiros significativos, os quais serão abordados em capítulo próprio.

É irracional priorizar a proteção de um bem material, como o carro, em detrimento da proteção patrimonial oriunda dos atos profissionais, que além de serem significativamente mais frequentes, podem representar uma quantia muito superior ao valor de um automóvel.

---

de responsabilidade civil profissional desde 2001 e por escritório de advocacia com dedicação exclusiva na responsabilidade civil profissional dos profissionais da saúde.

3. Evolução da aceitação do seguro de responsabilidade civil profissional

A atual configuração do seguro de responsabilidade civil profissional para profissionais da saúde, foi introduzida no Brasil no final dos anos 90, e naquela época poucos profissionais, até mesmo do seguro, tinham familiaridade com o produto, pois difere sobremaneira das regras dos seguros tidos como usais, tal qual o seguro auto.

As entidades de classe profissional, por não conhecerem os pormenores dos produtos oferecidos, que na época eram dois ou três, se opunham à contratação do seguro, e poucos advogados ousavam expor e defender a contratação deste instrumento de proteção de risco.

Porém, com o passar dos anos e aumento da judicialização da medicina, causada por inúmeros fatores, que não serão objeto do presente estudo, houve uma radical mudança tanto no perfil dos médicos quanto dos pacientes.

Os pacientes tornaram-se mais exigentes, pois detentores de (des)informações médicas garimpadas no "Dr. Google", e os médicos passaram a ser vistos como mero prestadores de serviços, com dever de cura e obrigações legais, ou seja, a visão quase sacerdotisa que a humanidade tinha em relação aos médicos foi perdendo força ao longo do tempo.

A realidade imposta aos profissionais da saúde, pode ser vista nos números de demandas judiciais e administrativas que tramitam em face da categoria.

O aumento das reclamações não quer dizer necessariamente que os profissionais estejam cometendo mais "erros", e sim, dentre outros fatores, que os pacientes estão mais exigentes e demandantes.

Assim, devido a mudança do cenário, muitos opositores a contratação do seguro de responsabilidade civil profissional entenderam por bem aceitá-lo como um meio indispensável ao gerenciamento de risco do médico.

Sem citar doutrinadores ou nomear opositores a contratação do seguro, uma vez que o intuito do presente artigo é apenas transmitir informação e conhecimento ao leitor, observe-se abaixo algumas afirmativas negacionistas, e logo em seguida a comprovação da ausência de embasamento e vantagens do seguro para a gestão do risco:

a. estímulo a processos contra os médicos e majoração das condenações

Na atualidade, temos 13 seguradoras que disponibilizam o seguro de responsabilidade civil profissional na área da saúde, e em nenhuma delas há obrigatoriedade de denunciação à lide/chamamento ao processo, ou seja, as partes, bem como o juiz, sequer sabem da existência de uma cobertura securitária.

Entretanto, mesmo havendo a participação da seguradora no processo, fato este extremamente raro, conforme estudo feito pela autora do presente artigo, com a advogada Dra. Melissa Cunha Pimenta, em 2018, em colaboração ao grupo de estudo de responsabilidade civil da AIDA – Associação Internacional de Direito do Seguro[5], constatou-se que inexistia aumento das condenações devido ao fato do médico possuir seguro.

O estudo abordou questões envolvendo ausência de informações adequadas, esquecimento de compressa, mamoplastia, óbito de recém-nascido devido a complicação no parto e queimadura provocada por bisturi elétrico.

b. fornece uma falsa proteção ao médico, pois o seguro não o impede de ser processado

A existência de um seguro, de fato, não impede que o paciente, ou seus familiares, promovam uma reclamação em face

5 Estudo ainda não publicado.

do médico, até mesmo porque trata-se de uma prerrogativa constitucional o direito a ação.

Mas, além da cobertura para os custos de defesa, custas judiciais e eventuais condenações, muitas seguradoras, através de parcerias, disponibilizam serviços agregados tal como o gerenciamento de crises, em que o médico pode conversar em tempo real com o advogado especializado sobre os contratempos ocorridos com os pacientes, podendo minorar, ou até evitar a formalização de uma reclamação em face do profissional. Tal serviço, além mitigar o risco, promove um alívio e conforto ao médico, que não possui treinamento para lidar com as adversidades jurídicas.

c. não dá cobertura securitária para honorários advocatícios na esfera administrativa e ética

Inicialmente, insta frisar que a esfera civil é a única que comporta valores indenizatórios e custas processuais com valores representativos. Nas esferas administrativa e ética o único custo existente é relacionado as custas com advogado, que pode representar um elevado valor a ser pago.

Das 13 seguradoras no mercado, apenas 1 delas não fornece este tipo de cobertura, ou seja, tem-se ainda a opção de 12 seguradoras para melhor se adequar ao risco da atividade profissional do médico.

d. a seguradora obriga o médico a contratar o advogado escolhido por ela

As seguradoras, segundo normas da SUSEP, não podem impor qualquer tipo de contratação, sendo faculdade do médico segurado escolher o profissional que irá representá-lo.

e. o médico qualificado e que possui bom relacionamento com os pacientes não precisa de seguro

Realmente, a adequada formação e um relacionamento saudável com os pacientes faz parte do programa de gestão de risco, mas não é preciso cometer um erro para ser processado, basta a ocorrência de uma intercorrência e o inconformismo do paciente para haver o litígio. Nota-se que a existência do erro (imperícia, imprudência e negligência) apenas será relevante para a condenação judicial ou ética.

f. o seguro tem um limite e não pagará a integralidade da condenação

O médico, no momento da contratação deverá escolher a importância segurada que deseja contratar. Se escolher o importe de R$ 100.000,00 (cem mil reais), a seguradora irá desembolsar até este valor, e assim sucessivamente.

A base lógica, estatística e fundamental sobre a qual se amarra o contrato de seguro, segue a linha das instituições financeiras na medida em que, mediante o recrutamento de um fundo comum por meio do pagamento de um maior número possível de contribuintes[6].

O profissional, juntamente com seu corretor de seguros e advogado especializado deve optar por um valor que seja condizente com o risco de sua atividade.

A prática e familiaridade com ações desta natureza deram aos autores do presente artigo a segurança de não indicar uma apólice inferior a R$ 500.000,00 (quinhentos mil reais).

4. Valores envolvidos nas demandas contra os médicos

É preciso ter em mente que, a partir de um único ato profissional, poderá haver reclamações na esfera administrativa (PAD), ética (PEP), judicial civil e judicial criminal.

6 CASTRO, Karina Pinheiro de. Seguro de Responsabilidade Médica e a Relação Médico-Pacientes ao Código de Ética Médica. 2ª ed. Rio de Janeiro: Lumen Juris, 2021, p. 147.

Apenas para o médico se defender, independentemente de posterior condenação, a média mínima de valores com honorários e custas judiciais a serem desembolsados são:

Esfera administrativa: engloba resposta e acompanhamento de sindicâncias internas de hospitais e administração pública. Honorários advocatícios: R$ 10.000,00 (dez mil reais).

Esfera ética: trata-se de dois momentos distintos, quais sejam, acompanhamento de sindicância e de processo ético profissional. Honorários advocatícios da sindicância: R$ 9.000,00 (nove mil reais). Honorários advocatícios do processo ético profissional: R$ 20.000,00 (vinte mil reais).

Esfera judicial civil: este é o processo judicial em que o paciente poderá pleitear indenização pelos danos sofridos por ele, e, como dito acima, independentemente da condenação há necessidade do pagamento para a defesa jurídica e custas processuais.

A OAB (Ordem dos Advogados do Brasil) de cada Estado estipula valores mínimos a serem cobrados e sugere, de forma geral, que o máximo seja 20% do valor da causa. Assim, supondo que o valor da ação seja de R$ 200.000,00 (duzentos mil reais), os honorários advocatícios poderão ser de até R$ 40.000,00 (quarenta mil reais), lembrando que não é obrigatório o advogado cobrar esse teto, pois trata-se de mera sugestão, a depender de particularidades regionais e da complexidade da causa.

No processo civil, além das custas com advogado, poderá haver o desembolso com o assistente técnico, médico perito que trabalha com o advogado e fornece a estratégia médica para a defesa do segurado, bem como elabora os quesitos e acompanha a perícia médica, tendo como honorários médios o importe de 7 salários-mínimos, atualmente R$ 9.240,00 (nove mil duzentos e quarenta reais).

Ademais, tem-se o desembolso com o perito do juízo, que possui a média de 8 salários-mínimos, atualmente R$ 10.560,00 (dez mil, quinhentos e sessenta reais).

Considerando tais gastos, o médico terá um desembolso provável, apenas para se defender, de R$ 59.800,00 (cinquenta e nove mil e oitocentos reais).

Já na esfera criminal, da mesma forma que na esfera ética, há dois momentos distintos, quais sejam, inquérito e processo criminal. Honorários do inquérito: R$ 12.000,00 (doze mil reais).

Em relação ao processo criminal os honorários advocatícios dependem da complexidade, mas a média (baixa) é de R$ 40.000,00 (quarenta mil reais), além do perito e assistente técnico, que juntos, assim como na esfera civil, somam a média de 15 salários-mínimos, atualmente R$ 19.800,00 (dezenove mil e oitocentos reais).

Desta forma, caso o médico seja provocado em todas as esferas, tem-se a somatória se R$ 170.600,00 (cento e setenta mil e seiscentos reais) apenas para a promoção da defesa jurídica e algumas custas judiciais.

Incontestável que se o seguro fosse apenas para promover custos com a defesa já valeria a pena, afinal, dificilmente um profissional liberal tem com dispor de forma imediata mencionado importe, sem o comprometimento de seu planejamento familiar e pessoal.

No entanto, é importante lembrar que ninguém está imune a cometer erros, mesmo os profissionais mais qualificados. Desta forma, dúvidas não há que o seguro de responsabilidade civil profissional funciona como uma rede de segurança, oferecendo amparo financeiro e jurídico em caso de eventualidades.

Neste momento, insta frisar que o autor do presente artigo, conforme se verifica em sua obra[7] atualizou seu entendimento, no sentido de entender necessário o seguro de responsabilidade civil profissional como ferramenta de segurança:

7 DANTAS, Eduardo. Comentários ao Código de Ética Médica. 7ª ed. Salvador: JusPodivm, 2023 p. 32.

> Empreendemos, sobre a matéria, uma significativa mudança de posicionamento. Após reflexão, vimos que a maioria das críticas que fazíamos ao seguro (objeto, inclusive, de capítulo específico na primeira edição deste livro) perderam o sentido, e que a ferramenta do seguro de responsabilidade civil, quando aliada a um bom programa de gerenciamento de risco legal, pode sim se tornar um elemento efetivo para proteção patrimonial do profissional de saúde.

Para que o médico tenha a cobertura e segurança necessária ao risco de sua atividade, é imprescindível que o corretor de seguros e seu advogado conheçam as apólices ofertadas no mercado, pois elas possuem diferenciais importantes entre elas.

A leitura e entendimento dos clausulados feita por leigos no assunto é algo extremamente complicado, pois as condições gerais refletem a linguagem técnica proveniente dos usos e costumes relacionados ao seguimento. Vários termos são, inclusive, muito semelhantes a doutrina estrangeira, derivando da mesma raiz latina[8].

Segundo Walter A. Polido[9] "a medida mais recomendável para a promoção da melhoria do entendimento acerca dos clausulados de seguros no país passa pela educação. O contrato de seguros tem, por natureza, conceito universal e, portanto, é transnacional. Não constitui, desta forma, exclusividade brasileira".

Como é sabido, o Código de Defesa do Consumidor (CDC) determina que os contratos, ainda mais os de adesão, como iminentemente o contrato de seguro o é, sejam claros e de fácil entendimento pelo consumidor, neste sentido:

---

8 POLIDO, Walter. Seguros de Responsabilidade Civil: manual prático e teórico. Curitiba: Juruá, 2013, p. 372.

9 Ibidem, p. 372.

> Art. 54. Contrato de adesão é aquele cujas cláusulas tenham sido aprovadas pela autoridade competente ou estabelecidas unilateralmente pelo fornecedor de produtos ou serviços, sem que o consumidor possa discutir ou modificar substancialmente seu conteúdo.
>
> (...)
>
> § 3º Os contratos de adesão escritos serão redigidos em termos claros e com caracteres ostensivos e legíveis, de modo a facilitar sua compreensão pelo consumidor.
>
> § 4º As cláusulas que implicarem limitação de direito do consumidor deverão ser redigidas com destaque, permitindo sua imediata e fácil compreensão".

A não observância desses dispositivos fatalmente trará prejuízos à seguradora, uma vez que o Judiciário decidirá muito mais favoravelmente ao segurado-consumidor, no caso de dúvida (AC 149.922-1 - TAMG; REsp 1.300.116/SP - STJ; REsp 1.293.006/SP - STJ).

Visando facilitar e obedecer aos normas legais, para amenizar a complexidade da matéria, foram incluídos Glossários nas apólices, os quais definem os termos técnicos utilizados no contrato de seguro.

Entretanto, como já era de se esperar, as seguradoras, temendo a lei, acabaram por redefinir termos que muitas vezes já possuem definição legal, tornando o clausulado ainda mais complexo de ser entendido.

Existe um movimento na área do seguro que defende a criação de um código securitário, o qual facilitaria e homogeneizaria os conceitos técnicos[10].

Mas, enquanto não houver mencionado código, imperativo se faz a consulta por profissionais que realmente trarão segurança ao profissional.

---

10 Ibidem, p. 309.

5. Outras vantagens do seguro que contribuem com o equilíbrio patrimonial e gestão do risco

Não obstante as questões já expostas acima, além do equilíbrio patrimonial que o seguro em questão pode proporcionar ao médico, pessoa física, algumas seguradoras fornecem a extensão de cobertura para pessoa jurídica do médico, desde que os atos tenham sido praticados por ele, e não por terceiros.

Com esta extensão securitária, sem ônus ao segurado, ainda é possível proporcionar tranquilidade a empresa, pois, como sabemos, alguns pacientes optam por processar também o consultório ou a clínica do médico, conjuntamente com o profissional, ou de forma isolada.

Outrossim, ainda como vantagens ao segurado, destaca-se que é facultado a este a possibilidade de notificar a seguradora sobre a ocorrência de quaisquer atos, fatos ou circunstâncias que possam originar uma futura reclamação, garantindo cobertura securitária junto a seguradora, mesmo que futuramente não haja a renovação da apólice.

Ao ter a proteção de um seguro de responsabilidade civil profissional, o médico pode se concentrar mais no atendimento ao paciente, sabendo que está protegido em caso de imprevistos.

O seguro também garante que os pacientes tenham meios de serem ressarcidos caso sofram algum dano decorrente de uma conduta culposa do médico.

Não obstante, também estimula a adoção de boas práticas e a busca pela excelência na prestação de serviços de saúde. A conscientização dos riscos envolvidos e a necessidade de evitar danos aos pacientes são incentivadas pelo fato de os médicos serem responsabilizados pelas consequências de suas ações.

Ao contratar o seguro, os médicos estão se comprometendo com uma cultura de segurança, que engloba a prevenção de riscos e a busca contínua pela qualidade e segurança do atendimento. Isso reflete positivamente no sistema de saúde como um todo, contribuindo para a redução dos erros e falhas.

Por fim, mas não exaurindo o tema, o seguro de responsabilidade civil profissional médico oferece proteção financeira tanto para os médicos quanto para as instituições de saúde, em caso de sinistros. Isso garante a continuidade dos serviços prestados e evita a exposição a perdas financeiras significativas, o que é especialmente relevante para médicos autônomos ou pequenas clínicas, lembrando, ainda, que já no Brasil, algumas instituições hospitalares estão apenas aceitando médicos que possuam uma apólice contratada.

Diante de tantos benefícios que o seguro pode proporcionar, o principal certamente é a tranquilidade emocional para se atender os pacientes e exercer a atividade médica de forma adequada.

Conclusões

O seguro de responsabilidade civil profissional médico é um instrumento essencial para a prevenção de riscos no exercício da medicina no Brasil. Ele desempenha um papel crucial na proteção dos médicos e pacientes, promovendo uma cultura de segurança e incentivando a busca pela excelência na prestação de serviços de saúde.

Além disso, ele garante estabilidade financeira aos profissionais e instituições de saúde, contribuindo para a manutenção da qualidade e continuidade do atendimento médico. Portanto, é fundamental que os médicos considerem a contratação do seguro como parte integrante de sua prática profissional, visando a proteção de todos os envolvidos e a melhoria do sistema de saúde como um todo.

No contexto atual de complexidade crescente na prática médica, a contratação de um seguro de responsabilidade civil profissional emerge como uma ferramenta indispensável para os médicos. Ao longo deste artigo, destacamos com clareza as inúmeras vantagens desse seguro, considerando o cenário caracterizado por um aumento substancial de demandas judiciais contra profissionais da saúde, a persistente judicialização da saúde, as consequências da crise econômica e o desafio da formação adequada de médicos no Brasil.

Em primeiro lugar, é indubitável que o seguro de responsabilidade civil profissional confere uma camada de proteção vital aos médicos. O aumento exponencial de ações judiciais contra esses profissionais torna evidente que mesmo os médicos mais cuidadosos podem estar sujeitos a processos legais. Nesse sentido, o seguro atua como um escudo financeiro, cobrindo despesas legais e possíveis indenizações, permitindo que os médicos continuem a exercer sua vocação sem a constante ameaça de perda substancial de patrimônio pessoal.

Em segundo lugar, em um cenário de judicialização da saúde, onde pacientes e familiares recorrem frequentemente aos tribunais para resolver questões médicas, o seguro de responsabilidade civil profissional oferece uma resposta concreta. Ao assumir os custos legais e oferecer apoio jurídico especializado, o seguro alivia o ônus emocional e financeiro sobre o profissional médico, permitindo que ele se concentre plenamente na prestação de cuidados médicos de qualidade.

Em terceiro lugar, a crise econômica que aflige o país torna ainda mais crucial a proteção financeira proporcionada pelo seguro. Médicos podem enfrentar dificuldades em lidar com despesas legais substanciais em um momento de aperto econômico generalizado. O seguro, ao atuar como um colchão financeiro, preserva a estabilidade econômica dos médicos e protege seu patrimônio pessoal e profissional.

Ademais, à medida que o número de profissionais médicos formados no Brasil aumenta, a preocupação quanto à formação acadêmica adequada se torna premente. Nesse contexto, o seguro de responsabilidade civil profissional ganha destaque como um elemento de profissionalização da carreira médica.

Ao incentivar os médicos a buscarem constantemente aprimoramento e atualização, o seguro eleva o padrão de cuidados médicos e, por consequência, contribui para a redução de possíveis erros médicos e consequentes processos legais.

Em síntese, no panorama atual marcado por um aumento das demandas judiciais, judicialização da saúde, crise econômica e o desafio da formação adequada de profissionais médicos, o seguro de responsabilidade civil profissional se apresenta como uma ferramenta essencial. Ele não apenas protege financeiramente os médicos contra ações legais, mas também sustenta a integridade emocional dos profissionais diante do crescente escrutínio legal.

Além disso, ao fomentar a busca por excelência e atualização, o seguro impulsiona a qualidade dos serviços médicos prestados, contribuindo para um sistema de saúde mais seguro e confiável para toda a sociedade. Diante dessas considerações, é inquestionável que a adoção do seguro de responsabilidade civil profissional é uma escolha sensata e estratégica para os médicos contemporâneos.

Referências

BRASIL. Lei nº 13.105, de 16 de março de 2015. Código de Processo Civil. Diário Oficial da União, Brasília, p. 1, 17 de março de 2015.

CASTRO, Karina Pinheiro de. Seguro de Responsabilidade Médica e a Relação Médico-Pacientes ao Código de Ética Médica. 2ª ed. Rio de Janeiro: Lumen Juris, 2021.

Conselho Federal de Medicina,.Resolução 2.217/2018.Diário Oficial da União, 27 de setembro de 2018.

Editora Roncarati. Disponível em https://www.editoraroncarati.com.br/v2/table/Colunistas/Walter polido. Acesso em 28 ago.2022.

DANTAS, Eduardo. COLTRI, Marcos. Comentários ao Código de Ética Médica. 3ª ed. Salvador: JusPodivm, 2020.

DANTAS, Eduardo. Direito Médico. 7ªª ed. Salvador: JusPodivm, 2023.

KFOURI NETO, Miguel. **Responsabilidade Civil do Médico.** 5ª ed., São Paulo: Revista dos Tribunais, 2003.

MYNSSEN, Carolina (et al.). Diálogos entre Direito e Medicina. 1ª ed. Rio de Janeiro: GZ Editora, 2022.

POLIDO, Walter. Seguros de Responsabilidade Civil: manual prático e teórico. Curitiba: Juruá, 2013.

Superintendência de Seguros Privados (Susep), Circular Susep 336. Diário Oficial da União, 22 de janeiro de 2007.

Superintendência de Seguros Privados (Susep), Circular Susep 637. Diário Oficial da União, 27 de julho de 2021.

KFOURI NETO, Miguel. **Responsabilidade Civil do Médico.** 5ª ed., São Paulo: Revista dos Tribunais, 2003.

A RESPONSABILIDADE CIVIL DO MÉDICO EM TEMPOS DE INTELIGÊNCIA ARTIFICIAL

Desafios da integração da inteligência artificial na prática médica e suas implicações legais

Beatrice Brito Akuamoa
Fernanda Brasil Bezerra

Introdução

A tecnologia tem sido cada vez mais utilizada em todos os setores da vida moderna, sendo a responsável por grande evolução na medicina. Nesse sentido, a inteligência artificial (IA) permite que máquinas realizem tarefas que normalmente exigiriam inteligência humana, como reconhecimento de padrões, aprendizado, raciocínio e tomada de decisão. Na medicina, a IA é aplicada em diversas áreas, como diagnóstico, tratamento, prevenção e pesquisa.

Dados como informações de anamnese, exame clínico do paciente, exames complementares, evolução da enfermidade e medicamentos prescritos coletados por meio de prontuário eletrônico podem agora serem analisados por meio de algoritmos e propostos diagnósticos diferenciais de enfermidade e as respectivas probabilidades de ocorrência.

Mas, uma das aplicações mais inovadoras da IA na medicina é a cirurgia robótica, que consiste na realização de procedimentos cirúrgicos assistidos por robôs controlados pelo cirurgião.

No entanto, nos dizeres de Luciana Dadalto e William Pimentel [1]"diante do cenário crescente do uso da IA na área da saúde, necessário se discutir a possibilidade jurídica de se responsabilizar civilmente o médico pelo erro praticado pelo equipamento inteligente utilizado pelo profissional durante a investigação de saúde ou anamnese do paciente". Uma vez que não há no Brasil lei que trate especificamente sobre se a responsabilidade civil por eventuais danos ocorridos seria do médico ou da máquina.

1. O que é inteligência artificial e como é usada na prática médica?

Inteligência artificial é um conceito que remete a atribuições de determinadas ações, antes executadas apenas por humanos, às máquinas. Na prática, consiste no uso de sistemas informatizados e símbolos computacionais para imitar o comportamento humano (redes neurais computacionais).

O termo "inteligência artificial" (IA) teve como marco inicial a conferência em Dartmouth College em 1956 pelos precursores de estudo da matéria John McCarthy e outros pesquisadores[2], tendo a menção em medicina sido noticiada em

1 DADALTO, L.; PIMENTEL, W. Responsabilidade civil do médico no uso da inteligência artificial. Revista IBERC, Belo Horizonte, v. 2, nº 3, 2019. DOI: 10.37963/iberc.v2i3.86. Disponível em: https://revistaiberc.emnuvens.com.br/iberc/article/view/86. Acesso em: 15 jun. 2023.

2 Disponível em: <https://250.dartmouth.edu/highlights/artificial-intelligence-ai-coined-dartmouth>. Acesso em 15 jun 2023

um artigo da Shortlife em 1963. Em 1972, Howard Bleish, um dos pioneiros do estudo da aplicação da IA na medicina, já falava de um sistema que possibilitava o controle do equilíbrio hidroeletrolítico de pacientes[3].

No entanto, foi nos anos 80 e 90 que as pesquisas se intensificaram. A partir desse período, houve um avanço significativo no desenvolvimento de técnicas de inteligência artificial, com redes neurais artificiais e algoritmos de aprendizado de máquina, que começaram efetivamente a ser aplicadas em várias áreas da medicina.

A inteligência artificial aplicada à medicina tem sido usada principalmente por meio de equipamentos que reúnem e compartilham grandes quantidades de dados em sistemas de informação. Essa alta capacidade de armazenamento de informações e dados podem ser aplicadas em diversos campos da medicina como: desenvolvimento de medicamentos, tratamento e assistência ao paciente, tomada de decisões operacionais e financeiras.

Verifica-se assim que, a utilização da IA na medicina consiste no reconhecimento de padrões e imagens, entender a linguagem aberta, escrita e falada, perceber relações e nexos, seguir algoritmos e conseguir entender conceitos e não apenas processar dados e, com base no aprendizado que pode ser supervisionado ou não, começa a gerar novas informações.

Esses sistemas que estão cada vez mais "autoaprendendo" os modelos de cuidados a saúde, jamais poderão substituir os médicos, mas sem sombra de dúvida já estão modificando a relação médico-paciente e a maneira de atuação do sistema de saúde e, consequentemente, do próprio profissional que deverá seguir um modelo mais dinâmico, preciso e eficaz.

3 LOBO, Luiz Carlos. Inteligência Artificial e Medicina. Disponível em https://doi.org/10.1590/1981-52712015v41n2esp. Acesso em 15 jun 2023

2. Benefícios e desafios do uso da inteligência artificial na medicina

A aplicação da IA na medicina oferece uma série de benefícios significativos. Hoje é amplamente noticiado a possibilidade de ferramentas que utilizam IA oferecerem suporte às habilidades humanas na realização de diversas tarefas médicas. Estudos realizados em Harvard para identificação de metástases de câncer de mama em linfonodos com o uso da IA conseguiu diagnosticar com uma eficácia de 92%, este mesmo estudo demonstrou que patologistas conseguiram identificar a mesma patologia em 96%. Quando feita a sinergia entre médicos patologistas e a IA, a eficácia no diagnóstico passou a ser de 99,6%.

Verifica-se que computadores podem armazenar e recuperar dados sobre imagens, lesões na pele ou exames radiológicos, de ultrassom, gerar probabilidades de diagnósticos baseadas em algoritmos, e podem ser detalhadamente analisados em decorrência dos resultados obtidos (self *improvement).*

Os dados dos pacientes coletados diretamente de prontuários eletrônicos, seja por simples digitação de informações básicas do estado de saúde do paciente, de exames clínicos ou medicamentos prescritos são suficientes para com o auxílio da IA serem usados como base para propor condutas ou avaliar probabilidades de outras ocorrências.

Tem-se também que o uso de dispositivos vestíveis/corporais (wearable devices) apresentam uma crescente evolução como forma de obtenção de informações contínuas do estado clínico do paciente em relação à glicemia, movimentos cardíacos e doenças degenerativas e podem gerar, por exemplo, ações automatizadas, como injetar insulina, dar descarga elétrica de um desfibrilador subcutâneo ou modular a dose de determinado medicamento. Informações que podem ser captadas em tempo real pelo celular do paciente e ser transmitido quase que imediatamente a seu médico.

Mas, sem sombra de dúvida, é no setor diagnóstico e das cirurgias minimamente invasivas que a IA despontou como uma crescente realidade. Ferramentas da IA conseguem fazer uma varredura célere e assertiva sobre os melhores exames a serem realizados em determinadas situações e ler com precisão quase que totalidade dos resultados, fora a possibilidade de tudo ser feito remotamente e em tempo real.

No tocante às cirurgias, uma das aplicações mais inovadoras da IA na medicina é a cirurgia robótica, que consiste na realização de procedimentos cirúrgicos assistidos por robôs controlados pelo cirurgião.

A cirurgia robótica oferece diversas vantagens em relação à cirurgia convencional, como maior precisão, menor invasão, menor sangramento, menor risco de infecção, menor tempo de internação e recuperação mais rápida. Além disso, a cirurgia robótica proporciona uma visão tridimensional e ampliada do campo operatório, permitindo que o cirurgião realize movimentos mais delicados e complexos. A IA também pode auxiliar o cirurgião na análise de dados pré-operatórios, na escolha da melhor técnica cirúrgica e na avaliação dos resultados pós-operatórios.

Apesar da medicina está se modificando exponencial e rapidamente impulsionada pelo uso da tecnologia, o uso da IA também apresenta desafios importantes. Mas, a garantia dos dados utilizados para treinar os algoritmos, a precisão das previsões e recomendações, a interpretação dos resultados obtidos por meio da IA, a inserção dessa tecnologia no fluxo de trabalho ou mesmo na própria dificuldade do médico em compreender como esse sistema inteligente opera são fatores que precisam ser considerados.

Assim, surge o questionamento da responsabilidade civil do profissional médico. ao se considerar o uso da IA na medicina. Embora a IA possa fornecer informações valiosas, precisas e auxiliar no processo de tomada de decisão clínica, deve ser compreendido os limites dessa inteligência e questionado quando o médico responde ou não por condutas baseadas nas informações fornecidas por esta tecnologia.

3. Responsabilidade civil do médico

A interseção entre a medicina e a inteligência artificial (IA) resulta em avanços significativos na prestação de cuidados de saúde, diagnósticos e tratamentos mais precisos. A IA demonstra um potencial notável para melhorar a eficiência e a eficácia dos serviços médicos, mas também traz consigo uma série de desafios legais e éticos. Um desses desafios é a questão da responsabilidade civil do médico quando a IA é empregada na prática médica, em casos de erro ou dano resultante dessas tecnologias.

A responsabilidade civil, por definição, é o dever legal causador de um dano de indenizar a vítima pelo prejuízo que lhe causou, seja por violação de uma norma jurídica legal ou contratual. Baseia-se na premissa de que cada indivíduo deve agir para não prejudicar outros e, se o fizer, deve arcar com as consequências de suas ações. Essa noção está enraizada na ética e na moral, além de ser crucial para manter a ordem e a coexistência pacífica da sociedade.

Segundo Maria Helena Diniz:

> "a responsabilidade civil pressupõe uma relação jurídica entre a pessoa que sofreu o prejuízo e a que deve repará-lo, deslocando o ônus do dano sofrido pelo lesado para outra pessoa que, por lei, deverá suportá-lo, atendendo assim à necessidade moral, social e jurídica de garantir segurança da vítima violada pelo autor do prejuízo." [4]

4 DINIZ, Maria Helena. Curso de direito civil brasileiro. 29ª ed. Vol. 7. São Paulo. Saraiva. 2015, p. 23.

Para que a responsabilidade civil subjetiva seja caracterizada e haja o dever de reparação do dano, é necessário a presença de quatro requisitos: ação ou omissão; culpa lato sensu; nexo de causalidade e dano.

Quando falamos em responsabilidade civil objetiva, aqui temos apenas três requisitos obrigatórios: ação ou omissão, dano e nexo de causalidade. Importante salientar que o elemento culpa não é obrigatório para ser aplicado o dever de indenizar.

O artigo 186 do nosso Código Civil Brasileiro dispõe sobre os pressupostos da responsabilidade civil "aquele que, por ação ou omissão voluntária, negligência ou imprudência, violar direito e causar dano a outrem, ainda que exclusivamente moral, comete ato ilícito."

Diante da exposição, podemos dizer que a negligência ocorre quando alguém não age com a diligência e, como resultado, causa dano a outra pessoa. O dolo envolve a intenção deliberada de causar o dano. Já a imprudência refere-se a ações precipitadas que levam a danos.

3.1 Como a responsabilidade civil se aplica à prática médica

A responsabilidade civil do médico deriva do dever de cuidado que ele tem para com seus pacientes. Isso implica que o médico deve agir com habilidade, competência e prudência no exercício de sua profissão, buscando o melhor interesse do paciente. Quando um paciente sofre danos devido à negligência ou má prática médica, o médico pode ser considerado legalmente responsável por esses danos.

Nesse sentido, a introdução da IA na medicina apresenta desafios únicos na determinação da responsabilidade do médico em caso de erro. A questão central é até que ponto o médico é responsável pelo diagnóstico ou tratamento prescrito por um sistema de IA.

Diante do contexto da utilização da IA na medicina, surgem desafios específicos em relação à responsabilidade civil do médico:

a) Decisões autônomas da IA: a inteligência artificial pode tomar decisões autônomas com base em algoritmos complexos e dados de treinamento. Isso levanta questões sobre quem é o responsável quando a IA toma uma decisão errada resultante em danos ao paciente. É importante determinar se o médico ou o fabricante do algoritmo é responsável por tais decisões.

b) Supervisão humana: muitos sistemas de IA na medicina são projetados para auxiliar os médicos, não para substituí-los. No entanto, se um médico negligenciar a devida supervisão ou tomar decisões cegas baseadas na IA, ele ainda pode ser considerado responsável por quaisquer consequências negativas. É esperado que os médicos compreendam as limitações e os pontos fortes dos sistemas de IA que estão utilizando, a fim de tomar decisões informadas.

c) Erros de algoritmos e dados: os algoritmos de IA podem ser prejudicados por vieses nos dados de treinamento, levando a diagnósticos incorretos ou recomendações inadequadas. Nesses casos, a responsabilidade pode recair tanto sobre o médico quanto sobre a instituição que implementou a IA, caso não tenham tomado as devidas precauções para garantir a qualidade dos algoritmos e dos dados.

d) Tomada de decisão autônoma da IA: quando a IA toma decisões de forma autônoma, a questão da responsabilidade se torna mais complexa. Determinar se o erro é resultado de uma decisão puramente algorítmica ou de intervenção humana inadequada pode ser um grande desafio.

Assim, a integração da inteligência artificial na prática médica oferece benefícios promissores, mas também desafia a responsabilidade civil dos médicos. A determinação de quem é responsável por danos decorrentes do uso da IA requer uma análise cuidadosa das circunstâncias individuais. A adoção responsável da IA, com uma combinação de supervisão humana adequada, treinamento contínuo e avaliações rigorosas dos sistemas de IA, pode ajudar a minimizar os riscos e garantir a prestação de cuidados de saúde de alta qualidade e seguros.

4. Responsabilidade civil do médico frente ao uso da inteligência artificial

Nicholson Price afirma que, em tese, caso o médico não seja diligente na utilização da IA, pode ser responsabilizado. No mesmo sentido, Fruzsina Molnár-Gábor defende que, se os médicos reconhecerem, com base em suas competências, que as informações fornecidas pela IA estão incorretas naquele caso específico, não devem considerá-las como base para a tomada de decisão. Assim, para verificar se um médico agiu culposamente em um caso específico, devem ser analisados os padrões de conduta profissional exigidos no momento da atuação médica. Em linhas gerais, conclui-se que o médico especialista que utiliza a tecnologia estará na difícil posição de justificar: a) as razões que o levaram a seguir o diagnóstico ou curso de ação sugerido pela IA; ou b) por que – e com base em quais fatores – se desviou da recomendação algorítmica. O médico é livre para escolher seus meios de diagnóstico e propostas de terapia, mas também é responsável por suas escolhas.[5]

No âmbito da medicina, o dever de informação é essencial para a expressão da vontade livre, esclarecida e consciente do paciente. Assim, cabe ao médico fornecer todas as informações

5 FALEIROS Jr, José Luiz de M e Rafaella Nogaroli. Disponível em https://www.migalhas.com.br/coluna/migalhas-de-responsabilidade-civil/347150/tripla-dimensao-semantica-da-opacidade-algoritmica-no-consentimento. Acesso 15 jun 23

relativos ao diagnóstico e prognóstico adotados, incluindo benefícios, riscos, intercorrências e as razões pelas quais determinado procedimento foi adotado.

Seguindo essa linha de raciocínio, o médico, em regra, deve sempre informar e esclarecer o paciente sobre qual o diagnóstico, prognóstico, proposta de tratamento ou por quais fatores o procedimento está apoiado, devendo, portanto, ser o paciente informado caso tais decisões tenham sido obtidas por meio da inteligência artificial, explicando inclusive o caminho para a chegada das conclusões adotadas, a depender do nível de compreensão do paciente.

A formalização do dever de informação em um documento primordialmente (o termo de consentimento livre e esclarecido - TCLE) não partiu de uma necessidade médica, e sim, do direito, sobretudo em razão do fenômeno da judicialização da saúde. Mas, essa fusão entre as ciências confunde a maioria dos médicos e, por isso, muitos não cumpre adequadamente com o dever informacional, transformando o que deveria ser a mais adequada experiência informacional, em um mero "protocolo" ou documento jurídico.

Por isso, deve ser debatido que o exponencial progresso da IA e desenvolvimento do *machine learning,* através do qual as máquinas aperfeiçoam as informações em que são alimentadas, acumulam experiências, dados e conseguem extrair aprendizados próprios, estão se expandindo com a velocidade que esta tecnologia está evoluindo, isto é, muito rápido, estando cada vez mais próximas situações em que robôs inteligentes, no âmbito da saúde, agirão de forma independente ou minimamente controlada, tomando decisões de forma autônoma no tocante a condutas a serem realizadas, e o paciente deve estar ciente disso.

Fala-se aqui da ministração de medicamentos com base nos dados colhidos no prontuário eletrônico ou serem dados diagnósticos diretamente ao paciente com base em informações por ele respondidas totalmente automatizadas.

Tais situações já estão acontecendo, como no "Dio.io", mecanismo de inteligência artificial criada pela sociedade empresária Healthy.io em parceria com a Siemens Healthineers, que "permite que pacientes possam fazer seu exame de urina no conforto de suas casas. Aprovado recentemente pela agência norte-americana de fármacos FD, o produto é um kit que coleta e analisa amostras com a ajuda da *machine learning* e visão computacional."[6]

Os questionamentos que precisam ser formulados são do tipo: a) a quem deve ser atribuída a responsabilidade nos casos em que um médico que faz o diagnóstico de um paciente oncológico, por exemplo, acreditando, num primeiro momento, que ele tem um determinado tipo de câncer, mas, após inserir os dados clínicos do paciente em um mecanismo de diagnóstico de IA, este apresenta resultado diverso, dizendo que o paciente tem um tipo diferente de câncer? b) qual conduta deve ser adotada? c) no caso da decisão tomada ter sido errada, a quem deve ser imputada a responsabilidade? d) ou ainda, no caso de uma perfuração ou lesão sofridas por paciente submetido à cirurgia robótica? e) quais são os critérios a serem adotados para a responsabilização do dano causado? Esses são os pontos de debate pretendidos nesse artigo.

No caso das cirurgias robóticas, torna-se necessário a análise de fato quem é o responsável pelo dano a que o paciente foi submetido, partindo das indagações a respeito se: a) a equipe médica possui habilidade técnica para realizar o procedimento, b) o hospital tomou os devidos cuidados para a cirurgia poder ser realizada adequadamente; c) ou se o próprio fornecedor do equipamento deixou de apresentar as eventuais limitações ou erros que o equipamento utilizado poderia trazer.

6 ALVEZ, Rafael. 5 aplicações da Inteligência Artificial na Medicina. Portal Telemedicina. 30 nov. 2018. Disponível em: <https://portaltelemedicina.com.br/blog/aplicacoes-inteligencia-artificial-namedicina>

De fato, não restam dúvidas de que quanto maior for a autonomia do robô, menos deve ser tratado como uma simples ferramenta. Assim, identificar o grau de autonomia e inteligência dessas máquinas será essencial para o estabelecimento da responsabilidade a ser aplicada!

O Parlamento europeu, no início do ano de 2017, adotou uma resolução com recomendações sobre regras de Direito Civil e Robótica que indica a necessidade de se regular o desenvolvimento de robôs autônomos e inteligentes, além de sugerir que se crie uma espécie de personalidade jurídica para tais robôs. "Considerando que, quanto mais autônomos, menos poderão ser encarados como mero instrumentos nas mãos de outros intervenientes (fabricante, operador, proprietário, utilizador)".[7]

Mais ainda, estabeleceu que todas as utilizações da IA no domínio da saúde pública devem respeitar: a) a proteção de dados pessoais dos doentes; b) evitar a divulgação descontrolada deles; além de: manter a relação médico e paciente, garantir a possibilidade de ser afastada a solução sugerida pela IA e a manutenção da responsabilidade do profissional pela tomada de qualquer decisão.[8]

Já no Brasil o Projeto de Lei nº 2.338/2023 institui o marco legal da Inteligência Artificial para proteger os direitos fundamentais e garantir a implementação de sistemas seguros

7 Resolução do Parlamento Europeu, de 16 de fevereiro de 2017, que contém recomendações à Comissão sobre disposições de Direito Civil sobre Robótica (2015/2103(INL). Disponível em https://www.europarl.europa.eu/doceo/document/TA-8-2017-0051_PT.html#title1. Acessado em 18 jun 23

8 Resolução do Parlamento Europeu, de 20 de janeiro de 2021, sobre a inteligência artificial: questões de interpretação e de aplicação do direito internacional na medida em que a UE é afetada nos domínios da utilização civil e militar e da autoridade do Estado fora do âmbito da justiça penal (2020/2013(INI) Disponível em https://www.europarl.europa.eu/doceo/document/TA-9-2021-0009_PT.html#def_1_6. Acessado em 18 jun 23.

e confiáveis, em benefício da pessoa humana, do regime democrático e do desenvolvimento científico e tecnológico.

Em relação à responsabilização civil houve uma diferenciação quando se tratar de sistema de IA de alto risco ou de risco excessivo, onde o fornecedor ou operador respondem objetivamente pelos danos causados, na medida de participação de cada um no dano. E ao se tratar de IA que não seja de alto risco, a culpa do agente causador do dano será presumida, aplicando-se a inversão do ônus da prova à vítima.

A Resolução n.º 2.311/2022 do Conselho Federal de Medicina que regulamenta a cirurgia robótica no Brasil, em seu §4º do art. 3º estabelece que "a responsabilidade da assistência direta ao paciente é do cirurgião principal em relação ao diagnóstico, indicação cirúrgica, escolha da técnica e via de acesso, além das complicações intraoperatórias e pós-operatórias". Há, portanto, a aplicação da responsabilidade objetiva, onde o comportamento da máquina é imputado à pessoa física em nome de quem a máquina está agindo.

Verifica-se assim que, no tocante a responsabilidade civil frente a IA, ainda não há um entendimento efetivo ou uníssono, no que se refere a responsabilização direta das máquinas, transformando-as em agentes artificiais autônomos. Existe um entendimento restritivo, embasado na ideia de que não importa o quão inteligente ou autônomas, as máquinas nunca podem se tornar pessoas. Para os defensores desse pensamento, por mais desenvolvidos que sejam os sistemas, eles nunca atingirão as propriedades do ser humano, tais como, intencionalidade, livre-arbítrio, consciência, que parecem constituir os pré-requisitos da responsabilidade ética/moral e consequentemente não poderiam ser legalmente responsáveis por suas ações.[9]

9 MORO, Rafael. Souza. Desafios legais relacionados a inteligência artificial e gestão empresarial. 2018. Artigo (MBA em Inteligência de Negócios). Universidade Federal do Paraná, Curitiba, 2018.

Outra mais ampla, que infere que a lei é uma ferramenta adaptável ao desenvolvimento social, podendo ser aplicada a qualquer pessoa ou coisa. Sendo, assim, torna-se possível indicar um agente artificial autônomo como responsável por suas ações. Os defensores deste ponto de vista argumentam que os sistemas jurídicos incluem as entidades despersonificadas, as pessoas jurídicas e, que por muito tempo não reconheceram sujeitos de direitos os escravos, crianças e mulheres.[10]

Desta feita, partindo-se dessa linha de raciocínio, se mostraria necessário o desenvolvimento de um "sistema de responsabilidade civil diferenciado" que englobaria os diversos agentes participantes do dano causado pela IA e considerado: o grau de participação do agente no evento danoso, o tipo de tecnologia e grau de autonomia da máquina, mas, principalmente a intencionalidade e o livre arbítrio.

Fazendo uma avaliação com base nesses entendimentos apresentados, essas características só podem ser reconhecidas no indivíduo com outro, "demonstrando que a concepção restritiva de responsabilidade dos agentes artificiais é equivocada, impossibilitando a atribuição de responsabilidade às máquinas".[11]

Em razão do caminho a percorrer com relação ao desenvolvimento das máquinas e, chegar-se ao ponto destas tornaram-se cada vez mais independentes, atualmente a discussão acerca da responsabilidade civil frente ao uso da AI deve considerar os elementos da culpa.

10 MORO, Rafael. Souza. Desafios legais relacionados ...

11 Hage, J. Fundamentos teóricos para a responsabilidade dos agentes autônomos. *Artif Intell Lei* 25, 255-271 (**2017**). https://doi.org/10.1007/s10506-017-9208-7. Acesso em: 16 jun 23

5. Os elementos da culpa e o uso da inteligência artificial

A obrigação do médico é, em regra geral, de meio e não de resultado, ou seja, implica no dever de prudência e diligência no exercício da profissão, utilizando-se dos meios disponíveis para o atendimento ao paciente, não se falando em garantia do resultado na maior parte dos casos. Podendo-se falar em "exceção" nos casos de algumas especialidades, como cirurgia plástica, em que a obrigação poderá ser de resultado.

Assim, o erro médico está indissociavelmente ligado à culpa no seu sentido mais restrito. Relacionado, portanto, à "conduta voluntária (ação ou omissão) que produz resultado antijurídico não querido, mas previsível e, excepcionalmente, previsto que podia, com a devida atenção, ser evitado".[12]

A falta de cuidado, a conduta sem as devidas precauções ou a inabilidade técnica caracterizam a *culpa stricto sensu*. A responsabilidade civil do médico envolve o erro e pressupõe nas palavras de Croce:

> ser obrigatoriamente necessário que o dano ou prejuízo tenha advindo, exclusivamente, por culpa, ou seja, por negligência, imperícia ou imprudência, e não por dolo, que é a direta intenção de produzir o resultado ou assumir o risco de produzi-lo, já que, neste caso, responderá ele fora de sua profissão, como qualquer cidadão, seja qual for a natureza de seu mister.[13]

Mas trazendo esses elementos da culpa para o âmbito da atuação médica frente ao uso da IA, pode ser aplicado o que estabelece Jurandir Sebastião de que a responsabilização poderá ser analisada a partir:

---

12 MIRABETE, Júlio Fabbrini. Manual de direito penal, São Paulo, Atlas, 25ª edição, p. 49.

13 C ROCE, Delton; CROCE JÚNIOR, Delton. Erro médico e o direito. 2ª ed. São Paulo: Saraiva, 2003, p. 7

> saber quem assumiu o risco em caso de frustração (não atingimento do fim) ou de prejuízo(dano) diante de resultado negativo. Se o risco foi assumido por quem contrata (paciente, no caso da medicina), cumpre a este provar a culpa do contratado (médico) pelo dano resultante - será contrato de meios. Se o risco é do contratado (médico, no caso da medicina), cumpre a este, para se eximir da responsabilidade (uma vez que não atingiu o resultado desejado), provar que o insucesso decorreu de fato que escapou de sua esfera de ação, quer por culpa do próprio contratante, quer porque derivado de força maior ou de caso fortuito - será contrato de resultado". [14]

Em outras palavras, o médico pode ser considerado o único responsável pelo tratamento, sendo responsabilizado por danos causados, mas, diante dos riscos de falhas ou eventuais insucessos devem ser analisados a qualidade e os testes realizados nos mecanismos de IA utilizado; se houve treinamentos efetivos com apresentação de dados precisos e representativo da utilização da IA; se o IA foi utilizada em conjunto com o julgamento médico e não em substituição a ele; se há o monitoramento da IA e a realização periódica de alterações e atualizações, todos fatores que permitem afastar, descaracterizar a presença dos elementos de imprudência, negligência ou imperícia para haver a responsabilização.

6. Como a inteligência artificial pode afetar a responsabilidade civil do médico

A responsabilidade civil do médico é o dever de reparar os danos causados aos pacientes por atos ilícitos praticados no exercício da profissão. Esses atos, ao serem decorrentes de cul-

14 SEBASTIÃO, Jurandir. Responsabilidade médica: civil, criminal e ética. 3ª ed. rev. atual. Belo Horizonte: Del Rey, 2003, p. 94

pa (negligência, imprudência ou imperícia), são avaliados com base no padrão de conduta esperado de um profissional diligente, competente e atualizado.

A questão que se coloca é como a IA pode afetar a responsabilidade civil do médico, tanto em relação à culpa quanto ao risco? Por um lado, a IA pode ser uma ferramenta útil para auxiliar o médico na tomada de decisões clínicas, aumentando a precisão, a eficiência e a qualidade do atendimento. Nesse caso, a IA pode reduzir a probabilidade de erros médicos e, consequentemente, a responsabilidade civil do médico. Por outro lado, a IA pode ser uma fonte de riscos e incertezas para o médico e o paciente, gerando situações de conflito, dúvida ou erro. Nesse caso, a IA pode aumentar a complexidade e a dificuldade de atribuir responsabilidade civil ao médico.

7. Responsabilidade civil em casos de negligência, imprudência e imperícia no uso da inteligência artificial

Seguindo a linha de raciocínio sobre as questões de responsabilização civil, culpa médica e inteligência artificial podem ser descritas algumas das situações que envolvam a IA, atuação médica e sua eventual responsabilização.

Numa primeira situação seria quando o médico utiliza um sistema de IA de forma auxiliar no diagnóstico ou no tratamento de um paciente e esse sistema apresenta uma falha técnica ou uma informação incorreta, levando a um diagnóstico, tratamento errado ou inadequado.

Outra seria quando o médico delega total ou parcialmente a decisão clínica ao sistema de IA, sem verificar ou questionar os dados, as recomendações fornecidas pelo sistema, ou ainda, não informa ou obtém o consentimento do paciente sobre o uso da IA.

Pode-se falar ainda do caso do médico que ignora ou contraria as orientações do sistema de IA, sem justificar ou fundamentar sua decisão clínica, ou ainda sem comunicar, ou explicar ao paciente os motivos da sua escolha.

Por fim, o caso do médico que utiliza um sistema de IA para realizar uma intervenção cirúrgica ou invasiva no paciente, mas o sistema causa um dano ao paciente por uma falha técnica, incapacidade do operador ou uma reação adversa do paciente.

Em todas essas situações, há uma possível violação dos deveres éticos e legais do médico, como o dever de cuidado, o dever de informação e o dever de consentimento. Além disso, pode-se falar na própria violação dos direitos do paciente, como o direito à saúde, o direito à autonomia e o direito à dignidade; fatores que por si só já poderiam configurar a responsabilidade civil do médico.

No entanto, todas as situações descritas perpassam por características comuns de conduta ou a omissão dela por parte do profissional, o que de fato poder auxiliar na análise do grau de responsabilidade que deve ser incutida ao médico, podendo se falar inclusive no risco a que fica sujeito o paciente.

Diante desse cenário, verifica-se a necessidade de regulamentação específica sobre o uso da IA na medicina, estabelecer critérios técnicos e éticos para a sua aplicação, bem como os limites e as condições para a sua responsabilização.

Além disso, não pode ser pormenorizado a necessidade de que haja uma formação adequada dos médicos sobre os conceitos e as implicações da IA na sua prática profissional, bem como uma ampla, constante e massificada a conscientização dos pacientes sobre os benefícios e os riscos da IA na sua saúde.

Tais aspectos que podem trazer de forma garantir uma utilização mais segura e responsável da IA na medicina.

Conclusões

No direito brasileiro, os profissionais ditos como liberais, respondem pelos danos causados dentro da teoria subjetiva, sendo necessário demonstrar a culpa do agente. No caso dos médicos, a relação desses com seu paciente é considerada como consumerista, levando a chamada inversão do ônus da prova, o que significa que sua "responsabilidade não pode prescindir da aferição de culpa.[15]

Ao ser analisada a responsabilidade civil do médico no uso da IA, seja em casos de diagnóstico errado, falha no tratamento ou complicações algorítmicas ou lesões ocasionadas pelo uso da ferramenta inteligente, apesar de ser um tema complexo e controverso, que envolve aspectos éticos, jurídicos e técnicos, deve ser considerado que a IA deve ser "instrumento auxiliar" na tomada de decisões e não substituta do julgamento clínico e da autonomia profissional.

Assim, tem-se um ponto de partida para se definir a responsabilização civil em casos de negligência, imprudência ou imperícia no uso da inteligência artificial.

Questionamentos como uso da quem deve responder pelos danos causados aos pacientes pelo uso da IA: se o médico, o fabricante, o programador, o provedor ou até o próprio sistema? Ou como comprovar a culpa ou o nexo causal? Ou mais ainda, como os direitos dos pacientes e dos profissionais de saúde diante do uso da IA podem ser garantidos? São perguntas que exigem reflexão e debate, tendo em vista os princípios da dignidade humana, da proteção da saúde, da segurança jurídica e da inovação tecnológica.

No entanto, partindo-se da premissa de que todo o sistema tem um indivíduo "alimentador" da máquina, tem possível a análise do grau de culpabilidade de cada agente nos danos causados.

15 Código de Ética Médica, aprovado em novembro de 2018 e que entrou em vigor em abril de 2019, afirma que a relação médico/paciente não é de consumo, contudo contraria julgados do STJ, como o AgRg no AREsp 25.838/PR

Mas, é importante reforçar que o ponto inegociável é o dever informacional, onde compete ao médico informar ao paciente sobre os riscos e benefícios do uso da inteligência artificial, obter o consentimento livre e esclarecido do paciente, além da adequada verificação da confiabilidade, validade e segurança dos sistemas de inteligência artificial utilizados, sendo necessário estar disponível ferramentas, pessoal ou que se fizer necessário para corrigir ou intervir em caso de falhas ou erros. Sob pena, em caso de manifesto dano causado ao paciente por negligência, imprudência ou imperícia no uso da inteligência artificial pelo médico, ou de quem for apurada a má ou ausência de conduta, ser responsabilizado civilmente, devendo indenizar o paciente pelos prejuízos causados.

Reforça-se assim que, a incorporação plena da IA na prática médica não pressupõe subtração do protagonismo do médico. Para a boa prática médica é necessário que o médico entenda que antes da doença existe o doente.

Em um cenário no qual a inteligência artificial desempenha um papel cada vez mais relevante na atuação médica, a discussão sobre sua implicação na responsabilidade civil torna-se inevitável.

A inevitabilidade do uso da IA na medicina traz consigo a necessidade de considerar que, acima de qualquer "sistema inteligente", permanece um paciente e um médico que deve ser inteiramente responsável por suas decisões e ações clínicas. Embora a IA seja um valioso instrumento auxiliar, o julgamento clínico e a autonomia profissional devem prevalecer.

Ainda que o debate em torno da atribuição de responsabilidade seja complexo, a verdade inquestionável é a obrigação do médico de informar plenamente o paciente sobre o uso da inteligência artificial, obter consentimento esclarecido e assegurar a confiabilidade dos sistemas adotados.

No mundo em que cada vez mais os comportamentos tornam-se robotizados e as máquinas "humanizadas", independentemente da evolução tecnológica, a base da relação médico-paciente permanece intrínseca: a busca por informações claras, consentimento esclarecido e a dedicação ao bem-estar do paciente.

Referências

ALVEZ, Rafael. **5 aplicações da Inteligência Artificial na Medicina**. Portal Telemedicina. 30 nov. 2018. Disponível em: https://portaltelemedicina.com.br/blog/aplicacoes-inteligencia-artificial-na-medicina. Acesso em: 15 jun. 2023.

ANDRADE, Fabio Siebeneichler de; FACCIO, Lucas Girardello. **Notas sobre a responsabilidade civil do médico pela utilização da inteligência artificial**. Revista Magister de Direito Civil e Processual Civil, Porto Alegre, v. 16, nº 91, p. 96-114, jul./ago. 2019.

CROCE, Delton; CROCE JÚNIOR, Delton. **Erro médico e o direito.** 2ª ed. São Paulo: Saraiva, 2003.

DADALTO, L.; PIMENTEL, W. **Responsabilidade civil do médico no uso da inteligência artificial.** Revista IBERC, Belo Horizonte, v. 2, nº 3, 2019. DOI: 10.37963/iberc.v2i3.86. Disponível em: https://revistaiberc.emnuvens.com.br/iberc/article/view/86. Acesso em: 15 jun. 2023.

DINIZ, Maria Helena. **Curso de direito civil brasileiro.** 29ª ed. Vol.7.São Paulo. Saraiva. 2015.

HAGE, J. **Fundamentos teóricos para a responsabilidade dos agentes autônomos**. Artif Intell Lei nº 25, 255-271 (2017). DOI: 10.1007/s10506-017-9208-7.

KFOURI NETO, Miguel; NOGAROLI, Rafaella. **Inteligência artificial nas decisões clínicas e a responsabilidade civil médica por eventos adversos no contexto dos hospi-**

tais virtuais. In: Direito digital e inteligência artificial: diálogos entre Brasil e Europa. Indaiatuba: Foco, 2021, p. 1079-1107.

LOBO, Luiz Carlos. **Inteligência Artificial e Medicina**. Disponível em: https://doi.org/10.1590/1981-52712015v41n2esp. Acesso em: 15 jun. 2023.

LOBO, Luiz. Carlos. **Inteligência artificial, o Futuro da Medicina e a Educação**. Rev. bras. educ. med., v. 42, nº 3, jul-Set 2018.

MCCARTHY, J. et al. **A Proposal of the Dartmouth Summer Research Project on Artificial Intelligence**. Disponível em: http://en.wikipedia.org/wiki/History_of_artificial_intelligence. Acesso em 15 jun. 2023.

MIRABETE, Júlio Fabbrini. **Manual de direito penal,** São Paulo, Atlas, 25ª edição, 2013.

MORO, Rafael Souza. **Desafios legais relacionados a inteligência artificial e gestão empresarial**. 2018. Artigo (MBA em Inteligência de Negócios). Universidade Federal do Paraná, Curitiba, 2018.

NALIN, Paulo Roberto Ribeiro; NOGAROLI, Rafaella. **Cirurgias assistidas por robôs e análise diagnóstica com inteligência artificial: novos desafios sobre os princípios contratuais e o equacionamento da responsabilidade civil médica**. In: Direito Civil e Tecnologia. 2ª ed. ver. e atual. Belo Horizonte: Fórum, 2021, Tomo. 1, p. 673-696.

NOGAROLI, Rafaella; GUIA DA SILVA, Rodrigo. **Inteligência artificial na análise diagnóstica: benefícios, riscos e responsabilidade do médico**. In: KFOURI NETO, Miguel; NOGAROLI, Rafaella (coord.). Debates contemporâneos em direito médico e da saúde. 2ª ed. São Paulo: Thomson Reuters Brasil, 2022, p. 89-112.

NOGAROLI, Rafaella. **Culpa médica e deveres de conduta na inteligência artificial**. Disponível em: https://www.migalhas.com.br/coluna/migalhas-de-responsabilidade--civil/387047/culpa-medica-e-deveres-de-conduta-na-inteligencia-artificial. Acesso em 16 jun 2023.

OSAKI, Mari. **Inteligência artificial, prática médica e a relação médico-paciente**. Revista da Administração da Saúde, Vol. 18, n.º 72, jul. - set. 2018.

SEBASTIÃO, Jurandir. **Responsabilidade médica: civil, criminal e ética**. 3ª ed. rev. atual. Belo Horizonte: Del Rey, 2003.

Resolução do Parlamento Europeu, de 16 de fevereiro de 2017, que contém recomendações à Comissão sobre disposições de Direito Civil sobre Robótica (2015/2103(INL). Disponível em: https://www.europarl.europa.eu/doceo/document/TA-8-2017-0051_PT.html#title1. Acesso em: 18 jun. 2023.

Resolução do Parlamento Europeu, de 20 de janeiro de 2021, sobre a inteligência artificial: questões de interpretação e de aplicação do direito internacional na medida em que a UE é afetada nos domínios da utilização civil e militar e da autoridade do Estado fora do âmbito da justiça penal (2020/2013(INI). Disponível em: https://www.europarl.europa.eu/doceo/document/TA-9-2021-0009_PT.html#def_1_6. Acesso em: 18 jun. 2023.

A PRÁTICA DO REEMBOLSO ASSISTIDO E SUAS IMPLICAÇÕES NO DIREITO DA SAÚDE

Maurílio Rodrigues de Medeiros Júnior
Eduardo Correia de Almeida
Milena Bassani S. Pierri

Introdução

O presente artigo tem como objetivo trazer reflexões sobre a prática do reembolso assistido e seus efeitos/implicações no direito a saúde.

A temática se tornou de suma importância, devido ao rumo que vem se dando ao tema, tanto por parte da mídia como do poder judiciário, especialmente em instâncias superiores.

Na saúde, não devemos analisar as temáticas de uma forma descontextualizada da realidade social e mercadológica dos personagens envolvidos nessa relação. Se faz necessário para um equilíbrio do sistema de saúde, um olhar consciente do que deve ser combatido ou inserido para a melhoria do sistema como um todo.

Iremos perceber que a prática do reembolso assistido tem muitos benefícios para os sistemas de saúde como um todo, bem diferente do que se propaga se utilizando das más condutas de alguns profissionais da saúde.

1. Breve introdução sobre o sistema de reembolso no Brasil

Antes de adentrar na temática do artigo se faz importante relembrar pontos cruciais que nos levarão à conclusão do tema: a (i)legalidade do reembolso assistido.

O reembolso por si só, sendo ele assistido ou não, é uma prática comercial há décadas aplicada legalmente, e nunca foi tão debatida como no último ano. Acontece, que mesmo antes da vigência da Lei de Planos de Saúde (LPS) alguns contratos de planos e seguros saúde já dispunham da oferta da modalidade de reembolso.

O reembolso puro, significa que o beneficiário ou segurado pode escolher o profissional dentro de uma listagem referenciada, ou até mesmo fora dela, e ter os valores desembolsados reavidos através do reembolso, cláusula esta prevista em contrato celebrado pelas partes. Nestas, existe a previsão que variam de acordo com o porte do contrato que pode ser um reembolso baixo ou até mesmo 100%.

Com a entrada em vigor da Lei de Planos de Saúde em 01 de janeiro de 1999, os planos contratados a partir de então passaram a seguir determinadas regras, dentre elas sobre o reembolso, e os planos que eram anteriores à Lei, que escolheram se adaptar também passaram a ser vinculados à normativa.

Até então, o sistema de reembolso no Brasil era "simples": o beneficiário/segurado apresentava a nota fiscal do valor do procedimento/consulta/exame, e o plano detém de até 30 (trinta) dias ultrapassado este prazo o beneficiário teria direito de ingressar de forma administrativa perante a ANS (através da NIP[1]) ou buscar o judiciário para sanar o caso.

1 NIP – Notificação de Intermediação Preliminar.

Porém, nos últimos anos a demanda dos pedidos de reembolso aumentou demasiadamente. Reflexos de demandas judiciais relativas a negativas de atendimento, o descredenciamento em massa de inúmeros prestadores sem comunicação prévio a consumidor, atendimentos em caráter de urgência/emergência são fatores crescentes para tais números. Claro, sabemos que, a alta demanda de fraudes também é um fator e alerta para muto cuidado no exercer deste direito.

Vale ressaltar também, que os planos de saúde possuem vinculação à Agência Nacional de Saúde, devidamente instituída pela Lei nº 9.961/00, que traz, como finalidade precípua da entidade "promover a defesa do interesse público na assistência suplementar à saúde, regulando as operadoras setoriais, inclusive quanto às suas relações com prestadores e consumidores."[2]

Fato que devemos ter em mente, que o instituto do reembolso é legal, previsto em lei e contratualmente. Com base nestes pontos, vamos nos debruçar sobre a ótica de sua legalidade na modalidade, seja ela assistida ou não, assim como quais documentos podem (ou não) serem solicitados para comprovação da prestação de serviço a ser reembolsada.

2. Legislação brasileira sobre o reembolso

A legislação brasileira sempre é vasta e complexa em diversos temas que envolvem nossas celeumas jurídicas. O tema, que está sendo abordado, está para alguns como órfão de regulamentação, por isso, ficamos de certa forma a margem de interpretações do poder judiciário que podem ser favoráveis ou não ao reembolso assistido.

2 Artigo 3º da Lei nº 9.961/00.

Entretanto, a legislação brasileira trata o reembolso ordinário por meio da Lei de plano de saúde de n 9.956/98[3] que dispõe sobre as condições e obrigações de reembolso no artigo 12, VI que diz:

> VI - reembolso, em todos os tipos de produtos de que tratam o inciso I e o § 1º do art. 1º desta Lei, nos limites das obrigações contratuais, das despesas efetuadas pelo beneficiário com assistência à saúde, em casos de **urgência ou emergência, quando não for possível a utilização dos serviços próprios, contratados, credenciados ou referenciados pelas operadoras**, de acordo com a relação de preços de serviços médicos e hospitalares praticados pelo respectivo produto, pagáveis no prazo máximo de trinta dias após a entrega da documentação adequada;

Como podemos observar e extrair do artigo acima citado, temos algumas situações para ter acesso ao reembolso. Aqui destacamos os casos de urgência e emergência, indisponibilidade de profissionais especializados, escolha do beneficiário fora da rede credenciada e os casos logicamente previstos em contratos.

Como já anteriormente apontado, os planos de saúde estão regidos por Lei própria e são submetidos à uma regulação da ANS, e neste sentindo, a Agência editou Resolução Normativa que dispõe sobre as obrigações de atendimento dos planos, inclusive, quando da ausência de credenciados.

Neste contexto da RN 566/22[4], é muito clara ao impor que o plano de saúde tem como obrigação garantir o atendimento do beneficiário dentro da área de abrangência do contrato, assim como caso inexista, que providencie o atendimento com profissional apto ao atendimento do paciente, ainda que fora da área de cobertura contratada.

---

3 https://www.planalto.gov.br/ccivil_03/leis/l9656.htm

4 https://www.in.gov.br/web/dou/-/resolucao-normativa-ans-n-566-de--29-de-dezembro-de-2022-455439257

A mesma resolução é enfática ao determinar o reembolso integral ao beneficiário quando este tiver desembolsado despesas por descumprimento de fornecimento de profissional, assim obrigando:

> Art. 10. Na hipótese de descumprimento do disposto nos arts. 4º, 5º ou 6º, caso o beneficiário seja obrigado a pagar os custos do atendimento, a operadora deverá reembolsá-lo integralmente no prazo de até trinta dias, contado da data da solicitação de reembolso, inclusive as despesas com transporte.
>
> § 1º Para todos os produtos que prevejam a opção de acesso a livre escolha de prestadores, o reembolso será efetuado nos limites do estabelecido contratualmente.
>
> 2º Nos produtos onde haja previsão de acesso a livre escolha de prestadores, quando o procedimento solicitado pelo beneficiário não estiver disposto na cláusula de reembolso ou quando não houver previsão contratual de tabela de reembolso, deverá ser observada a regra disposta no caput deste artigo.
>
> § 3º Nos contratos com previsão de cláusula de coparticipação, este valor poderá ser deduzido do reembolso pago ao beneficiário.
>
> 4º Nas hipóteses em que existe responsabilidade da operadora em transportar o beneficiário, caso este seja obrigado a arcar com as despesas de transporte, a operadora deverá reembolsá-lo integralmente.

Logo, não podemos apenas excluir essa obrigação dos planos ou dificultá-la, para tanto, o acesso ao reembolso na modalidade assistida facilita ao paciente enfermo acesso ao tratamento digno e eficaz.

Não só a Lei de Plano de saúde norteia essa relação entre o beneficiário e os contratos realizados com as operadoras de plano de saúde, dos quais podemos destacar a Constituição

Federal e o Código de Defesa do Consumidor que fortalecem as bases garantidoras do acesso a saúde no brasil.

Desta forma, com base na legislação pátria, se constroem os direitos que os beneficiários fazem *jus*, especialmente como tratado sobre o tema aqui proposto, o direito de requerer o reembolso.

Sendo assim, destacamos o direito de requerer reembolso previsto em lei específica, como já citamos acima, em que, nos casos de rede não credenciada com ausência de urgência e emergência, é direito do beneficiário receber o reembolso tendo em vista que será muito importante para o entendimento como funciona o reembolso assistido.

Desta forma, vamos trazer o os ensinamentos da professora Josiane Araujo[5], por meio de sua obra Lei dos Planos de Saúde que diz:

> (...) Atendimento prestado em hospital não credenciado. Ausência de situação de urgência/emergência. Reembolso devido, limitado ao valor contratado. "(..]. 2. O propósito recursal é definir se é cabível o reembolso de despesas, efetuadas por beneficiário de plano de saúde em estabelecimento não contratado, credenciado ou referenciado pela operadora, em situação não caracterizada como caso de urgência ou emergência. 3. O comando do art. 12, VI, da Lei nº 9.656/98 dispõe, como regra, que o reembolso de despesas médicas em estabelecimentos não contratados, credenciados ou referenciados pelas operadoras está limitado às hipóteses de urgência ou emergência. 4. Todavia, a exegese desse dispositivo que mais se coaduna com os princípios da boa-fé e da proteção da confiança nas relações privadas - sobretudo considerando a decisão do STF, em repercussão geral (Tema 345), acerca do ressarcimen-

5 Gomes, Josiane Araújo. Lei dos planos de saúde / Josiane Araújo Gomes. - 3ª ed. rev., ampl. e atual. - São Paulo: Editora JusPodivm, 2020. p. 201.

> to devido ao SUS pelos planos de saúde – é aquela que permite que o beneficiário seja reembolsado quando, mesmo não se tratando de caso de urgência ou emergência, optar pelo atendimento em estabelecimento não contratado, credenciado ou referenciado pela operadora, respeitados os limites estabelecidos contratualmente. 5. Esse entendimento respeita, a um só tempo, o equilíbrio atuarial das operadoras de plano de saúde e o interesse do beneficiário, que escolhe hospital não integrante da rede credenciada de seu plano de saúde e, por conta disso, terá de arcar com o excedente da tabela de reembolso prevista no contrato. 6. Tal solução reveste-se de razoabilidade, não impondo desvantagem exagerada à recorrente, pois a suposta exorbitância de valores despendidos pelos recorridos

Partindo desses ensinamentos, não seria irresponsável trazer o ressarcimento do SUS, enfrentado por meio de repercussão Geral 345 do STF que garante o ressarcimento do plano de saúde com base no artigo 32º da Lei nº 9.956/98[6] que dispõe:

> Art. 32. Serão ressarcidos pelas operadoras dos produtos de que tratam o inciso I e o § 1º do art. 1º desta Lei, de acordo com normas a serem definidas pela ANS, os serviços de atendimento à saúde previstos nos respectivos contratos, prestados a seus consumidores e respectivos dependentes, em instituições públicas ou privadas, conveniadas ou contratadas, integrantes do Sistema Único de Saúde – SUS.

Neste entendimento, podemos afastar a obrigatoriedade da palavra reembolso na aplicação do reembolso assistido para o sentido do ressarcimento assistido para os beneficiários por meio das clínicas? Algo a ser trabalhado no poder judiciário para que ocorra o equilíbrio na balança.

---

6 https://www.planalto.gov.br/ccivil_03/leis/l9656.htm

Importante complementar por meio de resoluções na ANS como a 566/22 que dispõe sobre a garantia de atendimento dos beneficiários de plano privado de assistência à saúde, que trata sobre o tema de reembolso. Não menos importante a ANS por meio do entendimento DIFIS nº 08, de 21 de fevereiro de 2017 entendeu que:

> (...)
> 18. Assim, é razoável considerar que, na omissão contratual, a operadora poderá exigir que o pedido de reembolso deva ser instruído, ao menos, com qualquer documento hábil e idôneo que comprove a efetiva ocorrência da despesa, identifique o beneficiário e o procedimento executado, inclusive a data em que foi realizado. Ainda, nos casos de serviços e procedimentos que contenham Diretriz de Utilização - DUT estabelecidas, pode ser exigido também laudo ou atestado médico ou outro documento equivalente, emitido pelo profissional que solicitou ou realizou o serviço ou procedimento, atestando seu cumprimento. (...)

Como podemos observar, os contratos em sua maioria determinam apenas que os beneficiários apresentem um recibo de quitação e/ou emissão da nota fiscal do serviço prestado, entretanto, as operadoras vêm se utilizando do requerimento de documentos que não estão previstos para a comprovação em contrato, ou seja, se apropriando da orientação da ANS quando ocorrer a omissão.

3. Reembolso assistido, o que é?

Como já falamos sobre o reembolso tradicional como modelo de negócio, se faz necessário contextualizar o que é reembolso assistido praticado no Brasil.

O reembolso assistido ou também conhecido como inteligente, foi uma forma que as clínicas encontraram de estreitar o caminho burocrático entre o paciente e operadoras de planos de saúde. Tal prática, tem como objetivo trazer qualidade no atendimento ao paciente, possibilitando o acesso a melhores profissionais fora da rede credenciada. Neste modelo, o paciente/consumidor pode escolher o seu profissional de confiança, realizar suas consultas e procedimentos cobertos pelo plano, em seguida, todo o trabalho burocrático de requerer o reembolso dos valores cobrados pelo profissional da saúde, limitados a tabela constante em contrato, fica ao encargo da clínica que prestou o serviço.

Essa modalidade de atendimento, proporciona aos usuários de plano de saúde um acesso a profissionais em níveis mais capacitados do que os credenciados que estão à disposição para o usuário do plano de saúde.

Agora como já sabemos como funciona o reembolso assistido, temos que observar como esse procedimento se comporta na prática de uma relação entre, clínicas, pacientes e operadoras de plano de saúde.

Sabemos que muitas necessidades de tratamentos específicos são carentes de bons profissionais para seu acompanhamento, que por muitas vezes, não possuem uma especialização ou certificação para o que o paciente necessita naquele momento, os que estão devidamente qualificados atendem apenas na modalidade particular. Posto isto, o reembolso assistido, serve como um condutor de tranquilidade para os pacientes que necessitam de tratamentos específicos e contínuos, e quando falamos de contínuos, por muitas vezes vitalícios, ou seja, imaginem um paciente que realiza sessões diárias em diversos profissionais da saúde e que necessita de solicitar reembolso de todas as notas fiscais de forma manual e individual para cada procedimento, inviável do ponto e vista prático e emocional.

Com o auxílio do reembolso assistido, a clínica médica, por meio de um profissional capacitado, faz os requerimentos mensais dos reembolsos dos valores correspondentes aos seus serviços prestados, gerando mais segurança e celeridade para todos os envolvidos.

Por fim, a modalidade tem agregado muito no dia a dia dos pacientes, e sua proibição terá um impacto imenso em centenas de usuários de plano de saúde que necessitam da realização do reembolso nessa modalidade.

4. Pagamento e cessão de crédito

A discussão acerca do reembolso assistido, principalmente no que tange a recente decisão do STJ (REsp 1959929 - SP)[7], tem como ponto central, a tese de que só existe reembolso quando se dá o desembolso, o que nos leva a algumas ponderações atinentes ao pagamento.

Merece particular destaque, trazermos à baila a questão da natureza jurídica do pagamento, o que nos leva a responder uma indagação: O que é isso para o Direito?

Para trazer de forma acurada a respectiva resposta, nos socorremos do escólio de Roberto de Ruggiero[8], que define pagamento, como ora sendo negócio jurídico unilateral e ora é negócio jurídico bilateral, nos seguintes termos:

> "A verdade quanto á referida discordância é que a *solutio* pode ser um negócio jurídico unilateral, ora um negócio jurídico bilateral, conforme natureza específica da obrigação quando ela consiste numa omissão e mesmo quando consiste em uma ação, não é necessária a intervenção do

7 https://processo.stj.jus.br/processo/julgamento/eletronico/documento/mediado/?documento_tipo=integra&documento_sequencial=171500168&registro_numero=202100219333&peticao_numero=&publicacao_data=20221130&formato=PDF

8 Roberto de Ruggiero, Instituto de Direito Civil, Campinas: Bookseller, 1999, v. 3, p. 140-1

> credor; é, pelo contrário, necessário o seu concurso, se a prestação consiste num *dare*, pois neste caso há a aceitação do credor".

E nesse contexto, trazendo para a questão do pagamento que sempre é ponto de discussão na temática reembolso, podemos dizer que estamos de um contrato de prestação de serviços de saúde ou seja, um negócio jurídico, que tanto pode ser unilateral ou bilateral, e nesse sentido, não podemos deixamos de mencionar que pode haver um contrato entre o beneficiário e a operadora de plano de saúde e um contrato entre o beneficiário e o profissional que lhe assiste.

Pautado nessa premissa, podemos entender que o reembolso assistido se encontra albergado pela nossa legislação vigente, a qual determina que o pagamento poderá ser feito às seguintes pessoas: a) o credor; b) o representante do credor e c) o terceiro.

Nesse sentido, é a dicção do artigo 308[9] do Código Civil:

> Art. 308. O pagamento deve ser feito ao credor ou a quem de direito o representante, sob pena de só valer depois por ele retificado, ou tanto quanto reverter em seu proveito.

Abarcando o entendimento ora esposado, citamos Stolze e Pamplona[10]:

> Claro que, em primeiro plano, o pagamento deve ser feito ao próprio credor (*accipiens)*, sujeito ativo titular do crédito. Poderá, todavia, ocorrer a transferência *inter vivos* (por meio de cessão de crédito) ou *post mortem* (em face da morte do credor originário) do direito, de maneira que

9 https://www.planalto.gov.br/ccivil_03/leis/2002/l10406compilada.htm#art2044

10 PABLO STOLZE GAGLIANO e RODOLFO PAMPLONA FILHO, Novo Curso de Direito Civil, São Paulo: Saraiva, Ed. 2020, p. 145.

> o cessionário, no primeiro caso, e herdeiro ou legatário, no segundo, passarão, a ter legitimidade para exigir o cumprimento da dívida.

Sem tergiversar, quando o beneficiário de plano de saúde, busca um profissional de saúde para a realização de um procedimento, e transfere o seu direito de receber o pagamento pelo serviço prestado, esse profissional receba a outorga de receber o pagamento.

E a própria legislação vigente, insculpida no Código Civil, que rege o direito das obrigações, prevê essa possibilidade, conforme se verifica do artigo 311[11], que assim determina:

> "Art. 311. Considera-se autorizado a receber o pagamento o portador da quitação, salvo se as circunstâncias contrariarem a presunção daí resultante".

E, podemos elencar, mais possibilidades autorizadas pelo Código Civil, que habilita o profissional médico a receber pelos serviços prestados, como o pagamento com sub-rogação., que para a ciência jurídica traduz a ideia de substituição de sujeitos, em uma determinada relação jurídica (que no objeto do nosso artigo, é substituição do beneficiário, para receber o valor dos serviços prestados por meio da operadora de plano de saúde).

Seguindo no instituto pagamento, inclusive mais precisamente com relação a necessidade de comprovação do mesmo, resuma patente, que isso cabe tão somente ao negócio jurídico estipulado entre beneficiário e profissional da saúde responsável pela prestação do serviço.

E a forma e tempo como deverá ser feito o referido pagamento, também é de cunho estritamente exclusivo as partes su-

11 https://www.planalto.gov.br/ccivil_03/leis/2002/l10406compilada.htm

pramencionadas, de acordo com as determinações do próprio código civil[12], pedindo-se vênia para mencionar:

> Art. 315. As dívidas em dinheiro deverão ser pagas no vencimento, em moeda corrente e pelo valor nominal, salvo o disposto nos artigos subsequentes.
>
> Art. 320. A quitação, que sempre poderá ser dada por instrumento particular, designará o valor e a espécie da dívida quitada, o nome do devedor, ou quem por este pagou, o tempo e o lugar do pagamento, com a assinatura do credor, ou do seu representante.

Nosso entendimento, é que para a operadora de plano de saúde o que se torna obrigatório é a comprovação por parte do beneficiário da realização do serviço prestado, o que pode ser feito por exemplo, com a emissão de uma Nota Fiscal, e o relatório médico ou exames realizados. Não se faz necessário, pelos artigos mencionados, que esse pagamento, seja de imediato, e mais, que seja feito por cartão, dinheiro, a qualquer outra forma, abusivamente exigida pelas operadoras nos dias atuais.

Defendemos inclusive, que o profissional pode emitir um recibo, com data futura de pagamento, caso essa seja a vontade das partes, beneficiário e prestador de serviço, cabendo a operadora, fiscalizar, caso seja, sua vontade, a realização efetiva dos procedimentos.

5. Transmissão de obrigação (Cessão de Crédito)

Ressalte-se que ao adentrarmos na relação existente entre beneficiário – operadora de plano de saúde e profissional da saúde, tendo como objeto o reembolso assistido, estaremos nos imiscuindo em um negócio jurídico, que resulta em obrigações,

12 https://www.planalto.gov.br/ccivil_03/leis/2002/l10406compilada.htm

e no que tange ao pagamento dos serviços realizados, a mesma pode ser transmitida de forma ativa (crédito).

Quando fazemos inferência a um instituto é de curial importância que conceituemos o mesmo, e nessa esteira, temos que a cessão de crédito consiste em um negócio jurídico por meio do qual o credor (cedente) transmite total ou parcialmente o seu crédito a um terceiro (cessionário), mantendo-se a relação obrigacional primitiva com o mesmo devedor (cedido).

Veja, que o beneficiário pode ceder o seu crédito, oriundo do serviço prestado pelo profissional da saúde, e mesmo assim mantém inalterado o seu contrato com a operadora de plano de saúde, e mais, é totalmente desnecessário que a operadora consinta previamente, para que ocorra a cessão. É de rigor, ressaltar que de forma alguma, a operadora de plano de saúde, tem o direito de impedir o beneficiário de transmitir o seu crédito.

Nesse sentido, podemos citar o artigo 286[13] do Código Civil:

> Art. 286. O credor pode ceder o seu crédito, se a isso não se opuser a natureza da obrigação, a lei, ou a convenção com o devedor; a cláusula proibitiva da cessão não poderá ser oposta ao cessionário de boa-fé, se não constar do instrumento da obrigação.

Todavia, o nosso ordenamento jurídico, mas precisamente o Código Civil, exige que haja a notificação com relação a cessão, e é por essa razão, que defendemos que haja um contrato entre o profissional da saúde e o beneficiário de plano de saúde, para que seja enviado a operadora, juntamente com os documentos necessários ao pedido de reembolso.

Agindo dessa forma, o profissional da saúde ou beneficiário, cumprirão fielmente o que determina o artigo 290 do Código Civil:

13 https://www.planalto.gov.br/ccivil_03/leis/2002/l10406compilada.htm

> Artigo 290. A cessão de crédito não tem eficácia em relação ao devedor, senão quanto a este notificada; mas por notificado se tem o devedor que em, escrito público ou particular, se declarou ciente da cessão feita.

Defendemos, portanto, que em prevalência da boa-fé que deva reger os negócios jurídicos, que se instrumentalize a cessão do crédito entre beneficiário e prestadores de serviços, buscando o equilíbrio do contrato entre a operadora e o beneficiário, a lisura na realização dos procedimentos, e evite-se as denúncias evasivas de fraude.

6. Legalidade do reembolso assistido e dever de vigilância das operadoras

A legalidade do reembolso assistido é inegável, todo o arcabouço normativo que traduz a liberdade do beneficiário em ceder seu crédito para que a clínica proceda com o pedido de reembolso é muito claro.

Com o tempo, nas palavras do Dr. Alexandre Amato[14], o "capitalismo requereu a massificação da medicina, a anonimização do prestador e criação de uma marca institucional forte para o médico perder seu nome" isso em razão do lucro massivo de planos de saúde que impedem que seus profissionais prescrevam o que deve ser prescrito, como Amato traduz: "não interessa se o médico na linha de frente é um excelente médico, mas, sim, se segue fielmente os protocolos fixos e imutáveis dessa ciência das verdades transitórias transformadas em dogmas para fins comerciais." No caso, dentro dos planos.

Essa cultura engessa das operadoras levam aos profissionais de saúde deixarem seus contratos de credenciamento pela

14 Amato, Alexandre Campos Moraes, O reembolso médico – São Paulo, 2021, e-book.

busca do atendimento particular. E então a busca por levar seus pacientes em conjunto.

Não podemos deixar de pontuar, que como todo modelo de negócio tem seu risco, no reembolso assistido, existem, infelizmente, clínicas que utilizam da má-fé para burlar o sistema e cometer atos ilícitos, tais quais, devem ser combatidos veemente pelos órgãos responsáveis, inclusive pelas Operadoras de Planos de Saúde.

A corda sempre quebra ao lado mais fraco, isso é um clássico. Nos últimos tempos de fato surgiram inúmeras denúncias de fraudes cometidas através do instituto em estudo. Empresas de saúde se utilizam desta brecha legal para ofertar serviços não listados no rol, procedimentos estéticos e até os famosos soros da imunidade utilizando de códigos existentes no rol da ANS para requer reembolsos milionários.

A fraude existe, deve ser combatida, mas o beneficiário não deve ser punido em linhas gerais. Todo normativo civil é regido pela boa-fé e, ao que parece, nos últimos tempo está havendo uma inversão de valores morais ao ponto de se primeiro se entender que todo beneficiários busca lesar o patrimônio da operadora em primeiro lugar e apenas depois, se der, buscar o tratamento que necessita.

Por esta razão devemos debater o tema sob a ótima da boa-fé regida em todos os contratos, e legislações vigentes, sem desviar este importante princípio. Para que após, de fato se apure, como for necessário eventuais fraudes.

Neste momento entra o dever de vigilância da Operadora de Plano de Saúde perante os profissionais de saúde, seja através de seus entes de classe, com massivas companhas de conscientização, ou através dos já aplicados e-mails de alerta aos beneficiários de planos de saúde.

Porém, na prática essa não é a realidade exercida, pelo contrário, o que vemos hoje são massivas campanhas com viés de ameaça velada ao beneficiário caso utilize desta modalidade.

Assim como incessantes pedidos de comprovação de transferências bancárias entre paciente e prestador de serviço, como se o dinheiro espécie também não tivesse o seu valor, mesmo que em total desuso hoje.

O que se torna verdadeiramente assustador, e se faz necessário uma atenção muito especial dos advogados e magistrados, são as ações tomadas por operadoras de planos de saúde que, sem qualquer indício de autorização, pedido ou afins no curso do processo, começaram a bloquear pagamentos de tutelas de urgência aos autores das ações que anteriormente já eram pagas na modalidade de reembolso. Ou seja, o despreparo na temática é tão grande que, ao arrepio da norma processual, planos de saúde desafiam o judiciário ao dificultar os meios de recebimentos dos valores ali ganhos em via judicial.

Neste interim, o que falta na prática são fiscalizações entre planos de saúde prestadores de serviços, com o intuito de avaliar área de atuação, moldes da prestação de serviço, que, eventualmente será reembolsado na modalidade assistida, que, sabemos, é plenamente possível de ser alinhado entre ambos através de fluxos de documentos e informações pertinentes ao atendimento realizado.

Como dito, a cessão de crédito é permitida por lei, assim como a própria normativa que rege os planos de saúde permeiam este direito aos beneficiários e por óbvio, os planos de saúde não podem inverter a pirâmide de Kelsen trazendo ao seu bel prazer o que deve ser usado como prova da prestação do serviço, mas sim, única exclusivamente o que a Lei exige.

Conclusões

Assim, entendemos que a modalidade de reembolso assistido é legal, possível de ser aplicada sem fraudes, e claro, necessário aos beneficiários enfermos que necessitam de auxílio para um atendimento digno e eficaz. Para isso as operadoras de planos de saúde precisam instituir políticas de *compliance*, trabalhos e treinamentos intensos para identificação de fraudes e acima de tudo: respeito ao paciente que precisa ser atendido.

Por fim, para deixamos como reflexão sobre todo o exposto, a temática nos remete ao diálogo transcrito pelo Dr. Alexandre Campos Moraes Amato no livro: O reembolso médico[15]:

> "Um paciente chegou a uma clínica e a recepcionista perguntou:
>
> – Qual o seu plano?
>
> Sua resposta foi:
>
> – Viver mais e melhor."
>
> Este é o equilíbrio perfeito da vida.

Referências

CONSTITUIÇÃO DA REPÚBLICA FEDERATIVA DO BRASIL DE 1988. Disponível em https://www.planalto.gov.br/ccivil_03/constituicao/constituicao.htm.Acesso em julho de 2023.

BRASIL. Lei nº 9.656 de 03 de junho de 1998. Dispõe sobre os planos e seguros privados de assistência à saúde. Disponível em https://www.planalto.gov.br/ccivil_03/leis/l9656.htm. Acesso em julho de 2023.

RESOLUÇÃO NORMATIVA ANS Nº 566, DE 29 DE DEZEMBRO DE 2022 Dispõe sobre a garantia de atendimento dos beneficiários de plano privado de assistência à saúde. Disponível em https://www.ans.gov.br/component/legi-

15 Amato, Alexandre Campos Moraes, O reembolso médico – São Paulo, 2021, e-book.

slacao/?view=legislacao&task=textoLei&format=raw&id=NDM0MQ== Accesso em julho de 2023.

ENTENDIMENTO DIFIS Nº 08, DE 21 DE FEVEREIRO DE 2017 Processo administrativo sancionador. Infrações envolvendo questões sobre reembolso. Dúvida acerca da natureza da demanda. Dúvida acerca da submissão de conduta ao artigo 77 ou 78 da Resolução Normativa - RN nº 124, de 2006. Disponível em

https://www.gov.br/ans/pt-br/arquivos/acesso-a-informacao/transparencia-institucional/pareceres-tecnicos-da-ans/pareceres-economico-financeiros/ENTENDIMENTO_DIFIS_N_08__DE_21_DE_FEVEREIRO_DE_2017.pdf Acesso em julho de 2023.

BRASIL. Código Civil (2002). Código civil brasileiro e legislação correlata. – 2ª ed. – Brasília: Senado Federal, Subsecretaria de Edições Técnicas, 2008. 616 p.

A PROTEÇÃO DE DADOS PESSOAIS E O SIGILO PROFISSIONAL COMO ASPECTO DA RESPONSABILIDADE MÉDICA E ODONTOLÓGICA

Gyanny Dantas
Antonio de Oliveira
Thiago Luiz Attié

SUMÁRIO: Introdução. **1.** Sigilo Profissional No Direito Médico e Odontológico. **2.** Proteção de Dados no Direito Médico e Odontológico. **3.** Responsabilidade médica e odontológica relacionada ao sigilo profissional e à proteção de dados pessoais

Introdução

Estamos diante de um mundo pós-pandemia da COVID-19, no qual a tecnologia vem substituindo pessoas, atropelando processos e regramentos. Nunca se falou tanto em sigilo profissional na área da saúde, ainda mais após a entrada em vigor da Lei Geral de Proteção de Dados – LGPD.

Quando tratamos sobre sigilo profissional, estamos falando a respeito de pessoas, fotos, documentos, características identificáveis, ou seja, estamos diante de dados sensíveis, os quais devem ser armazenados de maneira adequada visando a segurança do paciente, considerando que o profissional que coleta tais dados deve manter o sigilo de todas essas informações.

Ao longo do texto, abordaremos as especificidades da obrigação de guarda dos dados nas duas profissões, Medicina e Odontologia, trazendo um debate objetivo no que tange às possíveis responsabilizações diante de violações e quebra do sigilo profissional, leitura que poderá ser utilizada como base para as dúvidas da rotina profissional.

É importante ressaltar que o dever de sigilo é aplicável a todos os profissionais que, em algum momento, fazem a coleta de dados, inclusive advogados. Os dados pessoais possuem valor de mercado, por tal motivo, restou imperioso regulamentar e punir qualquer tipo de vazamento de dados.

Portanto, o presente artigo tem por objetivo demonstrar a importância do profissional da Medicina e da Odontologia, conhecer os limites éticos do sigilo profissional, bem como resguardar os dados dos pacientes, em conformidade com os preceitos da LGPD, evitando, assim, responsabilizações cíveis, criminais ou ético-profissionais.

1. Sigilo Profissional No Direito Médico e Odontológico

O dever de guardar sigilo está implícito em qualquer profissão relacionada à saúde, tendo em vista a confiança depositada pelos pacientes nos profissionais, os quais terão contato com assuntos íntimos, muitas vezes desconhecidos pelo ciclo social do paciente. É nesse contexto que nasce a relação de confiança para com o médico ou odontólogo, e consequentemente, de onde advém o dever legal de manter os dados protegidos.

Nos ensinamentos de Eduardo Dantas e Marcos Coltri[1], "Ademais, há de se ressaltar que o sigilo é instituído em favor do paciente, revelando um direito constitucional deste em não ver divulgados fatos que comunicou ao seu médico em razão da relação de confiança que acredita existir entre eles". Significa dizer que o profissional utilizará todas as informações obtidas na anamnese para diagnosticar corretamente o paciente, cabendo a quem coletou os dados, armazená-los de forma segura e em conformidade com o Código de Ética e Lei Geral de Proteção de Dados.

1 DANTAS, Eduardo. COLTRI, Marcos. *Comentários ao Código de Ética Médica.* 4ª Edição. São Paulo. Editora JusPodivm, 2022.

Um dos princípios fundamentais da Medicina é o dever de guardar sigilo, sobre o tema, Genival Veloso de França[2] destaca que:

> O sigilo médico é o mais antigo e universal princípio da tradição médica. Sua obrigação encontra-se fundamentalmente no mais remoto e sagrado documento médico: O Juramento de Hipócrates, onde em certa parte se lê: "O que, no exercício ou fora do exercício e no comércio da vida, eu vir ou ouvir, que não seja necessário revelar, conservarei como segredo.

Hodiernamente, o documento tão importante quanto o Juramento de Hipócrates é o Código de Ética Médica, o qual traz como Capítulo I, XI, o sigilo médico como um importante princípio: "O médico guardará sigilo a respeito das informações de que detenha conhecimento no desempenho de suas funções, com exceção dos casos previstos em lei".

Além do princípio acima descrito, o Código de Ética Médica dedicou todo o Capítulo IX para tratar das vedações estipuladas ao Médico no que tange ao dever de guardar sigilo, bem como as suas possibilidades legais de quebra.

É vedado ao médico:

> Art. 73. Revelar fato de que tenha conhecimento em virtude do exercício de sua profissão, salvo por motivo justo, dever legal ou consentimento, por escrito, do paciente[3].

---

2 FRANÇA, Genival Veloso de. *Direito Médico.* 16ª ed. Rio de Janeiro: Forense, 2020.

3 CONSELHO FEDERAL DE MEDICINA. *Código de Ética Médica:* Resolução CFM nº 2.217, de 27 de setembro de 2018 , modificada pelas Resoluções CFM nº 2.222/2018 e 2.226/2019. Conselho Federal de Medicina – Brasília: Conselho Federal de Medicina, 2019. Disponível em: https://portal.cfm.org.br/images/PDF/cem2019.pdf. Acesso em: 13 jun. 2023.

É possível observar a preocupação do Conselho de Medicina em possibilitar ao médico agir em conformidade com a lei diante de possíveis crimes ou doenças de notificação compulsória, em que o bem comum sobrepõe ao direito a guardar o sigilo.

Muitos são os desafios enfrentados por médicos ao tentar exercer o dever de quebra de sigilo, como por exemplo, comunicar crimes de violência doméstica, considerando que em determinados casos o agressor acompanha a vítima.

Outro fato relevante que merece ser tratado é o dever de guardar sigilo na publicidade médica. O mundo está evoluindo tecnologicamente e os consultórios estão investindo em marketing digital visando divulgar o estabelecimento, no entanto, a atual resolução de publicidade médica do Conselho Federal de Medicina nº 1974/11 [4]alerta os profissionais para o dever de manter a publicidade ética, cuidando sempre de resguardar a intimidade do paciente.

Genival Veloso de França[5] acrescenta com propriedade:

> O sigilo médico, entre uma época e outra, não é o mesmo. É ele, talvez, nos dias que correm, o mais discutido e controvertido problema deontológico, em virtude dos múltiplos e variados aspectos que se oferecem. Os princípios éticos e jurídicos estabelecidos não se apresentam, muitas vezes, fáceis quanto à sua aplicação prática, em determinadas circunstâncias. Opostamente a outros assuntos deontológicos, o sigilo médico assume aspectos inteiramente filosóficos.

---

4 CONSELHO FEDERAL DE MEDICINA. *Manual de publicidade médica:* resolução CFM nº 1.974/11.Conselho Federal de Medicina; Comissão Nacional de Divulgação de Assuntos Médicos. – Brasília: CFM; 2011. Disponível em: https://portal.cfm.org.br/publicidademedica/arquivos/cfm1974_11.pdf. Acesso em: 17 jun. 2023.

5 FRANÇA, Genival Veloso de. *Direito Médico.* 16ª Edição. Rio de Janeiro. Forense, 2020.

Se na Medicina o dever de guardar sigilo é um princípio fundamental, na Odontologia é um direito fundamental, elucidado no Código de Ética Odontológico[6], em seu artigo 5º, capítulo II, dos Direitos Fundamentais:

> Constituem direitos fundamentais dos profissionais inscritos, segundo suas atribuições específicas:
>
> II – guardar sigilo a respeito das informações adquiridas no desempenho de suas funções.

O Código de Ética Odontológico também dedica o capítulo VI ao sigilo profissional, especificando no art. 14, as possíveis punições diante da infração as normas nele impostas, vejamos: "I – Constitui infração ética: revelar, sem justa causa, fato sigiloso de que tenha conhecimento em razão do exercício de sua profissão"[7].

Sob a ótica de Eduardo Dantas[8], existe uma relação intrínseca entre a história da Medicina e a Odontologia:

> A história da odontologia está intimamente ligada à história da medicina, especialmente no que tange às suas origens comuns, de onde aquela primeira evoluiu e se desprendeu. Suas bases científicas e biológicas são essencialmente as mesmas, todavia, suas particulares técnicas e a complexidade de seus procedimentos lhe conferem individualismo e autonomia.

6 CONSELHO FEDERAL DE ODONTOLOGIA. *Código de Ética Odontológico.* [*s. l.*], 2011. Disponível em: https://website.cfo.org.br/wp-content/uploads/2018/03/codigo_etica.pdf. Acesso em: 10 jul. 2023.

7 CONSELHO FEDERAL DE ODONTOLOGIA. *Código de Ética Odontológico.* [*s. l.*], 2011. Disponível em: https://website.cfo.org.br/wp-content/uploads/2018/03/codigo_etica.pdf. Acesso em: 10 jul. 2023.

8 DANTAS, Eduardo. *Direito Médico.* 5 Edição. Salvador. Editora JusPodvm. 2021.

Assim, podemos dizer que o dever de sigilo, seja na Medicina ou na Odontologia, possui ampla similitude, diferindo apenas na atual flexibilização da publicidade, tendo em vista a possibilidade do odontólogo publicizar fotos de imagem e diagnóstico, inovação trazida pela resolução CFO 196/2019 [9].

Cumpre esclarecer que a possibilidade de divulgação da imagem de pacientes na odontologia não é absoluta, ou seja, precede da devida autorização pelo paciente, sendo vedada a divulgação da realização dos procedimentos. Portanto, o profissional da odontologia fica sujeito à aplicação das penalidades da Lei Geral de Proteção de Dados e do Código de Ética Odontológico.

Logo, cabe aos profissionais Médicos e Odontólogos conhecerem os limites éticos do dever de guardar sigilo, levando em consideração a confiança estabelecida na relação profissional - paciente e acima de tudo, fortalecer as boas práticas visando a divulgação ética das técnicas e resultados atingidos.

2. Proteção de Dados no Direito Médico e Odontológico

O avanço tecnológico, principalmente da internet, proporcionou a democratização do acesso à informação, possibilitando às pessoas a busca por assuntos até então restritos, inclusive, envolvendo dados pessoais, o que em certa medida, pode constituir um risco. Assim, a facilidade na obtenção de informações afeta diversos fatores da sociedade, inclusive as relações construídas nos ambientes clínicos médicos e odontológicos.

---

9 CONSELHO FEDERAL DE ODONTOLOGIA. *Resolução CFO-196, de 29 de janeiro de 2019.* Autoriza a divulgação de autoretratos (selfie) e de imagens relativas ao diagnóstico e ao resultado final de tratamentos odontológicos, e dá outras providências. Brasília, DF, 2019. Disponível em: https://sistemas.cfo.org.br/visualizar/atos/RESOLU%C3%87%C3%83O/SEC/2019/196. Acesso em: 13 jun. 2023.

Desta forma, naturalmente, é inevitável a troca de informações e a manipulação de dados pessoais em clínicas e consultórios médicos e odontológicos, no entanto, por estes profissionais já terem compromisso com o sigilo das informações adquiridas no exercício do seu mister, aparentemente, tendem a entender que já estariam praticando a proteção de dados, o que é um engano.

É nesse contexto que o instituto do sigilo profissional (médico e odontológico) não pode anular a obrigatoriedade instituída pela Lei em garantir a segurança dos dados pessoais dos pacientes, visto que a proteção de dados vai além até mesmo do sigilo profissional, este que obriga somente o profissional no exercício do seu labor.

Com isso, a promulgação da Lei nº 13.709/2018[10] trouxe dúvidas aos profissionais da saúde, em especial médicos e cirurgiões-dentistas, sobre a obrigatoriedade da adequação de clínicas/consultórios aos preceitos legais, no entanto, tal questionamento foi respondido pelo inciso II do art. 3º da Lei em questão, a seguir:

> Art. 3º – Esta Lei aplica-se a qualquer operação de tratamento realizada por pessoa natural ou por pessoa jurídica de direito público ou privado, independentemente do meio, do país de sua sede ou do país onde estejam localizados os dados, desde que:
>
> (...)
>
> II – a atividade de tratamento tenha por objetivo a oferta ou o fornecimento de bens ou serviços ou o tratamento de dados de indivíduos localizados no território acional;

10 BRASIL. *Lei nº 13.709, de 14 de agosto de 2018.* Lei Geral de Proteção de Dados Pessoais (LGPD). Brasília, DF, 2018. Disponível em: https://www.planalto.gov.br/ccivil_03/_ato2015-2018/2018/lei/l13709.htm. Acesso em: 19 jul. 2023.

Ainda, importante destacar que o art. 5º, X da Lei Geral de Proteção de Dados, assim define tratamento de dados como

> toda operação realizada com dados pessoais, como as que se referem a coleta, produção, recepção, classificação, utilização, acesso, reprodução, transmissão, distribuição, processamento, arquivamento, armazenamento, eliminação, avaliação ou controle da informação, modificação, comunicação, transferência, difusão ou extração[11];

Pelo próprio texto legal, não há dúvidas acerca da obrigatoriedade de observação da Lei de Proteção de Dados pelas clínicas ou consultórios médicos e odontológicos, uma vez que é inevitável o tratamento de dados pessoais nesses ambientes.

No cotidiano clínico, é possível observar mudanças em certas abordagens aos pacientes, principalmente aquelas que visam garantir uma "melhor experiência" quando do atendimento, alterando, sempre que possível, o sentimento de dor e medo construído ao longo do tempo, principalmente, por essas profissões.

No entanto, o que se vê na prática é que, por um lado as clínicas médicas e odontológicas tentam amenizar uma marca histórica colocando-se em risco eminente, visto que, pelo que se pode perceber, existem muitas condutas praticadas por clínicas e consultórios que vão de encontro às disposições legais.

Isso pode ser exemplificado pela coleta de informações pessoais na recepção das clínicas ou consultórios. Não raro, o paciente chega para a primeira consulta médica ou odontológica e se depara, na recepção, com um questionário visando a coleta de informações que, em tese, não teriam tanta conexão com o serviço buscado.

---

11 BRASIL. *Lei nº 13.709, de 14 de agosto de 2018.* Lei Geral de Proteção de Dados Pessoais (LGPD). Brasília, DF, 2018. Disponível em: https://www.planalto.gov.br/ccivil_03/_ato2015-2018/2018/lei/l13709.htm. Acesso em: 19 jul. 2023.

Trata-se de dados referentes a preferências pessoais como cor, time de futebol, estilo musical, se tem filhos, nome destes, ou seja, visivelmente, busca-se conhecer o paciente além das informações coletadas para efetivar, somente, o processo de consulta, melhorando a experiência e conexão com este dentro do consultório. Porém, para que esta coleta seja legítima e proporcione a segurança necessária, tanto para o paciente quanto para a clínica/consultório, alguns fatores precisam ser observados.

Nos termos da LGPD (art. 6º), para que o tratamento de dados seja efetuado de forma segura, alguns princípios devem ser observados, dentre eles, pode-se destacar:

> I – finalidade: realização do tratamento para propósitos legítimos, específicos, explícitos e informados ao titular, sem possibilidade de tratamento posterior de forma incompatível com essas finalidades;
>
> II – adequação: limitação do tratamento com as finalidades informadas ao titular, de acordo com o contexto do tratamento;
>
> III – necessidade: limitação do tratamento ao mínimo necessário para a realização de suas finalidades, com abrangência dos dados pertinentes, proporcionais e não excessivos em relação às finalidades do tratamento de dados (...)[12]

Assim, a coleta de dados pessoais além dos necessários para a execução do serviço constitui grande perigo às clínicas médicas e odontológicas, se feitos de forma inadequada, ou seja, realizados fora dos padrões estipulados em Lei.

---

12 BRASIL. *Lei nº 13.709, de 14 de agosto de 2018.* Lei Geral de Proteção de Dados Pessoais (LGPD). Brasília, DF, 2018. Disponível em: https://www.planalto.gov.br/ccivil_03/_ato2015-2018/2018/lei/l13709.htm. Acesso em: 19 jul. 2023.

Nesse ponto, sobre a proteção de dados no âmbito da medicina, assim se posicionou o Conselho Federal de Medicina, através da edição da cartilha intitulada "LGPD a Lei Geral de Proteção de Dados Pessoais e a atuação do profissional da medicina"[13], que, em suas considerações finais, assim ponderou:

> ...Nesse sentido, o profissional atuante, uma vez que siga os ditames legais, em especial quanto aos princípios que regem a LGPD, assim com o bom senso inerente à própria atuação do profissional da Medicina, certamente estará colaborando para o desejável crescimento da cultura de proteção de dados pessoais[14].

No mesmo passo, o Conselho Regional de Odontologia do Distrito Federal, através de cartilha que também visa orientar os Cirurgiões-Dentistas acerca dos cuidados relativos à proteção de dados no âmbito das clínicas e consultórios odontológicos, assim trouxe,

> É necessário que o cirurgião-dentista tenha ainda mais cuidado no tratamento das informações pessoais de seus pacientes, funcionários e fornecedores, haja vista que a LGPD traz regras específicas que devem ser cumpridas sob pena de serem tomadas as medidas cabíveis.

Desta forma, a Lei Geral de Proteção de Dados não deve ser recepcionada como apenas "mais uma Lei", mas sim como

13 CONSELHO FEDERAL DE MEDICINA. *LGPD*: a Lei Geral de Proteção de Dados Pessoais e a atuação do profissional de medicina. Brasília: CFM, 2022. Disponível em: http://www.flip3d.com.br/pub/cfm/index9/?numero=38&edicao=5305#page/3. Acesso em: 23 jul. 2023.

14 CONSELHO FEDERAL DE MEDICINA. *LGPD*: a Lei Geral de Proteção de Dados Pessoais e a atuação do profissional de medicina. Brasília: CFM, 2022. Disponível em: http://www.flip3d.com.br/pub/cfm/index9/?numero=38&edicao=5305#page/3. Acesso em: 23 jul. 2023. P. 33.

uma confirmação de um comportamento íntegro e responsável quando do uso dos dados pessoais, na tentativa de manter incólume a privacidade e intimidade das pessoas, conforme previsto na Constituição Federal, art. 5º, X[15].

Ainda, é importante atentar à reflexão trazida por Ana Vitória D'avila, Bruna da Silva e Thiago Volpi, a seguir:

> No que se refere aos profissionais de saúde, a LGPD dá especial foco a eles. Dessa forma, há base legal específica para o tratamento de dados referentes à saúde dos titulares, assim como para a proteção da vida. Porém, embora haja essa base legal, não é suficiente simplesmente atrelar os tratamentos de dados dos hospitais, clínicas e consultórios a ela. Logo, é indispensável que os profissionais da saúde se conscientizem acerca da Lei Geral de Proteção de Dados.
>
> Portanto é importante a **mudança da cultura organizacional das instituições de saúde que ainda não estão em conformidade à LGPD e às melhores práticas de governança corporativa**. Considerando que são os funcionários e demais colaboradores que irão realizar os processos organizacionais, eles devem estar cientes da relevância da proteção dos dados e da privacidade. **(grifamos)**[16].

Assim, vê-se que a proteção de dados pessoais no âmbito das clínicas e consultórios médicos e odontológicos ultrapassa a figura dos profissionais, devendo ser compreendida e aplicada em todos os setores e por todos os colaboradores.

---

15 BRASIL. Constituição (1988). *Constituição da República Federativa do Brasil.* Brasília, DF, 1988. Disponível em: http://www.planalto.gov.br/ccivil_03/constituicao/ConstituicaoCompilado.htm. Acesso em: 23 jul. 2023.

16 D'AVILA, Ana Vitória Germani; SILVA, Bruna Fabiane da; ARAUJO, Thiago Volpi de. *LGPD:* muito além da Lei. Uma análise do direito em conjunto com a segurança da informação. Gvtech Soluções em Tecnologia da Informação Ltda, 2021. p. 68.

É certo que a baixa adesão de clínicas médicas e odontológicas aos ditames legais estabelecidos pela LGPD advém de fatores como a falta de informação que se agrava com a relação estabelecida com seus pacientes posto que, muitas vezes, a proximidade do paciente com o profissional acaba por permitir o tratamento de dados de forma equivocada.

Outro fator importante e que deve ser considerado, não somente por clínicas e consultórios médicos e odontológicos, mas por todos aqueles que, pela natureza de sua atividade, tratam dados pessoais, é que a Lei somente terá o efeito esperado pelo legislador à medida que os titulares de dados começarem a reclamar seus direitos previstos no art. 9º da referida Lei.

Ainda, é necessário mencionar que a Lei nº 13.709/18 (LGPD)[17] também estipula sanções administrativas àqueles que violarem seus termos e, dentre todas as sanções descritas no art. 52, a que mais afetaria a atividade médica e odontológica seria a publicização da infração após devidamente apurada e confirmada a sua ocorrência, conforme inciso IV do artigo mencionado.

Isso significa expor, publicamente, as clínicas médicas e odontológicas que violarem o dever de proteger os dados pessoais dos seus pacientes, causando assim grande prejuízo à imagem e credibilidade frente a novos pacientes. No entanto, a aplicação das penalidades poderá ser mitigada nos casos em que fique demonstrado que as clínicas adotam boas práticas de governança, significando a demonstração do comprometimento das empresas com a proteção aos dados dos titulares. Nesse sentido, D'Avila, Silva e Araújo assim expõem:

---

17 BRASIL. *Lei nº 13.709, de 14 de agosto de 2018.* Lei Geral de Proteção de Dados Pessoais (LGPD). Brasília, DF, 2018. Disponível em: https://www.planalto.gov.br/ccivil_03/_ato2015-2018/2018/lei/l13709.htm. Acesso em: 19 jul. 2023.

> A implementação de medidas de boas práticas e de governança é extremamente importante para que sejam atendidas as necessidades relativas à proteção de dados. Ao serem aplicados os princípios dispostos na LGPD, o controlador deve levar em conta a estrutura, escala e o volume das operações que realiza na organização, bem como a natureza dos dados tratados. Dessa forma, o programa de governança estabelecido pela organização deve conter políticas internas, a fim de proporcionar a proteção dos dados pessoais dos titulares e a segurança das informações[18].

Continuam os autores elencando algumas medidas contidas na Lei, e que são de extrema importância para a implantação do que se entende por boas práticas, a seguir:

> Em seu artigo 50, § 2º, I, a LGPD apresenta as características mínimas para o Programa de Governança e Privacidade, quais sejam: (i) demonstre o comprometimento do controlador em adotar processos e políticas internas que assegurem o cumprimento, de forma abrangente, de normas e boas práticas relativas à proteção de dados pessoais; (ii) seja aplicável a todo o conjunto de dados pessoais que estejam sob seu controle, independentemente do modo como se realizou sua coleta; (iii) adaptado à estrutura, à escala e ao volume de suas operações, bem como à sensibilidade dos dados tratados; (iv) estabeleça políticas e salvaguardas adequadas com base em processo de avaliação sistemática de impactos e riscos à privacidade; (v) tenha o objetivo de estabelecer relação de confiança com o titular, por meio de atuação transparente e que assegure mecanismos de participação do titular; (vi) esteja integrado a

18 D'AVILA, Ana Vitória Germani; SILVA, Bruna Fabiane da; ARAUJO, Thiago Volpi de. *LGPD:* muito além da Lei. Uma análise do direito em conjunto com a segurança da informação. Gvtech Soluções em Tecnologia da Informação Ltda, 2021. p. 83.

> sua estrutura geral de governança e estabeleça e aplique mecanismos de supervisão internos e externos; (vii) conte com planos de resposta a incidentes e remediação; e (viii) seja atualizado constantemente com base em informações obtidas a partir de monitoramento contínuo e avaliações periódicas[19].

A partir das premissas contidas na legislação de proteção de dados pessoais, as clínicas médicas e odontológicas, independentemente do seu tamanho e estrutura, precisam estar atentas para evitar que incidentes relacionados aos dados pessoais dos pacientes possam comprometer a sua operação e até mesmo a saúde do negócio.

Por isso, é de suma importância que os profissionais da medicina e da odontologia tragam à consciência a necessidade de observar com maior atenção e responsabilidade os indicativos impostos pela Lei acerca da proteção de dados em suas clínicas/consultórios, a fim de não incorrerem em penalidades indesejadas, mantendo assim seus pacientes, colaboradores e o próprio negócio em segurança.

3. Responsabilidade médica e odontológica relacionada ao sigilo profissional e à proteção de dados pessoais

Para falar sobre a responsabilização das clínicas médicas e odontológicas na violação do sigilo profissional e proteção de dados, conforme os ditames da Lei Geral de Proteção de Dados (LGPD) no Brasil, é essencial mencionar as legislação vigente, bem como as resoluções e pareceres emitidos pelos órgãos regulatórios.

---

19 D'AVILA, Ana Vitória Germani; SILVA, Bruna Fabiane da; ARAUJO, Thiago Volpi de. *LGPD:* muito além da Lei. Uma análise do direito em conjunto com a segurança da informação. Gvtech Soluções em Tecnologia da Informação Ltda, 2021. p. 83.

O sigilo médico e odontológico é um princípio ético fundamental na relação médico-paciente e odontologista-paciente, assegurando a confidencialidade das informações do paciente e a proteção de seus dados pessoais, como já abordamos alhures. No contexto da Lei Geral de Proteção de Dados (LGPD), o sigilo médico se tornou ainda mais relevante, pois também abrange o tratamento adequado dos dados de saúde, ainda mais quando falamos em dados sensíveis.

O modo como são colhidas as informações dos pacientes desde os atendentes da clínica já deve visar a observação do sigilo e da LGPD, conforme destacamos no tópico anterior.

O sigilo nas relações médico e cirurgião-dentista com o paciente servem para proteger as relações acima e deixar claro aos pacientes que seus prontuários, juntamente com seus dados sensíveis estarão sob sigilo do médico ou cirurgião-dentista (ou da clínica). Este prazo de guarda até a presente data é de 20 (vinte) anos (Lei nº 13.709/18, Resolução nº 1.821/2018 do Conselho Federal de Medicina e art. 73 do Código de Ética Médica, CFM), sendo exceção na Odontologia, que, conforme o art. 8 da Resolução nº 91/2009 do CFO, o Conselho Federal de Odontologia (CFO) obriga as clinicas odontológicas e os cirurgiões-dentistas a guardarem o prontuário por no mínimo 10 (dez) anos, todos a contar do último registro.

Já foi destacado até aqui que, tanto o Médico como o Odontólogo, possuem em seus respectivos Códigos de Ética os cuidados sobre o sigilo dos dados do paciente, o que foi reforçado com o implemento da Lei Geral de Proteção de Dados (Lei nº 13.709/18), em especial, e pareceres e resoluções corroborando, como já destacado anteriormente, neste artigo.

Destarte, existindo previsão em Lei e por resoluções, em especial dos respectivos Conselhos Federais em seus Códigos de Ética, a responsabilização civil, criminal, ética e administrativa é não só iminente como imperativa, caso ocorra a quebra do sigilo profissional e falha na proteção de dados do paciente.

Ab initio, no que concerne à responsabilidade ética resultante da violação do sigilo Médico ou Odontológico, o procedimento inicial é a abertura de uma sindicância junto a tais conselhos (e possíveis aberturas de processos éticos profissionais), que podem ocorrer de ofício pelos respectivos conselhos, ou através de denúncia aos mesmos, conforme previsto nos art. 51 do Código de Ética Odontológica (Resolução CFO nº 118/2012, citando o art. 18 da Lei nº 4.324/64[20]) e item VI do preâmbulo do Código de Ética Médica (Resolução CFM nº 2.217/2018, alterado pela resolução CFM nº 2.222/2018, citando o art. 22 da Lei nº 3.268/57[21]) os quais preveem como penas disciplinares:

> a) advertência confidencial em aviso reservado;
>
> b) censura confidencial em aviso reservado;
>
> c) censura pública em publicação oficial;
>
> d) suspensão do exercício profissional até 30 (trinta) dias;
>
> e) cassação do exercício profissional, ad referendum do Conselho Federal.

A violação de tais resoluções, bem como de qualquer legislação civil brasileira pode ensejar também em possível Responsabilização Civil por parte do Médico ou Odontologista, como das suas respectivas clínicas. E a LGPD, como Lei Federal, propõe sanções **administrativas**, mas que podem gerar a responsabilização civil das clínicas médicas e odontológicas que violam a proteção dos dados pessoais.

20 BRASIL. Lei nº 4.324 de 14 de Abril de 1964. Institui o Conselho Federal e os Conselhos Regionais de Odontologia, e da outras providências. Disponível em: https://www.planalto.gov.br/ccivil_03/leis/1950-1969/l4324.htm. Acesso em 11 de Ago. de 2023.

21 BRASIL. Lei nº 3.268 de 30 de setembro de 1957. Dispõe cobre os Conselhos de Medicina, e dá outras providências. Disponível em: https://www.planalto.gov.br/ccivil_03/leis/l3268.htm. Acesso em 11 de Ago. de 2023.

As sanções previstas na LGPD são aplicadas pela Autoridade Nacional de Proteção de Dados – ANPD, a qual possui natureza originária de órgão publico. É o brilhantemente destacam Fernando Mânica e Caroline Goebel[22]:

> Sanções administrativas são as consequências aplicadas por autoridade administrativas em razão de infrações previstas em lei. As sanções administrativas decorrem do poder geral de polícia administrativa, do exercício da regulação econômica ou de sujeições especiais decorrentes de um determinado vínculo com a Administração Pública. Em qualquer hipótese, sua imposição deve observância aos limites de atuação estabelecidos pelo regime jurídico administrativos.

E continuam quando das sanções específicas trazidas pela LGPD:

> No caso da LGPD, a redação do artigo 52, *caput,* afasta qualquer discussão quanto à natureza das sanções nela prevista – se civis, penais ou administrativas – já que o texto, além de prever sua aplicação por uma autoridade administrativa, é expresso ao qualificá-las como sanções de natureza administrativa.

Nesse diapasão, a primeira punição é a aplicação de multas, que podem ser calculadas em até 2% do faturamento da clínica, com o limite máximo de 50 milhões de reais por infração. Essa medida tem o objetivo de punir as clínicas que não observam as disposições legais relacionadas à proteção de dados e sigilo médico.

Adicionalmente, em casos de irregularidades, as clínicas podem ser notificadas pelas autoridades regulatórias e recebe-

---

22 DANTAS, Eduardo; TRAD, Giovanna; DADALTO, Luciana; GUIDI, Silvio. (Orgs.). *Comentários à Lei Geral de Proteção de Dados sob a Perspectiva do Direito Médico e da Saúde.* Indaiatuba, SP: Editora Foco, 2023.

rem advertências. Essa notificação serve como um alerta para que a clínica tome medidas corretivas e ajuste suas práticas em conformidade com a LGPD e as resoluções dos órgãos reguladores.

Em situações mais graves e reincidentes, a clínica pode sofrer a suspensão temporária de suas atividades. Essa medida é uma sanção mais drástica e tem o intuito de interromper as operações da clínica até que sejam feitas as adequações necessárias e resolvidas as irregularidades encontradas.

Ainda, para casos extremos de violação do sigilo profissional e proteção de dados, as clínicas podem ser submetidas à proibição de exercício profissional dos responsáveis. Essa punição tem o propósito de impedir que os profissionais envolvidos continuem atuando na área médica ou odontológica.

Além das punições administrativas, as clínicas podem ser responsabilizadas civilmente por eventuais danos causados aos pacientes ou a terceiros em decorrência das violações. Nesse cenário, a clínica pode ser obrigada a reparar os danos causados em virtude de vazamento de informações ou uso indevido dos dados pessoais.

Finalmente, em situações ma.is graves e que envolvam violações criminais, tanto a clínica como os profissionais responsáveis podem responder criminalmente perante a Justiça. Isso pode incluir crimes como violação de sigilo profissional, acesso indevido a dados pessoais e divulgação não autorizada de informações, conforme disposto, por exemplo, no artigo 325 do Código Penal brasileiro[23]:

> **Art. 325** - Revelar fato de que tem ciência em razão do cargo e que deva permanecer em segredo, ou facilitar-lhe a revelação:

23 BRASIL. *Decreto-Lei nº 2.248 de 7 de Dez. de 1940.* Código Penal do Brasil. Rio de Janeiro, 1940. Disponível em: https://www.planalto.gov.br/ccivil_03/decreto-lei/del2848compilado.htm. Acesso em: 10 jul. 2023.

> Pena – detenção, de seis meses a dois anos, ou multa, se o fato não constitui crime mais grave.
>
> **§ 1º** Nas mesmas penas deste artigo incorre quem: (Incluído pela Lei nº 9.983, de 2000)
>
> **I** – permite ou facilita, mediante atribuição, fornecimento e empréstimo de senha ou qualquer outra forma, o acesso de pessoas não autorizadas a sistemas de informações ou banco de dados da Administração Pública; (Incluído pela Lei nº 9.983, de 2000)
>
> **II** – se utiliza, indevidamente, do acesso restrito. (Incluído pela Lei nº 9.983, de 2000)
>
> **§ 2º** Se da ação ou omissão resulta dano à Administração Pública ou a outrem: (Incluído pela Lei nº 9.983, de 2000)
>
> Pena – reclusão, de 2 (dois) a 6 (seis) anos, e multa. (Incluído pela Lei nº 9.983, de 2000)

Além da penalidade administrativa, criminal e ética, a violação de dados dos pacientes pelas clínicas médicas ou odontológicas também podem levar à Responsabilização Civil de tais, como brilhantemente expõe o Mestre Eduardo Dantas[24]:

> Postas estas considerações iniciais, pode-se passar então a analisar o regime de responsabilidade civil aplicável ao tratamento de dados sensíveis em saúde, para verificar se a LGPD trouxe alguma modificação substancial, quando comparado ao arcabouço legal anteriormente consolidado.

E continua de forma refulgente:

> Na atividade em questão, entendida atualmente como uma relação de consumo pelos tribunais superiores, há que se levar em conta como principal diploma legal aplicável o

24 DANTAS, Eduardo. *Direito Médico*. 6ª ed. rev. ampl. e atual. São Paulo: Editora Juspodivm, 2022.

Código de Defesa do Consumidor, que estabelece como regra (prevista no art. 14 do CDC) a responsabilidade objetiva das entidade prestadoras de serviços de saúde, e como exceção (contida no § 4º do mesmo artigo), a responsabilidade subjetiva do profissional liberal.
No âmbito do Código Civil, e, portanto, das relações privadas, não se pode deixar de mencionar ainda a aplicabilidade dos seus artigos 186 e 927.

Contextualizando, gostaríamos de destacar em especial o que diz o parágrafo único do artigo 927 do Código Civil[25] sobre a responsabilização civil do profissional Médico e Odontólogo caso seja infringido o dever de sigilo e proteção aos dados pessoais do paciente:

> Art. 927. Art. 927. Aquele que, por ato ilícito (arts. 186 e 187), causar dano a outrem, fica obrigado a repará-lo.
>
> Parágrafo único. Haverá obrigação de reparar o dano, independentemente de culpa, nos casos especificados em lei, ou quando a atividade normalmente desenvolvida pelo autor do dano implicar, por sua natureza, **risco para os direitos de outrem.** (grifo nosso)

Destarte, a responsabilidade civil está amparada pela legislação brasileira, que no caso em tela prevê, que, caso as clínicas médicas e odontológicas (responsabilidade objetiva) ou os próprios médicos e cirurgiões-dentistas (responsabilidade subjetiva) violem o direito ao sigilo e a proteção de dados do paciente, ainda mais dos dados sensíveis, poderão responder por isto civilmente.

25 BRASIL. Lei 10.406, de 10 de Jan. de 2002. Institui o Código Civil. Disponível em: https://www.planalto.gov.br/ccivil_03/leis/2002/l10406compilada.htm. Acesso em 10 de Ago. de 2023.

Nesse mesmo pensamento, destaca o renomado Doutor e Professor André Luis Nigre[26]:

> O termo *responsabilidade* origina-se da evolução do vocábulo latino *respondere*, que significa garantir, assegurar e assumir. Em sentido geral, responsabilidade exprime a obrigação de responder por alguma coisa. Significa, assim, a obrigação de satisfazer a prestação ou de cumprir o fato atribuído ou imputado à pessoa por determinação legal. A responsabilidade pode decorrer tanto de uma convenção, quanto de uma norma ou regra jurídica. Portanto, tem por designação a obrigação de reparar ou de ressarcir o dano; assim, deriva da ofensa ou violação de direito que resultam em dano ou prejuízo a terceiro.

O fato inconteste é que a LGPD consolidou a seriedade e importância com que as clínicas médicas e odontológicas devem cuidar e tratar do sigilo e proteção dos dados pessoais dos seus pacientes. E adequações ao cotidiano dessas devem ser encarados pelos Responsáveis Técnicos de Clínicas e Hospitais (médicas e odontológicas) como médica urgente, a fim de evitar sansões que podem ir muito além das administrativas aplicadas pela ANPD.

Sobre a congruência e reforço à importância do sigilo e à proteção de dados médicos e odontológicos (especialmente por tratarem muitas vezes dados sensíveis), Dantas e Nogaroli[27] ensinam:

> Há aqui um bom sinal, posto que as alterações pontuais apenas reforçam as garantias já anteriormente estabeleci-

26 NIGRE, André Luis. *O atuar do cirurgião-dentista* – direitos e obrigações. 2ª ed. Rio de Janeiro: Rubio, 2015.

27 DANTAS, Eduardo; NOGAROLI, Rafaella. Consentimento Informado Do Paciente Frente Às Novas Tecnologias Da Saúde: Telemedicina, Cirurgia Robótica E Inteligência Artificial. *In: Revista de Direito Médico e da Saúde:* doutrina, legislação, jurisprudência. Brasília: Vem Mais Editoração, nº 21, 2020.

das. A lição que sobressai é a de que ao profissional de saúde, e às empresas prestadoras de serviços de saúde cabe compreender que sua responsabilidade (em sua acepção mais ampla, e não apenas jurídica) é muito maior, uma vez que os dados coletados, tratados e armazenados são considerados sensíveis, merecendo medidas de proteção ainda mais robustas, uma vez que a falta de segurança e o tratamento irregular, em desconformidade com as normas, acarretam punições muito maiores, tanto por constituir um ilícito civil quanto por descumprir imperativos éticos da profissão.

Porém, não poderíamos deixar de destacar situações em que o sigilo pode ser relativizado. Como já mencionado acima, o artigo 73 e seguintes do novo Código de ética Médica prevê, em semelhança com o Código de Ética Odontológico:

> **É vedado ao médico:**
>
> Art. 73 Revelar fato de que tenha conhecimento em virtude do exercício de sua profissão, salvo por motivo justo, dever legal ou consentimento, por escrito, do paciente.

Por motivo justo, podemos entender as situações nas quais o médico ou odontólogo que utiliza do prontuário para se defender em processo de responsabilidade movida pelo paciente ou em sindicâncias éticas ou administrativas.

Como dever legal, por exemplo, em legislação que obrigue o profissional a informar os pacientes testes positivos para HIV ou mais recente COVID-19 para Responsáveis Técnicos e autoridades públicas, sem esquecer os casos de informação obrigatória aos responsáveis legais ou representantes parentais.

E, por consentimento, por escrito ou por outro meio que demonstre a vontade do paciente. Como o próprio nome sugere, quando o paciente consente com a relativização do sigilo médico, por exemplo, ao permitir uso de suas fotos para fins científicos. É importante destacar que com a implementação da LGPD, não só os conhecidos Termos de Consentimento Livre e Esclarecido (TCLE), como o consentimento trazido pela própria LGPD, que com o primeiro não se confunde, devido a sua especificidade para o consentimento ou não e a proteção de dados do paciente.

Ainda sobre o consentimento, os renomados doutores Eduardo Dantas, Carolina Mynssen, Samantha Takahashi e Felipe Abu-Jamra Corrêa[28] destacam:

> Para o tratamento de dados pessoais sensíveis (ai incluídos os de saúde), a previsão legal tem seu regime de consentimento aplicado de maneira ainda restritiva, consubstanciado no art. 11 da LGPD, que propositadamente repete alguns dos itens já descritos no art. 7º, aprofundando-os e lhes atribuindo o caráter de proteção extraordinária, em virtude de se tratar de privacidade e intimidade em seu nível mais elaborado.

Por isso, é importante que as clínicas médicas e odontológicas estejam cientes das implicações legais e das medidas necessárias para garantir a conformidade com a LGPD e as normas dos órgãos regulatórios (CFM e CFO). A adoção de políticas de privacidade adequadas, a implementação de medidas de segurança e o treinamento de profissionais são fundamentais para evitar possíveis punições e proteger a privacidade dos pacientes.

Conclusões

Emerge incontestável, à luz do contexto normativo delineado, a marcante interseção entre a proteção de dados pessoais

---

28 MYNSSEN, Carolina; DANTAS, Eduardo; CORRÊA, Felippe Abu-Jamra; TAKAHASHI, Samantha. (Orgs.). *Diálogos entre direito e medicina.* Rio de Janeiro: GZI, 2022.

e o sigilo profissional como componentes primordiais da responsabilidade médica e odontológica. No escopo da Lei Geral de Proteção de Dados (LGPD), em consonância com as resoluções promulgadas pelo Conselho Federal de Medicina (CFM) e pelo Conselho Federal de Odontologia (CFO), as clínicas médicas e odontológicas veem-se compelidas a operacionalizar e proteger um acervo de informações sensíveis, acarretando uma estrita aderência aos ditames regulatórios.

No âmbito civil, impõe-se às clínicas e profissionais da medicina e odontologia uma responsabilidade irrefutável no tocante à proteção de dados e sigilo profissional. A Lei nº 13.709/2018 destaca-se ao estabelecer sanções administrativas, as quais podem atingir até 2% do faturamento anual, no caso de violação de dados pessoais. Acompanhando esse cenário, as resoluções expedidas pelo CFM e CFO, quer sejam em seus códigos de ética, que por outras resoluções e pareceres mencionados alhures, erguem o fundamento ético do sigilo médico e da proteção de informações sensíveis, delineando os contornos regulatórios das práticas profissionais.

A esfera criminal apresenta-se como um campo de alta gravidade. A divulgação não autorizada de informações médicas ou odontológicas assume relevância sob o manto do ordenamento penal, com previsões como a do art. 325 do Código Penal Brasileiro, que define o crime de violação de segredo profissional. A consonância entre a conduta e a responsabilidade criminal é encurtada, realçando a imprescindibilidade de uma conformidade estrita com os princípios éticos e legais subjacentes à proteção de dados e sigilo profissional.

No contexto ético, a responsabilidade assume um matiz mais amplo. As clínicas e profissionais, regulamentados pelos Códigos de Ética Médica e Odontológica, ratificam a aderência aos preceitos fundamentais da ética profissional como alicerces irrevogáveis de suas ações. A proteção de dados pessoais e o sigilo profissional, entidades inalienáveis, enaltecem a essência dessa ética, demandando um cuidado diligente, adequado e meticuloso, sob pena de ofensas éticas passíveis de sanções imediatas pelos órgãos regulatórios.

Por derradeiro, a esfera administrativa sela o imperativo da responsabilidade médica e odontológica. As sanções administrativas, compreendendo multas, advertências, suspensões temporárias das atividades e até a proibição do exercício profissional, estabelecem um leque de desdobramentos adversos para as clínicas e profissionais negligentes quanto à proteção de dados e sigilo profissional. Ao passo que as normas regulatórias cimentam o alicerce das sanções, são as condutas efetuadas que suscitam, por meio do devido processo administrativo, as punições cabíveis.

Desse modo, a proteção de dados pessoais e o sigilo profissional amalgamam-se como esteios inseparáveis da responsabilidade médica e odontológica. Mediante a conjugação entre a LGPD, as resoluções do CFM e CFO, os Códigos de Ética e o ordenamento legal brasileiro, aflora a necessidade de um agir diligente, ético e conforme a lei. Ao abraçar tais preceitos, clínicas e profissionais não só garantem a confidencialidade e privacidade dos pacientes, mas também perpetuam a essência intrínseca do compromisso médico e odontológico com a excelência técnica e a integridade profissional.

Referências

BRASIL. Constituição (1988). *Constituição da República Federativa do Brasil.* Brasília, DF, 1988. Disponível em: http://www.planalto.gov.br/ccivil_03/constituicao/ConstituicaoCompilado.htm. Acesso em: 23 jul. 2023.

BRASIL. *Decreto-Lei nº 2.248 de 7 de Dez. de 1940.* Código Penal do Brasil. Rio de Janeiro, 1940. Disponível em: https://www.planalto.gov.br/ccivil_03/decreto-lei/del2848compilado.htm. Acesso em: 10 jul. 2023.

BRASIL. *Lei nº 10.406, de 10 de Janeiro de 2002.* Institui o Código Civil. Brasília, DF, 2002. Disponível em: https://www.planalto.gov.br/ccivil_03/leis/2002/l10406compilada.htm. Acesso em: 10 jul. 2023.

BRASIL. *Lei nº 13.709, de 14 de agosto de 2018.* Lei Geral de Proteção de Dados Pessoais (LGPD). Brasília, DF, 2018. Disponível em: https://www.planalto.gov.br/ccivil_03/_ato2015-2018/2018/lei/l13709.htm. Acesso em: 19 jul. 2023.

BRASIL. *Lei nº 3.268 de 30 de Setembro de 1957.* Dispõe cobre os Conselhos de Medicina, e dá outras providências. Rio de Janeiro, 1957. Disponível em: https://www.planalto.gov.br/ccivil_03/leis/l3268.htm. Acesso em: 11 jul. 2023.

BRASIL. *Lei nº 4.324 de 14 de Abril de 1964.* Institui o Conselho Federal e os Conselhos Regionais de Odontologia, e da outras providências. Brasília, DF, 1964. Disponível em: https://www.planalto.gov.br/ccivil_03/leis/1950-1969/l4324.htm. Acesso em: 11 jul. 2023.

BRASIL. *Os impactos da Lei nº 13.709/2018,* Lei Geral de Proteção de Dados – LGPD

no âmbito da Odontologia. Conselho Regional de Odontologia do Distrito Federal – CRO-DF, Brasília, 2021, disponível em: https://cro-df.org.br/pdf/CARTILHA%20LGPD_doc.pdf. Acesso em: 23 jul. 2023.

CONSELHO FEDERAL DE MEDICINA. *Código de Ética Médica:* Resolução CFM nº 2.217, de 27 de setembro de 2018 , modificada pelas Resoluções CFM nº 2.222/2018 e 2.226/2019. Conselho Federal de Medicina – Brasília: Conselho Federal de Medicina, 2019. Disponível em: https://portal.cfm.org.br/images/PDF/cem2019.pdf. Acesso em: 13 jun. 2023.

CONSELHO FEDERAL DE MEDICINA. *LGPD*: a Lei Geral de Proteção de Dados Pessoais e a atuação do profissional de medicina. Brasília: CFM, 2022. Disponível em: http://www.flip3d.com.br/pub/cfm/index9/?numero=38&edicao=5305#page/3. Acesso em: 23 jul. 2023.

CONSELHO FEDERAL DE MEDICINA. *Manual de publicidade médica:* resolução CFM nº 1.974/11.Conselho Federal de Medicina; Comissão Nacional de Divulgação de Assuntos Médicos. – Brasília: CFM; 2011. Disponível em: https://portal.cfm.org.br/publicidademedica/arquivos/cfm1974_11.pdf. Acesso em: 17 jun. 2023.

CONSELHO FEDERAL DE ODONTOLOGIA. *Código de Ética Odontológico*. [*s. l.*], 2011. Disponível em: https://website.cfo.org.br/wp-content/uploads/2018/03/codigo_etica.pdf. Acesso em: 10 jul. 2023.

CONSELHO FEDERAL DE ODONTOLOGIA. *Resolução CFO-196, de 29 de janeiro de 2019.* Autoriza a divulgação de autoretratos (selfie) e de imagens relativas ao diagnóstico e ao resultado final de tratamentos odontológicos, e dá outras providências. Brasília, DF, 2019. Disponível em: https://sistemas.cfo.org.br/visualizar/atos/RESOLU%C3%87%C3%83O/SEC/2019/196. Acesso em: 13 jun. 2023.

D'AVILA, Ana Vitória Germani; SILVA, Bruna Fabiane da; ARAUJO, Thiago Volpi de. *LGPD:* muito além da Lei. Uma análise do direito em conjunto com a segurança da informação. Gvtech Soluções em Tecnologia da Informação Ltda, 2021.

DANTAS, Eduardo. COLTRI, Marcos. *Comentários ao Código de Ética Médica*. 4ª ed. São Paulo: JusPodivm, 2022.

DANTAS, Eduardo. *Direito Médico.* 5ª ed. Salvador: JusPodvm. 2021.

DANTAS, Eduardo. *Direito Médico.* 6ª ed. rev. ampl. e atual. São Paulo: Editora Juspodivm, 2022.

DANTAS, Eduardo; NOGAROLI, Rafaella. Consentimento Informado Do Paciente Frente Às Novas Tecnologias Da

Saúde: Telemedicina, Cirurgia Robótica E Inteligência Artificial. *In: Revista de Direito Médico e da Saúde:* doutrina, legislação, jurisprudência. Brasília: Vem Mais Editoração, nº 21, 2020.

DANTAS, Eduardo; TRAD, Giovanna; DADALTO, Luciana; GUIDI, Silvio. (Orgs.). *Comentários à Lei Geral de Proteção de Dados sob a Perspectiva do Direito Médico e da Saúde.* Indaiatuba, SP: Editora Foco, 2023.

FRANÇA, Genival Veloso de. *Direito Médico.* 16ª ed. Rio de Janeiro: Forense, 2020.

MYNSSEN, Carolina; DANTAS, Eduardo; CORRÊA, Felippe Abu-Jamra; TAKAHASHI, Samantha. (Orgs.). *Diálogos entre direito e medicina.* Rio de Janeiro: GZ, 2022.

NIGRE, André Luis. *O atuar do cirurgião-dentista* – direitos e obrigações. 2ª ed. Rio de Janeiro: Rubio, 2015.

O DIREITO SOCIAL DA ASSISTÊNCIA FARMACÊUTICA INTEGRAL PARA PACIENTES COM FIBROSE CÍSTICA E O LICENCIAMENTO COMPULSÓRIO DO TRIKAFTA®: DESAFIOS E PERSPECTIVAS

Jordão Horácio da Silva Lima

SUMÁRIO: Introdução. **1.** Do Direito à Assistência Farmacêutica Integral e a Incorporação de Tecnologias no SUS. **2.** A Proteção Patentária e as Flexibilidades Legais: O Caso da Licença Compulsória. **3.** O Licenciamento Compulsório do Trikafta®: Desafios e Possibilidades.

Introdução

A fibrose cística (FC) é uma doença genética rara grave, multissistêmica, que afeta pacientes, em especial crianças e jovens, causando redução significativa da qualidade de vida. O gene CFTR, que codifica uma proteína reguladora da condutância transmembrana do íon cloreto, é afetado na FC, pois essa proteína está ausente ou sua atividade é reduzida. A doença acomete vários sistemas do corpo, porém a manifestação clínica primária é a do sistema respiratório. O envolvimento pulmonar causado por inflamação persistente e infecções respiratórias é responsável pelo aumento da morbimortalidade.

Estima-se que existam mais de 90.000 doentes com FC no mundo, e a incidência no Brasil é amplamente variável, conforme a região geográfica e o grau de miscigenação populacional[1]. Cerca de 6.000 pacientes estão atualmente cadastrados no Registro Brasileiro de Fibrose Cística (REBRAFC), base de da-

1 BRASIL, 2023.

dos proveniente da atuação de profissionais da saúde de mais de 50 centros de referência (CR) distribuídos pelo País[2].

O tratamento envolve o uso de medicamentos broncodilatadores, antibióticos, anti-inflamatórios, fisioterapia respiratória, atividade física, e acompanhamento multidisciplinar frequente. A mediana da sobrevida no Brasil é de 43,8 anos, sendo que a evolução da doença em regra culmina na perda da função pulmonar, e os pacientes em estágio avançado são encaminhados para transplante pulmonar[3].

Para mitigar os efeitos deletérios do agravamento da referida moléstia, surgiram os chamados moduladores da proteína CFTR, entre eles o medicamento de nome comercial Trikafta®, cujo princípio ativo é o Elexacaftor/Tezacaftor/Ivacaftor (ELX/TEZ/IVA), produzido pela Vertex Farmacêutica do Brasil Ltda.

O uso do mencionado medicamento no Brasil foi aprovado pela Agência Nacional de Vigilância Sanitária (Anvisa)[4] em março de 2022. Estudos randomizados e ensaios de vida real demonstraram que o medicamento é seguro e promove melhora da função pulmonar, melhora de lesões de seios paranasais e pulmonares, redução de exacerbações, redução de hospitalizações e melhora nutricional dos pacientes com ao menos uma mutação f508del.

Conforme a Sociedade de Pneumologia e Tisiologia do Estado do Rio de Janeiro[5], o medicamento disponível para enfrentamento da FC, atualmente disponível no Sistema Único de

2 GBEFC, 2021.

3 VENDRUSCULO *et al.*, 2021.

4 Registro sanitário MS nº1.3823.0005 para o medicamento Trikafta® no Diário Oficial de União n° 41 em 02/03/2022.

5 SOPTE/RJ, 2023.

Saúde (SUS), o Ivacaftor[6], foi o primeiro modulador da proteína CFTR aprovado no país e tem excelente resposta. Porém, é restrito a poucas mutações e atende cerca de 60 pacientes com FC. Dos cerca de 6.000 pacientes com FC no Brasil, aproximadamente 1.600 seriam elegíveis para a Trikafta®, pois possuem mutação no referido gene f508del.

No entanto, o alto custo do medicamento inviabiliza seu acesso aos pacientes. O Preço Máximo de Venda ao Governo (PMVG), determinado pela Câmara de Regulação do Mercado de Medicamentos (CMED)[7], é de R$ 68.321,11 (sessenta e oito mil, trezentos e vinte e um reais, e onze centavos), por uma caixa com 84 comprimidos, suficiente para o tratamento por cerca de um mês, sendo que o uso deve ser contínuo. Nesse sentido, o Plenário da Comissão Nacional de Incorporação de Tecnologias (Conitec), órgão responsável pela incorporação de tecnologias sanitárias, protocolos clínicos e diretrizes terapêuticas no SUS, em sua 117ª Reunião Ordinária, no dia 29 de março de 2023, deliberou por decisão de maioria simples recomendar, de forma preliminar, a não incorporação no SUS do ELX/TEZ/IVA para o tratamento da fibrose cística, em pacientes > 6 anos de idade que apresentem pelo menos uma mutação F508del no gene CFTR.

Na ocasião, o referido colegiado concluiu que, a despeito dos benefícios clínicos, incluindo impacto importante na qualidade de vida dos pacientes, a alta razão de custo-efetividade incremental e o impacto orçamentário de aproximadamente R$ 1,99 bilhões em 5 (cinco) anos impedem sua incorporação nas listagens oficiais[8].

6 Portaria SCTIE/MS nº 68, de 30 de dezembro de 2020.

7 BRASIL, 2023.

8 BRASIL, 2023.

Após a realização de consulta pública[9], a Conitec reexaminou seu posicionamento durante a 121ª reunião do colegiado[10], e se manifestou, através de recomendação final, pela incorporação do Trikafta® nas listagens oficiais do SUS. Conforme ditames da Lei nº 12.401/2011, e do art. 25 do Decreto 7.646/2011, a recomendação final da Conitec é enviada, por meio de um relatório técnico, ao Secretário de Ciência, Tecnologia, Inovação e Complexo da Saúde do Ministério da Saúde (SECTICS/MS), responsável pela decisão final sobre a incorporação da tecnologia no SUS. A partir da publicação da decisão de incorporar a tecnologia, as áreas técnicas terão o prazo máximo de 180 dias para efetivar a oferta do medicamento no SUS. No entanto, verifica-se que o alto custo da tecnologia em tela ainda representa um óbice para o pleno acesso de todos os pacientes elegíveis.

Outrossim, no presente artigo buscar-se-á, num primeiro momento, refletir acerca do direito social e fundamental à saúde, incluindo a assistência farmacêutica integral, conforme ditames da Carta Magna de 1988, que inovou ao estabelecer a saúde como direito de todos e dever do Estado (art. 196), e ao sinalizar quanto aos direitos sociais que devem ser possibilitados aos cidadãos brasileiros. Esse é o sentido das expressões "efetivação", "redução do risco de doença", "promoção", "proteção" e "recuperação" contidas na Constituição Federal Brasileira, nas Constituições Estaduais e nas Leis Orgânicas dos Municípios Brasileiros. Analisar-se-á, nesse contexto, o papel do Estado na regulação do desenvolvimento e da incorporação de novas tecnologias em saúde e, mormente, de medicamentos de matriz biológica e de alto-custo, essencial para assegurar

9 A Consulta Pública nº 18 recebeu 726 contribuições, referentes ao tópico "experiência e opinião", e 129 contribuições referentes ao tópico "técnico-científico", desvelando uma participação ativa por parte da população e da sociedade civil organizada, recrudescendo os mecanismos virtuais de participação popular, e fortalecendo a e-democracia sanitária no Brasil.

10 BRASIL, 2023a.

que a sua produção atenda às necessidades de saúde a custos suportáveis pela sociedade.

Na sequência, num segundo momento, refletir-se-á acerca do instituto do licenciamento compulsório, enquanto mecanismo legal hábil para combater práticas anticompetitivas em vários campos tecnológicos, inclusive no dos medicamentos. Contextualizar-se-á a experiência brasileira e internacional na utilização do referido instituto, na busca por alternativas que mitiguem os efeitos deletérios do atual sistema internacional de propriedade intelectual no acesso a medicamentos e outras tecnologias médicas, especialmente nos países em desenvolvimento e de menor desenvolvimento relativo.

Por fim, perquirir-se-á acerca dos desafios e das possibilidades legais para a utilização do licenciamento compulsório do medicamento Trikafta® no atual contexto político, social, econômico e jurídico. Tal mecanismo teria o potencial de auxiliar as pessoas afetadas pela fibrose cística no Brasil? Analisar-se-á, nesse sentido, os desafios postos para que o governo brasileiro resgate seu protagonismo na defesa do direito à saúde, e para que os direitos de propriedade intelectual respondam melhor às reais necessidades de saúde pública, em especial dos pacientes com doenças raras e, in casu, aqueles que enfrentam a fibrose cística.

Como fundamentação metodológica utilizou-se a revisão bibliográfica e a análise documental, em fontes primárias e secundárias, notadamente em relação aos textos dos acordos internacionais, informações, dados, relatórios extraídos de órgãos governamentais brasileiros. De mais a mais, considera-se a presente investigação como um estudo de caso – enquanto método de investigação qualitativa – que tem sua aplicação quando o pesquisador busca uma compreensão extensiva e com mais objetividade e validade conceitual, do que propriamente estatística, acerca da visão de mundo de setores populares.

1. Do Direito à Assistência Farmacêutica Integral e a Incorporação de Tecnologias no SUS

O Brasil é um dos cerca de cem países que reconhecem o direito constitucional à saúde[11], incluindo a assistência farmacêutica integral, no entanto diversos desafios se apresentam no propósito de melhorar a qualidade dos medicamentos oferecidos no SUS, e torná-los acessíveis para toda a população. O aumento da expectativa de vida, a demanda de pacientes pela incorporação de tratamentos, a oferta de sofisticadas intervenções sanitárias e o envelhecimento da população contribuem para um processo de "medicamentação" ou "medicalização"[12], ou seja, utilizam-se medicamentos em situações que não podem ser consideradas como doenças, ou superestima os poderes dos medicamentos – tanto para a saúde quanto para a doença. Claramente vinculado ao modelo econômico-social vigente, o uso de medicamentos na sociedade está, portanto, distanciado dos critérios médico-sanitários científicos, ou do uso "racional"[13].

Em parte, por isso, tem crescido o recurso ao Poder Judiciário para a obtenção desses medicamentos. Dados disponibilizados pelo Conselho Nacional de Justiça desvelam que o fornecimento de medicamentos é a principal causa de litígios em face do Sistema Único de Saúde (SUS), indicando que o tema exige a atuação coordenada de todos os atores do sistema de saúde e do sistema de Justiça[14]. Esse fenômeno, conhecido como "judicialização da saúde", já se institucionalizou no país, fazendo parte do SUS como mais uma porta de acesso. É inegável, no entanto, que esse ingresso muitas vezes viola o direito

11 BIEHL; PETRYNA, 2016.

12 BONFIM, 2015.

13 LEITE; VASCONCELLOS, 2010.

14 BRASIL, 2023b.

à igualdade de uma coletividade, que adentra o SUS pela porta da frente[15].

Diante desse cenário, pensadores dos mais diversos campos do pensamento, defendem que a existência de uma nova visão em relação ao direito à saúde, e os milhares de processos judiciais sobre o tema, são dois fundamentos que ensejam a construção de uma nova área, denominada direito administrativo sanitário[16].

Tratando-se de um direito humano, fundamental e social[17], com o reconhecimento pela Constituição Federal, o Brasil avançou de forma bastante significativa na regulação das ações e serviços de interesse à saúde. Observa-se, porquanto, que esse direito da saúde pública é parte do direito administrativo, ou uma aplicação especializada do direito administrativo. É parte do direito administrativo porque refere sempre atuações estatais orientadas o mais exaustivamente possível, pela própria sociedade por meio do aparelho legislativo do Estado. Observa-se, com clareza meridiana, essa confluência do direito à saúde pública com o direito administrativo nas atuações decorrentes do poder de polícia, e na prestação de serviço público, como no caso da vacinação realizada pelos serviços de saúde pública, e no acesso compulsório aos ambientes privados pelos agentes da vigilância epidemiológica incumbidos do programa de combate à dengue[18].

Compreendendo o SUS como o conjunto de ações e serviços públicos de saúde, conforme art. 198 da Constituição Federal, ele encontra-se sujeito aos princípios jurídicos constitucionais

15 TANAKA, 2008.

16 SCHULZE, 2015.

17 O Supremo Tribunal Federal reconhece os direitos inscritos no artigo 6º da Constituição como da mesma genética dos direitos fundamentais (vide, por exemplo, o RE-AgR 436.996).

18 DALLARI, 1988; AITH, 2019.

que o orientam. Servem estes de base para o sistema e constituem seus alicerces. Uma vez estabelecidos os princípios que organizam o SUS, a Constituição aponta, ainda, os caminhos (diretrizes) que devem ser seguidos para que se alcance os objetivos nela previstos.

A direção do SUS, em cada ente da federação, é exercida por um órgão único, que no caso federal corresponde ao Ministério da Saúde e, nos demais, às Secretarias de Saúde. A esses órgãos incumbe a gestão do sistema no seu respectivo âmbito, inclusive estabelecendo as normas complementares necessárias. O Decreto nº 7.508, de 28 de junho de 2011[19], estabeleceu as regras de articulação interfederativa hoje vigentes. As responsabilidades de cada ente federativo são definidas por meio de acordos de colaboração denominados Contratos Organizativos de Ação Pública da Saúde, que organizam e integram as ações e serviços de saúde e definem indicadores, metas, critérios de avaliação de desempenho, recursos financeiros e formas de controle e fiscalização.

Nesse contexto, órgãos interfederativos específicos, como a Comissão Intergestores Tripartite (composta por União, estados e municípios), a Comissão Intergestores Bipartite (composta por estados e municípios) e a Comissão Intergestores Regional, são responsáveis por pactuar a organização e funcionamento das ações e serviços de saúde, incluindo as responsabilidades dos entes federativos.

A Política Nacional de Medicamentos (PNM), publicada em 1998 por meio da Portaria GM/MS nº 3916[20], atribuiu como finalidades principais para a política de medicamentos garantir a segurança, eficácia e qualidade necessária; a promoção do seu uso racional e o acesso da população aos medicamentos con-

19 BRASIL, 2011
20 BRASIL, 1998

siderados essenciais. A PNM estabelece as responsabilidades para cada uma das três esferas de gestão - Federal, Estadual, Municipal - sendo que cabe à esfera municipal a maioria das ações de execução da assistência farmacêutica, ficando a cargo das esferas Federal e Estadual algumas ações consideradas estratégicas. O financiamento da assistência farmacêutica é de responsabilidade das três esferas de gestão do SUS e sua divisão é pactuada pela Comissão de Gestores Tripartite.

A despeito da conformação administrativa em relação à prestação das ações e serviços de Saúde no Brasil, tem-se que diante do fenômeno da judicialização, manifesta-se um desequilíbrio na distribuição de competências dentro do sistema, que potencialmente sobrecarrega o município; e a dificuldade para o planejamento e a gestão do orçamento público dada a imprevisibilidade do gasto imposto pelas ações judiciais.

Nessa seara, observa-se que o direito à assistência farmacêutica é parte integrante do direito social à saúde, sendo instituído em nosso ordenamento jurídico como um direito social. Conforme os artigos 6º e 7º da Lei Orgânica da Saúde (nº 8.080/1990), as assistências terapêuticas e farmacêuticas devem ser asseguradas de forma integral aos usuários do sistema único de saúde, de acordo com o princípio da integralidade de assistência. Essa integralidade tem estreita relação com as políticas públicas e serviços públicos de saúde desenvolvidos em escala coletiva pelo Ministério da Saúde, e pelas Secretarias de Saúde dos Estados e Municípios que, por meio de atos administrativos, institui os critérios justificados de inclusão e exclusão de medicamentos ofertados pelo SUS à população.

Este cenário conduziu à aprovação da Lei n° 12.401, em abril de 2011, visando regulamentar o conceito de integralidade e dispondo sobre a assistência terapêutica e a incorporação de tecnologias em saúde no âmbito do SUS. Estabeleceu-se, assim, a Comissão Nacional de Incorporação de Tecnologias do SUS (Conitec), com a função de assessorar o Ministério da

Saúde (MS) nas decisões relativas à incorporação, exclusão ou alteração de novos medicamentos, produtos e procedimentos, na constituição ou alteração de protocolos clínicos ou diretrizes terapêuticas e nas atualizações da Relação Nacional de Medicamentos Essenciais (RENAME).

Percebe-se que estes marcos regulatórios definiram o fluxo, os critérios e os prazos para a avaliação e a incorporação das tecnologias no sistema público de saúde. Representou passo importante no desenvolvimento e institucionalização da avaliação de tecnologias em saúde (ATS) no país. A ATS visa apoiar o sistema de saúde nas decisões de financiamento, aquisição e uso apropriado das tecnologias e, também, no desinvestimento de tecnologias obsoletas ou ineficazes, e pode contribuir para aumentar a transparência e a responsabilização do processo de decisão, auxiliando no desenvolvimento de políticas baseadas em evidências[21].

Seguindo o processo de descentralização do SUS, a aquisição dos medicamentos essenciais passou a ser de responsabilidade dos municípios, com as mesmas dificuldades inerentes à sua operacionalização. Além disso, a despeito do orçamento público finito, o custo dos medicamentos tem aumentado ao longo dos anos. Além disso, cumpre observarmos que a Assistência Farmacêutica do SUS é subdividida em três Componentes: Componente Básico da Assistência Farmacêutica; Componente Estratégico da Assistência Farmacêutica e Componente Especializado da Assistência Farmacêutica (CEAF)[22].

O terceiro componente, qual seja, o CEAF, cuja responsabilidade de execução está a cargo da Secretaria de Ciência, Tecnologia, Inovação e Complexo da Saúde do Ministério da Saúde (SECTICS/MS). Os medicamentos, por sua vez, são divi-

21 CAETANO *et al.*, 2017.

22 FILHO *et al.*, 2015.

didos em três grupos com características, responsabilidades de execução e formas de organização distintas: Grupo I – O financiamento está sob a responsabilidade exclusiva da União. É constituído por medicamentos que representam elevado impacto financeiro no âmbito do CEAF, na maior parte das vezes indicados para doenças complexas, casos de refratariedade ou intolerância a primeira e/ou a segunda linha de tratamento e podem ser incluídos em ações de desenvolvimento produtivo do complexo industrial da saúde. Este, por sua vez, se subdivide-se em dois subgrupos: Grupo 1A – Medicamentos com aquisição centralizada pelo Ministério da Saúde; Grupo 1B – Medicamentos adquiridos pelos Estados com transferência da integralidade dos recursos financeiros pelo Ministério da Saúde, na modalidade Fundo a Fundo; Grupo 2 – É constituído por medicamentos cuja responsabilidade pelo financiamento é dos Estados e Distrito Federal. Os medicamentos devem ser adquiridos, financiados e dispensados pelas Secretarias Estaduais de Saúde; Grupo 3 – Os medicamentos do Grupo 3 possuem financiamento tripartite, sendo a aquisição e dispensação de responsabilidade dos municípios (Assistência Farmacêutica Básica)[23].

Para melhorar os ganhos de escala, e obter melhores preços, tem-se observado um movimento crescente para centralizar as compras de medicamentos, por consórcios municipais (macrorregiões sanitárias), e até mesmo pelo MS em relação aos medicamentos no âmbito do CEAF, do Grupo 1B[24]. A redução dos preços, nesses casos, já foi apontada por alguns estudos[25].

Há, no entanto, distorções nesse complexo sistema de aquisição de medicamentos, e que foram apontadas recente-

23 BRASIL, 2017.

24 CONASS, 2017.

25 FILHO *et al.*, 2015; VIEIRA & ZUCCHI, 2013; CHALKIDOU *et al.*, 2010.

mente pela Controladoria-Geral da União[26] (CGU), no âmbito do CEAF, tais como: (i) divergências no quantitativo de medicamentos encaminhados pelo MS e os recebidos nos estados; perda de remédios; (ii) falhas na dispensação de medicamentos; e (iii) aquisições mal dimensionadas ou por valores acima do preço máximo de venda do governo. Para mitigar tais situações, é necessário promover a adequação do arcabouço normativo, de modo a introduzir maior rigor no monitoramento da execução do CEAF, com o intuito de fomentar o comprometimento de todos os entes federativos na operacionalização adequada da política pública; e disponibilizar sistema eletrônico que estabeleça o conjunto de dados para composição da Base Nacional da Assistência Farmacêutica.

A despeito de toda a normatização em relação à responsabilidade de cada ente político na efetivação da assistência farmacêutica, o Poder Judiciário vem compreendendo que os entes federados têm responsabilidade solidária no fornecimento de medicamentos e tratamentos de saúde. Ou seja, a persecução da tutela jurisdicional poderá ser ajuizada em face de qualquer ente político, independentemente das competências legais de cada um.

Além disso, um dos grandes desafios do SUS, como visto anteriormente, é o da incorporação de medicamentos de alto custo, como é o caso do Trikafta®, via análises de custo-efetividade para cumprir a difícil tarefa de conciliar a justiça social e a equidade no acesso com sustentabilidade econômica. No entanto, alguns mecanismos legais, previstos no ordenamento jurídico infraconstitucional e em tratados internacionais ratificados pelo país, podem garantir o acesso a medicamentos seguros, eficazes, de qualidade e, principalmente a preços acessíveis, como é o caso do licenciamento compulsório, que será analisado a seguir.

26 BRASIL, 2017.

2. A Proteção Patentária e as Flexibilidades Legais: O Caso da Licença Compulsória.

O sistema de proteção patentária instituído pelo Acordo TRIPS[27], negociado nos idos de 1994, possui como objetivo a promoção da inovação tecnológica e a transferência e difusão de tecnologia, de forma conducente ao bem-estar social e econômico (Artigo 7), e permite que os Membros possam adotar medidas necessárias para proteger a saúde pública e para promover o interesse público em setores de importância vital para seu desenvolvimento econômico e tecnológico (Artigo 8). Assim, o Acordo TRIPS permite que os países membros incluam em suas legislações algumas flexibilidades ou salvaguardas que possam garantir proteção para a saúde pública. As principais flexibilidades previstas no Acordo TRIPS são: licença compulsória (Artigo 31), importação paralela (Artigo 6), uso experimental (Artigo 30), exceção bolar (Artigo 30) e atuação do setor saúde nos processos de pedidos de patentes farmacêuticas (implícita no Artigo 8).

Logo após foi aprovada no país a nova Lei de Propriedade Industrial (LPI) no Brasil (Lei nº 9.279/96), que modificaria amplamente o cenário que se tinha construído até então, com a restrição na concessão de patentes na seara farmacêutica. A obrigatoriedade de se conceder proteção patentária para o setor farmacêutico – imposta por acordos internacionais – mudaria completamente este cenário, dificultando muito a política

27 O Acordo sobre Direitos de Propriedade Intelectual relacionados ao Comércio (Trips), integrante do Tratado de Marraquexe, que criou a Organização Mundial do Comércio em 1994, estabeleceu padrões mínimos que devem ser observados pelos países tanto no âmbito interno (ao adequar suas legislações nacionais) quanto no externo (ao elaborar e assinar acordos comerciais internacionais). O impacto na saúde pública e no acesso a medicamentos foi manifesto, o que provocou uma reação imediata por parte da comunidade internacional, alçando o debate sobre saúde e comércio nas discussões dos mais variados fóruns multilaterais (LIMA, 2017).

de acesso universal vigente no Brasil[28]. Renata Reis[29], em tese de doutoramento, se debruçou sobre a atuação de grupos de pressão na Câmara dos Deputados durante o processo de aprovação da referida lei, concluindo que esta somente perdeu em números de emendas parlamentares para o próprio processo constituinte. Constatou, porquanto, que houve um lobby atroz e impetuoso, por representantes da indústria farmacêutica multinacional, que em larga medida se beneficiaram do desconhecimento técnico do assunto pelos parlamentares e seus assessores.

A licença compulsória, objeto de análise nesse artigo, foi incorporada pela legislação brasileira e pode ser concedida sob diversos fundamentos. O artigo 68 da legislação brasileira de patentes prevê que o titular ficará sujeito a ter a patente licenciada compulsoriamente se exercer os direitos dela decorrentes de forma abusiva ou por meio dela praticar abuso de poder econômico. O mesmo dispositivo estabelece ainda que uma licença compulsória poderá ser também concedida em caso de não exploração do objeto da patente no território brasileiro ou quando a comercialização do produto patenteado não satisfizer às necessidades do mercado. Poderá haver licenciamento compulsório ainda em casos de patentes dependentes, nos termos previstos no artigo 70 da LPI. Por fim, o artigo 71 prevê que poderá ser concedida uma licença compulsória em casos de emergência nacional ou interesse público declarados em ato do Poder Executivo Federal. Em setembro de 2021 também foi sancionada a Lei nº 14.200, que dispõe sobre a licença compulsória de patentes ou de pedidos de patente nos casos de declaração de emergência nacional ou internacional ou de interesse público, ou de reconhecimento de estado de calamidade pública de âmbito nacional, claramente influenciada pela pandemia sanitária provocada pelo vírus do SARS-CoV-2.

28 CHAVES *et al.*, 2008.

29 REIS, 2015.

Nesse cenário, percebe-se uma crise da opinião pública em relação ao então sistema internacional da propriedade intelectual, especialmente em relação às discrepâncias entre as obrigações assumidas pelos Estados na esfera internacional e a necessidade de proteger os interesses nacionais de saúde pública. Duas situações em especial aguçaram este sentimento. A primeira foi um litígio proposto pelas multinacionais farmacêuticas em face do governo sul-africano, pelo fato do país ter implementado uma série de medidas em prol do acesso a medicamentos, e que segundo a indústria conflitavam com os ditames do Acordo TRIPS. A segunda situação se deu quando os EUA, em 2001, propuseram na OMC um painel contra o Brasil, questionando a previsão de licença compulsória por falta de exploração local na legislação brasileira[30].

Com essa conjuntura como pano de fundo, e a pedido de inúmeros países e da sociedade civil organizada, o Conselho de TRIPS, órgão colegiado da OMC competente para discutir temas relacionados com a implementação do Acordo TRIPS, se reuniu pela primeira vez no mês de junho de 2001, para iniciar uma discussão sobre a interpretação e aplicação do TRIPS, mais precisamente no que se refere às flexibilidades, permitidas pelo referido Acordo, para que os Estados-Membros devidamente articulem os direitos de propriedade intelectual com o acesso a medicamentos. Ao final do mesmo ano, no mês de novembro, os Ministros presentes na Conferência de Doha adotaram a Declaração sobre o Acordo TRIPS e a Saúde Pública, ou simplesmente Declaração de Doha, por consenso.

A referida declaração, explicitamente, reconhece a gravidade dos problemas de saúde pública que afligem muitos países em desenvolvimento e de menor desenvolvimento relativo, especialmente os problemas resultantes de HIV/AIDS, da tu-

30 GUISE, 2009.

berculose, malária e outras epidemias. Também enfatiza que o Acordo TRIPS deve ser compreendido como parte de ação nacional e internacional direcionada a questões de saúde pública. Também reconhece a importância da propriedade intelectual no desenvolvimento de novas drogas, mas desvela uma preocupação quanto a seu efeito sobre os preços. Enfim, os Ministros concordam que o Acordo TRIPS não deve evitar que os Estados-Membros tomem as medidas necessárias para proteger a saúde pública e promover o acesso a medicamentos a todos.

No atual contexto em análise, cumpre observar que o Brasil emitiu apenas uma licença compulsória para medicamentos em sua história: em 2007, para o ARV efavirenz (Stocrin®, Merck Sharp & Dohme — MSD). Conforme Vieira et. al[31], de 2001 a 2007, a ameaça da emissão de licenças compulsórias foi uma das principais estratégias usadas para pressionar empresas farmacêuticas nas negociações de preços[32]. Em abril de 2007 o governo brasileiro declarou que o efavirenz era de interesse público, o primeiro passo dado na LPI visando à emissão de uma licença compulsória e, em maio de 2007, uma licença compulsória foi por fim emitida. A economia total na compra de genéricos de efavirenz em um período de cinco anos (2007-2011) após a licença foi de aproximadamente US$ 104 milhões, permitindo o aumento do número de pessoas em tratamento com efavirenz de 70.000 em 2007 para 100.000 em 2011[33].

Em janeiro de 2009, a versão genérica começou a ser produzida pelo laboratório público Farmanguinhos (sem nenhu-

31 VIEIRA *et. al*, 2017.

32 O governo brasileiro editou, por exemplo, a Portaria nº 985, de 24 de junho de 2005, declarando interesse público aos medicamentos advindos da associação dos princípios ativos Lopinavir e Ritonavir, para enfretamento do HIV/AIDS. Também editou a Portaria nº 681, de 08 de abril de 2008, que declara de interesse público o medicamento Tenofovir. Esse é um dos primeiros passos para iniciar o processo de licenciamento compulsório.

33 GUIMARÃES, HALLAR & VIEGAS, 2012.

ma transferência de tecnologia do titular da patente), após um período importando versões genéricas da Índia, a um preço de R$ 1,35/unidade (R$ 492 paciente/ano), menos da metade do preço da MSD antes da licença compulsória[34].

É importante observar que o licenciamento compulsório de patentes de medicamentos, ainda que legal, é um procedimento complexo e que demanda planejamento e investimentos. Deve-se identificar, primordialmente, se há abusividade no exercício do direito patentário, ou abuso de poder econômico. Também deve-se analisar se há capacidade técnica e econômica para realizar a exploração eficiente do objeto da patente, internamente ou internacionalmente.

Ou seja, não adianta avançar no licenciamento compulsório se não há outras opções para aquisição do referimento medicamento. Ato contínuo, a situação de emergência nacional ou internacional, ou de interesse público, devem ser declaradas em lei ou em ato do Poder Executivo federal, ou haver o reconhecimento de estado de calamidade pública de âmbito nacional pelo Congresso Nacional. Poderá haver a importação do objeto da licença, desde que tenha sido colocado no mercado diretamente pelo titular ou com o seu consentimento, ou se poderá viabilizar acordos de transferência de tecnologia, envolvendo eventual produtor de medicamento genérico e os laboratórios nacionais, públicos e/ou privados, como, por exemplo, através de uma Parceria para o Desenvolvimento Produtivo (PDP). A remuneração do titular da patente ou do pedido de patente objeto de licença compulsória será fixada em 1,5% (um inteiro e cinco décimos por cento) sobre o preço líquido de venda do produto a ela associado até que seu valor venha a ser efetivamente estabelecido.

34 VIEIRA *et. al*, 2017.

Outrossim, observados elementos históricos, técnicos e jurídicos, relacionados ao licenciamento compulsório de patentes farmacêuticas, aprofundar-se-á acerca dos desafios e das possibilidades legais para a utilização da referida flexibilidade patentária no caso do medicamento Trikafta®, de modo que os direitos de propriedade intelectual respondam melhor às reais necessidades de saúde pública, em especial dos pacientes com doenças raras e, in casu, aqueles que enfrentam a fibrose cística.

3. O Licenciamento Compulsório do Trikafta®: Desafios e Possibilidades

Dados apontam que existe uma carga significativa de pacientes com FC em países onde os medicamentos modificadores da doença não estão disponíveis. A falta de dados e subdiagnóstico sistêmico em países de baixa e média renda significa que esses números provavelmente estão subestimados. É necessária uma ação urgente para melhorar as taxas de diagnóstico e tratamento para FC, para garantir que uma porcentagem maior de pacientes receba o tratamento de combinação tripla mais eficaz e para evitar o aumento das disparidades entre pacientes com FC em países desenvolvidos e os países em desenvolvimento e de menor desenvolvimento relativo[35].

Não há soluções fáceis para corrigir a desigualdade global e disparidade no tratamento da FC, incluindo o acesso aos moduladores da proteína CFTR. Aumentar a conscientização, oferecendo experiência clínica e diagnóstica, a participação popular, o controle social, e defendendo os direitos do paciente em plataformas regionais, nacionais e globais são mecanismos fundamentais para superação da iniquidade existente no acesso aos procedimentos terapêuticos necessários[36].

35 GUO *et al.*, 2022.

36 ZAMPOLI *et al.*, 2023.

No Brasil, para garantir o acesso equitativo, um primeiro passo seria negociar com a farmacêutica norte-americana Vertex Pharmaceuticals, detentora da propriedade intelectual do produto[37], para uma redução significativa do preço de seu produto para uso exclusivo no SUS que torne a sua utilização custo-efetiva e propicie a sua incorporação. Proposta mais do que razoável, haja vista que desde a sua aprovação pelo FDA, em 2019, a Vertex já faturou mais de 17 bilhões de dólares com vendas do Trikafta em todo o mundo[38].

Outra possibilidade seria o do licenciamento voluntário. Há notícias de que a referida farmacêutica está fazendo acordos desse tipo com países pobres (Low-Income), o que não é o caso do Brasil que, conforme essa tipologia do Banco Mundial, é considerado um país de renda média alta (Upper Middle-Income). Tal estratégia é recorrente, e o Brasil vem sendo excluído sistematicamente do escopo geográfico desses acordos. Em 2015, por exemplo, estratégia da empresa Gilead autorizou 11 fabricantes indianos de genéricos a produzir o princípio ativo do seu medicamento para Hepatite C, Sovaldi, (sofosbuvir) e autorizou a sua venda para 91 países Low-Income, dentre os quais não estava o Brasil. Tal situação parte de premissas imprecisas e inadequadas, uma vez que o Brasil possui substanciais desiquilíbrios regionais, caracterizado por profunda desigualdade socioeconômica. Assim cerca de 70% (setenta por cento) da população, que não está assistida por planos de saúde, e que depende exclusivamente do SUS[39], são reiterada-

37 Vide, por exemplo, o processo administrativo BR 11 2023 002524 9, registrado junto ao Instituto Nacional de Propriedade Intelectual (INPI), para concessão de patente para formas cristalinas de moduladores de CFTR. Existem outros pedidos da mesma empresa que incluem rota de síntese, e outras adições relacionadas ao pedido principal. O composto e seus componentes já possuem pelo 7 (sete) pedidos deferidos pelo INPI, e outros em análise

38 ABRASCO, 2023.

39 BRASIL, 2020.

mente prejudicados diante desses pressupostos adotados pela Big Pharma para a formalização de tais ajustes.

Por fim, a última opção seria o licenciamento compulsório, mecanismo inscrito nas flexibilidades do acordo TRIPS e na nossa legislação, como visto acima. Inicialmente, há de se observar se os direitos decorrentes da propriedade intelectual do Trikafta®, no Brasil, vêm sendo exercidos de forma abusiva, ou se a detentora praticou abuso de poder econômico. Da mesma forma, é necessário verificar a presença de uma circunstância de emergência nacional ou interesse público.

Conforme o relatório preliminar da Comissão Nacional de Incorporação de Tecnologias (Conitec)[40], que pugnou inicialmente pela não incorporação no SUS do ELX/TEZ/IVA para o tratamento da fibrose cística, foi questionada a falta de transparência nos preços do referido medicamento, sendo que o alto custo pode prejudicar a sociedade como um todo. A carência de lisura na composição do preço do medicamento, associado à negativa de redução dos valores por parte da empresa, pode caracterizar, em tese, exercício abusivo dos direitos patentários. Da mesma forma, a necessidade de garantir medicamentos seguros, eficazes, de qualidade e a preços acessíveis para a população em geral, e em especial para pacientes com doenças raras, caracterizaria a existência de interesse social, passível de declaração em ato do Poder Executivo Federal.

Conforme a Portaria nº 199/2014 do Ministério da Saúde[41], que institui a Política Nacional de Atenção Integral às Pessoas com Doenças Raras, tais moléstias são aquelas que afetam até 65 pessoas a cada 100 mil indivíduos. Atualmente 7 mil dessas enfermidades são reconhecidas pela literatura médica, mas para 95% dos casos não há tratamento, apenas cuidados

40 BRASIL, 2023.

41 BRASIL, 2014.

paliativos e serviço de reabilitação. No Brasil estima-se que tais enfermidades atingem cerca de 13 milhões de brasileiros[42].

Nesse contexto, reveste-se de extrema relevância a análise dos chamados medicamentos órfãos. Para enquadrar um fármaco nessa condição, é necessário observar dois conceitos, que são utilizados conjuntamente: o epidemiológico (prevalência ou incidência da doença numa população) e o econômico (presunção de não rentabilidade do medicamento destinado à terapêutica da doença em questão)[43].

Outrossim, os portadores de doenças raras apresentam uma situação de desvantagem e fragilidade em relação aos portadores de doenças mais prevalentes, pois em virtude da baixa lucratividade dos medicamentos para doenças raras, empresas farmacêuticas não têm interesse em investir na pesquisa e no desenvolvimento desses remédios. E, uma vez produzidos, os medicamentos órfãos possuem um custo elevado, tornando-se inacessíveis para seu público-alvo, sendo que a própria indústria farmacêutica muitas vezes não tem interesse de registrar seus produtos em todos os países, uma vez que não há público consumidor para justificar tal investimento.

A Anvisa define medicamento órfão como aquele que se mostre eficaz no tratamento ou diagnóstico de doenças raras ou negligenciadas[44]. Na mesma esteira do FDA, instituiu Resoluções da Diretoria Colegiada (RDC) para fomentar a pesquisa e a distribuição de medicamentos órfãos. Dentre elas, as RDCs n° 205/2017 e nº 260/2018 são consideradas marcos regulatórios na área, uma vez que regulamentam a aprovação de medicamentos órfãos e ensaios clínicos no Brasil.

42 BRASIL, 2014.

43 SOUZA *et al.*, 2010.

44 BRASIL, 2007.

Outrossim, o interesse social do medicamento Trikafta® para fins de licenciamento compulsório está fundamentado e amparado pela legislação vigente.

De mais a mais, é preciso analisar aspectos relacionados à capacidade técnica e econômica para realizar a exploração eficiente do objeto da patente, internamente ou internacionalmente. Ou seja, precisa-se verificar se há disponibilidade de medicamentos genéricos, com o princípio ativo Elexacaftor/Tezacaftor/Ivacaftor (ELX/TEZ/IVA), no mercado interno ou em outros países, para que seja feita a importação do produto.

Neste caso, verifica-se que a farmacêutica argentina Gador desenvolveu, produziu e registrou em seu país um produto genérico (Trixacar), cujo preço está em torno de R$ 150 mil por paciente/ano[45]. Isso significa uma redução de mais de 400% no custo anual por paciente, tendo como base a proposta feita pela Vertex Pharmaceuticals no dossiê encaminhado à Conitec[46].

O caminho argentino que levou ao desenvolvimento e produção do medicamento genérico foi antecedido por pedidos de oposição[47] à solicitação de proteção patentária junto ao órgão regulador argentino. A fragilidade do pedido frente aos requisitos patentários (novidade, atividade inventiva e/ou aplicabilidade industrial, bem como a suficiência descritiva) pode ter incentivado a Gador a desenvolver o medicamento genérico de Elexacaftor/Tezacaftor/Ivacaftor.

Observa-se, assim, que seria perfeitamente compatível com a ordem jurídica interna, e com respaldo nos acordos in-

45 BRASIL, 2007.

46 Custo anual de aquisição de ELX/TEZ/IVA, pelo governo federal, por paciente: R$ 639.954,53 (PMVG sem impostos + 28% de desconto), referente a treze caixas/ano (BRASIL,2023).

47 Referente aos pedidos de patente AR20150103214, AR20170103464 e AR20190100269. As oposições foram formuladas pela *Cámara Industrial de Laboratorios Farmacéuticos Argentinos* (CILFA) e pela Gador.

ternacionais ratificados pela país, o licenciamento compulsório do medicamento Trikafta®, sendo que governo poderia importar o medicamento genérico (Trixacar) da Argentina e, se for caso, formular acordo de transferência de tecnologia com a farmacêutica argentina, para viabilizar a produção do medicamento por um laboratório público oficial. Ensejaria, assim, um ciclo positivo de inovação, capacitando a indústria local no desenvolvimento de novas moléculas, incluindo moduladores da proteína CFTR.

Trata-se de uma medida fundamental de política de saúde que permite a produção local ou a importação de um medicamento patenteado, contribuindo para a redução do preço. Inclusive, a licença compulsória não causa riscos ao sistema de propriedade intelectual, pois a economia gerada pela aquisição do governo na aquisição do medicamento genérico seria mais do que suficiente para pagar os royalties devidos à proprietária da patente[48][49]. Cumpre, asseverar, ainda, que não se justifica o alto preço tão somente pelos custos de pesquisa e desenvolvimento despendidos pela Vertex Pharmaceuticals, uma vez que a Cystic Fibrosis Foundation, dos EUA, também investiu significativamente no Kalydeco, cujo princípio ativo é o modulador ivacaftor, e que faz parte do Trikafta®. A mencionada associação cobriu a maior parte das despesas pré-clínicas e parte da fase 1 do ensaio clínico. Estima-se, assim, que a participação da Vertex nos custos seja de aproximadamente 60%[50].

Sendo assim, caso haja vontade política, a efetivação do licenciamento compulsório do Trikafta® seria um importante movimento para que o Brasil volte a protagonizar esse debate, buscando alternativas que mitiguem os efeitos deletérios do

48 PFEIFFER *et al.*, 2023.

49 PFEIFFER *et al.*, 2023.

50 HOLLIS, 2019.

atual sistema internacional de propriedade intelectual no acesso a medicamentos e outras tecnologias médicas nos países em desenvolvimento.

Conclusões

A fibrose cística, conhecida também como mucoviscidose, é marcada por modificações no gene CFTR (Cystic Fibrosis Transmembrane Conductance Regulator), responsável pela regulação de cloreto e de sódio nas células que produzem as secreções do corpo. A expressão defeituosa dessa proteína provoca a produção de muco excessivamente espesso, que, acumulado em órgãos e nas vias do corpo, como pâncreas, intestino e pulmões, causa a disfunção destes. É uma das doenças de rastreamento obrigatório pelo teste de triagem neonatal, por meio da dosagem do tripsinogênio imunorreativo, e é a doença genética grave mais comum da infância no Brasil.

Uma nova classe de medicamentos, chamados moduladores da proteína CFTR, entre eles o medicamento de nome comercial Trikafta®, cujo princípio ativo é o Elexacaftor/Tezacaftor/Ivacaftor (ELX/TEZ/IVA), promove melhora da função pulmonar, melhora de lesões de seios paranasais e pulmonares, redução de exacerbações, redução de hospitalizações e melhora nutricional dos pacientes com ao menos uma mutação f508del.

A melhora da qualidade e da expectativa de vida dos pacientes é perceptível, no entanto o alto custo do medicamento impede seu acesso aos que dele necessitam, sendo que é recorrente o acionamento do Poder Judiciário para viabilizar esse direito social à assistência farmacêutica integral.

Mesmo após a Conitec ter reexaminado seu posicionamento durante a 121ª reunião do colegiado, se manifestando, através de recomendação final, pela incorporação do Trikafta® nas listagens oficiais do SUS, a alta razão de custo-efetividade incremental e o impacto orçamentário de aproximadamente R$

1,99 bilhões em 5 (cinco) anos provocam um impacto na sustentabilidade do sistema de saúde a médio e longo prazo.

Verificou-se, no presente estudo, que seria perfeitamente compatível com a ordem jurídica interna, e com respaldo nos acordos internacionais ratificados pela país, o licenciamento compulsório do medicamento Trikafta®, sendo que governo poderia importar o medicamento genérico (Trixacar) da Argentina e, se for caso, formular acordo de transferência de tecnologia com a farmacêutica argentina, para viabilizar a produção do medicamento por um laboratório público oficial. Ensejaria, assim, um ciclo positivo de inovação, capacitando a indústria local no desenvolvimento de novas moléculas, incluindo moduladores da proteína CFTR.

Seria uma significativa ação para que o Brasil volte a protagonizar o debate relacionado ao acesso universal e equitativo, buscando alternativas que mitiguem os efeitos deletérios do atual sistema internacional de propriedade intelectual no acesso a medicamentos e outras tecnologias médicas nos países em desenvolvimento.

Referências

AITH, Fernando Mussa Abujamra. **Manual de Direito Sanitário com Enfoque em Vigilância Sanitária**. Brasília, DF: CONASEMS, 2019.

ASSOCIAÇÃO BRASILEIRA DE SAÚDE COLETIVA (ABRASCO). **Proposta da Abrasco sobre o acesso ao medicamento Trikafta na terapia da Fibrose Cística (Mucoviscidose)**. Publicado em 11 fev 2023. Disponível em: https://www.abrasco.org.br/site/noticias/posicionamentos-oficiais-abrasco/trikafta-fibrose-cistica/71571/. Acesso em: 09 ago 2023.

BIEHL, João; PETRYNA, Adriana. Tratamentos jurídicos: os mercados terapêuticos e a judicialização do direito à saúde.

História, Ciências, Saúde - Manguinhos, Rio de Janeiro, v.23, n.1, jan.-mar. 2016, p.173-192.

BONFIM, J.R.A. **Doenças crônicas, "medicalização" e iatrogenia**. In: Nogueira R.P. et al (Org.) Observatório Internacional de Capacidades Humanas, Desenvolvimento e Políticas Públicas: estudos e análises 2. - Brasília, DF: UnB/ObservaRH/Nesp - Fiocruz/Nethis. 2015.

BRASIL. Ministério da Saúde. Secretaria de Ciência, Tecnologia, Inovação e Complexo da Saúde - SECTICS. Comissão Nacional de Incorporação de Tecnologias no Sistema Único de Saúde (Conitec). **Relatório de Recomendação Elexacaftor/Tezacaftor/Ivacaftor (2023).** Disponível em: https://www.gov.br/conitec/pt-br/midias/consultas/relatorios/2023/20230524_relatorio_tecnico_medicamento_elexacaftor_tezacaftor_ivacaftor_cp18.pdf Acesso em: 07 ago 2023.

_______. Comissão Nacional de Incorporação de Tecnologias no Sistema Único de Saúde (Conitec). Ministério da Saúde. Secretaria de Ciência, Tecnologia, Inovação e Complexo da Saúde - SECTICS. Comissão Nacional de Incorporação de Tecnologias no Sistema Único de Saúde (Conitec). **Ata da 121ª reunião do colegiado (2023)**. Disponível em: https://www.gov.br/conitec/pt-br/assuntos/reunioes-da-conitec/pautas-e-atas. Acesso em: 07 ago 2023a.

_______. Conselho Nacional de Justiça. **Estatísticas Processuais de Direito à Saúde**. Disponível em: https://paineisanalytics.cnj.jus.br/single/?appid=a6dfbee4=-bcad4861-98-ea4-5183b29247e&sheet-87ff247a-22e0-4a66-ae83-24fa5d92175a&opt=ctxmenu,currsel. Acesso em: 07 ago 2023b.

_______. **Decreto nº 7.508, de 28 de junho de 2011**. Regulamenta a Lei nº 8.080, de 19 de setembro de 1990, para dispor sobre a organização do Sistema Único de

Saúde-SUS, o planejamento da saúde, a assistência à saúde e a articulação interfederativa, e dá outras providências. Brasília, jun. 2011.

_______. **Portaria nº 3.916, de 30 de outubro de 1998**. Aprova a Política Nacional de Medicamentos. Brasília, out. 1998.

_______. Ministério Da Transparência, Fiscalização E Controladoria-Geral Da União. **Relatório De Avaliação Da Execução De Programa De Governo Nº 71 Apoio Financeiro Para Aquisição E Distribuição De Medicamentos Do Componente Especializado Da Assistência Farmacêutica (Ceaf).** Brasília, abril/2017. Disponível em: https://auditoria.cgu.gov.br/download/9691.pdf. Acesso em 09 ago 2023.

_______. Instituto Brasileiro de Geografia e Estatística. **Pesquisa Nacional de Saúde (PNS) 2019**. Publicação de 04 de setembro de 2020. Disponível em: https://agenciadenoticias.ibge.gov.br/agencia-sala-de-imprensa/2013-agencia-de-noticias/releases/28793-pns-2019-sete-em-cada-dez-pessoas-que-procuram-o-mesmo-servico-de-saude-vao-a-rede-publica. Acesso em: 09 ago 2023.

_______. Ministério da Saúde. **Portaria nº 199, de 30 de janeiro de 2014**. Institui a Política Nacional de Atenção Integral às Pessoas com Doenças Raras, aprova as Diretrizes para Atenção Integral às Pessoas com Doenças Raras no âmbito do Sistema Único de Saúde (SUS) e institui incentivos financeiros de custeio. Disponível em: https://bvsms.saude.gov.br/bvs/saudelegis/gm/2014/prt0199_30_01_2014.html. Acesso em: 09 ago 2023.

_______. Senado Federal. **Doenças raras atingem cerca de 13 milhões de brasileiros** (Publicada em 02/02/2022). Disponível em: https://www12.senado.leg.br/radio/1/noticia/2022/02/02/doencas-raras-atingem-cerca-de-13-milhoes-de-brasileiros. Acesso em: 09 ago 2023.

______. Agência Nacional de Vigilância Sanitária (ANVISA). **Resolução - RDC nº 28, de 04 de abril de 2007**. Dispõe sobre a priorização da análise técnica de petições, no âmbito da Gerência-Geral de Medicamentos da ANVISA, cuja relevância pública se enquadre nos termos desta Resolução. Disponível em: https://bvsms.saude.gov.br/bvs/saudelegis/anvisa/2007/rdc0028_04_04_2007.html. Acesso em: 09 ago 2023.

CAETANO, Rosângela *et al.*. Incorporação de novos medicamentos pela Comissão Nacional de Incorporação de Tecnologias do SUS, 2012 a junho de 2016. **Ciênc. saúde coletiva**, Rio de Janeiro , v. 22, nº 8, p. 2513-2525, Aug. 2017. Disponível em: <http://www.scielo.br/scielo.php?script=sci_arttext&pid=S141381232017002802513&lng=en&nrm=iso>. Acesso em: 07 ago 2023.

CHALKIDOU, K.; ANDERSON, G. F.; FADEN, R. Eliminating drug price differentials across government programmes in the USA. **Health Economics, Policy and Law**, Cambridge, v. 4, p. 1-22, Feb. 2010.

CHAVES, Gabriela Costa; VIEIRA, Marcela Fogaça; REIS, Renata. Acesso a medicamentos e propriedade intelectual no Brasil: reflexões e estratégias da sociedade civil. Sur, **Rev. int. direitos human.**, São Paulo , v. 5, nº 8, p. 170-198, Junho 2008. Disponível em: <http://www.scielo.br/scielo.php?script=sci_arttext&pid=S1806-64452008000100009&lng=en&nrm=iso>. Acesso em: 09 ago 2023.

CONSELHO DOS SECRETÁRIOS DE SAÚDE (CONASS). **Ministério da Saúde apresenta ao CONASS proposta de centralização de aquisição do elenco de medicamentos do Grupo 1B**. Publicado em 27 mar 2017. Disponível em: http://www.conass.org.br/ministerio-da-saude-apresenta-ao-conassproposta-de-centralizacao-de-aquisicao-

-do-elenco-de-medicamentos-do-grupo1b/. Acesso em: 09 ago 2023.

DALLARI, Sueli Gandolfi. Uma nova disciplina: o direito sanitário. **Rev. Saúde Pública**, São Paulo, v. 22, nº 4, p. 327-334, Aug. 1988. Disponível em: <http://www.scielo.br/scielo.php?script=sci_arttext&pid=S0034-89101988000400008&lng=en&nrm=iso>. Acesso em: 07 ago 2023.

FILHO, Mileno Donato Barreira; TORRES, Karla Bruna; RIBEIRO, Deive Brito; PRADO, Regilane Matos da Silva; SOBRINHO, José Lamartine Soares. Avaliação Do Modelo De Compra Centralizada De Medicamentos: Estudo De Caso Da Assistência Farmacêutica Básica. **Boletim Informativo Geum**, v. 6, nº 1, p. 80-89, jan./mar. 2015. Disponível em: http://ojs.ufpi.br/index.php/geum/article/viewFile/3873/2886. Acesso em: 07 ago 2023.

GUIMARÃES, A; HALLAR, R; VIEGAS, F. **Compulsory licence and access to medicines: economic savings of efavirenz in Brazil.** Apresentação realizada na Conferência Internacional de AIDS, 2012. Disponível em: http://pag.aids2012.org/session.aspx?s=228#2. Acesso em: 09 ago 2023.

GUISE, Mônica Steffen. **Comércio Internacional, Patentes e Saúde Pública**. Curitiba: Ed. Juruá, 2009.

GUO, J.; GARRATT, A.; HILL, A.. Worldwide rates of diagnosis and effective treatment for cystic fibrosis. **J Cyst Fibros.** 2022 May;21(3):456-462. doi: 10.1016/j.jcf.2022.01.009. Epub 2022 Feb 4. PMID: 35125294.

GRUPO BRASILEIRO DE ESTUDOS DE FIBROSE CÍSTICA (GBEFC). **Registro Brasileiro de Fibrose Cística (REBRAFC) (2021)**. Disponível em: http://portalgbefc.org.br/site/pagina.php?idpai=128&id=15. Acesso em: 07 ago 2023.

HOLLIS, A.. Orphan Drug Pricing and Costs: A Case Study of Kalydeco and Orkambi. **Healthc Policy**. 2019 Aug;15(1):70-80. doi: 10.12927/hcpol.2019.25937. PMID: 31629457; PMCID: PMC7008693.

LEITE, S.N; VASCONCELLOS, M. da P.. Os diversos sentidos presentes no medicamento: elementos para uma reflexão em torno de sua utilização. **Arquivos Catarinenses de Medicina**, vol. 39, nº 3, p. 18-23, 2010.

LIMA, J. H. DA S.. Saúde global e política externa brasileira: negociações referentes à inovação e propriedade intelectual. **Ciência & Saúde Coletiva**, v. 22, nº 7, p. 2213–2221, jul. 2017.

PFEIFFER, Maria Clara; SILVA, Alan Rossi; SCOPEL, Carolinne; PLOEG, Susana van der. A importância da quebra da patente do medicamento Trikafta. **Revista Le Monde Diplomatique Brasil** (16 de maio de 2023). Disponível em: https://diplomatique.org.br/a-importancia-da-quebra-da-patente-do-medicamento-trikafta/. Acesso em: 09 ago 2023.

REIS, Renata Camile Carlos. **Redes Invisíveis: grupos de pressão na Câmara dos Deputados – o processo de aprovação da Lei de Propriedade Industrial brasileira**. Rio de Janeiro, 2015. Tese (Doutorado em Políticas Públicas) – Instituto de Economia, Universidade Federal do Rio de Janeiro, Rio de Janeiro, 2015.

SCHULZE, Clenio Jair. Direito administrativo sanitário. **Revista de Doutrina da 4ª Região**, Porto Alegre, n.67, ago. 2015. Disponível em: http://www.revistadoutrina.trf4.jus.br/artigos/edicao067/Clenio_Schulze.html. Acesso em: 07 ago 2023.

SOCIEDADE DE PNEUMOLOGIA E TISIOLOGIA DO ESTADO DO RIO DE JANEIRO (SOPTE/RJ). **Conitec abre consulta pública sobre terapia tripla que revolucionária o tra-**

tamento da fibrose cística no SUS (2023). Disponível em: https://www.sopterj.com.br/conitec-abre-consulta-publica-sobre-terapia-tripla-que-revolucionaria-o-tratamento-da-fibrose-cistica-no-sus/ Acesso em: 07 ago 2023.

SOUZA, M. V. DE . et al.. Medicamentos de alto custo para doenças raras no Brasil: o exemplo das doenças lisossômicas. **Ciência & Saúde Coletiva**, v. 15, p. 3443–3454, nov. 2010.

TANAKA, O. A Judicialização da Prescrição Medicamentosa no SUS ou o Desafio de Garantir o Direito Constitucional de Acesso à Assistência Farmacêutica. **Revista de Direito Sanitário**, São Paulo v. 9, nº 1 p. 137-143 Mar./Jun. 2008. Disponível em: http://www.periodicos.usp.br/index.php/rdisan/article/viewFile/13109/14912. Acesso em: 07 ago 2023.

VENDRUSCULO, Fernanda Maria; DONADIO, Márcio Vinícius Fagundes; PINTO, Leonardo Araújo. Conquistas em relação à sobrevida de pacientes com fibrose cística no Brasil. **J Bras Pneumol**. 2021;47(2):e20210140. Disponível em: https://www.jornaldepneumologia.com.br/details/3517/en-US/cystic-fibrosis-in-brazil--achievements-in-survival. Acesso em: 07 ago 2023.

VIEIRA, Fabiola Sulpino; ZUCCHI, Paola. Financiamento da assistência farmacêutica no sistema único de saúde. **Saude soc.**, São Paulo , v. 22, nº 1, p. 73-84, Mar. 2013. Disponível em: <http://www.scielo.br/scielo.php?script=sci_arttext&pid=S0104129020130001000008&lng=en&nrm=iso>. Acesso em: 09 ago 2023.

VIEIRA, Marcela Fogaça; FONSECA, Felipe; VILLARDI, Pedro; ALVES, Clara. A promoção do acesso a medicamentos por meio da produção local: estudo de caso da experiência brasileira sobre o uso de licença compulsória e licença voluntária do ponto de vista da sociedade civil. In: **Políticas de produção local de medicamentos no Brasil : elementos para o debate** / Pedro Villardi, Felipe Fonseca, Carolinne

Scopel, organizadores. -- Rio de Janeiro : ABIA – Associação Brasileira Interdisciplinar de AIDS, 2017.

ZAMPOLI, M.; MORROW, B.M.; PAUL, G.. Real-world disparities and ethical considerations with access to CFTR modulator drugs: Mind the gap! **Front Pharmacol**. 2023 Mar 27;14:1163391. doi: 10.3389/fphar.2023.1163391. PMID: 37050905; PMCID: PMC10083423.

TOMADAS DE DECISÃO NOS CUIDADOS EM SAÚDE: A CONCRETIZAÇÃO DO DIREITO A AUTODETERMINAÇÃO DO PACIENTE EM FIM DE VIDA

Letícia Pinto Corrêa

Introdução

As revoluções dos séculos XVIII à XX, Industrial, sanitária e Pasteuriana, promoveram avanços tecnológicos, científicos e médicos que alteraram completamente a dinâmica da saúde mundial: menores taxas de mortalidade acompanhadas do aumento da expectativa de vida e consequente aumento populacional de idosos e doentes, descobertas de novas doenças, surgimento de exames e aparelhos de detecção precoce de doenças, de tratamento destas e de manutenção e prolongamento da vida.

Se antes morríamos novos em função de doenças infectocontagiosas, passamos a morrer velhos, convivendo com doenças crônico-degenerativas incapacitantes e incuráveis combatidas ferozmente pela medicina clínica e intervencionista, em uma longa batalha entre vida e morte, ciência e natureza, médicos e deuses.

As principais armas utilizadas nessa guerra são as possibilidades de conservação artificial da vida, responsáveis pelas modificações nas concepções da morte como fenômeno natural da vida, oposto ao evento nascimento e intrínseco à fisiologia animal, e na propagação desmedida da obstinação terapêutica em que médicos agem com base apenas na visão biomédica de saúde, focada exclusivamente no cuidado e tratamento da doença, em detrimento do cuidado integral do indivíduo e das vontades deste, enxergando a morte como a maior das derrotas na guerra da saúde.

Em contraponto a esta visão, na década de 1960, na Inglaterra surgem os cuidados paliativos pelas mãos da médica, enfermeira e assistente social Cicely Saunders, que propõe um modelo de cuidado integral ao paciente com doença ameaçadora da vida e/ou em fim de vida, com controle de sintomas – sobretudo da dor – e dos sofrimentos psicológicos, sociais e/ou espirituais; e nos Estados Unidos surge o living will, documento de manifestação de vontade do paciente quanto aos tratamentos e manobras que gostaria ou não de ser submetido quando a medicina tradicional já se revelasse insuficiente para promover-lhe a cura da doença a que estivesse acometido, proposto pelo advogado e defensor dos Direitos Humanos, Luiz Kutner, no primeiro artigo científico a tratar do direito de morrer de que se tem notícia (DADALTO, 2015).

Paralelamente a estes movimentos de reconhecimento do paciente e de sua vivência para além da doença, a relação médico-paciente foi sendo alterada nas décadas finais do século XX, deixando o médico de ser visto como um deus todo-poderoso, a quem cabia com exclusividade a tomada de decisões no tratamento dos pacientes. A relação verticalizada cedeu espaço para a relação horizontalizada, baseada no compartilhamento de informações entre médico e paciente que, no exercício de sua autonomia, passou a ser corresponsável pelas escolhas de saúde a serem tomadas.

É na autonomia do paciente, enquanto princípio basilar da bioética, definido desde a década de 1970 por Beauchamp e Childress, e direito humano internacionalmente reconhecido, que reside a fundamentação ética e jurídica a respaldar os modelos de tomadas de decisão como instrumentos garantidores da liberdade decisória do doente, na medida em que cada cidadão possui o direito de autoconduzir sua vida como desejar (SIMONELLI, 2023), sem, por óbvio, invadir a esfera privada de terceiros.

Se a concretização da autonomia do paciente começa a avançar no grupo de indivíduos que convivem com doenças tratáveis, o mesmo não se pode dizer dos que convivem com doenças ameaçadoras da vida. Doação de órgãos e/ou de corpo, distanásia, intubação, ordem de não reanimar, rebaixamento de consciência, são apenas algumas das complicadas decisões que médico e paciente precisam tomar no fim da vida deste. Diante desta dura realidade, diretivas antecipadas de vontade e plano avançado de cuidados surgem como meios de antecipar as conversas difíceis e facilitar a comunicação entre paciente, equipe multidisciplinar e família, buscando, com base na história de vida e valores do indivíduo, definir previamente as escolhas e caminhos que deverão ser tomados quando o paciente não mais puder se manifestar.

Viver dignamente é uma garantia fundamental prevista na Constituição Federal do Brasil de 1988 que também se estende aos doentes e moribundos e perpassa o acesso à saúde destes e o respeito às suas autonomias, inclusive – e principalmente – pelos médicos, tanto que o Código de Ética Médica estabelece como um de seus princípios fundamentais o dever do profissional de aceitar as escolhas de seus pacientes relativas aos procedimentos e terapêuticas por eles indicados.

Vê-se, portanto, que é imperioso abandonar, em definitivo, o modelo biomédico de tratamento em favor do modelo biopsicossocial, passando a enxergar o paciente não só em sua dimensão físico-biológica, mas também nas dimensões psicológica e social, entendendo o indivíduo enquanto ser humano detentor de direitos, mas, sobretudo de vontades e necessidades que vem antes, durante e após a doença.

Garantir o acesso à saúde dos pacientes é dar-lhes acesso a um tratamento de qualidade e a uma boa morte, com o estabelecimento de planos de cuidados, confeccionados (e atualizados) conjuntamente com a equipe de saúde e compartilhado com seus familiares, uma vez que a concretização eficaz dos desejos do doente só vai acontecer se todos os atores estiverem conscientes de seus papéis e cientes de que o protagonista é o paciente, cujas vontades precisam ser respeitadas. Por todos. Sem exceção. Até depois do fim.

1. Sistema legal brasileiro de proteção e garantia das autonomias individuais

A melhoria das condições de vida da humanidade nos últimos 100 anos permitiu postergar cada vez mais o processo de morrer (JONAS, 1997) que foi transformado em um fenômeno institucionalizado e distante da família e da sociedade. Neste contexto, é inevitável o surgimento de debates bioéticos sobre a autonomia do paciente, sobretudo pela inobservância do cuidado respeitoso dispensado pela equipe multidisciplinar que assiste o doente e, mais frequentemente, por sua família. Por isso, o respeito à autonomia do paciente torna-se um elemento fundamental para a compreensão do debate bioético entre cuidado e respeito (PERUZZO-JUNIOR, 2017), e entre autonomia e paternalismo médico. Vejamos.

A Revolução Francesa consagrou os ideais de liberdade que influenciaram a cultura ocidental contemporânea, com a valorização das liberdades individuais em suas variadas formas, sobretudo e principalmente, como pondera Barreto neto (2013), na ideia de autodeterminação dos sujeitos e pelo poder de conduzir a vida de acordo com as normas que o indivíduo haja escolhido para si. É neste contexto que a expressão direitos fundamentais é positivada no âmbito da Declaração Universal dos Direitos do Homem e do Cidadão de 1789 que reconheceu os Direitos do Homem como naturais, inalienáveis, sagrados e oponíveis ao Estado.

A autonomia é alçada à categoria dos direitos fundamentais[1] de primeira geração - que lista os direitos civis e políticos ligados à liberdade -, base dos estados democráticos de direito, consagrada em suas diferentes vertentes nas constituições modernas, inclusive no Brasil. A Constituição Federal de 1988, enquanto uma constituição social - em cujo texto estão consagrados direitos à liberdade individual e direitos à liberdade material[2] (direitos sociais, econômicos e culturais) - e dirigente - que se caracteriza por estabelecer normas definidoras de tarefas e programas de ação a serem concretizados pelos poderes públicos através de normas programáticas -, ainda que não mencione explicitamente a autonomia da vontade em seu texto, positiva diversas de suas dimensões em diferentes dispositivos, dos quais pode-se extrair um verdadeiro sistema de proteção e garantia das autonomias individuais.

Comecemos pelo pai de todos os princípios. O princípio da dignidade da pessoa humana constitui-se em um dos princípios fundamentais da República Federativa do Brasil (art. 1º III CF/88), orientador de toda a organização social, cânone interpretativo que deve reger todas as relações humanas e que deve balizar a atuação do Estado na concretização dos objetivos fundamentais do nosso país, sobretudo o de construir uma socie-

1 Direitos humanos fundamentais são aqueles que protegem o indivíduo de ações que violem sua dignidade, por meio das garantias fundamentais que se revelam como instrumentos que asseguram o exercício daqueles ou como instrumentos de reparação em caso de serem violados.

2 São aqueles cuja implementação exige uma atuação positiva do Estado.

dade livre, justa e solidária (art. 3º I CF/88) capaz de promover o bem de todos os cidadãos (art. 3º IV CF/88).

A dignidade é considerada o valor constitucional supremo, servindo como diretriz máxima para a elaboração, interpretação e aplicação das normas que compõem a ordem jurídica e o sistema de direitos fundamentais (NOVELINO, 2016), estes que se constituem como valores basilares de uma vida digna. A dignidade, sendo uma qualidade intrínseca a todo indivíduo, é um direito absoluto que não comporta gradações - ou se tem dignidade ou não se tem - e que impõe a todos, não somente aos poderes públicos, deveres colaterais de:

a) Respeito, impedindo que sejam realizadas atividades e condutas atentatórias à dignidade humana;

b) Proteção, exigindo ações positivas na defesa da dignidade contra qualquer tipo de violação; e de

c) Promoção de uma vida digna, com a adoção de medidas que possibilitem o acesso aos bens e utilidades indispensáveis para o cumprimento deste dever.

Fica evidente, portanto, a correlação direta estabelecida entre os direitos fundamentais e a dignidade da pessoa humana, pois aqueles surgiram em decorrência desta para proporcionar o pleno desenvolvimento humano, da mesma forma que, somente por meio dos direitos fundamentais, a dignidade poderá ser respeitada, protegida e promovida, num ciclo que se retroalimenta. Como consequência deste ciclo, a autonomia - enquanto categoria de direito fundamental pertencente ao grupo dos direitos de liberdade - permite ao indivíduo ter uma vida digna que, se violada, exige resposta efetiva do Estado.

Seguindo esta lógica, após estabelecer a dignidade da pessoa humana no topo de todo o ordenamento jurídico brasileiro, a Constituição Federal de 1988 passa a estabelecer os regramentos a respeito dos direitos e garantias fundamentais, individuais e coletivos, que materializaram o viver com dignidade que, por óbvio, perpassa no reconhecimento da autonomia em suas diversas manifestações, individuais ou privadas[3]. Analisando alguns incisos do art. 5º da Carta Magna, podemos identificar grupos de direitos que podem ser associados à autonomia (destacamos apenas aqueles que possuem relevância no âmbito dos direitos do paciente), garantindo também a esta, por extensão, proteção constitucional:

a) Inciso II: *legalidade*, sendo permitido a todo indivíduo fazer tudo aquilo que não for proibido por lei, desde que não afronte o direito ou cause prejuízo a outras pessoas, posto que todos são sujeitos de direitos em igual medida;

b) Inciso III: *proibição do indivíduo ser submetido a tratamento desumano, degradante ou de ser torturado*[4];

c) Incisos IV e IX: *liberdade de expressão*, garantindo-se a manifestação de pensamentos;

d) Incisos VI, VII e VIII: *liberdade de consciência e religiosa* (crença, culto e assistência);

e) Inciso X: *inviolabilidade da intimidade e da vida privada.*

3 Neste ponto, importante fazer uma distinção conceitual entre os dois termos, pois que são utilizados muitas vezes como sinônimos, embora não o sejam. A autonomia privada se constitui no gênero, enquanto que a autonomia da vontade pode ser a espécie, considerando a autonomia da vontade vinculada à vontade interna (psíquica) e à liberdade de atuação de cada pessoa, com a possibilidade de escolha do tipo de obrigação a que se pretende aderir, enquanto a autonomia privada, por sua vez, tem relação direta com a liberdade de contratação, ou seja, com a criação de normas para si (RECKZIEGEL; FABRO, 2017).

4 Filiamo-nos à corrente doutrinária que reconhece este, ao lado do direito de não ser escravizado, como os únicos direitos absolutos, que não podem ser derrogados por nenhum outro – há quem inclua ainda o direito de não ser compulsoriamente associado em uma associação.

Vale lembrar que, em razão de vivermos em um Estado Democrático de Direito, algumas restrições podem ser aplicadas às liberdades individuais em prol do bem comum, com vistas a proteger o interesse social e a coexistência necessariamente harmoniosa das liberdades (PINTO, 2009), com o objetivo maior de primar pela dignidade de todos.

Como os direitos individuais estão intimamente relacionados com o conceito de personalidade, precisamos analisar a autonomia sob o ponto de vista das previsões do Código Civil de 2002, sobretudo pelo entendimento de Moreria e Degrava (2018), com o qual concordamos, de que

> Em que pese sua inclusão no texto constitucional, devemos ter em mente que a dignidade da pessoa humana, é, tanto por sua origem quanto pela sua efetivação, um instituto do direito privado. Além disso, ressaltemos que a introdução dos direitos da Personalidade no plano infraconstitucional representa um reflexo do fenômeno da constitucionalização do direito privado.

A personalidade é uma qualidade, um atributo do ser humano de adquirir direitos e contrair obrigações ou deveres na ordem civil, cuja medida é feita pela capacidade: de direito, inerente a todos aqueles que nascem com vida; e de fato, restrita àqueles que têm a aptidão para exercer os atos da vida civil, por si só.

Os direitos da personalidade são, portanto, direitos subjetivos relacionados aos principais aspectos da personalidade humana – nome, honra, imagem, corpo, privacidade, intimidade etc. –, sendo considerados expressões da cláusula geral de tutela da pessoa humana, contida no art. 1º, III da Constituição (princípio da dignidade da pessoa humana), nos termos do Enunciado 274 da IV Jornada de Direito Civil realizada pelo Conselho da Justiça Federal em 2006.

No que se refere à autonomia do paciente, nos interessa o disposto no art. 15 do Código Civil:

> Ninguém pode ser constrangido a submeter-se, com risco de vida, a tratamento médico ou a intervenção cirúrgica.

O dispositivo funciona como uma regra basilar do direito do paciente: ninguém será constrangido a realizar tratamento médico ou intervenção jurídico ainda que esteja correndo risco de vida. Desse modo, tem o titular de direitos a prerrogativa de exigir que cesse qualquer violação ou ameaça a seus direitos (inteligência do art. 12 do Código Civil).

Estabelecidas as premissas que fundamentam o sistema legal brasileiro de proteção e garantia das autonomias individuais, passemos a analisar a autonomia no âmbito do sistema de proteção e garantia dos direitos dos pacientes.

2. Bioética: um novo parâmetro de autonomia

Ainda que a dignidade da pessoa humana se encontre hoje no topo da pirâmide jurídica da maioria dos países do mundo, gerando, por consequência, a obrigatória observância de todos os demais princípios aos seus mandamentos, nem sempre foi assim.

Foi apenas após a 2ª Guerra Mundial que, diante das brutais atrocidades cometidas pelos nazistas que se utilizavam de prisioneiros de guerra como objeto de pesquisas, que a comunidade internacional se mobilizou fortemente para discutir os limites de atuação do ser humano para com outro ser humano, agora entendido como um sujeito de pesquisa, estabelecendo alguns parâmetros ético-legais de preservação da vida e da saúde do indivíduo, com o reconhecimento da dignidade e da autonomia como inerentes à toda pessoa em importantes documentos jurídicos, tais como:

> 1. Código de Nuremberg de 1947 que determina que "O consentimento voluntário do ser humano é absolutamente essencial";

> 2. Declaração Universal dos Direitos do Homem de 1948 que afirma que todo ser humano tem o direito de ser reconhecido como pessoa digna, em qualquer lugar que esteja, devendo sua vida, liberdade e segurança pessoal serem respeitadas;
>
> 3. Pacto de São José da Costa Rica que dispõe que toda pessoa tem direito ao respeito à sua vida, integridade física, psíquica e moral, honra e ao reconhecimento de sua dignidade.

É neste cenário de grande desenvolvimento científico e tecnológico e de profundas mudanças sociais, políticas e culturais que nasce a bioética.

O termo bioética foi empregado, pela primeira vez em 1927, em um artigo publicado no periódico alemão Kosmos, por Fritz Jahr. Porém, foi somente no início dos anos de 1970 que o termo se popularizou, através dos estudos do bioquímico americano Van Rensselaer Potter, que idealizou um novo campo da ética direcionado à defesa do homem, à sua sobrevivência e a uma melhoria da qualidade de vida, posto que sua preocupação era com o uso desenfreado do conhecimento científico desacompanhado da reflexão e possíveis consequências para a sobrevivência da espécie humana, podendo ser conceituada, de acordo com Reich na Encyclopedia of Bioethics (1995), como o

> Estudo sistemático das dimensões morais – incluindo a visão moral, as decisões, a conduta e as linhas que guiam – das ciências da vida e da saúde, com o emprego de uma variedade de metodologias éticas e de uma impostação interdisciplinar.

Na fase de consolidação da bioética nos Estados Unidos, temos outros três marcos da década de 1970 que contribuíram diretamente para o reconhecimento da nova ciência como fundamento da autonomia do paciente:

1. Em 1973, a Associação Americana de Hospitais adotou a Patients Bill of Rights (Carta de Direitos dos Pacientes), dando ao paciente autonomia para assumir a decisão final sobre as intervenções a que pudesse ser submetido, contrapondo-se ao tradicional paternalismo da ética hipocrática (LOPES, 2013);
2. Em 1974, a divulgação da matéria jornalística sobre o Estudo Tuskegee influiu na decisão do Congresso dos Estados Unidos de criar uma Comissão Nacional para a Proteção dos Sujeitos Humanos de Pesquisa Biomédica e Comportamental, cujo objetivo principal era identificar os princípios éticos básicos que deveriam conduzir a experimentação em seres humanos; e
3. Em 1978, como resultado dos estudos da Comissão criada em 1974, foi publicado o Relatório Belmont, documento histórico e normativo para a Bioética, no qual foram eleitos os parâmetros éticos que deveriam orientar a experimentação com seres humanos, traduzidos em 3 princípios orientadores básicos: respeito, beneficência e justiça.

Como desdobramento do Relatório Belmont, o pesquisador Tom Beauchamp, filósofo que havia participado do Relatório Belmont, em parceria com o teólogo James Childress, publicam o livro Princípios da Ética Biomédica – obra que consolidou academicamente a bioética – sugerindo quatro princípios éticos como base de uma teoria bioética consistente (MUÑOZ e MUÑOZ, 2013): autonomia, beneficência, não maleficência e justiça.

Como ética e direito estão intimamente relacionados, uma nova disciplina jurídica foi desenvolvida para responder aos dilemas e problemas da bioética, o *biodireito*: enquanto a bioética é a disciplina que examina e discute os aspectos éticos relacionados ao desenvolvimento e as aplicações da biologia e da medicina, indicando os caminhos e o modo de se respeitar o valor da pessoa humana, como unidade e como um todo, o biodireito é o processo de concretização normativa dos valores e princípios fixados pela ética, tomando como paradigma o valor da pessoa humana, a quem cabe determinar até onde as "ciências da vida" poderão avançar sem que haja agressões à dignidade da pessoa humana (BETIOLI, 2015).

Na resolução de conflitos bioéticos, os operadores do direito e da medicina deverão utilizar como ponto de partida os Princípios da Ética Biomédica[5] estabelecidos por Beauchamp e Childress em 1979:

> 1. Autonomia, correspondente ao ideal kantiano de autolegislação ética em que o indivíduo atua de maneira intencional, com compreensão e livre de influências externas que determinem ou controlem suas ações;
>
> 2. Beneficência, correspondente ao princípio hipocrático de *bonum facere,* de agir em benefício dos sujeitos de pesquisa, propiciando o máximo de benefícios com o mínimo de danos possíveis;
>
> 3. Não maleficência, correspondente ao princípio hipocrático de *primumnon nocere*, determina a obrigação de não causar dano intencionalmente;
>
> 4. Justiça, correspondente ao princípio formal de justiça e equidade, em que os iguais devem ser tratados de modo igual e os desiguais de modo desigual, na medida de suas desigualdades.

Em que pese a bioética ter sido formalizada nos Estados Unidos na década de 1970, no Brasil, a emergência formal da ciência só se dá após a promulgação da Constituição Federal de 1988[6], o que contribuiu para o retardamento das discussões

---

5 Esses princípios fundamentais da bioética foram reafirmados em outubro de 2005 na Conferência Geral da UNESCO, através da Declaração Universal sobre Bioética e Direitos Humanos, assinada pelo Brasil.

6 Podemos citar alguns marcos: Resolução nº 1/1988 do Conselho Nacional de Saúde (CNS) voltada para a regulamentação ética de estudos envolvendo seres humanos; CFM lança Revista de Bioética em 1993; criação da So-

bioéticas em nosso país e, consequentemente, para o desconhecimento pelos brasileiros deste campo de conhecimento e de suas ferramentas de concretização da autonomia.

Sobre este último ponto, é interessante observar que, desde o reconhecimento da bioética como disciplina com especificidade própria, as discussões sobre o princípio da autonomia têm evoluído, de forma que o próprio conceito de autonomia foi ampliado, extrapolando o campo das pesquisas envolvendo seres humanos, para se tornar um princípio basilar do direito do paciente, de observância obrigatória em todos os contextos médicos, corolário do consentimento informado[7].

3. A nova ética médica: o cuidado centrado no paciente

Na esteira das mudanças promovidas pela bioética, a que mais se destaca é a do respeito à autonomia do paciente por implicar em uma alteração da ética médica e, por conseguinte, da relação médico-paciente.

A Medicina permaneceu por longo tempo no chamado período hipocrático[8], prisioneira dos rigores da tradição em

ciedade Brasileira de Bioética em 1995; criação da Comissão Nacional de Ética em Pesquisa (CONEP) em 1996.

7 Importante destacar que a escolha da palavra *informado* teve um propósito: o termo de consentimento livre e esclarecido (TCLE) é o documento utilizado no âmbito das pesquisas com seres humanos, ao passo que termo de consentimento informado é a nomenclatura correta a ser utilizada nas demais tomadas de decisões de saúde a que o paciente estiver exposto.

8 Hipócrates, considerado o pai da medicina, fez com que a atenção do médico se voltasse exclusivamente para o doente e não para os deuses, abandonando as teorias religiosas e alguns conceitos filosóficos. O diagnóstico deixava de ser uma inspiração divina para constituir um juízo sereno e um processo lógico, dependendo da observação cuidadosa dos sinais e sintomas. Era a morte da Medicina mágica e o nascimento da Medicina clínica (FRANÇA, 2019).

que o bom médico era aquele ser humano virtuoso, bondoso e prudente, que partia da observação cuidadosa do paciente para definir os tratamentos mais adequados. A partir do século XV, surgiu uma ideia mais precisa de uma deontologia médica orientada para a coletividade, para a sociedade, sem, no entanto, desvincular-se da fonte hipocrática: o paciente buscava ajuda junto ao médico que tomava todas as decisões pelo doente, que as obedecia sem questionar, confiando no conhecimento de alguém mais capacitado.

Foi dos anos de 1970 em diante que a profissão médica começou a perder os vínculos com a ética hipocrática clássica e seu paternalismo, com o questionamento dos papéis do médico e do paciente, bem como dos limites de atuação de cada um desses personagens no âmbito dos cuidados em saúde. Há a substituição do discurso de que "o médico sabe o que é melhor para o paciente", para o reconhecimento de que o paciente é quem tem melhores condições de decidir, de acordo com seus valores e necessidades.

Como bem sintetiza França (2019)

> Não se aceita mais o modelo paternalista de relação no qual ao médico somente cabia dar informação ao paciente e pedir seu consentimento quando isto representasse uma forma imprescindível de se ter um bom resultado através da sua colaboração na realização de um procedimento médico.

Os médicos devem agir sob a consciência dos direitos humanos e do cidadão e a evolução da consciência política da sociedade lhes impõe adaptação aos novos tempos. Esta nova consciência do cidadão-consumidor surgiu e desenvolveu-se sob a influência da consciência democrática que se espalhou pelo mundo.

Apesar desta mudança de paradigma na relação médico-paciente, não se pode perder de vista que a confiança ainda continua sendo a força que une médico e paciente e que esta tradição da medicina não pode ser esquecida, mas adaptada às demandas dos pacientes de hoje, indo além do encontro entre dois indivíduos, perguntas e exames físicos, condutas e prescrições.

Competência técnica, competência ética e competência humana precisam coexistir na conduta dos médicos. Mas a última deve ser dominante sempre e em todos os casos (MIRANDA-SÁ JR, 2013). É este aspecto empático da relação médico-paciente que foi, é e sempre será a base de uma boa relação médico-paciente, e que deve ser perseguida sem descanso. Afinal, cedo ou tarde, todos seremos pacientes e sedentos por uma escuta ativa e verdadeiramente interessada, capaz de captar a essência da autonomia pessoal: a autodeterminação de acordo com sua própria vontade e o respeito à vida biográfica do paciente.

A obrigação ético-jurídica de respeito à autodeterminação do paciente é o ponto central do movimento de Cuidado Centrado no Paciente, contraposto ao modelo paternalista até então vigente, que foca nas preferencias, necessidades e valores do paciente, bem como baseia-se numa perspectiva biopsicossocial de saúde, forjando uma parceria forte entre o paciente e os profissionais de saúde (GREENE, TUZZIO e CHERKIN in ALBUQUERQUE, 2020).

Este novo paradigma para o cuidado estabelece o foco no paciente – e não mais na doença ou na cura – que age consciente, embasado nas informações repassadas pelo médico que o acompanha, em um modelo de relação forjado na mutualidade, de apoio à tomada de decisões em qualquer fase do tratamento que ratifique o projeto de vida do paciente.

O paciente, enquanto sujeito que se encontra sob cuidados em saúde, possui direitos derivados diretamente dos direitos humanos, compartilhando com esses os mesmos fundamentos jurídicos – são direitos que as pessoas têm simplesmente pelo fato de serem humanas, não demandando outros requisitos para a sua titularidade –, que contribuem para a materialização da sua dignidade humana, como nos esclarece Albuquerque (2020):

> Para exemplificar, o direito à autodeterminação do paciente, que é concretizado por meio do consentimento informado, deriva do direito à privacidade, conforme decisão da Corte Europeia de Direitos Humanos no caso Pretty vs. Reino Unido, julgado em 2012.

Dos direitos humanos consagrados nos tratados internacionais – vida, saúde, liberdade, privacidade, informação, não ser submetido a tratamento desumano ou degradante etc. – derivam direitos específicos dos pacientes consagrados em diversas legislações nacionais[9] pelo mundo: consentimento informado, cuidado em saúde com qualidade e segurança, recusar tratamentos e procedimentos, participar da tomada de decisão, segunda opinião etc.

Reconhecida a capacidade do paciente de se autogerir, bem como seu tratamento, e, estabelecidas as bases de uma parceria nos cuidados em saúde, avancemos para identificar quais ferramentas tem o paciente a seu dispor no enfrentamento dos desafios para manutenção de sua qualidade de vida e de morte nos períodos de doença.

4. Tomada de decisão nos cuidados em saúde: instrumentos possíveis

A Organização Mundial da Saúde, desde 1946, define saúde como "um estado de completo bem-estar físico, mental e so-

9 O Brasil ainda não conta com uma legislação nacional sobre os direitos dos pacientes, trazendo algumas disposições esparsas em outros diplomas federais, como os Estatutos da Criança e do Adolescente, da Pessoa Idosa e da Pessoa com Deficiência. Vale destacar que São Paulo, Rio de Janeiro, Distrito Federal, Paraná, Pernambuco, Espírito Santo, Mato Grosso, Piauí e Maranhão já possuem legislações voltadas para os usuários dos serviços estaduais de saúde.

cial e não somente ausência de afecções e enfermidades". Para que este conceito seja concretizado no âmbito dos cuidados em saúde, é preciso cotejá-lo com os direitos dos pacientes, sobretudo o direito de autodeterminar-se. Contudo, não se pode perder de vista que falta ao paciente os conhecimentos técnicos necessários para, por si, restaurar sua saúde. Logo, necessariamente, o paciente precisará estabelecer uma relação com um profissional de saúde ou com uma equipe multidisciplinar, devendo haver uma equalização de autonomias e vontades, que podem dar-se por meio de parcerias de cuidado, cujos instrumentos veremos a seguir.

4.1. Tomada de decisão compartilhada

É o processo em que profissionais compartilham evidências disponíveis sobre o quadro clínico do paciente e as opções existentes (ou não) para o tratamento das morbidades, de forma a ajudar o paciente a compreender as alternativas que tem à sua disposição para juntos escolherem para onde seguir.

De acordo com Albuquerque (2020), as três etapas da Tomada de Decisão Compartilhada são denominadas de:

1ª – *Diálogo sobre a escolha*, na qual o paciente será informado de que existem opções para seu tratamento;

2ª – *Diálogo sobre as opções*, na qual o paciente será informado detalhadamente sobre cada uma das opções existentes, com exposição dos riscos e benefícios individuais; e

3ª – *Diálogo sobre a decisão*, na qual o paciente poderá confrontar suas preferências com as opções disponíveis e decidir.

4.2. Ajudas decisionais

Consideradas inseridas na 2ª etapa da Tomada de Decisão Compartilhada, consistem em materiais explicativos físicos ou digitais, construídos com base em evidências científicas desenvolvidos para ajudar pacientes a realizarem suas escolhas dentre as opções possíveis para seu caso.

Annette O' Connor, enfermeira canadense e uma das primeiras estudiosas a descrever as ajudas decisionais, traça os componentes necessários para a formulação destas, sintetizados por Albuquerque e Antunes (2021): a decisão que precisa ser tomada; informações baseadas em evidências sobre uma condição de saúde, as opções, benefícios associados, danos, probabilidades e incertezas científicas; fatores que afetam valores pessoais da decisão a ser tomada e o peso desta na vida do paciente e de outras pessoas envolvidas na decisão, como equipe médica, família, amigos etc.

Vejamos um exemplo de ajuda decisional extraído do site do Ottawa Hospital Research Institute[10]. Uma paciente com histórico familiar de câncer de mama vive um dilema: fazer ou não um teste genético para identificar a presença de alteração no gene BRCA. São apresentados os fatos relacionados à doença e ao teste genético (homens e mulheres podem ter a alteração que se detectada não indica certeza de desenvolvimento da doença); um quadro comparativo com as opções que a paciente tem ao fazer ou não o teste (benefícios e riscos); perguntas com relação aos sentimentos que a paciente pode ter caso venha a testar positivo (se contaria ou não para seus familiares sobre sua descoberta e se gostaria ou não de receber tratamento adequado); perguntas de mapeamento de ações. Ao final desta jornada, a ideia é que a paciente tenha dados objetivos para tomar sua decisão em fazer ou não o teste, podendo contar com o apoio de um profissional de saúde se assim desejar.

10 Para ver o ato decisional completo, acesse: https://decisionaid.ohri.ca/AZsumm.php?ID=1231. Acesso em: 10 ago. 2023.

4.3. Tomada de decisão substituta

É a tomada de decisão de uma pessoa por outra quando aquela não tem capacidade decisional. Somente quando o paciente não tiver capacidade de decidir, mesmo apoiado, e inexistindo Diretiva Antecipada de Vontade, terá lugar essa modalidade de decisão.

No Brasil, a lei reconhece, além do curador, decisores substitutos para as crianças e adolescentes, que serão representadas por seus tutores, e para os idosos, seguindo a ordem do parágrafo único do art. 17 do Estatuto da Pessoa Idosa.

4.4. Apoios de tomada de decisão

Previsto no art. 12 da Convenção sobre os Direitos das Pessoas com Deficiência, trata do apoio às pessoas com deficiência de exercerem sua capacidade jurídica, não se confundindo com capacidade mental. Para melhor compreender o objetivo deste instrumento, valemo-nos das lições de Albuquerque (2020):

> Os Apoios de Tomada de Decisão partem do pressuposto de que a habilidade de tomar decisão deve ser presumida e a presença de déficits cognitivos não é motivo para excluir alguém da tomada de decisão sobre a própria vida. Sendo assim, mesmo que uma pessoa não detenha capacidade decisional para determinada área da sua vida, como a financeira e a patrimonial, isso não significa alijá-la do apoio em outras áreas.

Em nosso ordenamento jurídico, o Código Civil, no art. 1783-A e seus parágrafos, prevê a tomada de decisão apoiada para pessoas com deficiência, definindo-a como o processo judicial pelo qual a pessoa com deficiência elege pelo menos duas pessoas idôneas, com as quais mantenha vínculos e que gozem de sua confiança, para prestar-lhe apoio na tomada de decisão sobre atos da vida civil, fornecendo-lhes os elementos e informações necessários para que possa exercer sua capacidade, mediante a assinatura de termo que estabeleça os limites do apoio a ser oferecido.

Como ressalva Albuquerque (2020), ainda que o Termo de Tomada de Decisão Apoiada seja previsto para pessoas com deficiência, este instrumento deve ser usado também por pessoas que, a despeito de não terem uma deficiência diagnosticada, também tenham capacidade decisional reduzida, como pacientes com doenças neurológicas ou com transtornos mentais, por exemplo.

4.5. Diretivas antecipadas de vontade (DAV)

Na tradição médica brasileira, raramente, os médicos conversam sobre morte e morrer com seus pacientes, mesmo com aqueles em final de vida, o que impacta fortemente na qualidade de morte do paciente. Estudos indicam que a grande maioria dos pacientes gostariam de receber mais informações sobre seus diagnósticos e de serem ouvidos quantos aos cuidados que desejam ou não receber. Logo, a antecipação das conversas sobre fim de vida e das preferências do doente, bem como a adoção precoce de medidas de cuidados paliativos, trazem conforto e segurança para todos os envolvidos no processo: o paciente sente-se ouvido e acolhido, os familiares têm a tranquilidade de agir para concretizar os desejos do ente querido e os profissionais de saúde podem atuar com maior previsibilidade.

O grande objetivo por trás do estabelecimento de um canal de comunicação para a morte, é garantir o respeito à autonomia do paciente, reconhecendo (e fazendo valer) seu direito a autodeterminar-se (DECLARAÇÃO DE LISBOA, 1981) e permitindo-lhe o acesso a uma morte digna. Essa autodeterminação materializa-se por meio das diretivas antecipadas de vontade (DAV) e/ou dos planos avançados de cuidados (PAC), que veremos na sequência.

As DAV são documentos de manifestação de vontade prévia que terão efeito quando o paciente não conseguir manifestar livre e autonomamente sua vontade (DADALTO, 2020) e encontram fundamento jurídico no ordenamento brasileiro, no direito fundamental de liberdade, previsto no art. 5º da Constituição Federal de 1988 e no direito da personalidade de não ser constrangido a se submeter a tratamento médico ou intervenção cirúrgica, consagrado no art. 15 do Código Civil. Para além das previsões jurídicas, temos ainda a Resolução CFM nº 1.995/2012 que reconhece, ainda que de maneira incipiente e sucinta, as DAV como um direito do paciente que, salvo exceções, deverá ser observado pelo médico e que deverá prevalecer inclusive sobre as decisões de seus familiares, devendo, portanto, serem registradas em prontuário, após sua formalização em cartório[11].

Este gênero de documentos possui diversas espécies, todas voltadas para o mesmo propósito: efetivar a dignidade do ser humano. No contexto de pacientes com doenças ameaçadoras à vida ou já no fim desta, as principais DAV são:

> 1. Testamento vital: documento em que uma pessoa, no pleno gozo de suas faculdades mentais, vai dizer como ela quer ser cuidada quando, no futuro, ela estiver com uma doença terminal, incurável e/ou em um estado de saúde irreversível (estado vegetativo persistente) - documento normalmente associado a pacientes em cuidados paliativos;
>
> 2. Procuração para cuidados em saúde ou mandato duradouro: documento em que uma pessoa, no pleno gozo de

11 O registro das DAV em cartório é uma formalidade que segue a tradição jurídica brasileira de utilizar o tabelionato como instrumento de validade legal. Esta orientação vem sendo feita por advogados atuantes na área, a despeito de não termos uma legislação nacional brasileira, colocando-a como requisito de validade das DAV.

suas faculdades mentais, escolhe uma ou mais pessoas para falarem por ela em um momento futuro em que ela não tenha capacidade de manifestar suas vontades sobre assuntos relacionados à saúde e tratamento médico - pode ser utilizado por qualquer pessoa, independente da presença ou não de doenças terminais ou graves, constituindo, como visto, em modalidade de tomada de decisão substituta;

3. Ordens de não reanimação: documento em que o paciente manifesta seu desejo de não ser submetido às manobras de reanimação cardiorrespiratória - pode ou não estar expressa no Testamento Vital - para que o curso natural da morte ocorra;

4. Diretivas antecipadas psiquiátricas: documento em que o paciente com doença ou transtorno psiquiátrico - independente de se encontrar em uma situação de terminalidade da vida - manifesta seus desejos de como quer ser cuidado quando estiver em crise e não puder se manifestar;

5. Diretivas antecipadas para demência: documento em que o paciente, no pleno gozo de suas faculdades mentais e antes de se instalar o quadro de demência ou no quadro inicial desta, vai dizer como quer ser cuidado quando, no futuro, não mais conseguir se expressar de maneira lógica.

4.6. Plano avançado de cuidados (PAC)

É o processo de conversas entre paciente e equipes de saúde, família e amigos, pelo qual são registrados os valores, objetivos e preferências do paciente a respeito dos cuidados em saúde que queira ou não receber e da forma como ele encara o tratamento, a doença, a vida e a morte.

O PAC pode contemplar, tal qual a DAV, definição de procurador de saúde, recusas de tratamento, preferências de cuidados, local da morte etc. Porém, não se deve confundir as duas modalidades, pois o PAC pode ser elaborado por familiares ou amigos próximos do paciente caso este já esteja impossibilitado de se manifestar e pode ficar registrado apenas no prontuário do paciente, dispensando o formalismo jurídico.

5. Mudança de paradigma: o paciente como protagonista

A conclusão que nos é imposta neste momento é a de que não se pode mais focar somente na dimensão biológica da vida humana em detrimento da qualidade de vida do paciente. É preciso, então, de um conjunto de medidas para alterar significativamente o contexto social em que nos encontramos, de forma a reverter o quadro de silenciamento a que submetemos nossos doentes.

Para concretização desta mudança, partimos da ideia de que cada paciente é um universo único, com valores, visões, preferências e necessidades diferentes e que, neste universo, o regente maior é o paciente.

Entendido que cada doente é protagonista e dono da sua história e que ele precisa ser escutado, inclusive se quiser morrer na ignorância, afinal, não saber também é um direito do paciente, faz-se necessário consagrar, de uma vez por todas, o modelo biopsicossocial nos cuidados em saúde, posto que este proporciona uma visão integral do ser e do adoecer que compreende as dimensões física, psicológica e social, exigindo dos profissionais da saúde, além da formação técnica, capacidades relacionais para o estabelecimento de vínculo adequado, de confiança e respeito e de canais de comunicação empáticos e efetivos, pois, como bem resume Marco (2006).

> A escuta ativa aliada a uma comunicação clara, objetiva e funcional contribuem para o fortalecimento da relação médico-paciente e, consequentemente, da crença do paciente de que está bem assistido – vale lembrar que a qualidade da comunicação é consequência do vínculo que se estabelece.

Trazer os familiares para a discussão é outra medida fundamental, pois serão eles que se responsabilizarão pelo cumprimento ou não das vontades do doente, principalmente, quando este tiver morrido, já que, no Brasil, ainda impera a lei de que a palavra final é do familiar – para se ter ideia da dimensão da invisibilização do doente, caso este tenha manifestado em vida sobre seu interesse em doar órgãos, ainda que sua vontade tenha sido formalizada e registrada em cartório, se a família não autorizar, a doação não se concretiza. Conversar com o doente, buscando entender quais são seus desejos, necessidades, vontades e valores é o dever de casa número um dos que convivem com pessoas com doenças ameaçadoras à vida[12].

Focar na saúde do paciente, voltando o olhar para suas dores e angústias, físicas, emocionais e/ou espirituais, é a principal medida de reconhecimento do protagonismo do paciente. Integrar todas as dimensões do ser humano é fundamental para alcançar uma qualidade de tratamento. Deve-se buscar oferecer ao paciente e seus familiares um sistema de apoio multidisciplinar personalizado para ajudar o doente a viver tão ativamente quanto possível até o momento da sua morte, inclusive com apoio psicológico para lidar com os medos do doente e de seus familiares.

Neste sentido, a educação em saúde precisa ser promovida, sobretudo pelas instituições de saúde, com a finalidade de abordar com o paciente e seus familiares, em conjunto com profissionais de saúde, temas que visem mudar comportamentos, de forma a impactar na qualidade de vida e de morte, como, por exemplo, aspectos relacionados à biossegurança, orienta-

12 Como filha de um transplantado de fígado e de uma doadora de corpo, sugiro que você converse hoje sobre morte e morrer com seus familiares e amigos, buscando entender quais as percepções e preferências destes. Pode ser difícil, mas valerá a pena para ele e para você, pois os direcionamentos aliviam o sofrimento de todos.

ções sobre o tratamento, prevenção de lesão por pressão ou por queda, o que são os cuidados paliativos, autonomia do paciente, diretivas antecipadas de vontade etc.

O estabelecimento de um serviço de saúde humanizado e consciente das necessidades dos pacientes é fundamental para garantir a dignidade do paciente, pois trará maior satisfação com os cuidados recebidos, menor taxa de hospitalização, menor estresse e ansiedade, maior qualidade da relação terapêutica e menor número de intervenções clínicas agressivas no fim da vida, sendo a comunicação efetiva e interessada entre paciente e equipe multidisciplinar a mais poderosa arma desse sistema de proteção do paciente.

Conclusões

Tomamos decisões sobre os rumos da nossa vida desde que nascemos, com mais ou menos autonomia a depender do estágio evolutivo em que nos encontrávamos. Por que não podemos também tomar as decisões relativas à nossa doença?

Nosso objetivo nesse artigo foi entender em qual cenário social estamos inseridos em nosso país, no reconhecimento do direito do paciente de se autodeterminar, e onde podemos e precisamos chegar, com o abandono do modelo biomédico de cuidados em saúde para a concretização cada vez mais intensa do modelo biopsicossocial em que o paciente é reconhecido como protagonista de sua vida e de sua morte.

Discorremos sobre as possibilidades de abordagem em educação na saúde para facilitar a concretização do modelo de cuidado em saúde centrado no paciente, de modo a empoderá-lo.

Contudo, ainda que iniciativas privadas sejam importantes, é urgente e necessária a construção de uma política pública permanente que busque conscientizar e educar a população e capacitar profissionais de saúde quanto ao direito do paciente de ter sua autonomia garantida, especialmente no fim de vida, isto porque a saúde é um direito fundamental do ser humano, devendo o Estado prover as condições indispensáveis ao seu pleno exercício através da formulação e execução de políticas econômicas e sociais, que visem à redução de riscos de doenças e de outros agravos e no estabelecimento de condições que assegurem acesso universal e igualitário às ações e aos serviços para a sua promoção, proteção e recuperação, nos termos do art. 2º da Lei nº 8.080/1990.

A autonomia de cada pessoa deve servir à satisfação de seus desejos e necessidades, assegurando uma existência digna, livre e respeitosa e o conjunto de medidas de tomadas de decisão servem a este propósito.

Referências

ALBUQUERQUE, Aline. *Direitos Humanos dos Pacientes*. Curitiba: Juruá, 2016.

ALBUQUERQUE, Aline. *Manual de Direito do Paciente*. Belo Horizonte: CEI, 2020.

ALBUQUERQUE, Aline; ANTUNES, Cintia Maria Tanure Bacelar. *Tomada de decisão compartilhada na saúde*: aproximações e distanciamentos entre a ajuda decisional e os apoios de tomada de decisão. Cad. Ibero-amer. Dir. Sanit., Brasília, 10(1): jan./mar., 2021. Disponível em: https://www.cadernos.prodisa.fiocruz.br/index.php/cadernos/article/view/621/798. Acesso em: 10 ago. 2023.

BARRETO NETO, Heráclito Mota. *O princípio constitucional da autonomia e sua implicação no Direito Penal*. Direito Penal e Criminologia: XXII Congresso Nacional do Conpedi. São Paulo: Fundação José Arthur Boiteux. 2013. Disponível em: http://www.publicadireito.com.br/artigos/?cod=e58be547528b4bf8. Acesso em: 03 ago. 2023.

BETIOLI, Antonio Bento. *Bioética, a ética da vida*. 2.ed. São Paulo: LTr, 2015.

BRASIL. Decreto nº 678, de 6 de novembro de 1992. Promulga a Convenção Americana sobre Direitos Humanos (Pacto de São José da Costa Rica), de 22 de novembro de 1969. Disponível em: https://www.planalto.gov.br/ccivil_03/decreto/d0678.htm. Acesso em: 07 ago. 2023.

BRASIL. *Constituição* (1988). Constituição da República Federativa do Brasil. Brasília, DF: Senado Federal: Centro Gráfico, 1988.

BRASIL. RESOLUÇÃO CFM nº 1.995, de 31 de agosto de 2012. *Dispõe sobre as diretivas antecipadas de vontade dos pacientes*. Diário Oficial da União: Seção I, Brasília, DF, 2012, p. 269-70, 31 ago. 2012. Disponível em: https://sistemas.cfm.org.br/normas/visualizar/resolucoes/BR/2012/1995 Acesso em: 05 jul. 2023.

BRASIL. Lei nº 10.406 de 10 de janeiro de 2002. *Institui o Código Civil*. Brasília, DF: Diário Oficial, 11 jan. 2002.

BRASIL. RESOLUÇÃO CFM nº 2.217, de 27 de setembro de 2018. *Código de Ética Médica*. Diário Oficial da União: Seção I, Brasília, DF, 2018, p. 179, 01 nov. 2018.

BRASIL. RESOLUÇÃO Nº 41, de 31 de outubro de 2018. *Dispõe sobre as diretrizes para a organização dos cuidados paliativos, à luz dos cuidados continuados integrados, no âmbito Sistema Único de Saúde (SUS)*. Diário Oficial da União: Seção I, Brasília, DF, 2018, p. 276, 23 nov. 2018. Disponível em: https://www.in.gov.br/web/guest/materia//asset_publisher/Kujrw0TZC2Mb/content/id/51520746/do1-2018-11-23-resolucao-n-41-de-31-de-outubro-de-2018-51520710 . Acesso em: 05 jul. 2023.

CENTRO DE BIOÉTICA DO CREMESP. *Código de Nuremberg*. Disponível em: http://www.bioetica.org.br/?siteAcao=-

DiretrizesDeclaracoesIntegra&id=2. Acesso em: 07 ago. 2023.

Callahan D. Bioethics. In: Reich WT, editor. *Encyclopedia of Bioethics*. New York: Macmillan Library References; 1995. p.247-256.

DADALTO, Luciana. *História do Testamento Vital*: entendendo o passado e refletindo sobre o presente. In: ANGOTTI NETO, Hélio (org.). Mirabilia Medicinæ. 4 ed. 2015/1. Disponível em: https://www.revistamirabilia.com/sites/default/files/medicinae/pdfs/med2015-01-03.pdf. Acesso em: 25 jul. 2023.

DADALTO, Luciana. *Testamento Vital*. 5ª ed. Indaiatuba/SP: Foco, 2020.

DADALTO, Luciana (org.). *Cuidados Paliativos*: aspectos jurídicos. Indaiatuba/SP: Foco, 2021.

Declaração de Lisboa sobre os Direitos do Paciente. Disponível em: http://www.dhnet.org.br/direitos/codetica/medica/14lisboa.html>; Acesso em: 05 jul. 2023.

FRANÇA, Genival Veloso de. *Direito médico*. 15ª ed. Rio de Janeiro: Forense, 2019.

HANS, Jonas. *Técnica, Medicina e Ética*: sobre a prática do princípio responsabilidade. São Paulo: Paulus, 2013.

LOPES, José Agostinho. Bioética – uma breve história: de Nuremberg (1947) a Belmont (1979). Revista Médica de Minas Gerais 2014; 24(2): 262-273. Disponível em: http://www.rmmg.org/artigo/detalhes/1608. Acesso em: 10 ago. 2023.

MARCO, Mario Alfredo de. *Do modelo biomédico ao modelo biopsicossocial: um projeto de educação permanente*. Revista Brasileira de Educação Médica. Rio de Janeiro, v.30, nº 1, jan/abr. 2006. Disponível em: https://www.scielo.br/j/

rbem/a/63Ck5wPNn4gxyN39SZfCZsv/?format=pdf. Acesso em: 05. jul. 2023.

MIRANDA-SÁ JR, Luiz Salvador de. *Uma introdução à Medicina*. Brasília: CFM, 2013. 2v.

MOREIRA, José Cláudio Domingues; DEGRAVA, Ana Carolina da Silva. *AUTONOMIA PRIVADA COMO FUNDAMENTO CONSTITUCIONAL*. Jurídico Certo, 2018. Disponível em: https://juridicocerto.com/p/anadegrava/artigos/autonomia-privada-como-fundamento constitucional4851#:~:text=A%20autonomia%20privada%20n%C3%A3o%20consta,e%20autovincula%C3%A7%C3%A3o%2C%20logo%20a%20autonomia. Acesso em: 03 ago. 2023.

MUÑOZ, D.; MUÑOZ, D. *Bioética*: o novo caminho da ética em saúde. Revista Saúde, Ética & Justiça, São Paulo, v. 8, n.1/2, p.1-6, 2003.

ORGANIZAÇÃO DAS NAÇÕES UNIDAS. Declaração Universal dos Direitos Humanos, 1948. Disponível em: https://www.unicef.org/brazil/declaracao-universal-dos-direitos-humanos. Acesso em: 7 ago 2023.

PERUZZO-JUNIOR, Léo. *Autonomia, cuidado e respeito: o debate sobre o prolongamento assistido da vida*. Rev. Bioética y Derecho: Barcelona, nº 39, p. 121-134, 2017. Disponível em: https://scielo.isciii.es/scielo.php?script=sci_arttext&pid=S-1886-58872017000100008#B12. Acesso em: 03 ago. 2023.

PINTO, Alexandre Guimarães Gavião. *Direitos Fundamentais*: legítimas Prerrogativas de Liberdade, Igualdade e Dignidade. Revista da EMERJ, v. 12, nº 46, 2009. Disponível em: https://www.emerj.tjrj.jus.br/revistaemerj_online/edicoes/revista46/Revista46_126.pdf. Acesso em: 03 ago. 2023.

SIMONELLI, Osvaldo. *Direito Médico*. 1ª ed. Rio de Janeiro: Forense, 2023.

NOVELINO, Marcelo. *Curso de Direito Constitucional*. 11.ed rev., ampl. e atual. Salvador: Ed. JusPodivm, 2016. 888 p.

RECKZIEGEL, Janaína; FABRO, Roni Edson. *Autonomia da Vontade e Autonomia Privada no Sistema Jurídico Brasileiro*. Revista de Direito Brasileira, [S.l.], v. 8, nº 4, p. 161-177, ago. 2015. Disponível em: https://www.indexlaw.org/index.php/rdb/article/view/2888/2690 . Acesso em: 03 ago. 2023.

ASPECTOS LEGAIS E A RESPONSABILIDADE CIVIL DO CIRURGIÃO-DENTISTA NA HARMONIZAÇÃO OROFACIAL

Fabíola Boulhosa P. Soares

Marcela Machado Nascimento

Introdução

A busca pelos procedimentos estéticos está cada vez mais latente na área da saúde e aos poucos vai ganhando espaço também no cenário da odontologia, com o declínio de tratamentos tradicionais e o surgimento de novas tecnologias (odontologia digital).

Os primeiros procedimentos de harmonização surgiram com a descoberta do uso da toxina botulínica por volta do início do ano 2000, permitidos com autorização da FDA (Departamento de Saúde e Serviços Humanos dos Estados Unidos), e posteriormente da Anvisa (Agência Nacional de Vigilância Sanitária), para fins exclusivamente terapêuticos.

A partir desse momento, com resultados positivos e satisfação dos pacientes, foi regulamentado a utilização da toxina botulínica e preenchedores faciais pelos cirurgiões-dentistas para fins estéticos e terapêuticos, através da Resolução 176/2016 do Conselho Federal de Odontologia (CFO).

Para haver essa mudança e modernização considerou-se o avanço dos procedimentos estéticos, a grande procura por àqueles que buscam um parâmetro estético consagrado e pré-estabelecidos pela sociedade. Por isso, vem atraindo um mercado cada vez mais competitivo entre os profissionais, que se qualificam para atenderem essa grande demanda que surge gradativamente.

Para tanto, os cirurgiões-dentistas precisam estar atentos aos novos procedimentos realizados, com aprimoramento de boas técnicas, bem como saber lidar com as intercorrências que podem ocorrer durante o transcurso.

Os procedimentos de preenchimento facial e aplicação da toxina botulínica com finalidade estética têm sido habitualmente oferecidos em consultórios odontológicos, passando a ser um novo serviço no mercado de consumo em saúde.

A grande procura por parte dos pacientes está ligada a resposta imediata dos resultados sem cirurgia, o que deve ser sempre cuidadosamente informado e esclarecido, de forma objetiva, como os benefícios e possíveis complicações, assim como todas as nuances do tratamento, tendo em vista a relação paciente x cirurgião-dentista ser tutelada pelo Código de Defesa do Consumidor.

Assim, em meio a tantas transformações, começa a surgir pacientes mais exigentes, normas mais específicas e penalidades mais rígidas aos profissionais da odontologia, sobretudo na responsabilidade civil, ou, no que lhe concerne, precisam conhecer as legislações para atuarem com mais segurança no seu dia a dia.

1. Harmonização Orofacial e seus Fundamentos Jurídicos

Com o passar dos anos, evidenciando grandes mudanças sociais e tecnológicas mormente nos tratamentos estéticos funcionais, e sua alta demanda por parte da sociedade, o Conselho Federal de Odontologia reconheceu a Harmonização Orofacial como especialidade com plena capacitação do cirurgião-dentista no seu atuar junto aos pacientes, priorizando a saúde bem como a realização de procedimentos que resultem na perfeita simetria da face com o sorriso.

Insta salientar que sua regulamentação se deu através da Resolução CFO 198/2019, conforme previsão legal da Lei nº 5.081/66, que regula o exercício da odontologia no Brasil[1]. No presente, conforme também o Conselho Federal de Odontologia, o número de registros chega a 2.061 cirurgiões-dentistas especializados, (sendo 1.545 do sexo feminino e 516 do sexo masculino).

Para tanto, atualmente tem-se a Harmonização Orofacial como a mais nova das especialidades da odontologia, visando o equilíbrio, a função e a estética dos dentes e face, além do domínio anatômico, funcional e estético, ampliando a área de atuação dos profissionais, sendo uma grande conquista para a odontologia.

Nesse contexto, a nova resolução 198/2019 trata com clareza a harmonização em seu Artigo 2º: "Definir a Harmonização orofacial como sendo um conjunto de procedimentos realizados pelo cirurgião-dentista em sua área de atuação, responsáveis pelo equilíbrio estético e funcional da face"[2].

Outrossim, o Conselho Federal de Odontologia estabeleceu algumas regras para atuação do cirurgião-dentista na Harmonização Orofacial dentre elas, o art. 9º, c, da Resolução 198/2019:

> O Art. 9º. Também terá direito ao registro como especialista em Harmonização Orofacial o cirurgião-dentista que: ...
>
> c) possuindo qualquer outra especialidade registrada, comprove, em até 180 (cento e oitenta) dias, atuação efeti-

1 CONSELHO FEDERAL DE ODONTOLOGIA (CFO). Resolução CFO-198, de 29 de janeiro de 2019. *Reconhece a Harmonização Orofacial como especialidade odontológica, e dá outras providências.* Disponível em: https://sistemas.cfo.org.br/visualizar/atos/RESOLU%C3%87%C3%83O/SEC/2019/198. Acesso em: 15 mar 2023.

2 CONSELHO FEDERAL DE ODONTOLOGIA, *loco citato.*

> va nos últimos 5 (cinco) anos e a realização de cursos, que totalizem no mínimo 360 (trezentos e sessenta) horas, e que contenham conteúdos práticos com pacientes na área de preenchedores faciais e toxina botulínica, fios faciais, lipoplastia facial, agregados leuco-plaquetários autólogo, mesoterapia e indutores percutâneos de colágeno e fototerapia facial[3].

Nessa perspectiva, além de conceder o título de especialista para os profissionais que realizarem o curso de pós-graduação em instituições credenciados ao MEC, o CFO dá alternativas, bem como a comprovação de experiência nos requisitos estabelecidos, para então, ser titulado especialista.

Destarte, o profissional atuante na área da Harmonização Orofacial precisa trabalhar com técnicas preventivas, visando sempre a saúde e o bem-estar de seus pacientes, proporcionando um tratamento integral.

Ressalta-se ainda, a importância em primeiro momento no acolhimento do paciente, saber o que motivou a sua ida ao consultório, qual é a sua dor, o que pretende com o procedimento que procura, para então com essas informações, o profissional mensurar a expectativa do paciente e contê-la com informações adequadas e específicas.

Neste aspecto, colaciona-se o que Almeida e Carneiro (2021), fala sobre a expectativa do paciente e da importância do planejamento nos tratamentos odontológicos:

> Estudos sobre a percepção estética orofacial são de grande importância para que informações sobre o perfil e expectativas dos pacientes sejam constantemente atualizadas, levando em conta as diferenças socioeconômicas e cultu-

3 CONSELHO FEDERAL DE ODONTOLOGIA, *loco citato.*

rais de cada um, além das diferenças na percepção existentes entre leigos e cirurgiões dentistas[4].

Os tratamentos e procedimentos odontológicos precisam ser bem planejados e executados para que haja uma melhora na qualidade de vida do paciente, bem como um resultado satisfatório para que o mesmo volte a sorrir sem o impulso de esconder seus dentes ou qualquer outra limitação que apresente.

A segurança no atuar do cirurgião-dentista deve estar sempre aliada a boas técnicas, ambiente seguro, documentos odontológicos indispensáveis, equipamentos e produtos registrados pela ANVISA, para haver bons resultados tanto para o profissional quanto para o paciente.

Sobre o assunto, é importante também mencionar os seguintes comentários de Pereira (2004):

> É preciso que os dentistas se previnam da melhor forma possível, com as cautelas necessárias, jurídica, documental e profissionalmente, com reciclagem do aprendizado e atualização constante, pois o profissional pode ser responsabilizado até mesmo por não utilizar a técnica mais avançada, se estava ela disponível no momento da execução do trabalho[5].

Dessa forma, torna-se imprescindível um prontuário completo com todas as informações do paciente e toda documen-

---

4 ALMEIDA, Ana Lara Vargas; CARNEIRO, Bárbara Gabrielle Santos. *Percepção da estética orofacial na odontologia*. 2021. Trabalho de Conclusão de Curso (Bacharelado em Odontologia) – Universidade de Uberaba, Uberaba, 2021. Disponível em: http://dspace.uniube.br:8080/jspui/handle/123456789/1508. Acesso em: 10 maio 2023.

5 PEREIRA, Eros. *Responsabilidade civil por erro por erro odontológico*. Campinas: 2004.

tação odontológica realizada, que por vezes é o coadjuvante na relação entre o paciente e cirurgião-dentista.

Destarte, a Resolução CFO 230/2020, publicada para complementar a resolução 198/2019, traz exemplos de procedimentos cirúrgicos vedados, para que o cirurgião-dentista não tenha qualquer tipo de dúvida sobre os critérios e limites de atuação. Os procedimentos são: Alectomia, Blefaroplastia, Cirurgia de castanhares ou lifting de sobrancelhas, Otoplastia, Rinoplastia, Ritidoplastia ou Face Lifting[6].

Logo, a mesma resolução trata de alguns procedimentos que também são vedados aos cirurgiões-dentistas, considerados não odontológicos, e que são proibidos a publicidade e divulgação, como: micro pigmentação de sobrancelhas e lábios, maquiagem definitiva, design de sobrancelhas, remoção de tatuagens faciais e de pescoço, rejuvenescimento de colo, mãos e tratamento de calvície e demais aplicações capilares[7].

Vale destacar que essa Resolução CFO 230/2020 não se aplica aos procedimentos cirúrgicos de competência do especialista em cirurgia e traumatologia bucomaxilofacial[8].

Outrossim, no Brasil com as normativas regulamentadas, tem-se a bichectomia como um dos procedimentos da Harmonização Orofacial mais procurados pelos pacientes nas clínicas odontológicas, bem como clareamentos e alinhamento dental.

A Harmonização Orofacial também abrange alguns tratamentos, como, por exemplo para o relaxamento e alívio da tensão muscular com a toxina botulínica, laserterapia, bem como bioestimuladores de colágeno no tratamento de rugas e

6 CONSELHO FEDERAL DE ODONTOLOGIA (CFO). Resolução CFO-230, de 14 de agosto de 2020. *Regulamenta o artigo 3º, da Resolução CFO-198/2019.* Disponível em: https://sistemas.cfo.org.br/visualizar/atos/RESOLU%c3%87%c3%83O/SEC/2020/230 – Acesso em: 27 de jul 2023.

7 CONSELHO FEDERAL DE ODONTOLOGIA (CFO), *loco citato.*

8 CONSELHO FEDERAL DE ODONTOLOGIA (CFO), *loco citato.*

imperfeições, preenchimento com ácidos para prevenir o envelhecimento, cirurgia para retirada de acúmulo de gordura na bochecha para fins estéticos e reparador.

Assim, com a regulamentação pelo Conselho Federal de Odontologia em 2019, a Harmonização Orofacial vem desempenhando um papel importante na odontologia contemporânea, com a valorização do profissional especializado, aumento dos números de inscritos junto aos conselhos regionais e a alta demanda por parte dos pacientes que buscam melhorar a autoestima e bem-estar.

2. Da Responsabilidade Civil do Cirurgião-Dentista

A Responsabilidade Civil odontológica visa a reparação do dano causado a um paciente pelo cirurgião-dentista no exercício de sua profissão, que poderá responder na esfera cível, criminal e ética, a depender do ato praticado.

Porém, para restar configurada a responsabilidade civil se faz necessária a existência de um dano, que será verificada através da análise completa do prontuário, exames laboratoriais ou imagem, e toda a documentação que se mostrar pertinente para resolução da demanda, além de perícias requisitadas pelo Magistrado para elucidação dos fatos.

O dano é um dos três pressupostos da responsabilidade civil, e, para haver a respectiva reparação, deve ser observado a tríade conduta, dano, e o nexo de causalidade entre a conduta e o dano.

Como dito anteriormente, o cirurgião-dentista poderá responder na esfera cível, criminal e ética, que será avaliado de acordo com o ato praticado.

Na esfera cível o paciente aciona o judiciário a fim de buscar uma reparação indenizatória devido a um dano ou lesão causado pelo profissional.

Se um paciente se deparou com um hematoma desconhecido após a aplicação de um preenchimento com ácido hialurônico, por exemplo, ele poderá acionar o judiciário para buscar a devida reparação.

Caso a conduta do cirurgião-dentista seja imputado à prática de algum crime, será feita a apuração na esfera criminal. Nessa decisão o cirurgião-dentista poderá ser absolvido ou condenado pela prática do crime a ele imputado.

Se o profissional for considerado culpado, a ele poderá incidir as penas previstas no art. 32 do Código Penal, quais sejam penas privativas de liberdade, penas restritivas de direitos e penas de multa[9].

A esfera ética analisará a conduta do cirurgião-dentista à luz das normas estabelecidas pelo Código de Ética Odontológica, através da Resolução 118, de 11 de maio de 2012[10], também pelo Conselho Federal de Odontologia e o Código de Processo Ético Odontológico, conforme Resolução 59, de 7 de outubro de 2004[11].

9 BRASIL. Lei 10.406, de 10 de janeiro de 2002. *Institui o Código Civil.* Diário Oficial da União. Brasília, 10 de janeiro de 2002. Disponível em: https://www.planalto.gov.br/ccivil_03/leis/2002/l10406compilada.htm. Acesso em: 10 maio 2023.

10 CONSELHO FEDERAL DE ODONTOLOGIA (CFO). Resolução CFO nº- 118, de 11 de maio de 2012. *Revoga o Código de Ética Odontológica aprovado pela Resolução CFO 42/2003 e aprova outro em substituição. Diário Oficial da União.* Brasília, 14 junho 2012. Disponível em: https://sistemas.cfo.org.br/visualizar/atos/RESOLU%C3%87%C3%83O/SEC/2012/118. Acesso em: 10 maio 2023.

11 CONSELHO FEDERAL DE ODONTOLOGIA (CFO). Resolução CFO-59, de 21 de setembro de 2004. *Revoga o Código de Processo Ético Odontológico aprovado pela Resolução CFO-183, de 1º de outubro de 1992 e aprova outro em substituição.* Diário Oficial da União. Brasília, 21 set 2004. Disponível em: https://sistemas.cfo.org.br/visualizar/atos/RESOLU%C3%87%C3%83O/SEC/2004/59. Acesso em: 10 maio 2023.

Destacando que a esfera ética também possui caráter punitivo. Dessa forma, ao final do processo ético, o cirurgião-dentista poderá ser condenado ou absolvido.

Se eventualmente o cirurgião-dentista for condenado à prática de infração ética, o profissional infrator será condenado a uma das cinco penas previstas no art. 18 da Lei nº 4.324/64, quais sejam advertência confidencial, em aviso reservado, censura confidencial, em aviso reservado, censura pública, em publicação oficial, suspensão do exercício profissional até (trinta) dias ou cassação do exercício profissional ad referendum do Conselho Federal[12].

> Art. 18. As penas disciplinares aplicáveis pelos Conselhos Regionais aos cirurgiões-dentistas inscritos são as seguintes:
>
> a) advertência confidencial, em aviso reservado;
>
> b) censura confidencial, em aviso reservado;
>
> c) censura pública, em publicação oficial;
>
> d) suspensão do exercício profissional até 30 dias;
>
> e) cassação do exercício profissional, "ad referendum" do Conselho Federal.

Portanto, para restar configurado a responsabilidade civil odontológica se faz necessária a verificação de seus pressupostos, pois não basta o paciente alegar que sofreu o dano, é preciso comprovar como aquele dano ocorreu, e, para isso, será avaliado e analisado a partir do prontuário e documentação pertinente, para a correta averiguação do caso.

---

12 BRASIL. Lei 4.324, de 14 de abril de 1964. *Institui o Conselho Federal e os Conselhos Regionais de Odontologia, e dá outras providências.* Diário Oficial da União. Brasília, 14 de abril de 1964. Disponível em: https://www.planalto.gov.br/ccivil_03/leis/1950-1969/l4324.htm. Acesso em: 10 maio 2023.

2.1. Da Responsabilidade Subjetiva

A responsabilidade do Cirurgião-dentista, na qualidade de profissional liberal, será sempre subjetiva, nos termos do artigo 14 § 4º do Código de Defesa do Consumidor (CDC) e depende da comprovação de culpa (Negligência, imprudência e imperícia).

> Art. 14. O fornecedor de serviços responde, independentemente da existência de culpa, pela reparação dos danos causados aos consumidores por defeitos relativos à prestação dos serviços, bem como por informações insuficientes ou inadequadas sobre sua fruição e riscos.
>
> § 4° A responsabilidade pessoal dos profissionais liberais será apurada mediante a verificação de culpa[13].

Conforme preceitua o Art. 951, do Código Civil, vejamos abaixo:

> Art. 951. O disposto nos arts. 948, 949 e 950 aplica-se ainda no caso de indenização devida por aquele que, no exercício de atividade profissional, por negligência, imprudência ou imperícia, causar a morte do paciente, agravar-lhe o mal, causar-lhe lesão, ou inabilitá-lo para o trabalho[14].

Para comprovação da culpa o profissional deverá ter em mãos todas as provas pertinentes ao caso, e anexá-las aos autos, como o prontuário, fotos de registro do procedimento ou tratamento estético, exames realizados, dentre outros.

---

13 BRASIL. *Código De Defesa Do Consumidor*. Nova edição revista, atualizada e ampliada com os Decretos nº 2.181, de 20 de março de 1997 e nº 7936, de 15 de março de 2013. Brasília: Ministério da Justiça, 2013. Disponível em: http: // www.planalto.gov.br/ccvil_03/Leis/L8078.htm. Acesso em 25 de julho de 2023

14 BRASIL. Lei 10.406, de 10 de janeiro de 2002. *Institui o Código Civil*. Diário Oficial da União. Brasília, 10 de janeiro de 2002. Disponível em: https:// www.planalto.gov.br/ccivil_03/leis/2002/l10406compilada.htm. Acesso em: 10 maio 2023.

O profissional, a fim de buscar se resguardar e corroborar suas alegações, além de juntar toda a documentação do paciente, poderá trazer aos autos provas que demonstrem que foi o próprio paciente o causador do dano, anexando fotografias retiradas em publicações das redes sociais, por exemplo.

Numa situação hipotética, o profissional realizou um procedimento de toxina botulínica, e verificou que a paciente saiu de sua clínica e foi para a academia, logo, qualquer dano que vier a surgir, será culpa exclusiva da paciente.

Assim, o cirurgião-dentista irá excluir totalmente sua culpa, imputando e comprovando que todo o dano alegado pela paciente foi ocasionado por ela própria, tendo em vista que foi a paciente quem negligenciou as orientações dos pós procedimento.

2.2. Da Obrigação de Meio

Quando falamos de obrigação de meio dizemos que o cirurgião-dentista tem o compromisso de aplicar todo seu conhecimento no tratamento ou procedimento, utilizando todas as técnicas e os meios científicos e tecnológicos em prol do paciente.

Na obrigação de resultado o cirurgião-dentista está obrigado a atingir um determinado resultado, devendo, nessa modalidade, responder pelas consequências e eventuais intercorrências que surgirem.

Com o advento das redes sociais tem se observado o crescente aumento das publicações referentes aos resultados de pacientes, principalmente no que tange à Harmonização Orofacial.

Devido a este aumento de publicações com fotos de antes e após de pacientes, o seguidor fica vislumbrado com o que vê, e acaba procurando o profissional com o desejo de ficar com o rosto similar ao que ele viu na rede social.

Porém, cada resultado é único, cada indivíduo responde de sua maneira, com suas particularidades, portanto, o profissional deverá ter muita cautela ao realizar suas publicações nas redes sociais, evitando assim de induzir o seguidor ao erro, ou à ilusão que irá atingir à perfeição ou ficar com o rosto igual ao da foto que encontrou na rede social.

A obrigação do cirurgião-dentista não poderia ser considerada obrigação de resultado, mesmo se tratando de estética, posto que não há como os profissionais evitarem que intercorrências existam.

Assim como a medicina, a odontologia também não é uma ciência exata, e qualquer cirurgia ou procedimento estético está sujeito a resultados inesperados, tendo em vista que cada pessoa responde à sua maneira, podendo sofrer reações adversas ou não.

Independente se a obrigação é de meio ou de resultado, o cirurgião-dentista, após sua citação numa eventual demanda judicial, terá que apresentar em juízo todas as provas possíveis para sua defesa.

Quando falamos em atuação em Harmonização Orofacial, sendo uma atuação de caráter estético, muitos Tribunais entendem que a responsabilidade do cirurgião-dentista seja de resultado, não se valendo de questões individuais do paciente, por exemplo.

Mesmo que o tratamento ou procedimento estético seja considerado como uma obrigação de resultado, para haver a condenação ou não do profissional deverá ser analisada sua culpa.

Importante ressaltar que a inversão do ônus da prova prescreve em 5 (cinco) anos a contar do conhecimento do dano e sua autoria.

3. Relação Cirurgião-Dentista X Paciente

Muitas insatisfações, reclamações, ruídos de comunicação, ou até demandas judiciais e éticos poderiam ser resolvidos e até evitados se houvesse uma boa relação entre o profissional e o paciente.

A relação entre o cirurgião-dentista e o paciente deve ser pautado na confiança, responsabilidade e empatia.

O cirurgião-dentista, no ato do atendimento, não deveria se bastar apenas em atender o paciente e executar o procedimento ou tratamento, mas também em ouvir, compreender as reais queixas de seu paciente.

O ato da escuta e da compreensão se mostra totalmente necessária para estabelecer entre as partes um elo de confiança e relacionamento duradouro.

Em se tratando de procedimentos estéticos, ouvir a queixa do paciente e entender suas reais necessidades e possibilidades da mudança estética, é possível traçar um tratamento personalizado, na realidade fisiológica do indivíduo.

Para um atendimento completo e oportuno se mostra necessária a apresentação de uma anamnese bem estruturada, a fim de questionar o paciente sobre quais mudanças ele realmente necessita, além de compreender suas reais expectativas em relação ao resultado, e o que o motivou a procurar por uma mudança estética.

Tendo em vista que cada paciente é único, ouvi-lo e compreendê-lo garante ao profissional maior segurança nas avaliações, diagnósticos, prognósticos e prescrições, posto que a comunicação entre as partes estará em comunhão.

Importante também nessas avaliações iniciais o cirurgião-dentista dosar as expectativas do paciente em relação a um determinado resultado, para que no futuro esse paciente não venha ajuizar uma ação judicial contra o profissional, alegando insatisfação ou informação inadequada.

Nesse modo, um atendimento baseado no respeito, compreensão e empatia será suficiente para uma relação duradoura entre o profissional e o paciente.

3.1. Do Dever Informacional

O Código de Defesa do Consumidor - Lei nº 8.078/1990, art. 6º, III, afirma ser direito fundamental do consumidor a obtenção de informação adequada e clara sobre os diferentes produtos, serviços e riscos que apresentem.

> Art. 6º São direitos básicos do consumidor:
>
> III - a informação adequada e clara sobre os diferentes produtos e serviços, com especificação correta de quantidade, características, composição, qualidade, tributos incidentes e preço, bem como sobre os riscos que apresentem[15].

O Código de Ética Odontológica, em sua Resolução 118 de 2012 do CFO, também impõe ao profissional o dever de informar o seu paciente em diversas situações, dentre as quais, merecem destaque:

> Art. 11º. Constitui infração ética:
>
> IV - deixar de esclarecer adequadamente os propósitos, riscos, custos e alternativas do tratamento;
>
> Art. 32º. Constitui infração ética:
>
> VI - deixar de manter os usuários informados sobre os recursos disponíveis para o atendimento e de responder às reclamações dos mesmos[16];

15 BRASIL. *Código De Defesa Do Consumidor.* Nova edição revista, atualizada e ampliada com os Decretos nº 2.181, de 20 de março de 1997 e nº 7936, de 15 de março de 2013. Brasília: Ministério da Justiça, 2013. Disponível em: http: // www.planalto.gov.br/ccvil_03/Leis/L8078.htm. Acesso em 25 de julho de 2023

16 CONSELHO FEDERAL DE ODONTOLOGIA (CFO). Resolução CFO nº- 118, de 11 de maio de 2012. *Revoga o Código de Ética Odontológica aprovado pela Resolução CFO 42/2003 e aprova outro em substituição.* Diário Oficial da União. Brasília, 14 junho 2012. Disponível em: https://sistemas.cfo.org.br/visualizar/atos/RESOLU%C3%87%C3%83O/SEC/2012/118. Acesso em: 10 maio 2023.

Assim como uma boa relação cirurgião-dentista e paciente, se faz necessária também a clareza das informações.

O cirurgião-dentista deve se atentar a todas as informações repassadas pelo paciente no ato da anamnese, e, após avaliação e direcionamento do plano de tratamento, o profissional precisa ser claro quando for informar ao paciente sobre todo o planejamento.

A partir do tratamento ou procedimento estético traçado, o cirurgião-dentista se sentará com o paciente e mostrará o planejamento mais adequado para atender suas queixas, dentro de todas as possibilidades e técnicas existentes, e principalmente, de acordo com a realidade fisiológica e biológica do paciente.

No ato do atendimento o cirurgião-dentista deverá esclarecer o paciente sobre todos os riscos do procedimento estético, além de mostrar também outras opções disponíveis.

Ademais, o profissional deve ressaltar também sobre a importância do paciente de seguir à risca o pós-procedimento, e, ao final, abrir a oportunidade para que o paciente esclareça todas as dúvidas.

Depois que o paciente estiver esclarecido e informado sobre todo o tratamento ou procedimento, o cirurgião-dentista deve apresentar a ele um Termo de Consentimento Livre e Esclarecido, individualizado e personalizado para aquele determinado procedimento, e colher sua assinatura a fim de garantir que a informação foi repassada e esclarecida.

Cabe destacar que muitas demandas judiciais e éticas ocorrem devido à falta de informação. Nem toda ação judicial acontece por conta de erro odontológico.

Logo, muitas ações judiciais e éticas poderiam ser evitadas se todos os cirurgiões-dentistas, principalmente os que atuam com estética, buscassem um auxílio de um advogado especialista em direito odontológico para lhe assessorar e elaborar bons documentos.

Desse modo, estando o profissional munido de documentos robustos e bem estruturados, e orientado sobre como melhor conduzir determinado atendimento, muitas demandas judiciais e éticas seriam evitadas.

Portanto, concluímos que a boa relação cirurgião-dentista e paciente somada à clareza nas informações referente ao tratamento ou procedimento proposto, garante segurança e confiabilidade por parte do paciente.

3.2. Do Código de Defesa do Consumidor e sua Importância

Para haver relação de consumo é importante que fique demonstrado a existência da relação consumidor e fornecedor.

O Código Civil, em seu art. 3º, encontramos o conceito de fornecedor:

> Art. 3º Fornecedor é toda pessoa física ou jurídica, pública ou privada, nacional ou estrangeira, bem como os entes despersonalizados, que desenvolvem atividade de produção, montagem, criação, construção, transformação, importação, exportação, distribuição ou comercialização de produtos ou prestação de serviços[17].

Os profissionais liberais, como os cirurgiões-dentistas, por exemplo, são definidos conforme preceitua o art. 14, § 4°, do CDC:

> Art. 14. O fornecedor de serviços responde, independentemente da existência de culpa, pela reparação dos danos causados aos consumidores por defeitos relativos à pres-

17 BRASIL. *Código De Defesa Do Consumidor*. Nova edição revista, atualizada e ampliada com os Decretos nº 2.181, de 20 de março de 1997 e nº 7936, de 15 de março de 2013. Brasília: Ministério da Justiça, 2013. Disponível em: http: // www.planalto.gov.br/ccvil_03/Leis/L8078.htm. Acesso em 25 de julho de 2023

> tação dos serviços, bem como por informações insuficientes ou inadequadas sobre sua fruição e riscos.
>
> § 4° A responsabilidade pessoal dos profissionais liberais será apurada mediante a verificação de culpa[18].

Desse modo, sendo o profissional um profissional liberal, este será responsabilizado mediante comprovação de culpa, qual seja, responsabilidade subjetiva (negligência, imprudência e imperícia).

Mas se baseando que a obrigação do cirurgião-dentista é de meio e não de resultado, a responsabilidade passa a ser objetiva, devendo a parte denunciante comprovar suas alegações.

Porém, quando falamos em estética, muitos Tribunais entendem ser obrigação de resultado, posto que o profissional apresenta um serviço, inclusive em suas redes sociais, portanto, deve entregar o produto exatamente como foi apresentado.

Por isso se faz necessário o profissional preencher cautelosamente o prontuário, colher as assinaturas em contratos de prestação de serviços e Termos de Consentimento Livre e Esclarecido, além de fotografias de antes, durante e após o procedimento estético, dentre outros documentos pertinentes.

Agir com cautela permitirá o profissional, numa eventual demanda judicial ou ética, ter recursos e meios para corroborar que executou as melhores técnicas, e que quem não cumpriu com as recomendações pós-procedimento foi o próprio paciente.

O CDC surgiu para proteger a parte mais vulnerável da relação, qual seja, o consumidor.

Porém, nesse quadro hipotético, será importante verificar se realmente houve culpa por parte do profissional, caso contrário, não existindo elementos para comprovar que o cirurgião-dentista agiu com negligência, imprudência ou imperícia,

18 BRASIL, *loco citato.*

deverá este trazer aos autos provas suficientes que demonstrem má-fé do paciente-denunciante.

4. Da Responsabilidade Civil e o Entendimento Jurisprudencial

Ao longo dos anos, percebe-se uma mudança no comportamento da sociedade. Com o surgimento de novas especialidades na odontologia, novas tecnologias voltadas para os procedimentos estéticos, e principalmente com o advento do Código de Defesa do Consumidor, a relação cirurgião-dentista paciente passou a ficar mais vulnerável.

Não é novidade que as demandas na área da saúde movimentam o judiciário, porém, muitas das vezes, não se trata de erro médico ou odontológico propriamente dito, e sim alegação de insatisfação do paciente em relação a algum procedimento, mesmo não havendo nenhuma falha técnica por parte do profissional.

Para o judiciário brasileiro algumas especialidades da odontologia são consideradas como obrigação de resultado, como a implantodontia, ortodontia, prótese e, agora, a Harmonização Orofacial, por serem consideradas de cunho estético, prejudicando uma análise mais imparcial dos casos.

O que deve por si só, ser combatido arduamente nas defesas tanto em processos éticos quanto judiciais, através de documentos odontológicos que comprovem a boa conduta e diligência do profissional e demonstrar que muitas vezes a falta de colaboração do paciente causa o insucesso no resultado do tratamento ou procedimento.

Nesse contexto, importante trazer à baila, as observações do ilustre professor Dantas (2022):

> Uma questão muitas vezes esquecida nos julgamentos é a consciente e efetiva vontade do paciente em correr os riscos – absolutamente normais e conhecidos pelo ser

> humano médio- de uma intervenção de caráter estético, seja ela de qualquer espécie, manifestando expressamente esta sua vontade, em busca da realização de seu sonho de aperfeiçoamento[19].

Enfatiza-se, portanto, alguns entendimentos dos tribunais pátrios com relação à responsabilidade civil do cirurgião-dentista, conforme a seguir:

> EMENTA APELAÇÃO CÍVEL. Ação de indenização por danos materiais, morais e estéticos. Tratamento odontológico. Afirmação de erro médico. 1. Documentos acostados, em especial o laudo pericial, que permitem ao magistrado concluir pela existência de vício na prestação dos serviços. Configuração dos elementos da responsabilidade civil. Ausência de diligência necessária no tratamento dispensado. Danos estéticos, no entanto, não vislumbrados. Possibilidade de correção do quadro. Ausência de demonstração de que autora teria concorrido para o resultado. 2. Montantes fixados a título de danos morais no patamar de R$ 10.000,00; e de danos materiais (R$ 11.206,61 e ressarcimento de R$ 6.433,00); os quais observam os princípios da razoabilidade e proporcionalidade, tendo em vista o valor do bem tutelado. Sentença de parcial procedência mantida. Recursos não providos. Processo nº 1010155-13.2021.8.26.0001. Relator (a): SCHMITT CORRÊA. Órgão julgador: 3ª Câmara de Direito Privado. Data do julgamento: 15/12/2022[20].

19 DANTAS, Eduardo. *Direito Médico*. Rio de Janeiro: GZ Editora, 227p. 2021

20 BRASIL. Superior Tribunal de Justiça. *Apelação Cível nº 1010155-13.2021.8.26.0001*, da Terceira Câmara de Direito Privado do Tribunal de Justiça do Estado de São Paulo (SP). Apelação cível. Ação de indenização por danos materiais, morais e estéticos. Tratamento odontológico. Afirmação de erro médico. Recursos não providos, Relator: Schmitt Corrêa. Publicado no DJe em 15.12.2002. Disponível em: https://www.jusbrasil.com.br/jurisprudencia/tj-sp/1726175909. Acesso em: 10 maio 2023.

EMENTA APELAÇÃO CÍVEL - AÇÃO INDENIZATÓRIA - SERVIÇO ODONTOLÓGICO - OBRIGAÇÃO DE RESULTADO - REALIZAÇÃO DE PROCEDIMENTO DIVERSO DO CONTRATADO QUE CAUSOU DANOS IRREVERSÍVEIS AOS ELEMENTOS DENTAIS DA PACIENTE - DEVER DE INFORMAÇÃO NÃO OBSERVADO PELOS ODONTÓLOGOS - CONDUTA NEGLIGENTE - DANO MORAL CARACTERIZADO - QUANTUM INDENIZATÓRIO MANTIDO - DANO ESTÉTICO INCONTROVERSO - DANO MATERIAL DEVIDO - TERMO INICIAL DOS JUROS MORATÓRIOS -SÚMULA 54 DO STJ - SENTENÇA MANTIDA - RECURSO DESPROVIDO. 1. Os procedimentos contratados pela autora (bichectomia e colocação de lentes dentais), dizem respeito, claramente, à obrigação de resultado, porquanto os profissionais se comprometeram em lhe oferecer um sorriso mais harmônico e melhora de seu aspecto estético. 2. A prática de conduta culposa, caracterizada na modalidade de negligência, cuja lesão imaterial consiste na dor e sofrimentos causados à autora em virtude da irreversibilidade do procedimento, tratando-se, na hipótese, de dano moral que prescinde de prova, já que a dor, humilhação, abalo e sofrimento são incontroversos, passiveis de indenização. 3. Não merece modificação o quantum indenizatório, pois, atende aos princípios da proporcionalidade e razoabilidade, à condição social, moral e econômica dos envolvidos, à gravidade da ofensa, à ilegalidade do ato, à culpabilidade e também porque fixado de forma justa, moderada e razoavelmente dotado de eficácia pedagógica. 4. No caso de indenização por dano moral puro, decorrente de ato ilícito, os juros moratórios fluem a partir do evento danoso (Súmula 54 do STJ). 5. A modificação permanente na aparência externa da vítima, que lhe causa desarmonia física e consequente desgosto ou humilhação" (STJ - AREsp 259208, decisão monocrática - Relª. Ministra MARIA ISABEL GALLOTTI - Julgado em 11.12.2012), 6. O dano material é aquele que reflete no mundo real, concreto, normalmente relacionado à pecúnia, ou seja, é o dano que se pode constatar com certa ou até mesmo com total objetividade exatamente como na hipótese, devendo a autora ser ressarcida dos prejuízos que o ato ilícito lhe causou. (TJ-MT - AC: 10024973420188110041 MT, Relator: JOAO FERREIRA FILHO, Data de Julgamento: 10/03/2020, Primeira Câmara de Direito Privado, Data de Publicação: 19/03/2020)[21].

RESPONSABILIDADE CIVIL. RECURSO ESPECIAL. TRATAMENTO ODONTOLÓGICO. APRECIAÇÃO DE MATÉRIA CONSTITUCIONAL. INVIABILIDADE. TRATAMENTO ORTODÔNTICO. EM REGRA, OBRIGAÇÃO CONTRATUAL DE RESULTADO. REEXAME DE PROVAS. INADMISSIBILIDADE. 1. As obrigações contratuais dos profissionais liberais, no mais das vezes, são consideradas como "de meio", sendo suficiente que o profissional atue com a diligência e técnica necessárias, buscando a obtenção do resultado esperado. Contudo, há hipóteses em que o compromisso é com o "resultado", tornando-se necessário o alcance do objetivo almejado para que se possa considerar cumprido o contrato. 2. Nos procedimentos odontológicos, mormente os ortodônticos, os profissionais

---

21 BRASIL. Superior Tribunal de Justiça. *Apelação Cível nº 10024973420188110041*, da Primeira Câmara de Direito Privado do Tribunal de Justiça do Estado do Mato Grosso, MT. Apelação cível. Direito Cívil. Ação indenizatória. Serviço odontológico. Obrigação de resultado. Realização de procedimento diverso do contratado que causou danos irreversíveis aos elementos dentais da paciente. Dever de informação não observado pelos odontólogos. Conduta negligente. Dano moral caracterizado. Quantum indenizatório mantido. Dano estético incontroverso. Dano material devido. Termo inicial dos juros moratórios. Súmula 54 do STJ. Sentença mantida. Recurso desprovido. Relator: João Ferreira Filho. Publicado no DJe em 04.05.2020. Disponível em: https://jurisprudencia.tjmt.jus.br/consulta?aba=Acordao&isTelaInicial=false&txtBusca=10024973420188110041&isBasica=true&indice=1&quantidade=5&ordenarPor=DataDecrescente&ordenarDataPor=Julgamento&tipoBusca=1&thesaurus=false&fqTermos=&k=ylghab. Acesso em: 10 maio 2023.

> da saúde especializados nessa ciência, em regra, comprometem-se pelo resultado, visto que os objetivos relativos aos tratamentos, de cunho estético e funcional, podem ser atingidos com previsibilidade. 3. O acórdão recorrido registra que, além de o tratamento não ter obtido os resultados esperados, "foi equivocado e causou danos à autora, tanto é que os dentes extraídos terão que ser recolocados". Com efeito, em sendo obrigação "de resultado", tendo a autora demonstrado não ter sido atingida a meta avençada, há presunção de culpa do profissional, com a consequente inversão do ônus da prova, cabendo ao réu demonstrar que não agiu com negligência, imprudência ou imperícia, ou mesmo que o insucesso se deu em decorrência de culpa exclusiva da autora.4. A par disso, as instâncias ordinárias salientam também que, mesmo que se tratasse de obrigação "de meio", o réu teria "faltado com o dever de cuidado e de emprego da técnica adequada", impondo igualmente a sua responsabilidade. 5. Recurso especial não provido. (1238746 MS 2010/0046894-5, Relator: Ministro LUIS FELIPE SALOMÃO, Data de Julgamento: 18/10/2011, T4 - QUARTA TURMA, Data de Publicação: DJe 04/11/2011[22].

Por consequência, conforme decisões dos tribunais pátrios, estes entendem que os procedimentos estéticos de modo geral (prótese, implante, aparelhos ortodônticos, etc.) configuram obrigação de resultado, podendo o cirurgião-dentista ser

22 BRASIL. Superior Tribunal de Justiça. *Recurso Especial nº 1238746*, da Quarta Turma do Tribunal de Justiça do Estado do Mato Grosso do Sul, MS. Responsabilidade civil. Recurso especial. Tratamento odontológico. Apreciação de matéria constitucional. Inviabilidade. Tratamento ortodôntico. Em regra, obrigação contratual de resultado. Reexame de provas. Inadmissibilidade. Recurso especial não provido. Relator: Luis Felipe Salomão. Publicado no DJe em 04.11.2011. Disponível em: https://www.jusbrasil.com.br/jurisprudencia/stj/21059784/inteiro-teor-21059785. Acesso em: 10 maio 2023.

obrigado a indenizar o paciente se não comprovar suficientemente que não agiu com culpa.

Destarte, a responsabilidade civil do profissional sempre será subjetiva, como demonstrado ao longo do trabalho aqui desenvolvido, sendo um profissional liberal de acordo com o Código de Defesa do Consumidor.

No entanto, há uma tendência baseada no princípio da presunção de veracidade, ou seja, a culpa se torna presumida mesmo que o cirurgião-dentista empregue a melhor técnica no procedimento realizado, mesmo que a paciente alegue insatisfação no resultado final.

Assim, mesmo sabendo que a odontologia não é uma ciência exata, que cada caso irá depender de vários fatores para que o tratamento logre êxito, o cirurgião-dentista precisa se adequar a essa nova realidade, criar protocolos de atendimento ao paciente, elaboração de documentos odontológicos essenciais na rotina clínica com todos os registros e informações aos pacientes devidamente assinados, e manter-se à disposição sempre, principalmente no pós-cirúrgico, momento de maior fragilidade do paciente.

Conclusões

Diante das mudanças sociais, estruturais e globalizadas, a odontologia vem ganhando espaço no cenário da estética a partir das novas resoluções e especialidades, como a mais recente de Harmonização Orofacial, trazendo novos desafios aos profissionais na sua rotina clínica.

Considerando a dinâmica dos conceitos estéticos e os estudos sobre a percepção estética orofacial do paciente, é importante uma análise sucinta para trabalhar as expectativas antes da realização dos procedimentos, levando em conta as diferenças socioeconômicas e culturais.

Ademais, a relação do cirurgião-dentista x paciente é tutelada pelo Código de Defesa do Consumidor, e alguns princípios norteadores dessa relação devem ser priorizados, como a vulnerabilidade do paciente, transparência (dever de informação na prestação do serviço), segurança (dever de cuidado para com o paciente), boa-fé objetiva e confiança, para que ambas as partes, no limite de suas responsabilidades, tenham resultados satisfatórios.

Entretanto, o que de ver observado além das normas e legislações vigentes, são as medidas preventivas que devem ser adotadas nos consultórios pelos profissionais que atuam com procedimentos estéticos, como os documentos odontológicos (elaboração e manutenção de prontuário contendo exame semiológico, exame físico, análise de exames complementares, realização de hipótese e diagnóstico, elaboração e cumprimento do planejamento de tratamento e obtenção de consentimento informado por parte do paciente), são condutas que fazem a diferença na hora de uma boa defesa profissional.

Outro ponto importante é o fortalecimento da relação com o paciente, ouvindo sua dor, seus anseios, seus desejos com relação ao procedimento tão sonhado, bem como alinhar as expectativas com relação ao resultado, verificando de fato a possibilidade de obter o que se espera.

Em conclusão ao tema ora debatido, observa-se que a Harmonização Orofacial contribui grandemente para a melhoria da autoestima do paciente, estando cada vez mais presentes nos serviços ofertados nas clínicas e consultórios odontológicos.

Devendo o cirurgião-dentista para obtenção de sucesso, além do conhecimento técnico que é primordial, levar em consideração que a percepção de elementos estéticos é subjetiva, e que trabalhar com segurança é estar ciente de seus direitos e deveres, diante da relação consumerista paciente x cirurgião-dentista, evitando sempre a promessa de resultados.

Referências

ALMEIDA, Ana Lara Vargas; CARNEIRO, Bárbara Gabrielle Santos. *Percepção da estética orofacial na odontologia.* 2021. Trabalho de Conclusão de Curso (Bacharelado em Odontologia) – Universidade de Uberaba, Uberaba, 2021. Disponível em: http://dspace.uniube.br:8080/jspui/handle/123456789/1508. Acesso em: 10 maio 2023.

BRASIL. *Código De Defesa Do Consumidor.* Nova edição revista, atualizada e ampliada com os Decretos nº 2.181, de 20 de março de 1997 e nº 7936, de 15 de março de 2013. Brasília: Ministério da Justiça, 2013. Disponível em: http: // www.planalto.gov.br/ccvil_03/Leis/L8078.htm. Acesso em 25 de julho de 2023.

BRASIL. Lei nº 4.324, de 14 de abril de 1964. *Institui o Conselho Federal e os Conselhos Regionais de Odontologia, e dá outras providências.* Diário Oficial da União. Brasília, 14 de abril de 1964. Disponível em: https://www.planalto.gov.br/ccivil_03/leis/1950-1969/l4324.htm. Acesso em: 10 maio 2023.

BRASIL. Lei nº 10.406, de 10 de janeiro de 2002. *Institui o Código Civil.* Diário Oficial da União. Brasília, 10 de janeiro de 2002. Disponível em: https://www.planalto.gov.br/ccivil_03/leis/2002/l10406compilada.htm. Acesso em: 10 maio 2023.

BRASIL. Superior Tribunal de Justiça. *Apelação Cível nº 10024973420188110041*, da Primeira Câmara de Direito Privado do Tribunal de Justiça do Estado do Mato Grosso, MT. Apelação cível. Direito Cível. Ação indenizatória. Serviço odontológico. Obrigação de resultado. Realização de procedimento diverso do contratado que causou danos irreversíveis aos elementos dentais da paciente. Dever de informação não observado pelos odontólogos. Conduta negligente. Dano moral caracterizado. Quantum indenizatório mantido. Dano estético incontroverso. Dano material devido. Termo inicial dos juros moratórios. Súmula 54 do STJ. Sentença mantida. Recurso desprovido. Relator: João Ferreira Filho. Publicado no DJe em 04.05.2020. Disponível em: https://jurisprudencia.tjmt.jus.br/consulta?aba=Acordao&isTelaInicial=false&txtBusca=10024973420188110041&isBasica=true&indice=1&quantidade=5&ordenarPor=DataDecrescente&ordenarDataPor=Julgamento&tipoBusca=1&thesaurus=false&fqTermos=&k=ylghab. Acesso em: 10 maio 2023.

BRASIL. Superior Tribunal de Justiça. *Apelação Cível nº 1010155-13.2021.8.26.0001*, da Terceira Câmara de Direito Privado do Tribunal de Justiça do Estado de São Paulo (SP). Apelação cível. Ação de indenização por danos materiais, morais e estéticos. Tratamento odontológico. Afirmação de erro médico. Recursos não providos, Relator: Schmitt Corrêa. Publicado no DJe em 15.12.2002. Disponivel em: https://www.jusbrasil.com.br/jurisprudencia/tj-sp/1726175909. Acesso em: 10 maio 2023.

BRASIL. Superior Tribunal de Justiça. *Recurso Especial nº 1238746*, da Quarta Turma do Tribunal de Justiça do Estado do Mato Grosso do Sul, MS. Responsabilidade civil. Recurso especial. Tratamento odontológico. Apreciação de matéria constitucional. Inviabilidade. Tratamento ortodôntico. Em regra, obrigação contratual de resultado. Reexame de provas. Inadmissibilidade. Recurso especial não provido. Relator: Luis Felipe Salomão. Publicado no DJe em 04.11.2011. Disponível em: https://www.jusbrasil.com.br/jurisprudencia/stj/21059784/inteiro-teor-21059785. Acesso em: 10 maio 2023.

CONSELHO FEDERAL DE ODONTOLOGIA (CFO). Resolução CFO-59, de 21 de setembro de 2004. *Revoga o Código de*

Processo Ético Odontológico aprovado pela Resolução CFO-183, de 1º de outubro de 1992 e aprova outro em substituição. Diário Oficial da União. Brasília, 21 set 2004. Disponível em: https://sistemas.cfo.org.br/visualizar/atos/RESOLU%C3%87%C3%83O/SEC/2004/59. Acesso em: 10 maio 2023.

CONSELHO FEDERAL DE ODONTOLOGIA (CFO). Resolução CFO nº118, de 11 de maio de 2012. *Revoga o Código de Ética Odontológica aprovado pela Resolução CFO 42/2003 e aprova outro em substituição.* Diário Oficial da União. Brasília, 14 junho 2012. Disponível em: https://sistemas.cfo.org.br/visualizar/atos/RESOLU%C3%87%C3%83O/SEC/2012/118. Acesso em: 10 maio 2023.

CONSELHO FEDERAL DE ODONTOLOGIA (CFO). Resolução CFO-176, de 06 de setembro de 2016. *Revoga as Resoluções CFO-112/2011, 145/2014 e 146/2014, referentes à utilização da toxina botulínica e preenchedores faciais, e aprova outra em substituição.* Disponível em: https://sistemas.cfo.org.br/visualizar/atos/RESOLU%C3%87%C3%83O/SEC/2016/176. Acesso em: 10 maio 2023.

CONSELHO FEDERAL DE ODONTOLOGIA (CFO). Resolução CFO-198, de 29 de janeiro de 2019. *Reconhece a Harmonização Orofacial como especialidade odontológica, e dá outras providências.* Disponível em: https://sistemas.cfo.org.br/visualizar/atos/RESOLU%C3%87%C3%83O/SEC/2019/198.Acesso em: 15 mar 2023.

CONSELHO FEDERAL DE ODONTOLOGIA (CFO). Resolução CFO-230, de 14 de agosto de 2020. *Regulamenta o artigo 3º, da Resolução CFO-198/2019.* Disponível em: https://sistemas.cfo.org.br/visualizar/atos/RESOLU%c3%87%c3%83O/SEC/2020/230 – Acesso em: 27 de jul 2023.

DANTAS, Eduardo. *Direito Médico.* 5ª ed., Rio de Janeiro: GZ Editora, 2021, p. 227.

PEREIRA, Eros. *Responsabilidade civil por erro por erro odontológico*. Campinas: 2004.

Revista Brasileira de Odontologia versão On-line ISSN 1984-3747, versão impressa ISSN 0034-7272. Acesso em 20 de julho de 2023.

DIAGNÓSTICO DE PRECISÃO E PROTEÇÃO DE DADOS: DESAFIOS ÉTICOS E LEGAIS DA MEDICINA PERSONALIZADA

Fernanda Layse da Silva Nascimento
Bárbara de Guadalupy Toledo Souto Vieira

SUMÁRIO: Introdução **1.** Medicina do futuro: avanços e perspectivas da prática médica personalizada. **1.1.** Bioética e avanço tecnológico na Medicina. **1.2.** Considerações sobre a bioinformática e sua relação com a medicina personalizada. **2.** Medicina de precisão e direito à privacidade: desafios éticos e legais relativos à proteção de dados pessoais. Conclusões. Referências.

Introdução

A medicina de precisão, também conhecida como medicina personalizada, é uma abordagem médica que vem ganhando espaço nos fóruns de discussões atuais, sobretudo em razão de seus benefícios, a exemplo da redução de custos por meio da possibilidade de funcionar como medicina preventiva e da eficiência dos tratamentos a partir de um mapa genético somado a um estudo social do paciente ou do grupo de pacientes em questão.

Neste estudo, abordaremos a composição da medicina de precisão, a qual, para ser aplicada, se embasa nos avanços da medicina genômica para aplicação de mapa genético, na evolução crescente da bioinformática, que é responsável pelo tratamento dos dados obtidos a partir da medicina genômica, e nos métodos da medicina clínica, que faz o levantamento dos dados sociais qualificadores do ambiente em que vive o paciente, como seu estilo de vida, idade e outros fatores relevantes.

Embora a bibliografia indique uma vasta adesão de diversos países desenvolvidos, inclusive com dados da eficiência da abordagem, e financiamento para implementação desta pesquisa em países em desenvolvimento, é necessário debruçar-se sobre a realidade legislativa do Brasil, na qual podem ser encontradas algumas barreiras relativas à coleta dos dados genéticos.

Diz-se que existem barreiras pois, embora não haja previsão de proibição de tais pesquisas, a legislação brasileira destaca a necessidade de anonimidade, o que vai de encontro à justa precisão em que consiste esta abordagem. A medicina de precisão atua como um estudo quase que personalíssimo a partir das origens genéticas e de vivência cotidiana daquele indivíduo em especial, ou do grupo de indivíduos que se submetem a este tratamento ou estudo para aplicação de uma medicina preventiva.

É neste contexto que se situa o objetivo da presente pesquisa: apresentar a abordagem médica personalizada frente à legislação vigente que trata da preservação de dados, especialmente a Lei de Proteção de Dados - LGPD (Lei nº 13.709/2018) e aos comandos da bioética, que versa sobre a anonimidade dos dados genéticos, possibilidade de ampliação da saúde, podendo ser pautada a implementação dessa abordagem da medicina como um meio de proteção do Direito à vida.

Para alcançar este objetivo, a pesquisa ancora-se no método bibliográfico, explorando artigos científicos e obras produzidas por pesquisadores da temática, como Danilo Doneda, Eudes Quintino de Oliveira Júnior e Mônica Liedke, além de dispositivos normativos relacionados à proteção de dados pessoais e ao direito à privacidade.

O estudo se desdobra em duas seções de desenvolvimento: inicialmente, apresenta-se a abordagem da medicina de precisão, perpassando por discussões originadas pelo campo da bioética e da bioinformática, dando-se ênfase especial àquelas relativas ao impacto que o avanço tecnológico tem propiciado às práticas médicas. A segunda seção, por sua vez, trata dos desafios da medicina de precisão diante dos seus métodos para preservação dos dados e viabilidade da sua aplicação, já que, embora tenha se revelado mecanismo de extrema importância no avanço da tecnologia para preservação da saúde e rápida eficiência no enfrentamento das doenças que podem ser mapeadas geneticamente, sua aplicação envolve desafios éticos e legais consideráveis que devem ser superados para que possa ser implementada integralmente.

1. Medicina do futuro: avanços e perspectivas da prática médica personalizada

A medicina de precisão, também conhecida como medicina personalizada, é conceituada pela plataforma DeCS/MeSH como uma "abordagem clínica, terapêutica e diagnóstica para controle ótimo da doença baseado em variações individuais no perfil genético de um paciente"[1]. Trata-se, pois, de uma abordagem terapêutica de diagnóstico que tem como norte as características individuais de cada paciente para orientar o diagnóstico, o tratamento e a prevenção de doenças. Baseia-se na unicidade de cada pessoa, e, afastando-se da abordagem médica que combate a doença pelos sintomas comuns, foca em analisar o paciente em termos genéticos, ambiente, estilo de vida e outros fatores, buscando tornar o tratamento mais efetivo.

Alguns autores defendem que o modo de prevenir e tratar doenças deveria ser adaptado ou "personalizado" de acordo com as características biológicas, bioquímicas e fisiológicas de cada indivíduo, e vem daí o termo "Medicina Personalizada" como sinônimo da medicina individualizada e de precisão[2]. A medicina de precisão, termo usado durante este artigo, busca

1 NATIONAL RESEARCH COUNCIL. Committee on a Framework for Developing a new Taxonomy of Disease. *Rumo à Medicina de Precisão:* Construindo uma Rede de Conhecimento para Pesquisa Biomédica e uma Nova Taxonomia da Doença. Washington DC: National Academies Press, 2011.

2 GOETZ, Laura H; SCHORK, Nicholas J. Personalized medicine: motivation, challenges, and progress. *Fertility and sterility*, v. 109, nº 6, p. 952-963, 2018.

associações entre dados clínicos, como sinais e sintomas; hábitos de vida, como prática de atividades físicas, alimentação e vícios; e informações genéticas, como biomarcadores[3].

As discussões sobre essa abordagem médica iniciaram a partir do estudo do genoma humano nos anos 2000. Países desenvolvidos financiaram e financiam estudos do mapeamento genético com a finalidade de desenvolvimento de uma espécie de mapa que possibilita tratar melhor sua população, assim como a ampliação da medicina preventiva. Exemplos de investidores são os Estados Unidos da América, quando presididos pelo democrata Obama, bem como China e a União Europeia, que vêm destinando investimentos para a medicina genômica.

No Brasil, foi iniciado um estudo semelhante no ano de 2019, quando o Ministério da Saúde iniciou o sequenciamento do genoma de brasileiros, procurando gerar informação agregada de dados clínicos epidemiológicos populacionais de cerca de cinquenta mil indivíduos. O projeto "DNA do Brasil", como ficou conhecido, foi finalmente lançado e será liderado pela geneticista Lygia da Veiga Pereira, da Universidade de São Paulo. Cerca de quinze mil brasileiros, na faixa de trinta e cinco a setenta e quatro anos de idade, participarão voluntariamente da pesquisa, ofertando o consentimento informado para tanto, cujos dados serão anonimizados, observando que já participam de um outro projeto denominado ELSA (Estudo Longitudinal de Saúde do Adulto)[4].

Oliveira Junior[5] explica que o objetivo da pesquisa no Brasil é conhecer os fatores genéticos do povo brasileiro para

3 KÖNIG, Inke R. et al. What is precision medicine?. *European respiratory journal*, v. 50, nº 4, 2017.

4 Para mais informações sobre o projeto ELSA, sugere-se conferir a página oficial disponível em: http://elsabrasil.org/.

5 OLIVEIRA JÚNIOR, Eudes Quintino. *Projeto DNA do Brasil.* Disponível em https://www.migalhas.com.br/depeso/317048/projeto-dna-do-brasil. Acesso em: 3 ago. 2023.

compreender as doenças mais prevalentes e atuar preventivamente. Ele faz um destaque para um indicador particular do país, que é a formação histórica, fruto de uma miscigenação exacerbada. Brasileiros são geneticamente fruto dos povos indígenas, africanos, portugueses, italianos, espanhóis, alemães e outros imigrantes europeus, asiáticos e orientais, formando uma integração genética e cultural.

O "DNA do Brasil" é um projeto capaz de desenhar a arquitetura do genoma pátrio onde serão encontrados indicadores clínicos que detectarão os prováveis grupos de risco e as recomendadas ações que devem ser tomadas para combatê-los. A leitura do DNA, desta forma, irá oferecer condições para garimpar informações importantes para que seja feito o reconhecimento do código genético da população e, a partir desse marco, possa fazer a prevenção contra as doenças com predisposição genética localizada.

Como mostra a figura abaixo, existem muitos elementos que embasam a ampliação e a adoção em maiores proporções da medicina de precisão, inclusive financeira, se aproximando e podendo ser considerada a sua atuação como medicina preventiva.

Segundo o Ministério da Saúde[6], a prevenção é definida como "todo ato que tem impacto na redução de mortalidade e morbidade das pessoas". A partir desse conceito, pode-se inferir que a medicina preventiva é o ramo da medicina que visa evitar o desenvolvimento de patologias, bem como a reduzir os danos oriundos daquelas na vida dos pacientes e, outrossim, mitigar os efeitos adversos advindos dos tratamentos em saúde.

Além de fornecer bem-estar à população, prevenindo de doenças a partir de um mapa genético que é a própria gênese

6 BRASIL. Ministério da Saúde. Secretaria de Atenção à Saúde. Departamento de Atenção Básica. Rastreamento. *Cadernos de atenção básica*. Brasília (DF); 2013. 98p. Disponível em: https://bvsms.saude.gov.br/bvs/publicacoes/rastreamento _caderno_atencao_primaria_n29.pdf. Acesso em: 4 ago. 2023.

da medicina genômica, estabelecido pelos estudos e mapeamento genético, como dito, o país dispõe de investimento de países desenvolvidos para implementação e desenvolvimento da tecnologia, como é o caso do projeto "DNA do Brasil", é possível visualizar na figura abaixo como defensores desta abordagem apresentam seus benefícios.

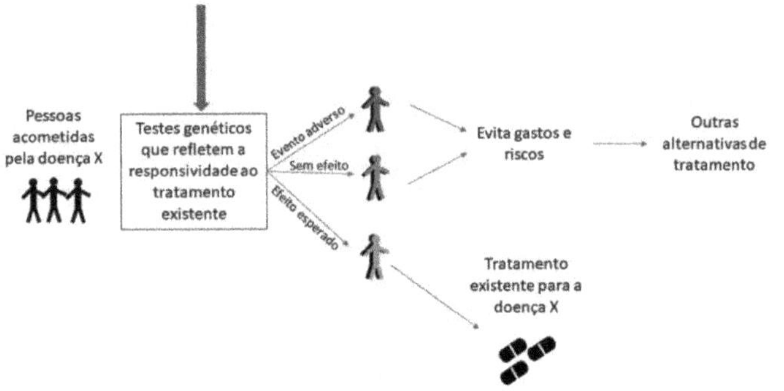

Fonte: DE NEGRI, Fernanda; UZIEL, Daniela. O que é medicina de precisão e como ela pode impactar o setor de saúde?. Rio de Janeiro: Ipea, 2020.

É importante lembrar que a regulamentação da área de atuação da medicina preventiva foi feita pela Portaria nº 2.436, de 21 de setembro de 2017, publicada pelo Governo Federal, em que classifica a medicina preventiva como Atenção Primária em Saúde. Ou seja, quando apresentada como medicina preventiva, a amplitude que é possível para a medicina de precisão é imensa. A medicina preventiva é responsável por planejar e implementar ações públicas que visem a proteção da saúde da população, a prevenção e o controle de riscos e agravos, assim como a promoção da saúde[7].

7 BRASIL. *Portaria n° 2.436, de 21 de setembro de 2017 do Ministério da Saúde.* Aprova a Política Nacional de Atenção Básica, estabelecendo a revisão de

Sendo assim, infere-se que, apesar da medicina preventiva permear todos os níveis de atenção à saúde, ela é considerada uma atribuição especialmente da Atenção Primária. Conforme documentos elaborados pela Organização Mundial da Saúde, esta é a forma de investir em saúde que mais gera valor ao capital investido. Isso acontece pois, além da grande abrangência populacional da Atenção Primária, esses investimentos promovem uma redução dos casos que chegam à Atenção Secundária e Terciária que, por sua vez, são mais onerosas e, se evitadas, podem representar um possível foco de economia ao sistema de saúde[8].

1.1. Bioética e avanço tecnológico na Medicina

Apresentados os benefícios, naturalmente surgem questionamentos acerca da implementação desta abordagem da medicina. Existem pesquisas sendo desenvolvidas no país sobre a abordagem em discussão há mais de uma década, além de benefícios multidisciplinares na aplicação. Com isso, questiona-se o motivo da tímida implementação.

Algumas limitações advêm do campo da bioética, sobretudo no que diz respeito à preocupação com questões ligadas à privacidade. São duas frentes que se encontram e levantam questionamentos jurídicos e éticos acerca da coleta de dados genéticos, visto que a legislação brasileira versa sobre o assunto de modo a preservar a dignidade, liberdade e intimidade dos seus cidadãos, ao mesmo tempo em que traz proteção ao direito à vida.

---

diretrizes para a organização da Atenção Básica, no âmbito do Sistema Único de Saúde (SUS). Diário Oficial da União, 2017. Disponível em: https://bvsms.saude.gov.br/bvs/saudelegis/gm/2017/prt 2436_22_09_2017.html. Acesso em: 11 ago. 2023.

8 ORGANIZAÇÃO MUNDIAL DA SAÚDE. *Atenção primária em saúde*: agora mais do que nunca. Relatório Mundial de Saúde, 2008. Geneva: OMS; 2010. 156 p. Disponível em: http://189.28.128.100/dab/docs/publicacoes/geral/rms. pdf. Acesso em: 15 ago. 2023.

Sobre a legislação que versa sobre a privacidade, destaca-se a Lei Geral de Proteção de Dados (Lei nº 13,709/2018), que alterou importantes tópicos do Marco Civil da Internet (Lei nº 12.965/201414) e trouxe considerações e preservações valiosas do ponto de vista da bioética e do biodireito, especialmente no que se refere aos meios digitais.

Tais alterações afetaram não só as pesquisas clínicas, a exemplo da elaboração do termo de consentimento informado e esclarecido, da tutela da vida e da saúde, das questões de seguro e resseguro médico, entre outras. A proteção dos dados sensíveis inclui na sua lista também a proteção dos dados genéticos, sendo este previsto exclusivamente como dado anonimizado, porém o próprio exercício da medicina de precisão supõe a utilização dos dados genéticos pessoais, encontrando, de certa forma, uma barreira legal pela preservação prevista à privacidade dos indivíduos.

Para utilização por meio de coleta e tratamento dos dados genéticos por meio de pesquisa, dentro da medicina genômica, o consentimento informado é imprescindível para acesso e uso das informações genéticas. Tais informações serão tratadas através de softwares, que, quando ligados à área médica, integram o que é denominado de bioinformática, a qual possibilita a descoberta das funções de cada gene específico[9].

1.2. Considerações sobre a bioinformática e sua relação com a medicina personalizada

A medicina genômica, para existir, exige o tratamento dos dados gerados a partir da utilização de registros eletrônicos de saúde, testes genéticos, análise de big data e supercomputação.

9 LIEDKE, Mônica Souza. *Proteção do genoma humano e socioambientalismo:* aspectos bioéticos e jurídicos. Jundiaí: Paco Editorial, 2012, v. 1, p. 129-266.

Para o tratamento de dados dessa natureza, incidem as inovações da área conhecida como bioinformática.

A bioinformática[10] é um campo multidisciplinar que reúne genética, ciência da computação, matemática e estatística, podendo ser entendida como a ciência de dados voltada para solucionar problemas biológicos. As ferramentas de bioinformática permitem que dados sobre expressão gênica e suas variações possam ser processados, viabilizando sua interpretação e posterior correlação com doenças ou condições de saúde.

Não se pode falar em medicina de precisão ou diagnóstico de precisão, e não falar no impacto que esses estudos causam no armazenamento de dados sensíveis dos pacientes. Sobre o conceito de dado sensível, Doneda ensina que dados sensíveis "seriam determinados tipos de informação que, caso sejam conhecidas e processadas, prestar-se-iam a uma potencial utilização discriminatória ou particularmente lesiva"[11].

Ainda seguindo o entendimento de Doneda, a medicina tradicional e seus tratamentos permitem modulações de comportamento para prevenir doenças. Exames clínicos e laboratoriais permitem diagnóstico precoce, ampliando a possibilidade de tratamento no início da doença, mas com a medicina de precisão, a prevenção ocorre de maneira efetiva, pois possibilita até mesmo antever a doença, através de um estudo sequenciado dos genes. A medicina de precisão tem possibilitado o desenvolvimento e a entrega da melhor intersecção disponível ao paciente correto, tudo isso devido ao sequenciamento do genoma humano.

10 DE NEGRI, Fernanda; UZIEL, Daniela. *O que é medicina de precisão e como ela pode impactar o setor de saúde*?. Rio de Janeiro: Ipea, 2020.

11 DONEDA, Doneda. *Da privacidade à proteção de dados.* Rio de Janeiro: Renovar; 2005.

Como já dito acima, a medicina de precisão não pode ser confundida com a medicina genômica, pois além de gerar o conhecimento e a informação genética, adota-se uma ação integrada de dados biológicos, populacionais, os dados gerados para posterior análise e report.

Segundo o oncologista clínico e responsável pelo setor de medicina de precisão do Hospital Israelita Albert Eisntein, Dr. Alessando Leal[12], são pilares que demonstram os avanços da medicina de precisão: *Human Genome Poject, HapMap Project;* desenvolvimento das plataformas de sequenciamento de última geração (NSG); armazenamento em nuvens permitindo o manuseio de dados em larga escala; universalização dos EHRs *(eletronic health records);* nascimento e amadurecimento da biologia computacional e bioinformática médica; aumento do compartilhamento de dados de pesquisa e de comunidades clínicas; e crescimento do uso de smartphones e *mobile health (mHealth) devices.* A associação entre a medicina de precisão e essas tecnologias foi sistematizada de maneira didática por De Negri e Uzuel a partir de informações extraídas de estudos feitos por outros autores, como Love-Koh *et. al* e Bender, no quadro abaixo[13]:

12 LEAL, Alessandro Igor Cavalcanti. In: Jornada Paulista de Mastologia. *Medicina de precisão em câncer de mama.* [S.l], 30 set. 2020. 1 vídeo (12min-40seg) [Palestra]. Disponível em: https://www.youtube.com/watch?v=-vSh5Tx2qef8. Acesso em: 9 ago. 2023.

13 Fonte: DE NEGRI, Fermanda.; UZIEL, Daniela. O que é medicina de precisão e como ela pode impactar o setor de saúde? Rio de Janeiro: Ipea, 2020.
Fonte: DE NEGRI, Fermanda.; UZIEL, Daniela. O que é medicina de precisão e como ela pode impactar o setor de saúde? Rio de Janeiro: Ipea, 2020.

Medicina de precisão 1.0		
Tecnologia	**Utilização**	**Disponibilidade**
Testes genéticos (baseados em informações "ômicas")[1]	Indicam: *i)* o curso da doença e informam sobre tratamento; *ii)* o risco de se desenvolver determinada doença; e *iii)* a resposta a determinado tratamento e informam a terapia de escolha.	Biomarcadores genômicos já estão em uso e espera-se expansão com marcadores proteômicos, metabolômicos, transcriptômicos, glicômicos e lipômicos. Um grande número de testes está em avaliação pelas agências reguladoras em várias partes do mundo.
Aplicativos e sensores para o monitoramento dos pacientes	Dispositivos de monitoramento, tais como biossensores e *wearables*, que gravam e analisam dados vitais; de atividades diárias; fatores de risco e outras informações individuais a fim de influenciar comportamentos, cuidados médicos e, eventualmente, o próprio tratamento.	Já disponíveis e espera-se aumento de disponibilidade e uso.
Algoritmos, *big data* e inteligência artificial (IA)	Ferramentas analíticas baseadas na utilização de dados clínicos, genômicos, comportamentais, ambientais, sociais etc., para informar o diagnóstico e a escolha terapêutica. Os algoritmos ou ferramentas de IA podem se basear na história e nas características da pessoa para determinar o risco de determinada doença e o melhor tratamento.	Em desenvolvimento. Espera-se que estejam na prática clínica na próxima década. Baseados em IA, dependem de grandes bases de dados contendo dados de saúde armazenados eletronicamente e dados sociodemográficos.
Medicina de precisão 2.0		
Tecnologia	**Utilização**	**Disponibilidade**
Terapias celulares	Transplante de células-tronco e de diferentes tipos celulares, que podem ter origem do próprio paciente ou de doadores.	Avanços nas técnicas de edição gênica e na geração de células iPS[3] certamente possibilitarão que cada vez mais doenças se tornem alvo desse tipo de tratamento.
Terapias gênicas	Retirada de células do próprio paciente que sofrem edição gênica para ser reinjetadas. Injeção de vírus que carreiam uma determinada sequência genética, fazendo com que as células do indivíduo expressem corretamente a respectiva proteína dentro do próprio corpo. Injeção de vírus oncolíticos,[2] engenheirados para se replicar preferencialmente em células cancerosas e destruí-las por um processo natural de lise por replicação viral.	

É possível observar que a medicina de precisão e o seu sucesso abrangem não apenas informações genéticas dos indivíduos, incluem também marcadores biológicos, com coletas de dados sobre o estilo de vida do paciente, sua dieta e dados clínicos. E com isso, gera uma nova abordagem para entender, tratar, classificar, prevenir doenças baseada em dados e informações não só biológicas do paciente, mas também, observando as peculiaridades de cada indivíduo, assim como fatores ambientais/externos.

Os maiores índices de "aprovação" de profissionais da medicina e estudiosos, e maior uso da medicina de precisão/medicina genômica, são encontrados especialmente em tratamento de doenças raras e na parte da oncologia, a qual obtém maiores casos de sucessos, permitindo ao paciente um diagnóstico precoce, e/ou um início de tratamento onde o indivíduo não necessariamente precisaria se submeter a procedimentos altamente invasivos e lesivos, como é o caso de quimioterapias e radioterapias.

Mas, se por um lado existe um grupo de profissionais que apostam tudo na medicina de precisão e seu diagnóstico, por outro, há um grupo que se preocupa com o comportamento dos pacientes que são submetidos a este tipo de mapeamento e a utilização de seus dados. Um ponto que precisa ficar bem claro é que o sucesso do diagnóstico de precisão, da medicina genômica, está ligada ao fato de mais investimentos tecnológicos voltados para a área da saúde, como é o caso da utilização da inteligência artificial na medicina.

Através do uso da Inteligência Artificial (IA), a medicina vem revolucionando seus diagnósticos. A IA vem sendo utilizada em prontuários eletrônicos em hospitais, e tem evitado, de forma circunstancial, com o cruzamento da prescrição médica e dados dos pacientes, interações ou doses inapropriadas, tornando o tratamento/procedimento médico mais eficaz e seguro.

É possível observar que o uso combinado na melhoria computacional, através da IA, e o desenvolvimento da genética e da genômica, estabeleceu paradigmas em diagnósticos, já que é os dados coletados estabeleceu diferença entre os indivíduos para diversas doenças, seus prognósticos e resposta à terapias e/ou efeitos colaterais, e, o processamento de dados em ordem de magnitude jamais anteriormente conhecidas. A IA e seus estudos permitiu lidar com maiores coleta de dados, com estudos genéticos, e o uso combinado de ambos, permite a personalização e individualização de tratamento.

Os avanços tecnológicos possibilitados através da Inteligência Artificial apresentam-se como um marco histórico, não só para a saúde, mas especialmente para a população, porém todos esses benefícios também trazem a nota o cuidado cada vez mais essencial com a segurança de dados dos pacientes, e neste toar, é que a Lei Geral de Proteção de Dados – LGPD

– é tão protagonista e necessária, diante de tantas descobertas inovadoras.

É importante destacar que para que haja eficiência tanto na precisão do diagnóstico, como na coleta desses dados, é preciso ter o consentimento informado dos pacientes para usar seus dados. Garantir que os pacientes estejam plenamente informados sobre como seus dados serão usados e com quem serão compartilhados é fundamental para garantir a ética e a conformidade com as regulamentações de privacidade.

Porém, uso de informações genéticas e outros dados sensíveis levantam preocupações éticas, como a possibilidade de discriminação com base em informações genéticas e a tomada de decisões médicas difíceis com base em informações preditiva. As regulamentações em torno da proteção de dados podem variar entre países e regiões. É importante que as instituições de saúde e pesquisadores estejam cientes das leis e diretrizes locais e cumpram rigorosamente as normas de proteção de dados.

2. Medicina de precisão e direito à privacidade: desafios éticos e legais relativos à proteção de dados pessoais

Apesar do grande potencial que a medicina de precisão tem de melhorar a assertividade no tratamento e na prevenção de doenças, alguns desafios, especialmente dentro do campo tecnológico, atingindo a bioinformática, precisam ser superados para que sua expansão ocorra.

A medicina de precisão envolve a coleta e o armazenamento de dados altamente sensíveis, incluindo informações genéticas, históricos de saúde e dados pessoais. Essas informações são especialmente sensíveis, pois podem revelar predisposições genéticas a doenças e detalhes íntimos sobre a saúde dos pacientes. A proteção de dados é um aspecto fundamental em qualquer área que lida com informações pessoais, incluindo a medicina de precisão. A garantia da privacidade dos pacientes é essencial para construir a confiança na medicina de precisão. É crucial garantir que os dados pessoais dos pacientes não sejam acessados, compartilhados ou usados indevidamente sem o seu consentimento explícito.

O crescente uso de sistemas eletrônicos para armazenar e acessar informações de pacientes torna a infraestrutura médica mais suscetível a ataques cibernéticos, razão pela qual a segurança de TI é uma preocupação importantíssima para evitar vazamentos de dados e violações de privacidade.

O ransomware, nome derivado do termo em inglês "ransom", que significa resgate, resgatar, pagar resgate, que é basicamente um tipo de malware[14] que bloqueia o computador ou criptografa os arquivos, exigindo o pagamento do resgate para recuperar o acesso a suas informações[15] – é uma das ameaças cibernéticas mais preocupantes para a área da saúde. Esse tipo de malware pode criptografar dados do sistema e exige um resgate para liberá-los.

Hospitais e clínicas reúnem dados especialmente sensíveis, particularmente vulneráveis a esse tipo de ataque, e se esse for bem-sucedido, o funcionamento das instituições pode ser paralisado, colocando vidas em riscos, mas não só de quem esteja internado, ou realizando algum procedimento/exames, e sim, de todo e qualquer cidadão que realizou algo por lá.

Questões éticas, sociais e legais – a proteção e a privacidade dos participantes de estudos, assim como o sigilo de informações pessoais e de saúde, são indispensáveis. Além disso, devem passar por um processo rigoroso de consentimento para registrar ciência de todos os riscos e benefícios da pesquisa. Tais regulações são realizadas pela Comissão Nacional

14 Malware: Programa de computador destinado a se infiltrar em um sistema alheio de forma ilícita.

15 DIAS, Cláudia. *Segurança e Auditoria da Tecnologia da Informação*. Rio de Janeiro: Axcel Books, 2000.

de Ética em Pesquisa (CONEP), que é uma instância colegiada, de natureza consultiva, deliberativa, normativa, educativa, independente, vinculada ao Conselho Nacional de Saúde.

> Atribuições da CONEP – Compete à CONEP o exame dos aspectos éticos da pesquisa envolvendo seres humanos, bem como a adequação e atualização das normas atinentes. A CONEP consultará a sociedade sempre que julgar necessário, cabendo-lhe, entre outras, as seguintes atribuições: a) estimular a criação de CEPs institucionais e de outras instâncias; b) registrar os CEPs institucionais e de outras instâncias; c) aprovar, no prazo de 60 dias, e acompanhar os protocolos de pesquisa em áreas temáticas especiais tais como: genética humana [...][16]

Outro obstáculo encontra-se na propriedade intelectual dos meios tecnológicos para o desenvolvimento, já que muitas das tecnologias necessárias para a medicina de precisão foram desenvolvidas há pouco tempo e ainda não estão acessíveis ao mundo inteiro. Neste ponto, volta-se a tratar acerca dos custos e investimentos necessários para acesso a estas tecnologias.

Tecnologias para sequenciar grandes quantidades de DNA são caras e medicamentos desenvolvidos para tratar doenças a partir de variações moleculares ou genéticas provavelmente serão caros. É necessário mais investimento em pesquisas científicas, ferramentas tecnológicas e informatização de sistemas de saúde, para permitir a integração e o fácil acesso a dados de saúde de pacientes.

Não se pode deixar de citar também os riscos institucionais que a falta de anonimização e pseudonimização podem provocar: como é possível extrair das lições já mencionadas, para reduzir o risco de identificação dos pacientes, os dados

16 Brasil. Ministério da Saúde. Conselho Nacional de Saúde. Manual operacional para comitês de ética em pesquisa – Brasília: Ministério da Saúde, 2002.

devem ser anonimizados ou pseudonimizados sempre que possível, e isso envolve a remoção ou substituição de informações que possam identificar diretamente os indivíduos.

Acontece que os registros médicos contêm informações pessoais sensíveis, como histórico médico, resultados de exames e números de seguro social dos pacientes. Esses dados são valiosos no mercado negro e podem ser usados para roubo de identidade, fraude médica e outros crimes. Os vazamentos de dados na área da saúde podem ocorrer devido a violações de segurança, ataques de hackers ou até mesmo negligência interna. As consequências disso podem ser graves, incluindo danos à reputação das instituições e violações das leis de proteção de dados.

Logo, deduz-se que é preciso investir não só em saúde, mas também em tecnologia para evitar prejuízos, sendo o desenvolvimento do planejamento e gerenciamento de riscos indispensáveis para salvaguardar a confidencialidade, a integridade e a segurança das informações.

Conclusões

Dito isto, pode-se conferir a importância e que a abordagem da medicina de precisão em toda a sua complexidade detém. Somada a esta importância, foram apresentados os desafios concernentes, especialmente, no âmbito da preservação dos dados, da anonimidade e da privacidade. Tais cuidados de segurança nos dados estão na aplicação da medicina de precisão mais especificamente no campo da bioinformática e a preservação de tais dados concentram-se na bioética.

É importante que médicos, pesquisadores e organizações de saúde estejam comprometidos com a ética e a responsabilidade no manuseio dos dados pessoais dos pacientes na medicina de precisão. Dessa forma, a confiança do público é mantida e os avanços nessa área podem ser alcançados de maneira ética e segura.

A partir do que é apresentado na bibliografia contemporânea a respeito da eficiência da medicina de precisão, esforços conjuntos do setor público e do setor privado, assim como da comunidade internacional, são necessários, pois só essa atuação conjunta permitirá ampliação do direito à saúde, por meio de tecnologias de saúde cada vez mais precisas.

Referências

BRASIL. Ministério da Saúde. Conselho Nacional de Saúde. *Manual operacional para comitês de ética em pesquisa*. Brasília: Ministério da Saúde, 2002.

BRASIL. Ministério da Saúde. Secretaria de Atenção à Saúde. Departamento de Atenção Básica. Rastreamento. *Cadernos de atenção básica*. Brasília (DF); 2013. 98p. Disponível em: https://bvsms.saude.gov.br/bvs/publicacoes/rastreamento_caderno_atencao_primaria_n29.pdf. Acesso em: 4 ago. 2023.

BRASIL. *Portaria nº 2.436, de 21 de setembro de 2017 do Ministério da Saúde.* Aprova a Política Nacional de Atenção Básica, estabelecendo a revisão de diretrizes para a organização da Atenção Básica, no âmbito do Sistema Único de Saúde (SUS). Diário Oficial da União, 2017. Disponível em: https://bvsms.saude.gov.br/bvs/saudelegis/gm/2017/prt 2436_22_09_2017.html. Acesso em: 11 ago. 2023.

DE NEGRI, F.; UZIEL, D.. O Que é medicina de precisão e como ela pode impactar o setor de saúde?. Rio de Janeiro: Ipea, 2020 apoud IRGC (2018); Love-Koh et al. (2018); Bender (2016).

DIAS, Cláudia. *Segurança e Auditoria da Tecnologia da Informação*. Rio de Janeiro: Axcel Books, 2000.

GOETZ, Laura H; SCHORK, Nicholas J. Personalized medicine: motivation, challenges, and progress. *Fertility and sterility*, v. 109, nº 6, p. 952-963, 2018.

KÖNIG, Inke R. et al. What is precision medicine?. *European respiratory journal,* v. 50, nº 4, 2017.

LIEDKE, Mônica Souza. *Proteção do genoma humano e socioambientalismo:* aspectos bioéticos e jurídicos. Jundiaí: Paco Editorial, 2012, v. 1, p. 129-266.

NATIONAL RESEARCH COUNCIL. Committee on a Framework for Developing a new Taxonomy of Disease. *Rumo à Medicina de Precisão:* Construindo uma Rede de Conhecimento para Pesquisa Biomédica e uma Nova Taxonomia da Doença. Washington DC: National Academies Press, 2011.

OLIVEIRA JÚNIOR, Eudes Quintino. *Projeto DNA do Brasil.* Disponível em https://www.migalhas.com.br/depeso/317048/projeto-dna-do-brasil. Acesso em: 3 ago. 2023.

ORGANIZAÇÃO MUNDIAL DA SAÚDE. *Atenção primária em saúde*: agora mais do que nunca. Relatório Mundial de Saúde, 2008. Geneva: OMS; 2010. 156 p. Disponível em: http://189.28.128.100/dab/docs/publicacoes/geral/rms. pdf. Acesso em: 15 ago. 2023.

DIREITO ODONTOLÓGICO: A JUDICIALIZAÇÃO DA ODONTOLOGIA E A IMPORTÂNCIA DA ASSESSORIA JURÍDICA PREVENTIVA

Letícia Aguiar Almeida Yamanari

Introdução

A atualidade apresenta um aumento no número de ações judiciais movidas contra Cirurgiões Dentistas no Brasil, que independente do resultado, causam um elevado nível de estresse emocional e em algumas situações uma perda patrimonial considerável. O fácil acesso a justiça corroborado com o número de profissionais atuantes na área da Odontologia e pacientes com expectativas cada vez mais altas, talvez seja o motivo pelo qual se justifique esse aumento de demandas jurídicas.

O profissional, salvo exceções, foca em sua atividade técnica, se capacita, especializa, estuda o marketing para que haja um diferencial, tendo em vista o alto índice de profissionais que se formam a cada ano, mas, acaba deixando de lado algumas situações que são primordiais para a prática odontológica, dentre elas o regramento jurídico que deve ser respeitado.

As Leis 4.324/1974 e 5.081/1966 regulamentam o exercício da Odontologia em território nacional, e o Código de Ética Odontológica, aprovado pela Resolução 118/2012, regula os direitos e deveres do Cirurgião Dentista, dos profissionais técnicos e auxiliares, e pessoas jurídicas que exercem atividades na área da Odontologia, em âmbito público e/ou privado. Ainda, o Código

Civil e o Código de Defesa do Consumidor, também dispõe sobre responsabilidade e deveres aos quais o profissional deve seguir.

O objetivo do presente artigo é analisar as decisões recentes do Tribunal de Justiça de São Paulo, e demonstrar a importância e a finalidade do Direito Odontológico Preventivo para os profissionais da Odontologia, a fim de que sejam evitadas as demandas judiciais e minimizados os riscos de uma possível condenação.

Ao fazer esta análise, é possível observar que existem condenações mesmo quando não há erro técnico. Ou seja, mesmo estando correto tecnicamente, ao efetuar um procedimento, a preocupação dos profissionais da área da Odontologia deve ir muito além. A simples falta de informação em relação aos procedimentos que serão realizados, pode ser objeto de condenação, pois afeta diretamente a autonomia do paciente e fere a sua dignidade, garantias estas constitucionais.

O paciente, hipossuficiente na relação de consumo, quando ingressa com uma ação judicial contra o Cirurgião Dentista, apenas alegará os fatos que ocasionou o dano ou o erro que ele imagina ter ocorrido, mas, incumbe ao profissional, devido à inversão do ônus da prova, demonstrar que não houve culpa (negligência, imprudência ou imperícia).

1. O retrato da Odontologia brasileira

A Odontologia está em constante evolução, e com a modernidade e tecnologia, surgiram para os profissionais novas técnicas, aparelhos, materiais e importantes inovações. O resultado desta máxima modificou também os anseios dos pacientes. Eles estão cada vez mais exigentes, buscando profissionais qualificados que possam atender às suas expectativas.

Dados recentes do Conselho Federal de Odontologia (CFO)[1], apontam que o Brasil possui o número de 396.876 ci-

1 CONSELHO FEDERAL DE ODONTOLOGIA. Quantidade Geral de Profissionais e Entidades Ativas. Disponível em: https://website.cfo.org.br/estatis-

rurgiões dentistas inscritos, sendo que somente no Estado de São Paulo são 111.269, quase um terço do número total. A quantidade de dentistas inscritos como especialistas no CFO é de 133.938, sendo que deste total 22,9% são ortodontistas, 14,4% implantodontistas, 13,4% endodontia, 9,9% prótese dentária, 5,2% cirurgia e traumatologia bucomaxilofacial, 1,6% harmonização orofacial.

Centenas de alunos concluem a graduação por ano, e o Brasil possui mais de 400 instituições de ensino com cursos de Odontologia. Há uma abertura excessiva de cursos na área nos últimos anos, de acordo com o CFO o número saltou de 220 para 412 em cinco anos.

É competência do Conselho Federal de Odontologia, supervisionar o exercício da profissão em todo o país, o que segundo o Conselho inclui, por decorrência lógica, acompanhar o processo de formação dos profissionais, a fim de preservar o desempenho eficaz da profissão[2].

O número de profissionais que vão para o mercado de trabalho todos os anos é elevado, e, talvez, sem entrar nessa seara, seja este um dos motivos que justifique o aumento de demandas judiciais, mencionando ainda um possível despreparo no que tange às informações relativas às obrigações e à ética no exercício profissional.

2. A Responsabilidade Civil e os Deveres do Cirurgião Dentista

Como mencionado acima, a Odontologia é regida pelo Código de Ética Odontológico, mas o exercício profissional não

ticas/quantidade-geral-de-entidades-e-profissionais-ativos/. Acesso em 31 de jul. 2023.

2 CONSELHO FEDERAL DE ODONTOLOGIA. CFO pede na justiça suspensão de curso de graduação. Disponível em: https://website.cfo.org.br/cfo-pede-na-justica-suspensao-de-curso-de-graduacao/. Acesso em: 07 de ago. 2023.

se limita a ele, o Código Civil e o Código de Defesa do Consumidor, também trazem deveres aos quais o Dentista está sujeito.

O arcabouço da responsabilidade civil no Brasil, é o artigo 186, 187, ambos do Código Civil[3], que expressam sucessivamente: "Aquele que, por ação ou omissão voluntária, negligência ou imprudência, violar direito e causar dano a outrem, ainda que exclusivamente moral, comete ato ilícito", "Também comete ato ilícito o titular de um direito que, ao exercê-lo, excede manifestamente os limites impostos pelo seu fim econômico ou social, pela boa-fé ou pelos bons costumes"; e, a obrigação de indenizar, disposta no artigo 927[4], "Aquele que, por ato ilícito (arts. 186 e 187), causar dano a outrem, fica obrigado a repará-lo" complementam a estrutura da responsabilidade civil.

É unanime o entendimento de que a prática odontológica é considerada uma obrigação de meio. Maria Helena Diniz[5], define a obrigação de meio como sendo "aquela em que o devedor se obriga tão somente a usar de prudência e diligência normais na prestação de certo serviço para atingir um resultado, sem, contudo, se vincular a obtê-lo", ou seja, o profissional deve fazer uso da melhor técnica e agir conforme dispõe o Código de Ética Odontológico, para que se obtenha a melhora do paciente.

A responsabilidade civil do profissional da área da saúde é subjetiva e será verificada mediante a apuração de culpa (im-

---

3 BRASIL, Código Civil (2002), Capítulo V, Título III – Dos Atos Ilícitos, Art. 186 E 187. Disponível em: https://www.planalto.gov.br/ccivil_03/leis/2002/l10406compilada.htm. Acesso em: 3 de ago. 2023.

4 BRASIL, Código Civil (2002), Título IX, Capítulo I – Da Obrigação de Indenizar, Art. 927. Disponível em: https://www.planalto.gov.br/ccivil_03/leis/2002/l10406compilada.htm. Acesso em: 3 de ago. 2023.

5 DINIZ, Maria Helena. *Curso de Direito Civil: responsabilidade civil.* 12ª ed. São Paulo: Saraiva, vol. 7, 1998, p. 230.

prudência, negligência e imperícia), conforme artigo 14, §4º, do Código de Defesa do Consumidor[6]. Vale ressaltar que em casos de clínicas, ou seja, pessoas jurídicas, essa reponsabilidade passa a ser objetiva, ou seja, independente da existência de culpa. O profissional de saúde responderá por culpa considerando o nexo de causalidade e o que se denomina de culpa normativa, isto é, deriva do descumprimento de normas de execução. Se o dano decorrer diretamente da execução do serviço, o profissional responderá por ele.

Ainda em relação a responsabilidade subjetiva, surge o ônus da prova, disposto no artigo 6º, inciso VIII, do Código de Defesa do Consumidor[7]. O ônus da prova é um dos direitos básicos que facilita o acesso do consumidor à justiça. Em regra, quem acusa deve provar. Porém, há uma exceção, pois o paciente não tem capacidade técnica, assim, no caso de prestação de serviços odontológicos, inverte-se o ônus da prova, e o dentista deve provar que prestou um bom serviço. Essa inversão, quando aplicada equivocadamente, faz com que haja um desequilíbrio na relação processual. É comum que haja entendimentos diferentes no que tange à sua aplicação. Nas palavras do advogado Renato Assis[8]:

---

6 BRASIL, Código de Defesa do Consumidor (1990), Seção II – Da Responsabilidade pelo Fato do Produto e do Serviço Art. 14, § 4º. Disponível em: https://www.planalto.gov.br/ccivil_03/leis/l8078compilado.htm. Acesso em: 3 de ago. 2023.

7 BRASIL, Código de Defesa do Consumidor (1990), Capítulo III – Dos Direitos Básicos do Consumidor, Art. 6º, VIII. Disponível em: https://www.planalto.gov.br/ccivil_03/leis/l8078compilado.htm. Acesso em: 3 de ago. 2023

8 ASSIS, Renato. A inversão do ônus da prova em ações contra médicos e dentistas. Disponível em: https://www.em.com.br/app/colunistas/renato-assis/2022/06/06/interna-renato-assis,1371403/a-inversao-do-onus-da-prova-em-acoes-contra-medicos-e-dentistas.shtml. Acesso em: 02/08/2023.

COLTRI, Marcos Vinicius. Apresentação à 3ª edição. In: *Direito Médico*. 6ª ed. rev.e atual. – São Paulo: Editora Juspodivm, 2022. p.21.

> O deferimento ou não da inversão do ônus da prova pelo juiz, não ocorre somente conforme o entendimento do tribunal de seu estado, ou dos argumentos de defesa do advogado do profissional da saúde: Ela depende diretamente da atuação do médico ou dentista junto ao paciente, no decorrer do tratamento, antes mesmo do processo. Pois para decidir acerca do cabimento ou não da inversão do ônus da prova, o juiz precisa analisar a realidade dos fatos retratada no processo, a fim de averiguar se o paciente teve amplo acesso à informação para exercer sua autonomia, e se é mesmo hipossuficiente. E os parâmetros para esta análise não se limitam ao acesso do paciente ao prontuário e à realização de perícia no processo, mas alcançam a forma como a relação entre as partes transcorreu, antes do processo.

Portanto, é imprescindível que a relação profissional/ paciente se dê de forma ética, humanizada e equilibrada, pois reflete diretamente na produção de provas, nos riscos e no resultado processual.

O artigo 6º do Código de Defesa do Consumidor traz os direitos básicos que o consumidor possui, e entre eles, no inciso III, dispõe sobre o dever informacional. O processo de informação possibilita ao paciente exercer a sua autonomia, de acordo com Coltri[9]:

> o cumprimento do dever de informação pelo profissional está diretamente relacionado à autonomia do paciente. Não resta dúvida de que o paciente somente terá autonomia na decisão se tiver sido correta e adequadamente informado pelo profissional. Ou seja, somente com as informações exatas prestadas pelo profissional é que o pa-

9 COLTRI, Marcos Vinicius. Apresentação à 3ª edição. In: *Direito Médico*. 6ª ed. rev.e atual. – São Paulo: Editora Juspodivm, 2022. p.21.

ciente poderá livre e autonomamente decidir sobre o que será ou não realizado.

É importante salientar, que a informação adequada deve ser clara, em linguagem de fácil entendimento pelo paciente, compreensível, evitando termos técnicos e informando-o sobre todos os passos e os prováveis riscos e intercorrências dos procedimentos.

Além do dever de informar, o Código de Ética Odontológica em seu artigo 9º[10], dispõe sobre outros deveres que devem ser observados pelo Dentista no exercício profissional, dentre eles: zelar pelo desempenho ético e prestígio da profissão; manter comportamento digno; manter-se atualizado, zelar pela saúde e dignidade do paciente; sigilo profissional; elaborar e manter atualizados os prontuários; abster-se da mercantilização da odontologia; dentre outros.

O profissional deve usar todos os meios disponíveis ao seu alcance no tratamento do paciente e observar todos os seus deveres para que inexista a conduta culposa que caracterize o descumprimento de alguma das obrigações acima elencadas, afastando assim o dano e o dever de indenizar.

3. Breve análise das recentes decisões judiciais do Tribunal de Justiça de São Paulo

Qualquer que seja o ato realizado pelo Cirurgião dentista no exercício profissional, estará sujeito à quatro esferas de responsabilização: cível, ética, criminal e administrativa. O presente artigo, analisa os atos envolvendo a esfera cível.

10 CONSELHO FEDERAL DE ODONTOLOGIA. Resolução nº 118/2012 (Código de Ética Odontológica). Disponível em: https://website.cfo.org.br/wp-content/uploads/2018/03/codigo_etica.pdf. Acesso em: 25/07/2023.

O número de ações judiciais envolvendo os profissionais da Odontologia está em uma crescente sem precedentes. Existem algumas hipóteses que podem justificar esse aumento: os pacientes têm na atualidade facilidade em acessar informações, o aumento da concorrência, resultado do número de profissionais que são lançados ao mercado semestralmente, faz com que eles adotem determinadas práticas que afetam a relação dentista/paciente, e, também, segundo Eduardo Dantas[11], as novas técnicas e tecnologias, contribuem ainda mais para a potencialização dos riscos.

Mas, o número de processos por si só não determina que o dentista cometeu um erro, é necessário que haja uma decisão com trânsito em julgado para que se demonstre tal fato, todavia, pode afetar a imagem profissional e/ou da clínica, tendo em vista os processos serem públicos.

Para que haja condenação nos processos por erro odontológico ou erro médico, como ainda é denominado na maior parte das ações, erroneamente, pois o dentista não pratica ato médico, é necessário analisar a conduta do profissional: se houve dano, se há um nexo de causalidade entre a ação do cirurgião dentista e alegações do dano feitas pelo paciente. Entretanto, ainda que se comprove não ter havido erro, ou seja, que o profissional agiu de maneira correta tecnicamente, ainda há a possibilidade de haver condenação por falha no dever informacional. É o que se pode concluir analisando os julgados abaixo:

> [12]Diante da obrigação de resultado e dos diversos atendimentos conduzidos em favor da paciente, **cabia às rés a apresentação de prontuário integral e detalhado do**

11 DANTAS, Eduardo. Responsabilidade Civil Odontológica. In: *Direito Médico* - 6ª ed. rev. ampl.e atual. - São Paulo: Editora Juspodivm, 2022. p. 228.

12 TJSP. Apelação nº 1007739-80.2022.8.26.0084, Rel. Alexandre Marcondes, 1ª Câmara de Direito Privado, Data de Julgamento: 12/07/2023.

> **atendimento odontológico prestado à autora, o que demonstraria, inclusive, adequação do tratamento**, o que não ocorreu no caso. **Tinham as rés, como profissionais especializados no ramo de atuação, condições de fornecer informações seguras a respeito do tratamento prestado à autora**. No entanto, **limitaram- se a apresentar um único documento (fl. 60), com anotações imprecisas e genéricas a respeito dos serviços prestados, sem detalhamento acerca da condição bucal da autora**. Nesse cenário, o valor da indenização arbitrado pelo MM. Juiz de Direito a quo (R$ 10.000,00) está em sintonia com as circunstâncias do caso em exame, não comportando elevação e redução. A sentença, portanto, deve ser integralmente desacolhido o recurso das rés, justifica-se a elevação da verba honorária para 20% sobre o valor da condenação. Ante o exposto, NEGO PROVIMENTO aos recursos.

Ainda:

> [13]Pode-se afirmar que **houve negligência e imprudência, tanto no preenchimento dos documentos obrigatórios do prontuário médico/odontológico, quanto no planejamento do tratamento**. Também há respostas expressamente apontando falha no cumprimento dos prazos médios, **falha na informação ao apelado quanto aos serviços e prazos esperados**, bem como falha quanto à eficiência e ajuste da prótese entregue ao apelado durante o tratamento, claramente incompatível. Ante o exposto, dou parcial provimento ao recurso, reformando em parte a r. sentença, para reduzir o valor devido pela apelante a título de danos materiais para R$ 3.513,32, nos termos da fundamentação, bem como para observar que a indeniza-

13 TJSP. Apelação nº 1001820-75.2021.8.26.0010, Rel. Sá Moreira de Oliveira, 33ª Câmara de Direito Privado, Data de Julgamento: 08/07/2023.

> ção de R$ 25.000,00 abrange os danos morais e os danos estéticos, sendo metade do valor para cada uma.

Nota-se que o profissional na maioria das vezes negligencia o dever informacional, a falta de documentação, ou falha de preenchimento adequado, tem como resultado decisões como essas dispostas acima. De acordo com Macena, Pires, Navarro e Bonavolontá[14]:

> O médico pode até acreditar que tem uma boa técnica e, por essa razão, jamais seria alvo de uma condenação judicial movida por paciente. Infelizmente isso não basta. Mesmo que não haja uma relação de causalidade entre a conduta do médico e o dano sofrido pelo paciente, ainda assim o médico poderá ser condenado judicial e administrativamente pela simples ausência de documentos imprescindíveis.

A boa técnica é imprescindível, mas por si só não basta ao profissional, é necessário também cumprir com o dever ético e constitucional à informação. Outras decisões judiciais recentes, do Tribunal de Justiça de São Paulo, corroboram com o afirmado acima:

> [15]AÇÃO DE INDENIZAÇÃO POR DANOS MORAIS E MATERIAIS Erro odontológico Autor que pretende o ressarcimento de danos morais e materiais em razão de falha na prestação dos serviços odontológicos do apelado, ocasionando a quebra de seus dentes Sentença de procedên-

14 BONAVOLONTÁ, Renata Lopes de Castro; MACENA, Eveline; NAVARRO, Leonardo Sobral; PIRES, Katia Christina Elias Gomes. Documentos Médicos: Prevenção de Litígios e Proteção Jurídica do Médico. In: *Direito Preventivo para profissionais de saúde*, vol. 1. São Paulo: Editora IPDMS, 2022. p.15.

15 TJSP. Apelação nº 1009242-73.2022.8.26.0590, Rel. Marcus Vinícius Rios Gonçalves, 6ª Câmara de Direito Privado, Data de Julgamento: 04/08/2023.

> cia que fixou danos materiais em R$ 480,00 e danos morais em R$ 6.000,00 Irresignação da ré Não acolhimento Laudo pericial conclusivo no sentido de que **houve falhas no** serviço prestado e **no dever de informar os procedimentos,** execuções e cobranças realizados Responsabilidade civil subjetiva do profissional liberal demonstrada e, consequentemente, a responsabilidade civil objetiva da clínica – Sentença mantida Recurso desprovido.

Ainda:

> [16]ERRO ODONTOLÓGICO – Obrigação de resultado – Responsabilidade objetiva – Inversão do ônus da prova "ope legis" – **Além do dever de informação acerca do tratamento e sobre os riscos que apresente** (art. 6º, III, CDC), cabe ao profissional a escolha da melhor técnica dentre as opções que se apresentem, que chegue ao melhor resultado com o menor risco e o menor custo, por dever de cooperação e lealdade – Fratura mandibular que poderia ser evitada se adotados os procedimentos prévios à exodontia recomendados pela literatura, quais sejam a análise do histórico de saúde e a realização de radiografia – Profissional que negligenciou diligências básicas antes de iniciar o tratamento – Necessidade de realização de outra cirurgia e submissão a tratamento doloroso – Dano moral – Caracterização – Indenização bem fixada – Recursos desprovidos.

Outro julgado importante:

> [17]**Houve negligência quanto à documentação durante o tratamento pelo que se denota da falta de um plano**

16 TJSP. Apelação nº1006084-70.2018.8.26.0001, Rel. Alcides Leopoldo, 4ª Câmara de Direito Privado, Data de Julgamento: 29/11/2022.

17 TJSP. Apelação nº 1008815-03.2020.8.26.0152, Rel. Fernando Marcondes, 2ª Câmara de Direito Privado, Data de Julgamento: 12/07/2023.

> **de tratamento e do prontuário legalmente preenchido, o que vai de encontro com o disposto no Código de Ética de Odontologia**[8] (art. 5o, XVI). Sendo assim, considerando que, no caso, o cuidado e o acompanhamento adequados à autora deveres legais da médica não foram devidamente demonstrados, é de se reconhecer a **falha na prestação de serviços**, exsurgindo o dever de indenizar (arts. 186 e 927 do CC). Diante do exposto, dá-se parcial provimento ao recurso para condenar a ré a pagar à autora o valor de R$3.740,11 a título de danos materiais corrigido pelo índice do TJSP, contado do ilícito - de cada desembolso - (43/STJ[10]), acrescidos de juros de mora de 1% ao mês, a partir da citação e R$10.000,00 a título de danos morais corrigido pelo índice do TJSP a partir desse julgamento (362/STJ[11]) e acrescido de juros de mora de 1% ao mês a partir da citação (art. 405 CC[12]), além da verba honorária, ora readequada, para 15% do valor atualizado da condenação (art. 85, §2o, CPC), observando o disposto no art. 86, § único, do CPC[13].

Dessa forma, fica clara a necessidade de conter no prontuário odontológico o diagnóstico, plano de tratamento, descrição detalhada e em ordem cronológica dos procedimentos realizado pelo profissional, conforme determina a boa prática odontológica. Observa-se nas decisões, tanto a falta do dever informacional, quanto a importância dos registros feitos no prontuário do paciente. Veja:

> [18]Assim, concluiu a expert que "a conduta do profissional não seguiu os preceitos da boa prática odontológica, haja vista que **não há anotações em prontuário tanto da intercorrência, quanto se houve ou não procedimento indicados pela Literatura Cientifica pós intercorrên-**

18 TJSP. Apelação nº1001314-19.2019.8.26.0609, Rel. Luiz Antônio de Godoy, 1ª Câmara de Direito Privado, Data de Julgamento: 04/07/2023.

> **cia**" Observada a gravidade do dano provocado, impõe-se a majoração da indenização por danos estéticos também para R$ 10.000,00. A sentença conforma reforma, portanto, para (i) fixar a indenizar a indenização por dano material em R$ 1.206,96; (ii) majorar a indenização por dano moral para R$ 10.000,00 e (iii) majorar a indenização por danos estéticos para R$ 10.000,00. Tendo a ré obtido êxito em montante irrisório (R$ 7,60), deverá arcar integralmente com as custas e despesas processuais, bem como honorários advocatícios de 12% do valor atualizado da condenação, já considerado o trabalho em grau recursal.

As condenações possuem valores relevantes. O posicionamento do Superior Tribunal de Justiça[19] também é no sentido de que a falha no dever de informar gera o dever de indenizar, independentemente da culpa.

> No caso em apreço, a conduta deliberada do médico em omitir o preenchimento adequado do prontuário revela, juridicamente, falta de cuidado e de acompanhamento adequado para com a paciente, descurando-se de deveres que lhe competiam e que, se observados, poderiam conduzir a resultado diverso ou, ainda que o evento danoso tivesse que acontecer de qualquer maneira, pelo menos demonstrar que toda a diligência esperada e possível foi empregada, podendo o profissional inclusive valer-se desses mesmos registros para subsidiar a sua defesa.5. Recurso especial não provido.

A análise desses julgados nos permite concluir que a desídia de alguns profissionais vai muito além do não preenchimento ou do preenchimento inadequado das documentações:

19 STJ. REsp nº 1.698.726/RJ, j. 01/06/2021.

> [20]**Não há relatos nos autos de exames laboratoriais pré-operatórios, não há relatos de medicações prescritas antes e depois da cirurgia**. A requerente relata que a cirurgia foi no final da tarde e não foi recomendado um acompanhante. **Não há anotações no prontuário da remoção dos pontos, da readaptação da prótese provisória**. Está descrito no prontuário que houve, durante a cirurgia, o rompimento da tábua óssea vestibular. **Não há registros de radiografias panorâmicas ou tomografias de controle dos implantes**. (fls. 218 - quesito 28). Como se vê, a perícia aponta irregularidades na conduta da requerida, no que tange à condução do tratamento da autora, vez que ausentes documentações e exames indispensáveis à boa prática odontológica.

Mesmo que o profissional tenha prescrito as medicações ao paciente, não existem esses registros em seu prontuário, para o judiciário essa prática nunca existiu. Na decisão acima restou demonstrada a falta de técnica, cuidado e zelo que são estabelecidas pelo código de ética odontológico. O profissional teve uma conduta negligente ao não solicitar exames pré-operatórios ao paciente.

> **Não foi visto nos autos documento de natureza odontolegal ficha clínica a e que pudesse orientar e verificar a conduta do profissional diante da queixa da requerente conforme determina a boa prática odontológica**" quanto aos documentos apresentados em fls. 191/200 não apresentam uma descrição cronológica de procedimentos realizados pelo profissional dificultando a análise por este perito. Então, do visto e exposto, podemos aduzir que: Existe nexo causal sobre os fatos narrados na inicial onde foi denunciado insucesso no tratamento odontológico realizado.

20 TJSP. Processo nº 1010732-48.2022.8.26.0100, Juíza Tamara Hochgreb Matos, 24ª Vara Cível.

Na análise dos processos é possível observar que além da falha no dever informacional e no preenchimento correto da documentação, há mais uma coisa em comum: o relacionamento paciente/dentista apresenta um desequilíbrio, e normalmente, as expectativas do paciente não são correspondidas por este motivo.

Corrobora com tudo o que foi dito acima, o entendimento do professor e advogado Eduardo Dantas[21]:

> As discussões atuais sobre a responsabilidade civil médica começam a chegar em um estágio em que não basta a entrega de um trabalho de qualidade, para eximir um médico do dever de indenizar, Teorias como a de responsabilidade civil por *perda de uma chance*, ou mesmo por *negligência (ou dano) informacional* são aspectos que começam a ser discutidos com maior seriedade e frequência perante os tribunais, ainda que lhes falte a profundidade necessária no momento, natural de uma doutrina em construção. Em outras palavras, não basta agir com cautela, cuidado e perícia. É preciso também cumprir determinados requisitos legais para obter segurança jurídica. Dentre esses requisitos, está o de bem informar ao paciente, considerado pelos tribunais superiores como consumidor. Esta proteção, portanto, tem fundamento constitucional.

Alguns profissionais da Odontologia devem se conscientizar da importância de serem um pouco mais cautelosos em seu atuar. Todas as decisões mencionadas comprovam isso. Agir com cautela é minimizar riscos.

21 DANTAS, Eduardo. O papel do advogado na prevenção de demandas médicas. In: *Direito Médico* – 6ª ed. rev. ampl.e atual. – São Paulo: Editora Juspodivm, 2022. p.298.

4. O direito odontológico preventivo e a documentação como proteção jurídica

O Direito Odontológico preventivo é uma área relativamente nova que se enquadra como um subnicho dentro do Direito Médico. O seu objetivo é minimizar os riscos atuando no seu gerenciamento, treinamento de equipe, orientação aos profissionais a respeito da relação com o paciente, gestão da documentação odontológica, enfim, uma série de atos que irão se adequando de acordo com a necessidade apresentada pelo profissional ou pela clínica. Para o professor e advogado Marcos Coltri[22], o cirurgião-dentista pode ter feito uma excelente graduação, a melhor pós-graduação e com frequência se atualizar e aprofundar seus conhecimentos, contudo, se não observar as regras ético-legais que regem sua profissão, tudo isso poderá se perder. Ainda, em entrevista para o site Nakano Advogados[23], ele afirma que:

> A gestão ético-legal da atividade do cirurgião-dentista é importante, pois permite ao profissional conhecer seus direitos e suas obrigações em relação aos pacientes, aos colaboradores e também as operadoras. Cuidados na elaboração dos contratos de prestação de serviços, com fornecedores, operadoras e com pacientes, atenção às questões societárias, tributárias e trabalhistas (vínculos com os colaboradores e demais profissionais dentro de uma clínica), correta confecção de termos de consentimento e de prontuário, bem como observância das normas éticas e legais relativas a publicidade e aos anúncios profissionais são

---

22 COLTRI, Marcos Vinicius. Entrevista: Direito Odontológico com Dr. Marcos Coltri. Disponível em: https://nakanoadvogados.com.br/entrevista-direito-odontologico-com-dr-marcos-coltri/. Acesso em: 31/07/2023.

23 COLTRI, Marcos Vinicius. Entrevista: Direito Odontológico com Dr. Marcos Coltri. Disponível em: https://nakanoadvogados.com.br/entrevista-direito-odontologico-com-dr-marcos-coltri/. Acesso em: 31/07/2023.

> os principais pontos abordados na gestão do risco legal da atividade odontológica. É importante que o cirurgião-dentista conheça algumas regras elementares, para que não tenha problemas ou prejuízos no desempenho de sua atividade profissional.

Infelizmente, a área é vista por muitos profissionais como desnecessária, e o desafio está em fazer com que o Dentista tenha a consciência da importância da prevenção, evitando consequências graves, como por exemplo a condenação em eventuais processos judiciais. Nas palavras de Simonelli[24]:

> a prevenção jurídica é um trabalho eminentemente invisível e a consciência quanto à sua necessidade é paralisada pela ausência de resultado prático aos olhos do cliente, diferentemente do que ocorre em uma contenda judicial, em que, poderíamos dizer, há uma dor emergente. Situações assim são muito comuns e, na grande maioria das vezes, a consciência do Direito Preventivo surge apenas após a ocorrência de uma demanda ou uma condenação evitável.

O que ocorre é que na maioria dos casos os profissionais não acreditam na hipótese de serem processados ou condenados pela falta da documentação ou pelo seu não preenchimento correto. E essa máxima se desfaz quando se deparam, como demonstrado acima, com decisões judiais onde existe a condenação não somente por erro técnico, mas também pela falta ou pelo preenchimento inadequado dos documentos, ou até mesmo por dano informacional.

Ter o cuidado e atuar de forma a prevenir litígios não evitará que haja processos, pois, todas as pessoas têm o direito de

24 SIMONELLI, Osvaldo. O direito médico e a saúde no contexto da prevenção. In: *Direito Preventivo para profissionais de saúde.* Vol. 1. São Paulo: Editora IPDMS, 2022. p.9.

acesso à justiça garantido na Constituição. Porém é uma forma de minimizar ou neutralizar os efeitos de uma ação judicial.

Pode-se afirmar que os pilares básicos para que o profissional atue com segurança são: a capacidade técnica, ter uma documentação específica e individualizada para cada paciente, a informação e o relacionamento profissional/paciente.

A capacidade técnica está relacionada à permissão para que o Cirurgião-Dentista faça todos os procedimentos previstos em lei, sejam eles invasivos ou não, cirúrgicos ou não. É a aptidão de desenvolver com destreza e maestria os passos dos procedimentos cientificamente adequados a cada caso.

A documentação específica e individualizada está intimamente relacionada à informação. Ela será o meio de prova mais importante para o profissional em casos de ações judiciais. É por meio dela que o cirurgião dentista irá provar que o seu dever foi cumprido e que não houve erro/dano em alguma de suas espécies. A exemplo pode-se citar o plano de tratamento, a ficha de anamnese, o contrato de prestação de serviços que é o documento que irá definir os direitos e as obrigações de cada parte, evitando a inadimplência, dispondo sobre faltas e multas e impondo limites na relação dentista/paciente; termos e autorizações, enfim, há uma infinidade de documentos cujo objetivo é a prevenção, sendo os mais importantes o prontuário odontológico e o termo de consentimento livre e esclarecido.

O prontuário odontológico é um conjunto de documentos essenciais que narram o histórico de saúde do paciente. É por meio dele que os profissionais se comunicam, e na esfera judicial ele poderá ser o grande aliado, ou não, do profissional. Preencher o prontuário de forma correta é segurança para o profissional. O Código de Ética Odontológica, em seu artigo 9º, inciso X[25], dispõe

25 CONSELHO FEDERAL DE ODONTOLOGIA. Resolução nº 118/2012 (Código de Ética Odontológica). Disponível em: https://website.cfo.org.br/wp-content/uploads/2018/03/codigo_etica.pdf. Acesso em: 25/07/2023.

sobre o dever do Cirurgião-dentista em elaborar e manter atualizado o prontuário na forma das normas em vigor, incluindo os prontuários digitais. Ainda, o artigo 17 do CEO, aponta a obrigatoriedade da elaboração e manutenção dele. O profissional deve atentar-se em preencher o prontuário em ordem cronológica, devendo conter data, hora, nome, assinatura do paciente e do profissional e o número do seu respectivo registro. Anotar as faltas, todos os procedimentos realizados e eventuais intercorrências. O profissional deve sempre registrar onde começou a sua atuação, se o paciente foi encaminhado a ele, se ele já passou por atendimento com outro profissional e a forma a qual ele chegou para o atendimento.

Ainda em relação à documentação, o que materializa o dever informacional e a autonomia do paciente é o termo de consentimento livre e esclarecido. Parte integrante do prontuário, é por meio dele que se dá a liberdade de escolha para o paciente. Nele deverá conter a descrição detalhada sobre o procedimento a ser realizado, suas consequências, recomendações pré e pós procedimentos e os possíveis risco ou intercorrências. O ideal é que não se utilize um termo genérico, pois assim não se cumprirá com a finalidade informacional. Para que a informação dada seja bem sucedida é necessário adequá-la da melhor forma para que o paciente a compreenda.

Por fim, o último pilar de segurança jurídica descrito é a relação profissional/paciente. O artigo 4º do Código de Ética Odontológica[26] estabelece a natureza personalíssima da relação paciente/profissional na atividade odontológica por meio do cumprimento dos pressupostos estabelecidos pelo Código de Ética, a peculiaridade que reveste a prestação de tais serviços, diversos, portanto, das demais prestações, bem como de

26 CONSELHO FEDERAL DE ODONTOLOGIA. Resolução nº 118/2012 (Código de Ética Odontológica). Disponível em: https://website.cfo.org.br/wp-content/uploads/2018/03/codigo_etica.pdf. Acesso em: 25/07/2023.

atividade mercantil. Resta claro que este relacionamento deve ser baseado na responsabilidade e confiança.

Cada paciente possui as suas individualidades que merecem ser respeitadas. A relação dentista/paciente exige muito além das habilidades técnicas, requer atendimento humanizado, empatia e a escuta ativa e quando fortalecida é uma aliada na prevenção de litígios.

Conclusões

Diante de todas as informações acima descritas, é possível concluir que devido ao crescimento desenfreado da classe odontológica, consequência da mercantilização das instituições de ensino superior, aliado ao despreparo e falta de conhecimento desses profissionais no que se refere aos aspectos jurídicos, as chances de cedo ou tarde serem demandados judicialmente por seus pacientes, aumentam consideravelmente.

Face a esta realidade e às diversas decisões judiciais aqui mencionadas, torna-se inevitável que advogados da área de Direito Odontológico trabalhem em conjunto com o cirurgiões dentistas. Inicialmente na conscientização dos mesmos, dando-lhes orientações de como agir dentro dos pilares básicos de segurança jurídica, e posteriormente na elaboração dos diversos documentos odontológicos, que devem ser individualizados para cada paciente.

O cumprimento do dever informacional, por meio do termo de consentimento livre e esclarecido, o preenchimento correto do prontuário odontológico, a cautela em pedir exames pré e pós-operatórios quando necessário e a informação dada de maneira eficaz, minimizam os riscos de uma possível demanda judicial, e, caso ela ocorra, as chances de o profissional ser condenado diminuem consideravelmente.

Conclui-se também que, além de habilidades técnicas, o cirurgião dentista precisa construir uma relação sólida com o seu paciente, baseada na transparência, confiança e responsabilidade.

Referências

ASSIS, Renato. A inversão do ônus da prova em ações contra médicos e dentistas. Disponível em: https://www.em.com.br/app/colunistas/renato-assis/2022/06/06/interna-renato-assis,1371403/a-inversao-do-onus-da-prova-em-acoes-contra-medicos-e-dentistas.shtml. Acesso em: 02/08/2023.

BRASIL, Código Civil (2002)), Capítulo V, Título III – Dos atos Ilícitos, Art. 186 E 187. Disponível em: https://www.planalto.gov.br/ccivil_03/leis/2002/l10406compilada.htm. Acesso em: 3 de ago. 2023.

BRASIL, Código Civil (2002), Título IX, Capítulo I – Da obrigação de indenizar, https://www.planalto.gov.br/ccivil_03/leis/2002/l10406compilada.htm. Acesso em: 3 de ago. 2023.

BRASIL, Código de Defesa do Consumidor (1990), Capítulo III – Dos Direitos Básicos do Consumidor, Art. 6º, VIII. Disponível em: https://www.planalto.gov.br/ccivil_03/leis/l8078compilado.htm. Acesso em: 3 de ago. 2023.

BRASIL, Código de Defesa do Consumidor (1990), Seção II – Da Responsabilidade pelo Fato do Produto e do Serviço Art. 14, § 4º. Disponível em: https://www.planalto.gov.br/ccivil_03/leis/l8078compilado.htm. Acesso em: 3 de ago. 2023.

BONAVOLONTÁ, Renata Lopes de Castro; MACENA, Eveline; NAVARRO, Leonardo Sobral; PIRES, Katia Christina Elias Gomes. Documentos Médicos: Prevenção de Litígios e Proteção Jurídica do Médico. In: Direito Preventivo para profissionais de saúde, vol. 1. São Paulo: Editora IPDMS, 2022. p. 15.

COLTRI, Marcos Vinicius. Apresentação à 3ª edição. In: Direito Médico. 6ª ed. rev.e atual. – São Paulo: Editora Juspodivm, 2022.

COLTRI, Marcos Vinicius. Entrevista: Direito Odontológico com Dr. Marcos Coltri. Disponível em: https://nakanoadvogados.com.br/entrevista-direito-odontologico-com-dr-marcos-coltri/. Acesso em: 31/07/2023.

COLTRI, Marcos Vinicius. Entrevista: Direito Odontológico com Dr. Marcos Coltri. Disponível em: https://nakanoadvogados.com.br/entrevista-direito-odontologico-com-dr-marcos-coltri/. Acesso em: 31/07/2023.

CONSELHO FEDERAL DE ODONTOLOGIA. Quantidade Geral de Profissionais e Entidades Ativas. Disponível em: https://website.cfo.org.br/estatisticas/quantidade-geral-de-entidades-e-profissionais-ativos/. Acesso em 31 de jul. 2023.

CONSELHO FEDERAL DE ODONTOLOGIA. CFO pede na justiça suspensão de curso de graduação. Disponível em: https://website.cfo.org.br/cfo-pede-na-justica-suspensao-de-curso-de-graduacao/. Acesso em: 07 de ago. 2023.

CONSELHO FEDERAL DE ODONTOLOGIA. Resolução nº 118/2012 (Código de Ética Odontológica). Disponível em: https://website.cfo.org.br/wp-content/uploads/2018/03/codigo_etica.pdf. Acesso em: 25/07/2023.

DANTAS, Eduardo. O papel do advogado na prevenção de demandas médicas. In: Direito Médico – 6ª ed. rev. ampl.e atual. – São Paulo: Editora Juspodivm, 2022. p.298.

DANTAS, Eduardo. Responsabilidade Civil Odontológica. In: Direito Médico – 6ª ed. rev. ampl.e atual. – São Paulo: Editora Juspodivm, 2022. p.228.

DINIZ, Maria Helena. Curso de Direito Civil: responsabilidade civil. 12ª ed. São Paulo: Saraiva, vol.7, 1998, p. 230.

SIMONELLI, Osvaldo. O direito médico e a saúde no contexto da prevenção. In: Direito Preventivo para profissionais de saúde. Vol. 1. São Paulo: Editora IPDMS, 2022. p. 9.

TRIBUNAL DE JUSTIÇA DE SÃO PAULO. Apelação nº 1007739-80.2022.8.26.0084, Rel. Alexandre Marcondes, 1ª Câmara de Direito Privado, Data de Julgamento: 12/07/2023.

TRIBUNAL DE JUSTIÇA DE SÃO PAULO. Apelação nº 1001820-75.2021.8.26.0010, Rel. Sá Moreira de Oliveira, 33ª Câmara de Direito Privado, Data de Julgamento: 08/07/2023.

TRIBUNAL DE JUSTIÇA DE SÃO PAULO. Apelação nº 1009242-73.2022.8.26.0590, Rel. Marcus Vinícius Rios Gonçalves, 6ª Câmara de Direito Privado, Data de Julgamento: 04/08/2023.

TRIBUNAL DE JUSTIÇA DE SÃO PAULO. Apelação nº1006084-70.2018.8.26.0001, Rel. Alcides Leopoldo, 4ª Câmara de Direito Privado, Data de Julgamento: 29/11/2022.

TRIBUNAL DE JUSTIÇA DE SÃO PAULO. Apelação nº 1008815-03.2020.8.26.0152, Rel. Fernando Marcondes, 2ª Câmara de Direito Privado, Data de Julgamento: 12/07/2023.

TRIBUNAL DE JUSTIÇA DE SÃO PAULO. Apelação nº1001314-19.2019.8.26.0609, Rel. Luiz Antônio de Godoy, 1ª Câmara de Direito Privado, Data de Julgamento: 04/07/2023.

TRIBUNAL DE JUSTIÇA DE SÃO PAULO. Processo nº 1010732-48.2022.8.26.0100, Juíza Tamara Hochgreb Matos, 24ª Vara Cível.

SUPERIOR TRIBUNAL DE JUSTIÇA. REsp nº 1.698.726/RJ, j. 01/06/2021.

EDUCAÇÃO INCLUSIVA E AS GARANTIAS LEGAIS PARA OS PACIENTES COM TRANSTORNO DO ESPECTRO AUTISTA

Flavia Mello Tapajoz de Oliveira
Rafael Gusmão Dias Svizzero

Introdução

Originado da palavra grega "autos", que significa "voltar-se para si mesmo", o termo "autismo" foi inicialmente empregado na literatura médica pelo psiquiatra suíço Eugen Bleuler em 1908, para descrever sintomas associados à esquizofrenia. Em 1943, Leo Kanner, com base em 11 casos, delineou o que ele chamou de "transtornos autísticos do contato afetivo", destacando a dificuldade desses indivíduos em estabelecer relacionamentos, bem como observando a presença de movimentos estereotipados, resistência à mudança e outros aspectos. Por muito tempo, o autismo foi associado ao conceito de "mãe geladeira", em que o contato afetivo entre mãe e filho era considerado frio e obsessivo, apesar do alto grau de desenvolvimento intelectual.

Em 1944, o psiquiatra Hans Asperger escreveu o artigo "A psicopatia autista na infância", apresentando os resultados de um estudo com cerca de quatrocentas crianças. Esse estudo evidenciou dificuldades na interação social, comportamentos não convencionais, falta de empatia, dificuldade em fazer amizades, comunicação unilateral, foco intenso em assuntos específicos e movimentos descoordenados. Essas características eram mais prevalentes em meninos.

Ao longo do tempo, o entendimento do autismo evoluiu, e em 2013, o DSM-V (Manual Diagnóstico e Estatístico de

Transtornos Mentais) categorizou os Transtornos do Espectro Autista como Transtornos do Neurodesenvolvimento. Os critérios diagnósticos incluem déficits persistentes na comunicação social e interação, bem como padrões restritos e repetitivos de comportamento, interesses ou atividades.

O Transtorno do Espectro Autista (TEA) engloba uma ampla variedade de sintomas e níveis de dificuldade ou habilidade, caracterizados por alterações presentes desde os primeiros anos de vida, geralmente antes dos três anos. Esses indivíduos podem apresentar comportamentos estereotipados, adesão a rotinas, dificuldades na comunicação e interação social, além de interesses intensos em assuntos específicos e processamento sensorial peculiar. O autismo é um espectro que engloba diversas categorias, incluindo Autismo Clássico, Síndrome de Asperger, Autismo Atípico e outras formas.

Embora as causas do Transtorno do Espectro Autista ainda sejam desconhecidas, acredita-se que fatores genéticos, infecções durante a gravidez e alterações cerebrais possam estar envolvidos. O diagnóstico é feito por observação direta de comportamentos e entrevistas com pais ou responsáveis, uma vez que não existe um exame específico para detectar o distúrbio.

O tratamento do TEA envolve uma abordagem multidisciplinar, com a participação de profissionais como pediatras, psiquiatras, psicólogos, fonoaudiólogos, terapeutas ocupacionais, fisioterapeutas e educadores físicos. O desenvolvimento de um programa individualizado, adaptado às necessidades de cada paciente, é essencial para a melhoria de suas condições de vida.

A conscientização sobre o autismo tem aumentado globalmente, e diversas organizações e profissionais se dedicam a proporcionar apoio e compreensão às famílias e indivíduos afetados. O Dia Mundial de Conscientização do Autismo, celebrado em 2 de abril, busca aumentar a visibilidade do autismo e promover uma compreensão mais profunda desse espectro de transtornos.

Portanto, é fundamental compreender o transtorno do espectro autista em sua complexidade e adotar abordagens inclusivas na educação e na sociedade como um todo, garantindo que todas as pessoas, independentemente de suas características, tenham oportunidades iguais e acesso aos seus direitos fundamentais.

O Transtorno do Espectro Autista (TEA) é um complexo transtorno neurobiológico que afeta uma significativa parcela da população global, com estimativas da Organização Mundial de Saúde (OMS) apontando para aproximadamente 70 milhões de indivíduos afetados em todo o mundo. No contexto brasileiro, estima-se que cerca de 2 milhões de pessoas vivam com TEA. A compreensão desse transtorno tem evoluído ao longo dos anos, e a Classificação Internacional de Doenças (CID-11) da OMS, na sua versão mais recente de 2018, trouxe importantes modificações nas diretrizes diagnósticas e orientações para os profissionais.

A CID-11 estabeleceu critérios específicos para o diagnóstico do TEA, enfatizando sintomas primordiais como a interação social prejudicada, a presença de padrões repetitivos e estereotipados de comportamento, bem como a manifestação de padrões restritos de linguagem verbal e não verbal. Essa redefinição ofereceu uma base mais sólida para a identificação e avaliação clínica do transtorno, permitindo uma abordagem mais precisa e integrada no diagnóstico.

Adicionalmente, foram introduzidas subdivisões que geraram discussões e indagações no campo clínico e educacional. Apesar disso, essas subdivisões trouxeram esclarecimento fundamental para a compreensão individual dos sintomas do TEA, tendo impacto direto na área educacional. Especificamente, as subdivisões relacionadas aos prejuízos na linguagem funcional e à deficiência intelectual têm contribuído para a elaboração de estratégias pedagógicas mais eficazes, enriquecendo o planejamento educacional inclusivo.

1. Educação Inclusiva na Prática: Abordagem Pedagógica Personalizada

Ao adentrar o cenário da educação inclusiva para pessoas com TEA, bem como para outras deficiências, a compreensão detalhada do comportamento e características individuais do estudante torna-se de extrema importância. Essa visão abrange tanto os professores em sala de aula regular quanto os profissionais do Atendimento Educacional Especializado (AEE) e toda a equipe escolar.

O processo de análise individual do estudante com TEA, especialmente considerando o comprometimento cognitivo, direciona as estratégias pedagógicas. O planejamento e a criação de materiais acessíveis para a sala de aula regular e para a sala de recursos multifuncional são informados por essa análise, permitindo abordagens pedagógicas direcionadas e eficazes.

1.1. Desenvolvendo Habilidades de Comunicação

Uma consideração central ao lidar com estudantes em diferentes estágios do TEA é o comprometimento na linguagem verbal, muitas vezes acompanhado pela ecolalia – repetição de palavras ou frases sem finalidade comunicativa. Essa dificuldade pode resultar em desafios emocionais para o estudante, que enfrenta dificuldades em se expressar.

Nesse contexto, estratégias pedagógicas que exploram múltiplas formas de comunicação, incluindo a linguagem gestual e visual, são cruciais. Gradualmente, trabalhar na expansão da fala do estudante pode ser uma abordagem eficaz. Adicionalmente, criar um ambiente de aprendizagem confortável que incorpore os interesses e preferências do aluno promove a participação e o engajamento ativo.

1.2. Parceria entre Escola e Família: O Papel do Plano Educacional Individualizado (PEI)

O Plano Educacional Individualizado (PEI) desempenha um papel central na educação inclusiva de estudantes com TEA. Este documento detalhado permite a criação de estratégias pedagógicas específicas que abordam as dificuldades e habilidades únicas do aluno. A colaboração entre escola e família, um ponto vital para o progresso do aluno, é impulsionada pelo PEI, promovendo o desenvolvimento da autonomia tanto no ambiente escolar quanto na vida cotidiana.

1.2.1. Flexibilização Curricular e Responsabilidade Compartilhada

Um dos pilares da educação inclusiva para estudantes com TEA é a necessidade de se afastar de uma abordagem curricular inflexível. O ensino funcional e personalizado, focado na realidade do aluno e da escola, é uma responsabilidade compartilhada entre a família, a escola e toda a comunidade educacional. Ao fugir de abordagens curriculares rígidas, a educação inclusiva se torna mais eficaz e adaptada às necessidades individuais.

O manejo educacional do Transtorno do Espectro Autista requer um entendimento holístico das características individuais do estudante, a colaboração ativa entre escola e família, e uma abordagem pedagógica flexível e centrada no aluno. O PEI emerge como uma ferramenta fundamental para direcionar estratégias educacionais assertivas. A busca por uma educação inclusiva e adaptada ressalta a importância de reconhecer a diversidade como um ativo e construir ambientes educacionais que promovam o crescimento e a autonomia de todos os estudantes.

1.2.2. Estratégias Pedagógicas Centradas no Estudante

A flexibilidade é uma das chaves para o sucesso na educação de alunos com TEA. Adotar abordagens pedagógicas centradas no estudante significa adaptar o currículo e as atividades de aprendizado de acordo com as necessidades individuais de cada aluno. Isso pode envolver a modificação de materiais didáticos, a criação de planos de ensino diferenciados e a incorporação de estratégias sensoriais para promover o engajamento.

Além disso, o uso de tecnologia assistiva pode ampliar as possibilidades de aprendizado para alunos com TEA. Aplicativos, softwares e dispositivos tecnológicos podem ser personalizados para atender às preferências e estilos de aprendizado de cada aluno, estimulando a independência e a participação ativa nas atividades educacionais.

1.3. Cultivando o Desenvolvimento Holístico

O sucesso na educação de alunos com TEA transcende a simples aquisição de conhecimento acadêmico. Buscar o desenvolvimento holístico envolve nutrir as diversas dimensões do crescimento humano, incluindo o cognitivo, emocional, social e físico. Compreender que cada aluno é único em suas necessidades e aspirações é essencial para criar um ambiente de aprendizado verdadeiramente inclusivo.

Ao adotar uma abordagem holística, os educadores podem empoderar os alunos com TEA para desenvolver habilidades adaptativas, como a regulação emocional, resolução de problemas e autodeterminação. Isso é particularmente relevante para estudantes com comprometimento na linguagem, pois a promoção da comunicação funcional e de habilidades sociais é um caminho para melhorar sua qualidade de vida e participação na sociedade.

1.3.1. Promovendo a Interação e a Inclusão Social

A interação social é uma área central de desafio para muitos alunos com TEA. No entanto, a promoção da interação e a construção de relações sociais significativas são componentes vitais do desenvolvimento. Para alcançar esse objetivo, os educadores podem adotar estratégias que incentivem a participação em atividades em grupo, promovam a compreensão das emoções e estimulem a empatia.

A inclusão social também se estende além da sala de aula, envolvendo toda a comunidade escolar. Iniciativas de conscientização e educação sobre o TEA podem criar um ambiente mais acolhedor e compreensivo, contribuindo para uma cultura de respeito à diversidade. Quando a escola se torna um espaço verdadeiramente inclusivo, os alunos com TEA têm a oportunidade de desenvolver relações genuínas com seus colegas e construir uma base sólida para sua vida social.

O cenário jurídico contemporâneo, pautado pelo princípio da igualdade e não discriminação, consagra a educação como um direito inalienável de todos os cidadãos, independentemente de suas peculiaridades. A educação inclusiva, respaldada por uma sólida base legal, assume o papel central na promoção de uma sociedade justa e igualitária, onde cada indivíduo, incluindo os portadores de Transtorno do Espectro Autista (TEA), tenha acesso a uma educação de qualidade que respeite suas características e necessidades. Este capítulo aborda o respaldo jurídico à educação inclusiva, bem como a relevância da formação continuada e da afetividade no processo de desenvolvimento de estudantes com TEA, sob uma perspectiva jurídica.

2. O Amparo Jurídico à Educação Inclusiva

O arcabouço legislativo que fundamenta e promove a educação inclusiva é de suma importância na busca pela equidade educacional. No Brasil, a Lei Brasileira de Inclusão (LBI), Lei nº

13.146/2015, reflete o compromisso do Estado em assegurar a inclusão social e a plena cidadania das pessoas com deficiência. A mencionada lei estabelece, em seu artigo 27, a garantia do direito à educação inclusiva em todos os níveis de ensino, bem como o dever de adoção de medidas que assegurem o pleno desenvolvimento acadêmico e social desses indivíduos.

Ademais, a Lei Berenice Piana (Lei nº 12.764/2012) é um marco legislativo específico para as pessoas com TEA, reconhecendo o transtorno como uma deficiência e, portanto, conferindo-lhes os direitos previstos nas legislações de inclusão.

A regulamentação dessas leis ocorre em âmbito local, como é o caso da Portaria nº 8.764/2016 na cidade de São Paulo, que institui a Política Paulistana de Educação Especial na Perspectiva da Educação Inclusiva. Essa política reconhece a importância do Atendimento Educacional Especializado (AEE) e do Centro de Formação e Acompanhamento à Inclusão (CEFAI) como recursos essenciais para a efetivação da educação inclusiva.

2.1. A Formação Continuada como Pilar da Inclusão Jurídica

A formação continuada dos educadores é um imperativo legal e ético na busca pela concretização da educação inclusiva. O artigo 28 da LBI estabelece a obrigatoriedade de formação continuada aos profissionais que atuam na educação inclusiva, visando o aprimoramento de suas práticas pedagógicas e a adaptação dos conteúdos de ensino às necessidades dos alunos com deficiência.

O Decreto nº 9.580/2018, por sua vez, dispõe sobre a Política Nacional de Educação Especial, destacando a formação continuada como um dos eixos centrais para o desenvolvimento de práticas inclusivas eficazes. Dessa forma, a formação continuada não apenas atende a um compromisso legal, mas também promove a capacitação dos educadores para lidar com a diversidade e proporcionar um ambiente educacional acessível e enriquecedor para todos os alunos.

2.2. A Afetividade como Instrumento Jurídico de Desenvolvimento

A afetividade, elemento intrínseco ao desenvolvimento humano, encontra respaldo jurídico na medida em que está em consonância com a garantia dos direitos fundamentais e o princípio da dignidade da pessoa humana. A Convenção sobre os Direitos das Pessoas com Deficiência, incorporada ao ordenamento jurídico brasileiro com status de emenda constitucional pelo Decreto Legislativo nº 186/2008, ressalta a importância da promoção da autonomia e da participação plena e efetiva na sociedade.

Nesse contexto, a afetividade no processo de desenvolvimento dos alunos com TEA assume relevância jurídica, pois se alinha ao objetivo maior da inclusão, que é a promoção do bem-estar e da qualidade de vida desses indivíduos. Os educadores, ao proporcionarem um ambiente afetivo e acolhedor, contribuem para o cumprimento dos princípios constitucionais de igualdade e não discriminação, conferindo efetividade aos direitos das pessoas com TEA.

2.3. Desafios e Avanços na Concretização da Inclusão Jurídica

Apesar dos avanços legislativos e da promoção da educação inclusiva, ainda subsistem desafios a serem superados. A falta de formação continuada adequada, por exemplo, pode resultar em práticas educacionais inadequadas para alunos com TEA, violando seus direitos fundamentais. Da mesma forma, a ausência de um ambiente afetivo e inclusivo pode comprometer o desenvolvimento pleno desses estudantes, desvirtuando os princípios basilares da educação inclusiva. A educação inclusiva, ancorada em um sólido aparato legal, é um imperativo para uma sociedade justa e igualitária. A legislação, representada pela LBI e pela Lei Berenice Piana, delineia os direitos e deveres relacionados à educação inclusiva e à garantia do pleno desenvolvimento dos alunos com TEA. A formação continuada, prevista em normativas como a LBI e o Decreto nº 9.580/2018, desempenha um papel crucial na capacitação dos educadores para a promoção de uma educação inclusiva de qualidade. Além disso, a afetividade, respaldada pelo princípio da dignidade da pessoa humana e pelas convenções internacionais, assume um papel de destaque no processo de desenvolvimento dos alunos com TEA.

O embasamento jurídico, aliado à formação continuada e à afetividade, forja um caminho promissor para a concretização plena da educação inclusiva e o pleno desenvolvimento dos alunos com TEA, assegurando, assim, a efetividade dos princípios constitucionais e a construção de uma sociedade mais inclusiva e justa.

3. O Direito à Educação na Constituição Federal Brasileira e sua Evolução ao Longo das Constituições

A educação sempre desempenhou um papel crucial no desenvolvimento de nações e indivíduos, sendo reconhecida como um direito fundamental e uma ferramenta essencial para o progresso social. No contexto brasileiro, a educação passou por diferentes fases e evoluções ao longo das Constituições, refletindo as transformações históricas, sociais e políticas do país. Neste capítulo, exploramos a evolução do direito à educação nas Constituições brasileiras, ressaltando a importância desse direito como um pilar fundamental para a construção de uma sociedade justa e igualitária.

3.1. O Caminho Evolutivo do Direito à Educação nas Constituições Brasileiras

Desde os primórdios da história brasileira, a educação tem sido objeto de discussões e transformações significativas. No contexto das diferentes Constituições, percebemos o reflexo das mudanças de pensamento e das lutas sociais em relação à educação.

A Constituição de 1824, marcada pela busca de autonomia, introduziu o direito à instrução primária gratuita a todos os cidadãos, estabelecendo os alicerces para a democratização do acesso à educação. Esse avanço, embora limitado, sinalizou a importância do ensino na construção da nação.

A Carta de 1891 trouxe à tona o princípio do Estado laico e garantiu direitos individuais, incluindo a liberdade de ensino. Essa Constituição estabeleceu a competência legislativa entre a União e os Estados no campo educacional, sendo um marco na definição das esferas de atuação.

A Constituição de 1934 foi um divisor de águas ao reconhecer a educação como um direito subjetivo público, atribuindo responsabilidades tanto à família quanto ao poder público. Essa mudança de perspectiva refletiu o entendimento de que a educação é essencial para o desenvolvimento moral, econômico e social da nação.

Em contrapartida, a Constituição de 1937, conhecida como "Constituição Polaca", trouxe elementos de autoritarismo e centralização, mas também avançou ao enfatizar a educação gratuita para os menos favorecidos. Esse período evidenciou a dualidade entre a garantia do direito à educação e as limitações impostas pelo regime vigente.

A Constituição de 1946, sob o contexto da ditadura militar, estabeleceu diretrizes para o ensino e valorizou os profissionais da educação, reconhecendo a importância da formação para o exercício da cidadania. Embora tenha previsto princípios norteadores, essa Constituição não vinculou o estado ao dever obrigacional de proporcionar educação.

A Constituição de 1967, período de regime militar, destacou a importância da unidade nacional e da solidariedade humana na educação, buscando moldar os cidadãos de acordo com a visão política e social do governo. A garantia do direito à educação permaneceu presente, mas condicionada a uma estrutura ideológica específica.

3.2. O Direito à Educação na Constituição de 1988: Um Marco de Avanços Sociais

A Constituição Federal de 1988 representa um marco fundamental na consolidação do direito à educação como um dos pilares da sociedade brasileira. Ao enunciar a educação como um direito social, essa Constituição reconhece a sua relevância para o pleno desenvolvimento da pessoa, a cidadania e a qualificação para o trabalho. A educação é apresentada como um dever do Estado e da família, com a colaboração da sociedade, evidenciando a necessidade de um esforço coletivo para assegurar o acesso e a qualidade da educação.

Os princípios que norteiam a educação, estabelecidos nos artigos 205 e 206 da Constituição, enfatizam a igualdade de condições para o acesso e permanência na escola, a liberdade de ensino, a valorização dos profissionais da educação, a gestão democrática do ensino e a garantia de padrão de qualidade. Esses princípios refletem a busca por uma educação inclusiva, plural e de excelência, alinhada aos valores democráticos e aos direitos humanos.

O direito à educação é uma via de acesso não apenas ao conhecimento, mas também à formação plena da pessoa, à participação cidadã e à construção de uma sociedade mais justa e igualitária. Nesse sentido, a Constituição Federal de 1988 desempenha um papel fundamental ao garantir o acesso universal à educação, orientada por princípios que visam a equidade, a liberdade e a qualidade.

4. Garantia de Acesso à Educação Formal à Luz da Lei de Diretrizes e Bases da Educação – LDB

Existe uma relevância intrínseca na Lei de Diretrizes e Bases da Educação Nacional (LDB) no cenário jurídico e educacional brasileiro. Com o propósito de prover uma abordagem equitativa à educação, em consonância com os direitos fundamentais dos cidadãos, o então Ministro da Educação, Clemente Mariani, propugnou pelo Projeto de Lei de Diretrizes e Bases da Educação Nacional, resultando, após um processo de tramitação estendido de treze anos, na promulgação da primeira Lei de Diretrizes e Bases nº 4.024/61, em 20 de dezembro de 1961, sob a égide do presidente João Goulart. Subsequentes emendas e artigos foram incorporados, culminando na reformulação subsequente pelas leis 5.540/68, 5.692/71, culminando, por fim, na substituição integral pela LDB 9.394/96.

4.1. O Caráter Normativo e Direcionador da LDB

A Lei de Diretrizes e Bases da Educação, comumente designada como Lei Darcy Ribeiro, se erige como uma estrutura normativa fundamental para a organização e regulação do aparato educacional no Brasil, abarcando tanto a esfera pública quanto a privada. A legislação em tela delineia os preceitos, princípios e regulamentos que informam a estrutura e o funcionamento do sistema educacional em todas as suas etapas, desde o período da Educação Infantil até o patamar do Ensino Superior. A LDB adquire uma relevância equiparada à Constituição Federal, porquanto representa o principal instrumento normativo no âmbito educacional da nação.

4.2. A Delimitação das Competências e Deveres Educacionais na LDB

A LDB ressalta a dualidade intrínseca da responsabilidade pela educação, conferindo obrigações tanto à família quanto ao Estado. O Art. 2º enfatiza que a educação constitui uma incumbência compartilhada, informada pelos ideais de liberdade e solidariedade humana, com a finalidade de propiciar a plena evolução do educando, seu preparo para o exercício pleno da cidadania e sua capacitação para atividades laborativas. Ademais, o Art. 5º reconhece o acesso à educação básica compulsória como um direito subjetivo público, autorizando que qualquer cidadão ou entidade interpela o poder público para assegurar esse direito.

4.3. Os Princípios Fundamentais na LDB: Base Conceitual do Sistema Educativo

A Lei de Diretrizes e Bases da Educação institui os princípios que norteiam a oferta do ensino no contexto brasileiro. Tais princípios englobam a igualdade de oportunidades para acesso e permanência na instituição educacional, a liberdade de aprender, ensinar, pesquisar e disseminar o conhecimento, a valorização da pluralidade de ideias e abordagens pedagógicas, a coexistência de instituições educacionais públicas e privadas, entre outros. A LDB adicionalmente enfatiza a importância da gestão participativa, da valorização dos profissionais da educação e da articulação entre a educação, o trabalho e as práticas sociais.

4.4. Estrutura da Educação Básica na LDB: Modelagem das Etapas Educacionais

A LDB organiza a educação básica em estágios e modalidades de ensino, englobando a Educação Infantil, o Ensino

Fundamental obrigatório de nove anos e o Ensino Médio. O ensino fundamental e médio devem cumprir uma carga horária mínima anual e aderir a critérios de avaliação contínua e cumulativa, concedendo primazia aos aspectos qualitativos em detrimento dos quantitativos. A normativa admite a progressão parcial e formula diretrizes para a avaliação do desempenho escolar.

4.5. Modalidades Educacionais na LDB: Atendimento à Diversidade Educativa

Paralelamente aos estágios da educação básica, a LDB contempla uma série de modalidades educacionais. A Educação Especial se dedica à integração de alunos com necessidades especiais, a Educação a Distância oferece alternativas de aprendizado em contextos e horários diversos, e a Educação Profissional e Tecnológica almeja a capacitação para o mercado de trabalho. A legislação também enaltece a relevância da Educação de Jovens e Adultos, da Educação Indígena e de outras modalidades voltadas para particularidades dos educandos.

4.6. Ensino Superior e Fiscalização na LDB: Competências e Regulamentação

A LDB confere à União a prerrogativa de regular e autorizar instituições de ensino superior, garantindo a qualidade e fiscalização do ensino. Tal prerrogativa é compartilhada com os Estados e Municípios que hajam preenchido completamente os níveis de ensino de sua competência. A lei também estipula critérios para a organização de universidades e institutos de educação superior.

5. A Legislação Brasileira e as Garantias à Educação Inclusiva

5.1. O Estatuto da Criança e do Adolescente (ECA) e a Garantia de Acesso à Educação à Luz da Legislação

O Estatuto da Criança e do Adolescente (ECA), sancionado em 13 de julho de 1990, consagra o princípio da proteção integral desses sujeitos, estabelecendo direitos e deveres a serem observados em sua peculiar condição. Este capítulo explora, sob uma perspectiva jurídica, os dispositivos do ECA que versam sobre o acesso à educação, à cultura, ao esporte e ao lazer, ressaltando sua relevância na promoção do desenvolvimento pleno da criança e do adolescente, em conformidade com a legislação pertinente.

5.1.1. A Proteção Integral e os Direitos Fundamentais à Luz do ECA

O ECA, baseado na doutrina da proteção integral, reconhece às crianças e adolescentes todos os direitos fundamentais inerentes à pessoa humana, conferindo-lhes as oportunidades e facilidades necessárias para seu pleno desenvolvimento físico, mental, moral, espiritual e social, sob condições de liberdade e dignidade. Essa concepção abrange direitos vitais, como vida, saúde, educação, esporte e lazer, consolidando-se como alicerce normativo na defesa dos direitos dessa categoria de sujeitos de direito.

O ECA atribui à família, à comunidade, à sociedade em geral e ao poder público o dever de assegurar, com absoluta prioridade, a efetivação dos direitos relacionados à vida, saúde, alimentação, educação, esporte, lazer, dignidade, respeito, liberdade e convivência familiar e comunitária. Tal responsabilidade estende-se à sociedade como um todo, implicando na criação de um ambiente propício ao desenvolvimento integral, além de prever medidas legais em face de violações desses direitos.

O ECA reforça o direito à educação, com vistas ao pleno desenvolvimento da criança e do adolescente, preparando-os para o exercício da cidadania e sua qualificação para o trabalho. O estatuto garante a igualdade de condições para acesso e permanência na escola, o direito de ser respeitado por educadores, a possibilidade de contestar critérios avaliativos e a participação em entidades estudantis. Além disso, ressalta o acesso à escola pública e gratuita próxima à residência como um direito a ser assegurado.

5.1.2. O Papel do Estado na Efetivação dos Direitos Educacionais

O Estado desempenha um papel preponderante na materialização dos direitos educacionais prescritos pelo ECA. É incumbência estatal garantir o ensino fundamental obrigatório e gratuito, inclusive para aqueles que não tiveram acesso na idade própria, bem como estender progressivamente a obrigatoriedade e gratuidade ao ensino médio. O ECA reforça a obrigação do Estado de proporcionar atendimento educacional especializado aos portadores de deficiência, preferencialmente na rede regular de ensino, e assegurar o acesso a creche e pré-escola para crianças de zero a cinco anos de idade.

5.2. Direitos das Pessoas com Necessidades Especiais no Brasil e Educação Inclusiva

Dados da UNESCO revelam a prevalência global de mais de um bilhão de pessoas vivendo com deficiência, incluindo aproximadamente 93 milhões de crianças. No Brasil, esse grupo constitui cerca de 24% da população, equivalendo a aproximadamente 45,6 milhões de indivíduos, ressaltando a importância de analisar suas necessidades, especialmente na esfera educacional.

Pessoas com necessidades especiais historicamente têm sido alvo de violência simbólica devido às suas diferenças em relação aos padrões neurotípicos. A UNESCO fornece dados que apontam para a presença de mais de um bilhão de pessoas globalmente vivendo com alguma forma de deficiência, incluindo quase 93 milhões de crianças. No cenário brasileiro, esse grupo representa cerca de 24% da população, aproximadamente 45,6 milhões de indivíduos, evidenciando a necessidade de um exame profundo de suas necessidades, particularmente na área da educação.

5.3. Evolução da Educação Especial no Brasil e o Marco Legal da Educação Inclusiva no Brasil

O desenvolvimento da Educação Especial no Brasil teve início no século XIX, com ações privadas visando atender pessoas com deficiências físicas, mentais ou sensoriais, influenciadas por práticas dos Estados Unidos e da Europa. A abordagem inicialmente adotada, de natureza médica, revelou-se inadequada e desigual, resultando em reformas substanciais no sistema educacional.

A Educação Inclusiva surge como um tema central no século XXI, conforme movimentos globais e nacionais buscam integrar estudantes com necessidades especiais em ambientes escolares convencionais. A Conferência Mundial de Educação Especial realizada em Salamanca, Espanha, em 1994, desempenhou um papel fundamental nesse contexto. A declaração resultante deste evento destaca o direito fundamental de todas as crianças à educação e exorta os sistemas educacionais a reconhecer e acomodar a diversidade para criar um ambiente escolar inclusivo e acolhedor.

A legislação brasileira enfatiza a necessidade da Educação Inclusiva e estabelece diretrizes para sua implementação. A Resolução CNE/CEB nº 2/2001 define diretrizes para a Educação Especial na Educação Básica, garantindo recursos e serviços educacionais especiais que complementem, apoiem ou, em certos casos, substituam práticas pedagógicas tradicionais. O artigo 5º desta resolução amplia o escopo dos educandos com necessidades educacionais especiais, incluindo dificuldades de aprendizagem, comunicação e interação, bem como altas habilidades ou superdotação.

A busca pela educação inclusiva no Brasil é um processo em constante evolução e complexidade. As políticas e diretrizes legais estabelecidas representam um passo importante para garantir os direitos das pessoas com necessidades especiais, promovendo sua plena integração na sociedade e nas instituições educacionais convencionais. No entanto, alcançar essa inclusão plena requer esforços contínuos de todos os envolvidos, eliminando barreiras e construindo um ambiente educacional verdadeiramente inclusivo e acolhedor.

A Constituição Federal de 1988, estabeleceu um amplo conjunto de direitos e igualdades para as pessoas com necessidades especiais. O princípio da isonomia, consagrado no art. 5º da Constituição de 1988, desempenha um papel fundamental na fundamentação dos direitos das pessoas com deficiência. Esse princípio assegura que todos são iguais perante a lei, vedando qualquer forma de discriminação e garantindo o direito à vida, liberdade, igualdade, segurança e propriedade.

5.4. O Estatuto da Pessoa com Deficiência e a Garantia de Direitos Fundamentais

O Estatuto da Pessoa com Deficiência, sancionado em 2015, é um marco importante na consolidação dos direitos das pessoas com deficiência no Brasil. Também conhecido como Lei Brasileira de Inclusão, esse estatuto visa garantir a inclusão social e cidadania das pessoas com deficiência, estabelecendo direitos fundamentais em áreas como educação, saúde, trabalho, lazer e acessibilidade.

A definição de pessoa com deficiência no estatuto é alinhada com a abordagem da Convenção Internacional, considerando impedimentos de longo prazo associados a barreiras que possam limitar a participação plena na sociedade. O estatuto reforça a importância da avaliação biopsicossocial da deficiência, reconhecendo a complexidade dessa realidade.

Embora a legislação brasileira sobre direitos das pessoas com deficiência seja abrangente e progressista, a implementação efetiva desses direitos tem enfrentado desafios significativos. A legislação muitas vezes não é devidamente cumprida, o que leva à persistência de barreiras e obstáculos enfrentados por essa parcela da população. Políticas públicas eficazes, educação e conscientização são fundamentais para garantir que as garantias legais se traduzam em benefícios tangíveis para as pessoas com deficiência.

5.5. Leis de Inclusão Educacional para Indivíduos com Transtorno do Espectro Autista no Brasil.

A legislação brasileira assegura a oferta de educação a todos, sem qualquer forma de discriminação. No entanto, o modelo de educação inclusiva vai além do mero acesso à escola, exigindo a adaptação desse ambiente às necessidades das crianças, em vez de impor o contrário. Neste capítulo, discutiremos a educação inclusiva com foco nas crianças com transtorno do espectro autista (TEA), abordando a legislação pertinente.

A inclusão educacional das crianças portadoras de Transtorno do Espectro Autista (TEA) tem suscitado acalorados debates e se configurado como um desafio preeminente no cenário contemporâneo. Especialmente após a promulgação da lei federal nº 12.764/12, regulamentada pelo decreto nº 8.368, de 2 de dezembro de 2014, conhecida como Lei Berenice Piana, que estabeleceu a Política Nacional de Proteção dos Direitos da Pessoa com Transtorno do Espectro Autista.

No contexto da referida lei, há uma deliberada escolha do termo "pessoa com transtorno do espectro autista" com a intenção de abranger um espectro diversificado de síndromes, como Asperger, Kanner, Heller, bem como o Transtorno Invasivo do Desenvolvimento Sem Outra Especificação. Nos incisos I e II, do §1º, do Art. 1º, são delineadas as definições que caracterizam uma pessoa como portadora de transtorno do espectro autista:

> Art. 1º Esta Lei institui a Política Nacional de Proteção dos Direitos da Pessoa com Transtorno do Espectro Autista e estabelece diretrizes para sua consecução.
>
> § 1º Para os efeitos desta Lei, é considerada pessoa com transtorno do espectro autista aquela portadora de síndrome clínica caracterizada na forma dos seguintes incisos I ou II:
>
> I - deficiência persistente e clinicamente significativa da comunicação e da interação sociais, manifestada por deficiência marcada de comunicação verbal e não verbal usada para interação social; ausência de reciprocidade social; falência em desenvolver e manter relações apropriadas ao seu nível de desenvolvimento;
>
> II - padrões restritivos e repetitivos de comportamentos, interesses e atividades, manifestados por comportamentos motores ou verbais estereotipados ou por comportamentos sensoriais incomuns; excessiva aderência a rotinas e padrões de comportamento ritualizados; interesses restritos e fixos.

A lei equiparou a pessoa com transtorno do espectro autista à pessoa com deficiência para todos os fins legais, conferindo-lhes os mesmos direitos estabelecidos para as pessoas com deficiência. Essa igualdade de tratamento possibilita a fruição de direitos já consolidados em outras legislações, como atendimento preferencial, benefícios financeiros e acesso a serviços públicos.

Nesse sentido, fica claro que os indivíduos com transtorno do espectro autista usufruem das garantias já previstas para as pessoas com deficiência, amparadas pela constituição, leis específicas e acordos internacionais. Além disso, a legislação corrobora direitos fundamentais, tais como o direito a uma vida digna, moradia, trabalho, previdência, entre outros, conforme delineado no Art. 3º:

> Art. 3º São direitos da pessoa com transtorno do espectro autista:
>
> I – a vida digna, a integridade física e moral, o livre desenvolvimento da personalidade, a segurança e o lazer;
>
> II – a proteção contra qualquer forma de abuso e exploração;
>
> III – o acesso a ações e serviços de saúde, com vistas à atenção integral às suas necessidades de saúde, incluindo:
>
> a) o diagnóstico precoce, ainda que não definitivo;
>
> b) o atendimento multiprofissional;
>
> c) a nutrição adequada e a terapia nutricional;
>
> d) os medicamentos;
>
> e) informações que auxiliem no diagnóstico e no tratamento;
>
> IV – o acesso:
>
> a) à educação e ao ensino profissionalizante;
>
> b) à moradia, inclusive à residência protegida;
>
> c) ao mercado de trabalho;
>
> d) à previdência social e à assistência social.

O dispositivo normativo também delineia diretrizes a serem seguidas para a eficaz inclusão dessas crianças e/ou adultos. O Art. 2º estabelece essas diretrizes:

> Art. 2º São diretrizes da Política Nacional de Proteção dos Direitos da Pessoa com Transtorno do Espectro Autista:
> I – a intersetorialidade no desenvolvimento das ações e das políticas e no atendimento à pessoa com transtorno do espectro autista;

II - a participação da comunidade na formulação de políticas públicas voltadas para as pessoas com transtorno do espectro autista e o controle social da sua implantação, acompanhamento e avaliação;

III - a atenção integral às necessidades de saúde da pessoa com transtorno do espectro autista, objetivando o diagnóstico precoce, o atendimento multiprofissional e o acesso a medicamentos e nutrientes;

IV - (VETADO);

V - o estímulo à inserção da pessoa com transtorno do espectro autista no mercado de trabalho, observadas as peculiaridades da deficiência e as disposições da Lei nº 8.069, de 13 de julho de 1990 (Estatuto da Criança e do Adolescente);

VI - a responsabilidade do poder público quanto à informação pública relativa ao transtorno e suas implicações;

VII - o incentivo à formação e à capacitação de profissionais especializados no atendimento à pessoa com transtorno do espectro autista, bem como a pais e responsáveis;

VIII - o estímulo à pesquisa científica, com prioridade para estudos epidemiológicos tendentes a dimensionar a magnitude e as características do problema relativo ao transtorno do espectro autista no País.

Parágrafo único. Para cumprimento das diretrizes de que trata este artigo, o poder público poderá firmar contrato de direito público ou convênio com pessoas jurídicas de direito privado.

6. A Convenção Internacional sobre os Direitos da Pessoa com Deficiência e seu Reflexo no Ordenamento Brasileiro

A Convenção Internacional sobre os Direitos da Pessoa com Deficiência, assinada em 2007 em Nova York e incorporada ao ordenamento brasileiro em 2008 com status de emenda constitucional, é um marco relevante na proteção e promoção dos direitos das pessoas com deficiência. Essa convenção define a pessoa com deficiência como aquela que enfrenta impedimentos de longo prazo de natureza física, mental, intelectual ou sensorial, que, juntamente com barreiras sociais, podem limitar sua plena participação na sociedade.

A avaliação da deficiência, conforme estabelecido na Convenção, deve ser biopsicossocial, levando em conta os impedimentos nas funções e estruturas do corpo, bem como fatores socioambientais, psicológicos e pessoais. Essa abordagem abrangente busca reconhecer e abordar a complexidade das limitações enfrentadas pelas pessoas com deficiência.

Conclusão

A inclusão, em seu sentido mais amplo, envolve o acesso equitativo e não discriminatório ao ambiente social e educacional, abrangendo tanto a esfera escolar quanto a convivência na sociedade em geral. Nesse contexto, o Brasil se destaca por possuir uma legislação abrangente no que tange às políticas direcionadas a pessoas com necessidades especiais. Contudo, mesmo diante de objetivos e metas claramente delineados, a efetiva concretização da inclusão de crianças com Transtorno do Espectro Autista (TEA) esbarra em desafios substanciais.

A legislação brasileira é elogiável quanto à inclusão escolar, estipulando que todas as escolas devem aderir aos princípios constitucionais. No entanto, persiste a lacuna entre a aspiração inclusiva e a realidade excludente enfrentada por crianças autistas devido à falta de adequação das instituições à singularidade do TEA.

Embora a Lei Berenice Piana represente um marco significativo na proteção e inclusão de alunos autistas, a plena efetivação de seus preceitos encontra desafios. A legislação estabeleceu diretrizes simples e objetivas para proporcionar uma educação adaptada às necessidades dessas crianças. No entanto, a formação de recursos humanos habilitados para atuar com autistas requer uma abordagem mais ampla e estruturada.

Na prática, o compromisso de inclusão exige que as escolas realizem estudos, debates, práticas pedagógicas e eventos de formação, como cursos, simpósios e seminários, voltados para o aprimoramento e atualização de recursos humanos. A formação especializada é vital para garantir que professores e profissionais estejam capacitados a lidar com crianças inseridas no espectro autista.

Não obstante, é notório que mesmo em ambientes escolares aparentemente inclusivos, práticas contraditórias são evidenciadas. O próprio ambiente escolar, muitas vezes, não está estruturado para acolher adequadamente alunos com necessidades especiais. A massificação do sistema educacional não se coaduna com a democratização efetiva do acesso, não proporcionando recursos e modos de ação necessários para uma educação inclusiva.

As escolas devem reconhecer a necessidade de ajustar seus ambientes para oferecer cidadania às pessoas com TEA. Além disso, é crucial abordar as preocupações dos familiares, que muitas vezes enfrentam desafios emocionais e práticos na busca por uma inclusão genuína.

A perspectiva das famílias das crianças autistas revela uma insatisfação recorrente em relação ao processo de inclusão nas escolas. Embora a política de inclusão garanta a matrícula, a falta de conhecimento sobre o transtorno, somada à ausência de metodologias específicas e recursos adequados, limita a eficácia do processo de aprendizagem e inserção desses alunos.

A busca pela verdadeira inclusão implica a adoção do princípio da equidade, que requer adaptações e tratamento personalizado para cada indivíduo, respeitando suas singularidades. Além da concretização legal, é essencial promover uma reavaliação das políticas públicas relacionadas ao tema e oferecer amplo acesso à informação para a comunidade escolar, a sociedade e as famílias.

Portanto, a complexidade do desafio é inegável. Embora a legislação e a literatura apontem para os benefícios da inclusão, a aplicação prática enfrenta obstáculos como a falta de adaptação curricular, materiais individualizados, infraestrutura física inadequada e a necessidade de capacitação adequada para os profissionais envolvidos. A efetiva inclusão requer um compromisso amplo, que envolva escolas, famílias, comunidade e a sociedade como um todo.

Destarte, para erigir um cenário propício ao aludido desiderato inclusivo, alicerçado sobre a proeminência da equidade educacional, faz-se mister, além do cotejo entre a instituição escolar e a comunidade circundante, a disponibilidade de infraestrutura condizente e adequada, capaz de acomodar as particularidades e assegurar a efetividade da participação e permanência desses educandos.

Referências

BRASIL. **Constituição da República Federativa do Brasil**: 1988. 10 ed. Brasília: Câmara dos Deputados, 1998.

____. **Lei de Diretrizes e Bases da Educação Nacional**. Lei número 9394, 20 de dezembro de 1996.

. Lei nº 7853, de 24 de outubro de 1989. **Apoio às Pessoas Portadoras de Deficiência**. Brasília

. Ministério da Educação. **Ações com foco em populações vulneráveis garantem educação**. Brasília. Disponível em: http://portal.mec.gov.br/component/tags/tag/educacao-inclusiva Acesso em: 08/08/2023.

. Ministério da Educação. **Ações com foco em populações vulneráveis garantem educação**. Brasília. Disponível em:

http://portal.mec.gov.br/politica-de-educacao-inclusiva Acesso em: 08/08/2023

CUNHA, E. **Autismo e inclusão: psicopedagogia e práticas educativas na escola e na família**. 4 ed. Rio de Janeiro: Wak, 2012.

DUARTE, Clarice Seixas. A educação como um direito fundamental de natureza social. **Revista Educação e Sociedade**, Campinas, vol. 28, nº 100, especial, p. 691- 713, out. 2007. Disponível em: http://www.scielo.br/pdf/es/v28n100/a0428100 . Acesso em: 08 de out de 2018

ELIAS, R. J. **Direitos Fundamentais da Criança e do Adolescente**. São Paulo: Saraiva, 2005.

MANTOAN, Maria Teresa Eglér; PRIETO, Rosângela Gavioli. **Inclusão Escolar- Pontos e Contrapontos**. São Paulo. Summus 2006.

MENDOZA, Renata Teixeira Villarim. **O direito à educação inclusiva para crianças com o espectro autista**. 1º edição. Editora Prisma, 2017.

PENSI, Instituto. **História do Autismo.** 2018. Disponível em: https://autismoerealidade.org.br/convivendo-com-o-tea/cartilhas/cartilha-dsm-5-e-o-diagnostico-de-tea/?gclid=Cj0KCQjwz8emBhDrARIsANNJjS601DCqtVq8Gm8WfpV6DUL38KlJCNIKssNjjb3nPAR3XMtjOcHkQSQaAgjOE-ALw_wcB Acesso em: 08/08/2023

PROJETO BRASIL TRÊS TEMPOS. **Qualidade da Educação Básica nas Escolas Públicas**. Coordenação: Regina Vinhaes Gracindo. Parceria: Núcleo de Pesquisa em Política e Gestão da Educação/UnB, Centro de Gestão de Estudos Estratégicos/ Ministério de Ciência e Tecnologia e Núcleo de Assuntos Estratégicos da Presidência da República, Brasília, DF, 2007.

SAVIANI, Dermeval. **A nova lei da educação**: trajetória, limites e perspectivas. 7ª Ed. Campinas: Autores Associados, 2001.

SILVA, Ana Beatriz Barbosa; GAIATO, Mayra Bonifácio; RVELES Leandro Thadeu. **Mundo singular: entenda o autismo**. Objetiva, Rio de Janeiro, 2012.

STOLZE, Pablo. Estatuto da Pessoa com Deficiência e sistema de incapacidade civil. **Revista Jus Navigandi**, Teresina, ano 20, nº 4411, 30 jul. 2015. Disponível em:. Acesso em: 26 de outubro de 2018

SZYMANSKI, Heloisa. **A relação família e escola: desafios e perspectivas**. Brasília: Liber, 2010.

WERNECK, **Cláudia. Ninguém mais vai ser bonzinho na sociedade inclusiva**. Rio de Janeiro, WVA, 1997.

EVOLUÇÃO DOS DIREITOS DAS MULHERES NA ÁREA DA SAÚDE

Flavia Mello Tapajoz de Oliveira
Cristiane Marques de Jesus

Introdução

A população feminina no Brasil constitui a maioria, representando 50,77% do total, e desempenha um papel fundamental no Sistema Único de Saúde (SUS). Mulheres frequentam os serviços de saúde não apenas para cuidar de sua própria saúde, mas também para acompanhar crianças, familiares idosos, pessoas com deficiência, amigos e vizinhos. Elas assumem o papel de cuidadoras não somente para seus entes queridos, mas também para a comunidade em geral.

A saúde das mulheres é uma questão complexa que envolve múltiplos aspectos de suas vidas, como relações com o meio ambiente, lazer, alimentação, moradia, trabalho e renda. No entanto, essa situação é agravada pela discriminação de gênero, que se reflete nas relações de trabalho e na sobrecarga das responsabilidades do trabalho doméstico. Além disso, fatores como raça, etnia e situação de pobreza intensificam ainda mais as desigualdades. Apesar de viverem mais tempo do que os homens, as mulheres tendem a adoecer com maior frequência. Essa vulnerabilidade feminina diante de certas doenças e causas de morte está mais ligada à discriminação social do que a fatores biológicos.

A epidemiologia no Brasil revela uma realidade na qual coexistem doenças comuns em países desenvolvidos, como as cardiovasculares e crônicas, com doenças típicas de regiões subdesenvolvidas, como a mortalidade materna e a desnutrição. Os padrões de morbimortalidade entre as mulheres também refletem essa combinação de doenças, que são influenciadas pelas diferenças no desenvolvimento regional e nas classes sociais.

Nos últimos séculos, a trajetória dos direitos das mulheres na área da saúde tem sido marcada por avanços significativos, resultantes de esforços coletivos e mudanças culturais. Desde as limitações impostas por normas patriarcais até os direitos reprodutivos e igualdade de acesso a cuidados médicos, as conquistas têm refletido um progresso notável.

A Declaração Universal dos Direitos Humanos proclama que os direitos e liberdades devem ser aplicados igualmente a homens e mulheres, sem distinção. Essa concepção foi reforçada pela Constituição Federal de 1988, que estabeleceu a igualdade de direitos e obrigações entre ambos os gêneros. Além disso, legislações como a Lei Maria da Penha e o Estatuto da Igualdade Racial foram criadas para proteger as mulheres da violência e discriminação, garantindo-lhes direitos e oportunidades.

1. A Evolução dos Direitos na Saúde da Mulher:

A trajetória da evolução dos direitos da mulher na área da saúde é marcada por avanços significativos. Movido pelo objetivo de assegurar uma atenção à saúde abrangente e igualitária, o Brasil tem estabelecido medidas específicas para promover a saúde e o bem-estar das mulheres.

As conquistas do movimento feminista brasileiro foram essenciais para impulsionar as mudanças nesse cenário. A criação da Lei Maria da Penha, por exemplo, revolucionou a forma como a sociedade encara a violência de gênero. Ao garantir medidas protetivas e combater diferentes formas de violência contra a mulher, a lei tornou-se um marco na busca pela equidade de gênero na saúde e em outras esferas.

A abordagem de políticas nacionais e planos de saúde também desempenha um papel central na evolução dos direitos da mulher. Direitos sexuais e reprodutivos foram incorporados nas políticas de saúde, assegurando acesso a métodos contraceptivos, atendimento pré-natal, parto seguro e acompanhamento pós-parto.

A criação da Lei do feminicídio e a Lei nº 10.639/2003, que promove o combate ao racismo, são exemplos claros do compromisso do Brasil em erradicar práticas discriminatórias e violentas. Essas leis não apenas definem penalidades para crimes específicos, mas também sinalizam um repúdio social às desigualdades que afetam as mulheres, especialmente as mulheres negras.

2. Desafios e Caminhos a Seguir

Várias concepções sobre a saúde da mulher podem ser encontradas na literatura. Algumas dessas concepções têm uma abordagem restrita, focando apenas nos aspectos biológicos e anatômicos do corpo feminino, enquanto outras têm uma perspectiva mais ampla, que interage com questões de direitos humanos e cidadania. Nas abordagens mais restritas, o corpo da mulher é considerado principalmente em sua função reprodutiva, onde a maternidade é destacada como atributo central. Nesse contexto, a saúde da mulher é frequentemente limitada à saúde materna ou à ausência de enfermidades relacionadas ao processo de reprodução biológica. Entretanto, em tais abordagens, os direitos sexuais e as questões de gênero são muitas vezes negligenciados (COELHO, 2003).

Na Conferência Internacional sobre População e Desenvolvimento de 1994, a saúde reprodutiva foi definida como "um estado de completo bem-estar físico, mental e social em todas as matérias relacionadas ao sistema reprodutivo, suas funções e processos, e não apenas a mera ausência de doença ou enfermidade. A saúde reprodutiva implica, portanto, que a pessoa possa ter uma vida sexual segura e satisfatória, tendo a capacidade de reproduzir e a liberdade de decidir quando e quantas vezes fazê-lo" (CIPD, 1994).

Nessa definição, a Organização Mundial da Saúde (OMS) fornece a base conceitual, incorporando dimensões da sexualidade e da reprodução humana de uma perspectiva de direitos. No entanto, apesar de representar um avanço em relação a definições anteriores, o conceito da CIPD ainda permanece focado na saúde reprodutiva e não considera a saúde e a doença como processos interligados, sob a perspectiva da epidemiologia social, que tem sido amplamente discutida desde o final dos anos 60.

A interseção entre saúde e doença está intrinsecamente ligada a fatores sociais, econômicos, culturais e históricos, que atuam em conjunto para determinar os resultados de saúde. Essa relação implica que o perfil de saúde e doença varie ao longo do tempo e do espaço, de acordo com os níveis de desenvolvimento econômico, social e humano em cada região (LAURELL, 1982).

As desigualdades sociais, econômicas e culturais se manifestam nos padrões de adoecimento e mortalidade das populações, incluindo as mulheres, de maneira diferenciada. Os indicadores de saúde destacam que populações em condições de vida precárias enfrentam maior vulnerabilidade e expectativa de vida reduzida. O relatório sobre a situação da População Mundial de 2002 revela que um número superior de mulheres vive em situação de pobreza em comparação com os homens, além de evidenciar que as mulheres trabalham mais horas e dedicam ao menos metade do tempo a atividades não remuneradas, o que reduz seu acesso aos recursos sociais, incluindo os serviços de saúde.

Dada a persistente disparidade de poder entre homens e mulheres ao longo da história, que tem um impacto significativo nas condições de saúde das mulheres (ARAÚJO, 1998), as questões de gênero devem ser consideradas como um dos determinantes na formulação de políticas públicas de saúde.

O conceito de gênero, enquanto elemento fundamental das relações sociais entre homens e mulheres, é uma construção social e histórica. Ele é moldado e perpetuado por meio de símbolos, normas e instituições que estabelecem modelos de masculinidade e feminilidade, além de padrões de comportamento considerados aceitáveis para cada gênero. Essa construção define as esferas de atuação para cada sexo, influencia na elaboração das leis e suas aplicações, e até mesmo molda a subjetividade de cada indivíduo, determinando suas reações à sociedade. O gênero transcende o corpo sexuado, representando uma construção social que se sobrepõe a esse aspecto físico (SCOTT, 1989).

Gênero, nesse contexto, abrange as relações, atributos, papéis, crenças e atitudes que definem o que é ser homem ou mulher. Em grande parte das sociedades, as relações de gênero são marcadas por desigualdades. Essas disparidades se refletem nas leis, políticas e práticas sociais, bem como nas identidades, atitudes e comportamentos das pessoas. As desigualdades de gênero tendem a ampliar outras formas de desigualdades sociais e a discriminação, como aquelas ligadas a classe social, raça, casta, idade, orientação sexual, etnia, deficiência, língua ou religião, entre outras (HERA, 1995).

Da mesma forma que diferentes populações enfrentam riscos variados em termos de tipos e níveis, homens e mulheres, influenciados pela organização social das relações de gênero, também enfrentam padrões distintos de sofrimento, adoecimento e mortalidade. A partir dessa premissa, a incorporação da perspectiva de gênero se torna fundamental na análise do perfil epidemiológico e no planejamento de intervenções de saúde com o objetivo de promover o aprimoramento das condições de vida, igualdade e direitos de cidadania para as mulheres.

Apesar dos avanços, a igualdade plena na saúde da mulher ainda não foi alcançada. As disparidades salariais, a violência doméstica e o acesso desigual a serviços de saúde permanecem como obstáculos a serem superados. As estatísticas alarmantes de feminicídios e violência de gênero destacam a necessidade urgente de mudanças culturais e sociais.

A desconstrução do patriarcado e do machismo é um desafio complexo que exige uma transformação profunda nas mentalidades e nas práticas sociais. Autoridades, gestores públicos e cidadãos têm um papel crucial nesse processo, pois devem implementar políticas inclusivas, promover a educação igualitária e criar um ambiente onde a dignidade e os direitos das mulheres sejam plenamente respeitados.

A evolução dos direitos na saúde da mulher no Brasil reflete um progresso significativo, impulsionado pela luta do movimento feminista e por políticas governamentais. No entanto, os desafios persistem e a transformação cultural é essencial para atingir a igualdade plena. A construção de uma sociedade justa, onde a saúde e os direitos das mulheres sejam prioridades indiscutíveis, requer o esforço conjunto de todos os segmentos da sociedade.

No passado, as mulheres enfrentavam barreiras que restringiam seu acesso à educação médica e seu envolvimento como profissionais de saúde. No entanto, a virada do século XIX trouxe as primeiras médicas e enfermeiras, desafiando as percepções convencionais de gênero e abrindo caminho para a inclusão feminina na área da saúde. No decorrer do século XX, movimentos feministas ganharam força, contribuindo para uma mudança gradual nas políticas de saúde voltadas para as mulheres.

Um marco fundamental na evolução dos direitos das mulheres na saúde foi a ampliação do acesso a métodos contraceptivos e informação sobre saúde reprodutiva. A década de 1960 foi testemunha do início do debate sobre o direito ao controle de natalidade, que culminou na legalização do uso de contraceptivos e na disseminação de programas de planejamento familiar. Isso proporcionou às mulheres uma maior autonomia sobre suas escolhas reprodutivas e permitiu o planejamento de suas vidas de acordo com suas aspirações pessoais e profissionais.

Nos anos que se seguiram, a luta pelo direito ao aborto seguro e legal também ganhou destaque. Movimentos feministas defenderam o acesso à interrupção da gravidez como um aspecto crítico da saúde reprodutiva e dos direitos das mulheres. Países ao redor do mundo revisaram suas legislações sobre o aborto, buscando equilibrar os direitos da mulher com as preocupações de saúde pública.

Além disso, a conscientização sobre questões de saúde exclusivamente femininas, como o câncer de mama e o câncer de colo de útero, levou a avanços na prevenção, diagnóstico e tratamento. Campanhas de conscientização e exames regulares tornaram-se parte integrante da saúde das mulheres, ajudando a reduzir as taxas de mortalidade relacionadas a essas doenças.

No século XXI, a discussão sobre igualdade de gênero e equidade na área da saúde ganhou ainda mais destaque. A busca por garantir que as mulheres tenham acesso igualitário a cuidados médicos de qualidade, incluindo saúde mental, tem sido uma prioridade. Além disso, as demandas por licença-maternidade remunerada, creches acessíveis e flexibilidade no local de trabalho refletem um reconhecimento crescente das complexidades entre a vida profissional e pessoal das mulheres.

A evolução dos direitos das mulheres na área da saúde é um testemunho do poder da persistência e do ativismo. Da luta por representação na profissão médica à conquista do controle reprodutivo e à busca por igualdade nos cuidados de saúde, as mulheres têm moldado o cenário da saúde ao longo das décadas. No entanto, é importante ressaltar que desafios persistem, e é necessário continuar a trabalhar em direção a um futuro em que todas as mulheres tenham acesso igualitário a cuidados médicos abrangentes e respeitosos.

Na década de 50, as políticas de saúde foram fortemente influenciadas pelos modelos de 'Estados de Bem-Estar' originados na Europa, os quais tinham como foco principal a assistência aos grupos mais vulneráveis da sociedade. No Brasil, essa abordagem também se refletiu na área da saúde, principalmente em relação às mulheres. Nesse contexto, o papel atribuído às mulheres estava centrado na maternidade, com ênfase em torná-las "melhores mães". A maternidade era considerada o papel mais significativo que as mulheres poderiam desempenhar na sociedade, e a responsabilidade pela criação dos filhos era vista como um papel crucial em relação ao desenvolvimento econômico do país.

Dentro desse paradigma, a década de 50 testemunhou o início de medidas voltadas para o combate à desnutrição e o estabelecimento de programas de planejamento familiar. A desnutrição era uma preocupação real para as autoridades de saúde, visto que a saúde das mães estava intrinsecamente ligada à saúde dos filhos. Garantir que as mulheres estivessem adequadamente nutridas durante a gravidez e a amamentação era considerado crucial para a saúde e o desenvolvimento das futuras gerações.

Além disso, os esforços em relação ao planejamento familiar começaram a ganhar espaço. A noção de controle da natalidade e a conscientização sobre o espaçamento adequado entre os nascimentos eram medidas que se alinhavam com a visão de desenvolvimento econômico sustentável. O planejamento familiar não apenas permitia que as mulheres tivessem famílias mais saudáveis e menores, mas também contribuía para uma melhor distribuição de recursos e oportunidades.

Essa abordagem, embora tenha tido intenções positivas, também trouxe consigo limitações e desafios. Ao concentrar as mulheres principalmente no papel de mães e enfatizar a maternidade como sua contribuição primordial para a sociedade, muitas outras dimensões das vidas das mulheres foram negligenciadas. O acesso a uma educação mais ampla, a participação no mercado de trabalho e outras aspirações individuais muitas vezes ficavam em segundo plano.

Na década de 50, as políticas de saúde no Brasil foram moldadas pela influência dos 'Estados de Bem-Estar' europeus, com foco em grupos vulneráveis. Para as mulheres, isso se traduziu na ênfase à maternidade e na importância de serem "melhores mães". As medidas de combate à desnutrição e o início dos programas de planejamento familiar refletem esse contexto, buscando melhorar a saúde das mães e o desenvolvimento econômico do país. No entanto, é importante reconhecer que essa abordagem tinha suas limitações e não refletia todas as necessidades e aspirações das mulheres na sociedade.

Na década de 1970, um novo enfoque começou a emergir nas discussões sobre os direitos das mulheres e sua posição na sociedade. Esse período testemunhou um aumento significativo na atenção às questões de equidade de gênero, que ganharam destaque durante a Conferência do Ano Internacional da Mulher em 1975 e foram ampliadas pelo Plano da Década da Mulher, estabelecido para o período de 1976 a 1985. Estes eventos foram marcos cruciais no movimento global em prol da igualdade de gênero.

A Conferência do Ano Internacional da Mulher, realizada em 1975, foi um momento crucial de discussão e reflexão sobre as questões que afetavam as mulheres em todo o mundo. Durante essa conferência, a equidade de gênero emergiu como um tema central de debate. As participantes destacaram a necessidade de integrar as mulheres de maneira mais substancial no processo de desenvolvimento, reconhecendo que a exclusão das mulheres representava um obstáculo significativo para o progresso social e econômico.

A partir dessas discussões, o Plano da Década da Mulher foi estabelecido, abrangendo o período de 1976 a 1985. Esse plano tinha como objetivo principal a promoção da igualdade de gênero e da equidade em várias esferas da sociedade. Isso incluía preocupações não apenas sobre a autonomia política e econômica das mulheres, mas também sobre a necessidade de reduzir a desigualdade entre os gêneros em todos os aspectos da vida.

Uma das principais metas desse plano era capacitar as mulheres a participarem ativamente das decisões políticas e econômicas que afetavam suas vidas. Isso envolvia o reconhecimento da importância da representação das mulheres em cargos de liderança, bem como a garantia de seus direitos de participação política e acesso a oportunidades econômicas. Ações voltadas para a educação das mulheres, treinamento profissional e empoderamento econômico ganharam destaque como meios de alcançar esses objetivos.

Além disso, o plano também visava reduzir as disparidades entre homens e mulheres em termos de acesso à educação, saúde, trabalho e outros recursos essenciais. A igualdade de gênero passou a ser vista como uma condição essencial para um desenvolvimento sustentável e justo.

A década de 1970 marcou uma mudança significativa no enfoque das questões relacionadas às mulheres, com uma ênfase maior na equidade de gênero. A Conferência do Ano Internacional da Mulher e o Plano da Década da Mulher foram eventos-chave que impulsionaram a busca pela igualdade de oportunidades, autonomia política e econômica das mulheres, e a redução das desigualdades de gênero em todas as esferas da sociedade. Esses esforços continuaram a moldar as discussões e as políticas relacionadas às mulheres nas décadas seguintes.

A criação do programa materno-infantil em 1975 representou um passo importante em direção à melhoria da proteção e assistência à saúde das mulheres e crianças. No entanto, esse programa tinha suas limitações e desafios inerentes que afetaram seu impacto nos indicadores de saúde da mulher.

O programa materno-infantil tinha como objetivo abranger todas as fases do ciclo materno-infantil, desde o período pré-concepcional até o puerpério, com foco especial nos cuidados pré-natais, no parto e no pós-parto. A ideia por trás desse programa era fornecer cuidados abrangentes para garantir que as mulheres tivessem uma gravidez saudável, um parto seguro e um pós-parto adequado, ao mesmo tempo em que se buscava a promoção da saúde das crianças desde o início de suas vidas.

No entanto, o programa materno-infantil tinha suas limitações estruturais e conceituais. Ele operava em um formato vertical, o que significa que estava isolado de outras iniciativas de saúde e não era integrado a um sistema mais amplo de cuidados de saúde. Isso resultou em uma abordagem fragmentada, onde os cuidados materno-infantis eram tratados isoladamente, sem uma consideração mais abrangente das necessidades e dos contextos de saúde das mulheres.

Além disso, o programa materno-infantil estava influenciado por organismos internacionais controlistas, como a Sociedade Civil de Bem Estar Familiar no Brasil (BEMFAM). A dependência de organizações externas muitas vezes pode limitar a capacidade dos governos locais de adaptar as estratégias de acordo com as necessidades e contextos específicos do país.

Como resultado dessas limitações, o impacto do programa materno-infantil nos indicadores de saúde da mulher foi limitado. Embora tenha havido avanços em termos de acesso aos cuidados pré-natais e ao parto assistido, a abordagem fragmentada não conseguiu abordar questões mais amplas que afetam a saúde das mulheres, como a desigualdade de gênero, a educação sexual e reprodutiva, e a participação das mulheres em decisões sobre sua própria saúde.

É importante aprender com essas experiências passadas para criar programas de saúde mais abrangentes e integrados que considerem as complexidades da saúde das mulheres e das crianças. A abordagem deve ser holística, envolvendo não apenas cuidados médicos, mas também a promoção da igualdade de gênero, o empoderamento das mulheres e o acesso a informações e serviços de saúde de maneira ampla e inclusiva.

A década de 1980 marcou um momento de significativa crítica e mudança nos programas de saúde voltados para as mulheres no Brasil. Durante esse período, o movimento feminista brasileiro estava no auge de sua atuação e desempenhou um papel crucial na revisão e ampliação dos programas de saúde, que eram frequentemente limitados e insuficientes em sua abordagem.

Os programas iniciais destinados à saúde da mulher, como o programa materno-infantil mencionado anteriormente, eram alvos de críticas devido à sua abordagem restrita, que se concentrava principalmente no ciclo gravídico-puerperal. Isso deixava as mulheres sem assistência adequada durante a maior parte de suas vidas, negligenciando uma série de questões de saúde que afetavam as mulheres em diferentes estágios de suas vidas.

O movimento feminista brasileiro desempenhou um papel crucial ao trazer essas questões para a agenda política nacional. Ativistas feministas questionaram e criticaram a abordagem limitada dos programas de saúde, destacando que as necessidades de saúde das mulheres eram muito mais amplas e abrangentes. Eles argumentaram que a saúde das mulheres não se limitava apenas à gravidez e ao parto, mas abrangia uma série de questões, incluindo saúde sexual e reprodutiva, doenças ginecológicas, saúde mental, prevenção de doenças crônicas e outros aspectos.

O movimento feminista também enfatizou a necessidade de abordar questões de gênero e desigualdade social como parte integral dos programas de saúde. As ativistas destacaram que a falta de acesso igualitário a cuidados de saúde estava intrinsecamente ligada às normas de gênero e à discriminação que as mulheres enfrentavam na sociedade. Isso levou a uma maior conscientização sobre a necessidade de promover a equidade de gênero não apenas na saúde, mas em todas as esferas da vida.

Como resultado da pressão e do ativismo do movimento feminista, houve uma ampliação e revisão dos programas de saúde voltados para as mulheres. As políticas de saúde começaram a incorporar uma abordagem mais abrangente, incluindo não apenas os aspectos reprodutivos, mas também a promoção da saúde em todas as fases da vida das mulheres. A saúde da mulher foi reconhecida como uma questão de direitos humanos e de igualdade de gênero, resultando em políticas mais inclusivas e abrangentes.

A década de 1980 foi marcada pela crítica e revisão dos programas iniciais de saúde da mulher, impulsionados pelo movimento feminista brasileiro. O ativismo feminista contribuiu para a ampliação da abordagem de saúde das mulheres, destacando a necessidade de cuidados de saúde abrangentes, igualdade de gênero e reconhecimento das questões de saúde ao longo de toda a vida das mulheres. Esse período representou um avanço importante na promoção da saúde e dos direitos das mulheres no Brasil.

O ano de 1984 marcou um ponto de virada significativo nas políticas de saúde das mulheres no Brasil, com o estabelecimento do Programa de Assistência Integral à Saúde da Mulher (PAISM) pelo Ministério da Saúde. Esse programa representou uma mudança conceitual fundamental nos princípios orientadores das políticas de saúde voltadas para as mulheres e na forma como as prioridades eram definidas nesse campo.

O PAISM abordou a saúde das mulheres de maneira abrangente e holística, com uma gama diversificada de ações que visavam a atender às necessidades específicas das mulheres em todas as fases de suas vidas. Ele englobou não apenas as dimensões reprodutivas da saúde, como pré-natal, parto e puerpério, mas também abordou questões relacionadas ao climatério, planejamento familiar, doenças sexualmente transmissíveis (DSTs), câncer de colo de útero e de mama, entre outras.

A inclusão de ações educativas, preventivas, de diagnóstico, tratamento e recuperação demonstrou uma compreensão mais abrangente das necessidades de saúde das mulheres. O PAISM buscou fornecer cuidados que iam além do âmbito puramente médico, abordando também aspectos sociais, culturais e psicológicos que influenciam a saúde das mulheres.

Um dos aspectos notáveis do PAISM foi o reconhecimento da importância do perfil populacional das mulheres para a definição das prioridades de saúde. Isso significa que o programa procurou se adaptar às necessidades específicas das diferentes populações de mulheres em todo o país, levando em consideração as diversidades regionais, culturais e socioeconômicas.

Além disso, a distribuição de documentos técnicos para orientar as "Ações Básicas de Assistência Integral à Saúde da Mulher" pelas secretarias estaduais de Saúde marcou um esforço em nível local para implementar as diretrizes do PAISM de maneira consistente e abrangente.

O estabelecimento do PAISM representou um importante passo na direção da promoção da saúde das mulheres de forma mais completa e inclusiva. Ao considerar a saúde das mulheres como um todo, com atenção às suas diferentes necessidades em todas as fases da vida, o PAISM refletiu um entendimento mais atualizado e progressista das políticas de saúde das mulheres, alinhado com os princípios de equidade e direitos humanos.

Em 2003, a área técnica de Saúde da Mulher reconheceu a necessidade de ampliar a abordagem da saúde das mulheres para incluir grupos que historicamente foram marginalizados e negligenciados nos programas de saúde. Essa compreensão mais abrangente levou à articulação entre diferentes áreas técnicas e à proposição de novas ações para garantir uma atenção mais inclusiva e sensível às necessidades de diversos grupos de mulheres.

Um dos principais enfoques dessa mudança foi a inclusão de mulheres de diferentes contextos, como as rurais, com deficiência, negras, indígenas, presidiárias e lésbicas. Esses grupos frequentemente enfrentavam desafios específicos em relação ao acesso à saúde e às políticas de cuidados. Ao reconhecer essas lacunas e desigualdades, a área técnica de Saúde da Mulher buscou desenvolver abordagens mais sensíveis e adequadas às necessidades de cada um desses grupos.

A participação das mulheres em discussões e atividades relacionadas à saúde da mulher e meio ambiente também foi enfatizada. Essa abordagem reconheceu a importância de envolver as mulheres diretamente nas decisões que afetam sua saúde e bem-estar. Isso também reconheceu a conexão entre saúde, meio ambiente e qualidade de vida das mulheres.

Essas iniciativas buscavam não apenas abordar as necessidades de saúde física das mulheres, mas também considerar as dimensões sociais, econômicas e culturais que influenciam a saúde e o bem-estar de diferentes grupos de mulheres. Ao ampliar a atenção para incluir grupos historicamente marginalizados, as políticas de saúde das mulheres buscaram uma abordagem mais inclusiva e equitativa, alinhada com os princípios de direitos humanos e justiça social.

Em 2003, a área técnica de Saúde da Mulher reconheceu a necessidade de uma abordagem mais ampla e inclusiva para atender às necessidades de grupos de mulheres que foram historicamente negligenciados nos programas de saúde. Isso envolveu a articulação com outras áreas técnicas, a proposição de novas ações e a promoção da participação das mulheres em discussões sobre sua própria saúde e bem-estar, bem como questões relacionadas ao meio ambiente. Essa abordagem mais abrangente refletiu um compromisso em alcançar a igualdade e a justiça em saúde para todas as mulheres.

No ano de 2004, em 28 de maio, o Ministério da Saúde deu um passo significativo ao propor diretrizes para a humanização e a qualidade do atendimento na área da saúde. Essas diretrizes foram formuladas com base em dados epidemiológicos e nas reivindicações de diversos segmentos sociais, culminando na apresentação dos princípios e diretrizes que viriam a orientar a Política Nacional de Atenção Integral à Saúde da Mulher.

Essa iniciativa refletiu um compromisso em melhorar a qualidade do atendimento de saúde, especialmente no contexto da atenção à saúde das mulheres. Reconhecendo que as mulheres frequentemente enfrentavam desafios específicos no acesso a cuidados de saúde de qualidade, a Política Nacional de Atenção Integral à Saúde da Mulher buscou assegurar que as necessidades de saúde das mulheres fossem abordadas de maneira mais abrangente e compassiva.

Ao se basear em dados epidemiológicos, o Ministério da Saúde reconheceu a importância de uma abordagem baseada em evidências para orientar as políticas de saúde. Isso permitiu que as diretrizes propostas fossem mais eficazes e eficientes, direcionando os recursos para áreas de maior necessidade e impacto.

Além disso, a incorporação das reivindicações de diversos segmentos sociais refletiu um compromisso com a participação da sociedade civil na elaboração de políticas de saúde. Isso permitiu que as políticas fossem mais sensíveis às necessidades e às vozes das mulheres, garantindo uma abordagem mais alinhada com a realidade e os desafios enfrentados pelas mulheres em suas vidas diárias.

As diretrizes propostas também colocaram um foco importante na humanização do atendimento, reconhecendo que a qualidade da atenção à saúde não se limita apenas aos aspectos médicos, mas também envolve a empatia, o respeito e o cuidado integral com as necessidades físicas e emocionais das mulheres.

Em 2004, o Ministério da Saúde deu um passo significativo ao propor diretrizes para a humanização e qualidade do atendimento na saúde da mulher. Essas diretrizes, baseadas em dados epidemiológicos e nas reivindicações da sociedade, serviram como base para a criação da Política Nacional de Atenção Integral à Saúde da Mulher, refletindo um compromisso em abordar as necessidades de saúde das mulheres de maneira mais completa, compassiva e eficaz.

O documento intitulado "Diretrizes do Pacto pela Saúde em 2006 – Consolidação do Sistema Único de Saúde," publicado através da Portaria/GM nº 399 em 22 de fevereiro de 2006, assume um papel de destaque no contexto da saúde pública brasileira. Este documento abarca o pacto estabelecido entre os gestores do Sistema Único de Saúde (SUS) em suas três dimensões fundamentais, conhecidas como os "Três Pactos":

1º Pacto Pela Vida:

O Pacto Pela Vida prioriza ações e estratégias voltadas para a redução da mortalidade materna e infantil, bem como para outros agravos à saúde que impactam de forma substancial a população. Ele coloca uma ênfase significativa na prevenção, na promoção da saúde e no aprimoramento da qualidade da assistência à saúde. Esta dimensão do pacto se propõe a enfrentar os principais desafios que comprometem a saúde e o bem-estar da população, contribuindo para a mitigação das disparidades e assegurando a excelência dos serviços prestados.

2º Pacto em Defesa do SUS:

O Pacto em Defesa do SUS enfatiza a importância de fortalecer e consolidar o sistema público de saúde no Brasil. Ele visa mobilizar esforços com o intuito de preservar e valorizar o SUS como um patrimônio coletivo, buscando assegurar a universalidade, a integralidade e a equidade no acesso aos serviços de saúde. Esta dimensão do pacto realça a relevância da participação social, da transparência na gestão e da promoção da saúde enquanto um direito fundamental de todos os cidadãos.

3º Pacto de Gestão:

O Pacto de Gestão concentra-se na otimização da administração do SUS, almejando a eficácia, a qualidade e a descentralização das ações e recursos. Ele estabelece diretrizes visando a uma gestão compartilhada entre os diferentes níveis governamentais e delimita responsabilidades claras para os entes federativos. Esta dimensão do pacto se propõe a potencializar a utilização dos recursos, aprimorar o planejamento e a organização dos serviços, bem como fortalecer a capacidade dos gestores para gerir os sistemas de saúde.

Estes três pactos - Pela Vida, em Defesa do SUS e de Gestão - operam de maneira integrada para fortificar o Sistema Único de Saúde no Brasil. Eles refletem um compromisso conjunto dos gestores do SUS em enfrentar os desafios de saúde, salvaguardar os princípios do sistema público e incessantemente melhorar a administração e a oferta de serviços de saúde. Juntos, estes pactos constituem uma estratégia abrangente para promover a saúde e o bem-estar da população brasileira.

Em 2011, o Ministério da Saúde do Brasil empreendeu um esforço colaborativo e abrangente para aprimorar e atualizar a política de saúde da mulher. Em parceria com diversos setores da sociedade, incluindo movimentos sociais como o movimento de mulheres, movimento negro e movimento de trabalhadoras rurais, além de sociedades científicas, pesquisadores, estudiosos da área, organizações não governamentais, gestores do Sistema Único de Saúde (SUS) e agências de cooperação internacional, foi elaborada a segunda reimpressão deste documento. Essa colaboração interdisciplinar visou aprimorar e direcionar a política de saúde da mulher de maneira mais alinhada com as necessidades e as vozes das mulheres.

A 2ª reimpressão desse documento trouxe consigo uma série de diretrizes e objetivos gerais e específicos. As diretrizes representavam um conjunto de orientações estratégicas que visavam guiar ações e programas relacionados à saúde da mulher. Os objetivos gerais e específicos delineavam os propósitos mais amplos e os resultados específicos que se buscava alcançar por meio da implementação dessas diretrizes.

Ao envolver uma ampla gama de stakeholders, incluindo representantes dos movimentos de mulheres, movimento negro e trabalhadoras rurais, bem como especialistas em saúde, gestores do SUS e agências de cooperação internacional, o Ministério da Saúde demonstrou o compromisso em criar políticas mais inclusivas e abrangentes. A participação desses diferentes grupos ajudou a garantir que a política considerasse as necessidades específicas das mulheres de diferentes contextos e grupos sociais.

Essa abordagem colaborativa também refletiu um reconhecimento da interconexão entre questões de gênero, raça, classe e outras dimensões sociais. A política resultante visava abordar não apenas as necessidades de saúde física das mulheres, mas também as dimensões sociais, econômicas e culturais que afetam sua saúde e bem-estar.

Em 2011, o Ministério da Saúde do Brasil liderou uma iniciativa colaborativa para atualizar a política de saúde da mulher. Ao unir diversos setores da sociedade e especialistas, essa abordagem resultou na segunda reimpressão de um documento que apresentava diretrizes e objetivos gerais e específicos, orientando os esforços para melhorar a saúde e o bem-estar das mulheres no país. A participação ativa de diferentes grupos garantiu uma abordagem mais inclusiva e sensível às necessidades das mulheres de diferentes contextos.

1. Participação Ampliada: A inclusão de representantes de diferentes grupos sociais e setores da sociedade na elaboração da política de saúde da mulher em 2011 foi um exemplo de participação democrática e inclusiva. Ao envolver movimentos sociais como o movimento de mulheres, o movimento negro e o de trabalhadoras rurais, o Ministério da Saúde garantiu que a política refletisse as necessidades e as realidades de mulheres de diversos contextos.

2. Reconhecimento das Complexidades Sociais: A colaboração interdisciplinar permitiu considerar as complexas in-

terseções de gênero, raça, classe, orientação sexual e outros aspectos sociais. Essa abordagem levou em conta que as experiências e os desafios das mulheres não são uniformes, e que políticas de saúde devem ser sensíveis a essas diferenças para serem eficazes.

3. Abordagem Holística: Ao envolver especialistas em saúde, pesquisadores e gestores do SUS, a política de saúde da mulher em 2011 se baseou em uma abordagem holística que considerava não apenas a saúde física, mas também as dimensões sociais, emocionais e culturais. Isso resultou em políticas que tratavam as mulheres como seres integrais, abordando diversas áreas de suas vidas.

4. Promoção da Equidade de Gênero: A inclusão de movimentos feministas e grupos de mulheres na elaboração da política de saúde da mulher reforçou o compromisso de promover a equidade de gênero. Esses grupos pressionaram por abordagens que enfrentassem desigualdades de gênero e promovessem o empoderamento das mulheres.

5. Melhoria da Relevância e Eficácia: A participação de diversos stakeholders garantiu que as políticas de saúde fossem mais relevantes e eficazes, pois as abordagens foram moldadas com base nas experiências e conhecimentos de pessoas diretamente afetadas. Isso ajudou a evitar políticas que fossem desconectadas da realidade das mulheres.

6. Abordagem Preventiva e de Promoção: Com a contribuição de pesquisadores e estudiosos da área, a política de saúde da mulher em 2011 foi enriquecida por evidências científicas e estratégias preventivas. Isso resultou em um enfoque mais abrangente na prevenção de doenças e promoção da saúde, além do tratamento de condições existentes.

7. Compromisso com a Sustentabilidade: A colaboração com agências de cooperação internacional e organizações não governamentais contribuiu para a sustentabilidade das políticas. Parcerias desse tipo podem trazer recursos financeiros,

capacitação e experiência internacional para fortalecer os programas de saúde da mulher.

A elaboração da política de saúde da mulher em 2011, em parceria com diversos setores da sociedade e especialistas, refletiu uma abordagem abrangente e inclusiva para atender às necessidades das mulheres. Essa colaboração trouxe uma compreensão mais rica das complexidades sociais envolvidas, promoveu a equidade de gênero, melhorou a relevância das políticas e enfatizou uma abordagem holística e preventiva para a saúde das mulheres.

O Programa Nacional de Melhoria do Acesso e da Qualidade da Atenção Básica (PMAQ) desempenha um papel crucial no contexto da saúde da mulher, promovendo a expansão do acesso e aprimorando a qualidade dos serviços de atenção básica. A iniciativa do PMAQ tem como propósito fundamental a elevação dos padrões de atendimento na Atenção Básica, abrangendo um nível de excelência tanto em âmbito nacional quanto regional e local. Isso engloba intervenções diretas na área da Atenção Básica em Saúde, sendo particularmente relevante para a saúde e o bem-estar das mulheres.

O PMAQ atua como um instrumento estratégico que alinha-se com as metas de atendimento e qualidade na Atenção Básica, incluindo os cuidados específicos relacionados à saúde da mulher. Dentre os principais impactos do programa nesse contexto estão:

1. Acesso Ampliado:

Ao focar na melhoria do acesso, o PMAQ contribui para que as mulheres tenham acesso mais eficiente aos serviços de atenção básica, incluindo consultas ginecológicas, exames preventivos, planejamento familiar e acompanhamento pré-natal. Isso é crucial para garantir que as mulheres possam receber cuidados de saúde de forma oportuna e adequada.

2. Qualidade nos Cuidados de Saúde:

O PMAQ também estabelece padrões rigorosos de qualidade para os serviços de saúde oferecidos. Isso é especialmente relevante para a saúde da mulher, uma vez que abrange o monitoramento e aprimoramento da qualidade dos serviços de pré-natal, parto e pós-parto, além de rastreamento e tratamento de doenças ginecológicas.

3. Enfoque na Integralidade:

A atenção integral à saúde da mulher é valorizada pelo PMAQ, promovendo ações que vão além do tratamento de doenças. Isso inclui a promoção da saúde sexual e reprodutiva, prevenção de violências de gênero, apoio psicológico e orientação sobre saúde feminina em diferentes fases da vida.

4. Abordagem Preventiva:

O PMAQ estimula ações preventivas, essenciais para a saúde da mulher. Essa abordagem inclui a promoção de hábitos saudáveis, a realização de exames preventivos como o Papanicolau e a conscientização sobre a importância da detecção precoce de doenças, como câncer de mama e de colo de útero.

5. Envolvimento da Comunidade:

A participação da comunidade é valorizada pelo PMAQ. Isso permite que as necessidades específicas das mulheres sejam mais bem compreendidas e atendidas, contribuindo para a adequação dos serviços às demandas das mulheres em diferentes contextos sociais, culturais e econômicos.

Em resumo, o PMAQ desempenha um papel crucial no avanço da atenção à saúde da mulher, estabelecendo padrões de qualidade e acesso que são essenciais para garantir cuidados abrangentes, eficazes e sensíveis às necessidades específicas das mulheres. Por meio desse programa, a saúde da mulher é fortalecida, contribuindo para a promoção de uma sociedade mais saudável e igualitária.

Conclusões

O processo de evolução da saúde da mulher no Brasil, desde a abordagem materno-infantil até a formulação da Política Nacional de Atenção Integral à Saúde da Mulher (PNAISM), reflete uma jornada marcada por participação ativa do movimento feminista e da sociedade civil. A trajetória de elaboração do Programa de Assistência Integral à Saúde da Mulher (PAISM) e da subsequente PNAISM demonstra como a participação de diferentes atores e espaços de discussão contribuiu para a consolidação de políticas de saúde mais inclusivas e abrangentes.

A elaboração do PAISM, iniciada na década de 1980, contou com a participação conjunta de profissionais de saúde, gestores e feministas, destacando-se como um marco no reconhecimento da saúde feminina para além da maternidade, incorporando a integralidade e a perspectiva de gênero. Esse programa foi resultado da atuação vigorosa do movimento feminista, que demandava uma política específica para a saúde da mulher.

A Conferência Nacional de Saúde e Direitos da Mulher, realizada em 1986, e a criação do Conselho Nacional dos Direitos da Mulher (CNDM) em 1985, representaram passos significativos na institucionalização da participação das mulheres na definição de políticas públicas. A atuação conjunta da Cismu (Comissão Interinstitucional de Saúde da Mulher) e do CNDM foi fundamental para a articulação e monitoramento do PAISM, impulsionando sua implementação e transformação em política.

Com a promulgação da Constituição de 1988 e o estabelecimento do Sistema Único de Saúde (SUS), o movimento feminista encontrou novos espaços de atuação e participação. As Conferências Nacionais de Saúde, que se sucederam ao longo dos anos, tornaram-se importantes arenas de debate e formulação de propostas para a saúde da mulher, reafirmando a relevância da participação social.

A criação da Secretaria de Políticas para as Mulheres (SPM) e a convocação de Conferências para Políticas para Mulheres fortaleceram ainda mais a voz das mulheres na construção de políticas públicas. O processo de elaboração e lançamento da PNAISM, em 2004, exemplifica a colaboração entre diferentes órgãos governamentais, como o Ministério da Saúde e a SPM, bem como a participação da Cismu e do CNDM.

A evolução da abordagem da saúde da mulher no Brasil, do foco materno-infantil à criação da PNAISM, é um testemunho da força da participação social, do movimento feminista e da colaboração entre diferentes instituições e setores da sociedade. A trajetória percorrida destaca a importância de se manter um diálogo constante, promover a participação ativa das mulheres em todas as fases de formulação e implementação de políticas de saúde, e continuar buscando a equidade, a integralidade e o respeito à diversidade nas abordagens de atendimento à saúde da mulher.

Ao longo das últimas décadas, as políticas públicas relacionadas à saúde da mulher no Brasil têm experimentado avanços significativos, mas também enfrentado retrocessos. Mulheres são afetadas por diversos marcadores sociais, como classe, raça, idade, sexualidade, deficiência e outros, que influenciam de maneiras variadas o acesso aos cuidados de saúde. Essa complexidade demanda uma análise abrangente, que leve em conta todas essas variáveis ao construir e avaliar políticas públicas voltadas para essa população.

É crucial reconhecer que tanto profissionais de saúde quanto gestores e a sociedade como um todo desempenham um papel essencial na aplicação dos princípios de equidade e integralidade. Transformar esses princípios em ações cotidianas para efetuar mudanças na realidade exige um diálogo amplo sobre as desigualdades existentes e a ampliação da participação das mulheres em espaços políticos de tomada de decisões. Profissionais de saúde, por sua vez, devem estar bem informados sobre essas camadas de desigualdade para garantir um atendimento adequado e contextualizado a cada indivíduo.

Apesar dos avanços que o Brasil alcançou nos indicadores de saúde e nas políticas direcionadas às mulheres, ainda há um longo caminho a percorrer no enfrentamento das desigualdades. Os desafios são muitos e abrangem todo o ciclo de vida das mulheres. É necessário um esforço contínuo para que as políticas públicas sejam cada vez mais inclusivas e sensíveis às múltiplas realidades que as mulheres enfrentam.

Portanto, é vital reconhecer que a equidade na saúde da mulher vai além do acesso aos serviços médicos; trata-se de uma abordagem holística que considera todas as dimensões das identidades femininas. O diálogo constante, a conscientização e a participação ativa das mulheres em todos os níveis de decisão são componentes cruciais para a criação de políticas que atendam verdadeiramente às necessidades e realidades das mulheres, independentemente de suas diferenças sociais, étnicas ou culturais.

Referências

ARAÚJO, M. J. O. Papel dos governos locais na implementação de políticas de saúde com perspectiva de gênero: o caso do Município de São Paulo. In: SEMINÁRIO WOMEN'S AND HEALTH MAINS-TREAMING THE GENDER PERSPECTIVE INTO THE HEALTH SECTOR, 1998, Tunis, Tunísia.

ÁVILA, M. B. E.; BANDLER, R. A Contracepção no Brasil 1980-1990. Recife: SOS Corpo, 1991.

BERQUÓ, E. Comportamento sexual da população brasileira e percepções do HIV-Aids. In: BRASIL. Ministério da Saúde. Planejamento familiar: manual para o gestor. Brasília: Ministério da Saúde, 2002.

BRASIL. Ministério da Saúde. Diversos documentos relacionados a políticas de saúde, atenção integral à saúde da mulher, prevenção de DST/Aids, violência intrafamiliar, entre outros.

LAURELL, A. C. A Saúde-doença como processo social, 1982. In: GOMES, Everardo Duarte (Org.). Medicina social: aspectos históricos e teóricos. São Paulo: Global Editora, 1983.

LANGER, A.; ESPINOZA, H. Embarazo no deseado: impacto sobre la salud y la sociedad en América Latina y el Caribe. Buenos Aires, Argentina, 2001.

NISSIM, R. Mamamélis: manual de ginecologia natural para mulheres. Rio de Janeiro: Record, 1997.

WAISELFISZ, J. J. Mapa da violência III: os jovens do Brasil. Brasília: UNESCO; Instituto Ayrton Senna; Ministério da Justiça/SEDH, 2002.

ANINYE, I. O. et al. Os papéis do sexo e do gênero nas disparidades de saúde ocular em mulheres nos Estados Unidos. Biology of Sex Differences, v. 12, nº 57, 2021.

ARAGUSUKU, H. A.; LOPES, M. A. S. Políticas públicas e cidadania LGBT em Mato Grosso: uma década de avanços e retrocessos (2007-2017). Sexualidad, Salud y Sociedad, nº 29, p. 147-171, 2018.

BRASIL. Secretaria de Políticas para as Mulheres. Monitoramento e Acompanhamento da Política Nacional de Atenção Integral à Saúde da Mulher (PNAISM) e do Plano Nacional de Políticas para as Mulheres 2013-2015 (PNPM). Brasília, 2016.

COSTA, R. C.; GONÇALVES, J. R. O direito à saúde, à efetividade do serviço e à qualidade no acesso às políticas públicas de atenção à saúde da mulher. Revista JRG de Estudos Acadêmicos, v. 2, nº 4, 2019.

FERNANDES, M.; SOLER, L. D.; LEITE, M. C. B. P. Saúde das mulheres lésbicas e atenção à saúde: nem integralidade, nem equidade diante das invisibilidades. Diversidade Sexual e de Gênero, v. 19, nº 2, p. 37-46, 2018.

FERREIRA, V. C. et al. Saúde da mulher, gênero, políticas públicas e educação médica: agravos no contexto de pandemia. Revista Brasileira de Educação Médica, v. 44, nº 1, 2020.

GOUVEIA, G. S.; LESSA, G. M. Conhecimento da gestante e direitos assegurados pela rede cegonha: contribuição gestora. Revista Baiana de Saúde Pública, v. 43, nº 1, p. 138-151, 2019.

KHANLOU, N. et al. Síndrome de 2020: convergência das pandemias de covid-19, violência baseada em gênero e racismo. Journal of Racial and Ethnic Health Disparities, v. 9, nº 6, p. 2077-2089, 2021.

LEAL, M. C. et al. Avanços na assistência ao parto no Brasil: resultados preliminares de dois estudos avaliativos. Cadernos de Saúde Pública, v. 35, nº 7, 2019.

MISKOLCI, R.; PEREIRA, P. P. G. Educação e Saúde em disputa: movimentos anti-igualitários e políticas públicas. Interface, v. 23, 2019.

MOREIRA, M. I. C. et al. Mulheres, travestis e transexuais: interseções de gênero em documentos de políticas públicas. Revista de Psicologia, v. 30, nº 2, p. 234-242, 2018.

PONTES, D.; DAMASCENO, P. As políticas públicas para mulheres no Brasil: avanços, conquistas e desafios contemporâneos. In: Seminário Internacional Fazendo Gênero 11 & 13th Women's Worlds Congress, Florianópolis, 2017.

SANTANA, T. D. B. et al. Avanços e desafios da concretização da Política Nacional da Saúde da Mulher: uma revisão de literatura. Rev. Aten. Saúde, v. 17, nº 61, p. 135-141, 2019.

SILVA, J. G. et al. Direitos sexuais e reprodutivos de mulheres em situação de violência sexual: o que dizem gestores, profissionais e usuárias dos serviços de referência?. Saúde Soc., v. 28, nº 2, p. 187-200, 2019.

TSUCHIYA, C. T. et al. O câncer de colo do útero no Brasil: uma retrospectiva sobre as políticas públicas voltadas à saúde da mulher. J Bras Econ Saúde, v. 9, n.

A RESPONSABILIDADE CIVIL DO MÉDICO RESIDENTE – ASPECTOS JURÍDICOS RELEVANTES

Camila Pretto Rostand Prates
Fayrouz Mahala Arfox

Introdução

Do ano 2000 até 2015, a quantidade de escolas médicas no Brasil, mais que dobrou. E se, em 2015 tínhamos cerca de 250 faculdades de medicina no território nacional, até julho de 2023 este número saltou para 363.[1]

É possível visualizar a situação precária de muitos cursos de medicina no Brasil. É evidente que a baixa qualidade do ensino terá um impacto na atuação futura desses profissionais, resultando em um aumento significativo de demandas para reparação de danos.

A graduação no curso de Medicina implica na dedicação em, pelo menos, 06 anos na instituição de ensino. No entanto, essa jornada acadêmica pode se estender além da conclusão

---

1 Dados consultados em: https://www.escolasmedicas.com.br/. Acesso em 01/07/2023.

do curso caso o profissional opte por ingressar em um programa de residência médica. Nesse período, o médico se dedica a uma especialização que se caracteriza pelo treinamento prático, realizado sob a supervisão de instituições de saúde e com a orientação de profissionais experientes.

A contextualização da residência médica e seu papel na formação de novos profissionais da saúde, destaca-se pelos desafios e responsabilidades enfrentados pelos médicos residentes ao atuarem em hospitais e clínicas, frente ao grande fenômeno da judicialização da saúde enfrentado desde a Constituição de 1988.

A Responsabilidade Civil no exercício da Medicina é a obrigação de reparar o dano causado a terceiros por ações ou omissões do profissional. Independentemente da expertise do médico, a prática médica envolve incertezas e intercorrências que podem resultar em prejuízos para os pacientes. Isso se deve ao fato de a Medicina não ser uma ciência exata.

No cenário brasileiro, o médico, em geral, possui obrigação de meio, ou seja, tem a obrigação de empregar todos os esforços possíveis para com o paciente, comprometendo-se a agir com diligência a fim de alcançar os resultados esperados em seu diagnóstico, tratamento ou reabilitação. Entretanto, situações adversas em relação ao desejado ou até mesmo acidentes imprevisíveis podem ocorrer ao longo do processo terapêutico, constituindo exceções que, mesmo sendo pouco frequentes, são destacadas pela mídia como se fossem recorrentes. A ênfase comercial das notícias jornalísticas muitas vezes altera a precisão dos acontecimentos a um segundo plano, negligenciando a consideração pelo impacto social gerado pelo sensacionalismo na apresentação de matérias relacionadas a práticas profissionais inadequadas.

A Responsabilidade Civil do Médico Residente diz respeito a reparação de danos envolvendo o profissional em formação. Desta forma, necessário explorar a relação entre a instituição de saúde e o médico residente, abordando questões como supervisão, treinamento adequado, e as possíveis responsabilidades compartilhadas nas situações de erro médico. Também é de se ressaltar a importância da implementação de programas de educação e conscientização jurídica para os médicos residentes, a fim de capacitá-los a lidar com situações de risco e prevenir possíveis problemas legais no exercício da profissão.

Assim, diante da necessária atenção sobre o tema, frisa-se a importância aos médicos residentes compreender as nuances legais que envolvem a prática médica durante o período de residência, bem como os mecanismos para promover uma medicina mais segura e responsável.

1. A formação do médico residente: desafios e responsabilidades

O artigo 1º da Lei nº 6.932, de 07 de julho de 1981, estabelece que a Residência Médica constitui:

> *Modalidade de ensino de pós-graduação, destinada a médicos, sob a forma de cursos de especialização, caracterizada por treinamento em serviço, funcionando sob a responsabilidade de instituições de saúde, universitárias ou não, sob a orientação de profissionais médicos de elevada qualificação ética e profissional.*[2]

Pela caracterização de aprendizado, a referida Lei nº 6.932/81 determina a obrigatoriedade de supervisão dos atos

2 Brasil. Presidência da República, Casa Civil, Subchefia para Assuntos Jurídicos. Lei nº 6.932, de 7 de julho de 1981. Dispõe sobre as atividades do médico residente e dá outras providências. Brasília, DF; 1981 [acesso em 01/08/2023]. Disponível em: www.planalto.gov.br/ccivil_03/Leis/L6932.html

praticados pelos médicos residentes "sob a orientação de profissionais médicos".[3]

Portanto, a Residência Médica representa um programa de aprimoramento profissional destinado a profissionais legalmente habilitados para exercer a medicina. Esses indivíduos possuem diplomas conferidos por instituições brasileiras e estão devidamente inscritos nos Conselhos Regionais de Medicina (CRMs).

A legislação enfatiza e atribui à residência médica a natureza de um curso de especialização, fundamentado no treinamento prático da medicina. Em diversos momentos, a Lei nº 6.932/81 destaca o caráter educacional do programa, reservando parte da carga horária semanal dos médicos-residentes para atividades teórico-práticas.[4]

Portanto, é evidente que o médico-residente assume o papel de um aprendiz, sob a orientação de um professor (médico preceptor), enfrentando responsabilidades, avaliações e demandas significativas, além de requerer um constante investimento em estudos.

Nesse sentido, importante ressaltar o Parecer do Conselho Federal de Medicina nº 13/2002 que conclui sobre a relação do médico residente e seu preceptor:

> *Cumprida a regulamentação, torna-se ainda necessário que a relação entre o preceptor e o médico residente ocorra de maneira respeitosa, inclusive por tratar-se de relação entre*

3 Brasil. Presidência da República, Casa Civil, Subchefia para Assuntos Jurídicos. Lei nº 6.932, de 7 de julho de 1981. Dispõe sobre as atividades do médico residente e dá outras providências. Brasília, DF; 1981 [acesso em 01/08/2023]. Disponível em: www.planalto.gov.br/ccivil_03/Leis/L6932.html

4 Brasil. Presidência da República, Casa Civil, Subchefia para Assuntos Jurídicos. Lei nº 6.932, de 7 de julho de 1981. Dispõe sobre as atividades do médico residente e dá outras providências. Brasília, DF; 1981 [acesso em 01/08/2023]. Disponível em: www.planalto.gov.br/ccivil_03/Leis/L6932.html

profissionais médicos, e que exista, por parte do preceptor, o empenho e o compromisso de exercer suas funções com o máximo de sua capacitação e despreendimento, visando a melhor qualificação para o residente sob sua orientação.

Nos hospitais brasileiros com programas de Residência Médica, a realidade revela que os médicos residentes frequentemente enfrentam excesso de trabalho. A carga horária estabelecida pela legislação é frequentemente excedida. Situações de urgência ou emergência frequentemente obrigam os residentes a realizar intervenções sem o acompanhamento necessário dos preceptores. De fato, os residentes muitas vezes se encontram desamparados, juntamente com pacientes que estão completamente alheios a essa situação anômala.

E é a partir deste cenário que insurgem erros, danos, resultados indesejáveis que são passíveis de reparação perante a justiça. E então se discute a extensão da responsabilização do médico residente.

O médico residente não se enquadra mais na categoria de acadêmico, pois já possui formação de graduação e está devidamente registrado no CRM, requisito necessário para ingressar na residência médica. Devido a essa posição delicada, situada entre a fase de formação e a atuação médica efetiva e independente, torna-se imprescindível analisar a responsabilidade civil do médico residente sob uma perspectiva distinta.

No contexto jurídico, o termo "responsabilidade" pode ser definido como a obrigação de corrigir danos resultantes de uma ação pela qual alguém é culpado, seja de forma direta ou indireta. No âmbito da prática médica, a "responsabilidade profissional" se refere a um conjunto de deveres aos quais um médico está sujeito, e a falta de cumprimento desses deveres pode resultar em consequências conforme estabelecido pelos diplomas legais. Portanto, a responsabilidade envolve o entendimento do que é justo e necessário, não apenas do ponto de vista moral, mas também dentro de um sistema de obrigações e responsabilidades, em conformidade com o que é lícito e devido.[5]

A fim de estabelecer as circunstâncias em que um médico será legalmente responsabilizado por eventos prejudiciais resultantes de suas ações, a legislação do país estabeleceu como requisito a demonstração de culpa na conduta em questão.

A análise do magistrado sobre qualquer ato que possa ter causado dano a um paciente é baseada na teoria da responsabilidade subjetiva. De acordo com as lições de Fernando Noronha, a responsabilidade subjetiva, também conhecida como responsabilidade culposa ou responsabilidade aquiliana *"é a obrigação de reparar danos causados por omissões intencionais, negligentes ou imprudentes"*.[6]

Consequentemente, os quatro elementos da responsabilidade subjetiva devem estar presentes para que seja aplicada a responsabilização. Esses elementos são: ato lesivo (a conduta profissional prejudicial do médico), dano (prejuízo causado ao paciente), nexo causal (a relação de causa e efeito entre a ação do médico e o dano sofrido pelo paciente) e culpa (responsabilidade pelo comportamento do médico). Em casos de atendimento médico, a culpa geralmente se manifesta por meio da negligência (falta de cuidado adequado), imprudência (falta de cautela) ou imperícia (falta de habilidade técnica necessária) na atuação do médico.[7]

Tendo em vista que o médico residente se encontra em um período de formação, como estabelecido pela lei nº

5 FRANÇA, Genival Veloso de. Direito Médico. 16ª ed. Rio de Janeiro: Forense, 2020, p. 265.

6 NORONHA, Fernando. Responsabilidade Civil: uma tentativa de ressistematização. Revista de Direito Civil, nº 64, p. 15.

7 KFOURI NETO, Miguel. Responsabilidade Civil dos Hospitais: Código Civil e Código de Defesa do Consumidor. 4ª ed. ver., atual. e ampl. São Paulo: Thompson Reuters. Brasil, 2019.

6.932/81[8], é possível argumentar que, em situações envolvendo responsabilidade civil, sua culpabilidade talvez seja mais propensa a ser avaliada à luz da imperícia, diante do fato de que ele está atualmente se dedicando a essa forma de educação com o intuito de aprimorar suas habilidades na área médica.

Nos cenários em que essa perspectiva se aplica, a Resolução nº 4/1978 do Conselho Nacional de Residência Médica[9] estabelece que tais profissionais devem operar sob supervisão contínua, o que implica que qualquer erro por parte do médico residente pode ser legalmente associado à responsabilidade do médico supervisor. Contudo, sua responsabilidade não seria dispensada, já que o próprio Conselho Federal de Medicina entende que *"não há como isentar Residentes, Internos e Docentes da responsabilidade jurídica por eventuais danos, uma vez caracterizada a prática de ato ilícito"*.[10]

O Parecer do CREMEB nº 02/2008 analisa a responsabilidade compartida no binômio residente-preceptor, aduzindo que durante seu treinamento o médico-residente possui dois papéis distintos: o de aluno e o de médico, ao mesmo tempo. Enquanto aluno, sua função é observar e aprender; no entanto, enquanto médico, assume todas as prerrogativas da responsa-

---

8 Brasil. Presidência da República, Casa Civil, Subchefia para Assuntos Jurídicos. Lei nº 6.932, de 7 de julho de 1981. Dispõe sobre as atividades do médico residente e dá outras providências. Brasília, DF; 1981 [acesso em 01/08/2023]. Disponível em: www.planalto.gov.br/ccivil_03/Leis/L6932.html

9 Brasil. Conselho Nacional de Residência Médica (CNRM). Resolução nº 4, de 9 de novembro de 1978. Estabelece normas gerais, requisitos mínimos e sistemática de credenciamento da Residência Médica. Brasília, DF; 1978 [acesso em 01/08/2023]. Disponível em: http://portal.mec.gov.br/sesu/arquivos/pdf/CNRM0478.pdf

10 Brasil. Conselho Federal de Medicina (CFM). Parecer nº 3/1992. Relator: Hilário Lourenço de Freitas Junior. [acesso em 01/08/2023]. Disponível em: www.portalmedico.org.br/pareceres/CFM/1992/3_1992.htm

bilidade médica, ao passo que o preceptor também possui sua parcela de responsabilidade.[11]

Por outro lado, importante ressaltar que quando um médico residente assume a responsabilidade por um plantão e se depara com uma situação que exige uma intervenção imediata para a qual ainda não possui plena capacidade, considerando que está nos estágios iniciais da sua formação, e diante da possível demora, em algumas situações justificada, do médico preceptor, o residente terá a prerrogativa de intervir. Nesse contexto, o risco associado à sua intervenção pode equivaler ao risco de não agir. Dependerá das nuances do caso concreto.[12]

No entanto, no contexto da responsabilidade civil, deve-se evitar expor os residentes, que são médicos em fase de especialização, a situações para as quais não possuam a devida preparação. Caso contrário, isso poderia resultar em uma alegação de responsabilidade civil direcionada ao hospital em si.

Portanto, é de suma importância que, ao documentar a evolução do paciente no prontuário, o médico em residência seja claramente identificado, incluindo sempre a menção ao médico preceptor, especialmente em situações em que as decisões são tomadas de forma colaborativa ou sob a supervisão direta do orientador. A omissão dessa informação crucial provavelmente resultará na apresentação de ações judiciais de compensação exclusivamente contra o residente orientado.

11 Brasil. Conselho Regional de Medicina do Estado da Bahia (CREMEB). Parecer nº 2/2008. Relator: Álvaro Nonato de Souza. [acesso em 01/08/2023]. Disponível em: https://sistemas.cfm.org.br/normas/visualizar/pareceres/BA/2008/2

12 KFOURI NETO, Miguel. Responsabilidade Civil dos Hospitais: Código Civil e Código de Defesa do Consumidor. 4ª ed. ver., atual. e ampl. São Paulo: Thompson Reuters. Brasil, 2019, p. 269-270.

2. A responsabilidade civil do médico residente: fundamentos e obrigações legais

> *O fundamento da responsabilidade civil está na alteração do equilíbrio social, produzida por um prejuízo causado a um dos seus membros. O dano sofrido por um indivíduo preocupa todo o grupo porque, egoisticamente, todos se sentem ameaçados pela possibilidade de, mais cedo ou mais tarde, sofrerem os mesmos danos, menores, iguais e até maiores.*[13]

Quando um médico-residente é registrado no CRM, ele é considerado legalmente capaz de discernir sobre o que é correto e incorreto em sua área de atuação. Portanto, ele não está isento de sanções penais ou administrativas decorrentes de suas ações.

O Médico Residente apesar de toda a supervisão e orientação, subtende-se que tenha os necessários conhecimentos para tratar da vida humana. Com efeito, o Residente ao prestar atendimento ao paciente, assume a responsabilidade direta pelos atos decorrentes, não podendo em hipótese alguma atribuir o insucesso a terceiros.[14]

Independentemente de culpa ou dolo, o médico residente pode ser responsabilizado civil e criminalmente por suas condutas, especialmente quando causam prejuízos a pacientes que, em virtude de sua fragilidade, demandam cuidados especiais. Dessa forma, o médico residente também está sujeito a processos de responsabilidade civil.

---

13 ALCANTARA, Hermes Rodrigues de. Responsabilidade Médica. Rio de Janeiro: José Konfino, 1971.

14 Brasil. Conselho Federal de Medicina (CFM). Parecer nº 3/1992. Relator: Hilário Lourenço de Freitas Junior. [acesso em 01/08/2023]. Disponível em: www.portalmedico.org.br/pareceres/CFM/1992/3_1992.htm

2.1. *Responsabilidade solidária*

Os procedimentos e tratamentos médicos frequentemente envolvem múltiplos profissionais e clínicas ou entidade hospitalar, sendo a atuação conjunta entre preceptor e médico residente uma das situações característica da responsabilização de mais de um profissional pelo mesmo ato. No campo da responsabilidade civil, é importante a apuração das proporções das responsabilidades na tomada de decisão e execução de procedimento do qual se originou o erro/dano, pois são essas medidas que possibilitam individualizar as responsabilidades.

Dessa forma surge a **responsabilidade solidária**, onde, diante de uma obrigação conjunta e indivisível, identificada pela tomada de decisões em conjunto pelo preceptor e pelo médico residente, na medida em que o médico residente passa a opinar e executar os procedimentos médico, sua responsabilidade se equipara à responsabilidade do preceptor, respondendo ambas as partes igualmente pela obrigação de reparar o dano.

A responsabilidade solidária caracterizada pela atuação conjunta do preceptor e do médico residente. Nas lições de Miguel Kfouri Neto:

> Se os agentes se associam na produção do evento lesivo, sendo indiscutível a unidade do ato ilícito, ainda que a participação de cada um seja resultado pessoal de sua inteligência e vontade, serão considerados solidariamente causadores do dano, na exata dicção do art. 942 do CC/2002.[15]

Uma particularidade da responsabilidade solidária é permitir que o paciente busque a compensação integral de qualquer das partes ou, em conjunto, de todas elas. Caso somente

15 KFOURI NETO, Miguel. Responsabilidade civil do médico. Editora Revista dos Tribunais Ltda. São Paulo: Ed. 2018, p. 302.

uma das partes for acionada, responderá integralmente pela obrigação, ou ainda, considerando-se a divisão em partes iguais, se uma das partes arcar com parte maior do que a que lhe cabia proporcionalmente, caberá a esta acionar os demais envolvidos e buscar o ressarcimento do ônus financeiro.

Essa espécie de responsabilização foi criada com fundamento nos princípios da equidade e justiça (distribuindo o ônus de reparar o dano), da eficiência e acesso à justiça (simplificando o processo), da prevenção de evasão de responsabilidade (tornando mais difícil a evasão) e da promoção da prevenção de danos (incentivando as partes a agirem de forma mais cautelosa).

O objetivo é garantir que a parte lesada seja devidamente compensada, proporcionando uma abordagem mais prática para a distribuição da responsabilidade, quando várias partes contribuem para um dano.

2.2. Responsabilidade subsidiária

Diferencia-se a **responsabilidade subsidiária**, na qual se verifica uma responsabilidade secundária. A exemplo de casos em que o preceptor foi o tomador de decisões e executor de atos, cabendo ao residente apenas auxiliá-lo e atender às suas ordens, claramente a responsabilidade recairá com mais intensidade ao primeiro.

Deverá restar comprovado que a atuação do médico residente esteja sob obediência e supervisão do médico preceptor, há uma certa hierarquia, a qual é instituída também sobre a responsabilidade, sendo que em eventual impossibilidade o médico residente responderá.

Novamente, o intuito da norma é garantir que a parte lesada receba a compensação devida, proporcional ao dano causado por cada um dos envolvidos no tratamento ou procedimento, equilibrando a necessidade de justiça e responsabilidade pelos atos praticados.

2.3. Culpa *in vigilando*

A culpa *in vigilando* é caracterizada pelo dever de supervisão adequada sobre ações ou atividades de terceiros, resultando em danos ou prejuízos a outras partes. São situações em que uma pessoa ou entidade tinha a obrigação de monitorar, controlar ou supervisionar determinada situação, mas não o faz de maneira adequada, acarretando danos a terceiros.

O preceptor pode ser considerado exclusivamente como responsável por ações inadequadas ou erros cometidos por médicos residentes que atuem sob sua autoridade, diante do seu dever de vigiar, mesmo que não tenha causado diretamente o dano.

Caberá ao preceptor supervisionar, treinar e monitorar, de forma adequada, os profissionais que atuam sob sua égide, estabelecendo protocolos de segurança e garantindo que os profissionais sigam esses protocolos, sob pena de se aplicar, a princípio, a culpa *in vigilando*.

Portanto, trata-se de uma negligência em supervisionar e controlar terceiros, exigindo-se a sua presença de fato no exercício daquela atribuição, que podem ser responsabilizados por danos cometidos por médicos residentes.

3. Esclarecimentos sobre obrigação de meio e de resultado

Na responsabilidade civil médica, a diferenciação entre a obrigação de meio e resultado é essencial para estabelecer a forma que o profissional da saúde será avaliado em relação ao cuidado e tratamento de seus pacientes.

Na **obrigação de meio,** em que pese o compromisso do profissional médico de se revestir dos meios, habilidades e cuidados necessários para o tratamento do paciente, não há garantia que o resultado seja exitoso, pois há diversas nuances que interferem no organismo, quadro clínico e tecnologia disponível para aqueles procedimentos e tratamentos de saúde.

Nos casos em que se caracterizar a obrigação de meio, será analisada a conduta do profissional médico, se utilizou de habilidade técnica, cuidado e prudência adequados e esperados para aquele ato, de acordo com as boas práticas médicas e com a medicina de evidência.

> *É consenso que a atividade médica é considerada uma obrigação de meio, ou seja, que o exercício da medicina não promete cura, mas sim tratamento adequado, segundo as normas de prudência, perícia e diligência, e padrão de conduta ético e comprometido por parte do profissional em favor da melhora de seu paciente*[16]*.*

Em regra, essa é a forma de responsabilidade aplicada nos atos médicos, haja vista a impossibilidade de se garantir um resultado, nestes casos, o médico obriga-se tão somente a usar prudência e diligência em seus atos, sendo caracterizada a responsabilidade civil do médico apenas quando comprovado pelo paciente que o fato danoso decorre de ato imprudente, negligente ou imperito do profissional.

Por outro lado, na **obrigação de resultado**, o médico fica responsável por atingir um resultado específico prometido ao paciente, cabendo ao profissional a obrigação de sucesso no tratamento ou procedimento. Não alcançado o resultado prometido, poderá ser responsabilizado civilmente, cabendo a este provar que o insucesso decorre de circunstância imprevisíveis ou inevitáveis.

A obrigação de resultado é normalmente aplicada em casos de procedimentos com resultados são previsíveis, mensuráveis e diretamente vinculado à intervenção realizada, sendo muito aplicados, e, apesar da análise genérica da aplicação do direito, merecem especial atenção os anestesistas e cirurgiões plásticos.

16 DANTAS, Eduardo. Direito médico. São Paulo: Editora Juspodivm, 2022, p. 185.

Nestes casos, comumente inverte-se o ônus da prova, por meio de aplicação do Código de Defesa do Consumidor, situação na qual caberá ao profissional provar situações que excluam a sua responsabilidade.

Embora os estudiosos se inclinem a enquadrar a cirurgia plástica com finalidade preponderantemente estética no figurino das obrigações de meios, os tribunais ainda se mostram refratários à evolução doutrinária.[17]

4. O Código de Defesa do Consumidor na relação médico-paciente

Em um sistema estruturado para a proteção do consumidor, o Código de Defesa do Consumidor (Lei nº 8.078/1990) foi criado em tempos em que o consumidor não possuía acesso a informações e esclarecimentos como nos dias atuais, sendo promulgado com o objetivo de proteger os direitos dos consumidores, seja na aquisição de produtos ou na prestação de serviços.

Embora originalmente não tenha sido elaborado com o intuito de ser aplicado especificamente à relação médico paciente, e, ainda que os estudiosos da área não concordem, hoje os Tribunais brasileiros, como regra, o aplicam na relação médico-paciente.

Alguns direitos básicos previstos por esse Código e comumente aplicados à responsabilidade civil na relação médico-paciente são: informação clara e adequada, direito à escolha, responsabilidade por danos, disposições sobre publicidade e propaganda, entre outros.

Mais especificamente em seu art. 14, o referido Código prevê a responsabilidade dos fornecedores de serviços, *inde-*

17 KFOURI NETO, Miguel. Responsabilidade civil do médico. Editora Revista dos Tribunais Ltda. São Paulo: Ed. 2018, p. 242.

pendentemente da existência de culpa, pela reparação dos danos causados aos consumidores por defeitos relativos à prestação dos serviços, bem como por informações insuficientes ou inadequadas sobre sua fruição e riscos.[18]

Quando aos profissionais liberais, o §4° do mesmo artigo dispõe a necessidade de verificação da culpa, para só então, caracterizar-se a responsabilidade.[19] Diferencia-se, no entanto, dos serviços prestados por pessoas jurídicas, com relação a quem a responsabilidade se aplica, em regra, de forma objetiva, ou seja, independente de prova da culpa.

A aplicação ou não do código de defesa do consumidor é uma análise de suma importância, haja vista que implica diretamente na incumbência do ônus da prova, pois atribui ao julgador o poder de atribuí-lo integralmente ao médico, o que torna por muitas vezes dificultar a defesa judicial do profissional.

4.1. Falta de informação adequada e a caracterização da responsabilidade civil com base no código de defesa do consumidor

A informação clara e adequada é um dos pontos basilares na relação médico-paciente, possuindo amparo em diversos institutos legais, como o Código de Ética Médica, o Código Civil e reforçado pelo Código de Defesa do Consumidor.

São diversos dispositivos legais que reforçam a necessidade da informação adequada, pois interfere em direitos fundamentais do paciente, a exemplo da autonomia do paciente, já que a qualidade das informações prestadas reflete diretamente na qualidade das decisões tomadas acerca de procedimentos e tratamentos, de acordo com os riscos e benefícios.

18 BRASIL. Lei nº 8.078 – 1990. Código de defesa do consumidor.

19 BRASIL. Lei nº 8.078 – 1990. Código de defesa do consumidor.

Destaca-se o direito à informação vai além do registro do ato de comunicação ao paciente por meio dos documentos médicos adequados, mas exige um comportamento e postura do médico de se fazer claro para com o paciente, considerando-se os diferentes níveis sociais e culturais, refletindo em verdadeiro procedimento operacional a ser adotado pelos profissionais.

Isso porque o simples fato de não se apresentar informações claras sobre determinados procedimentos e tratamentos, por si só, caracterizam a responsabilidade civil que autoriza a aplicação de sanções para ressarcir os danos sofridos.

Dessa forma, é uma área que merece especial atenção, por envolver condutas rotineiras do médico residente e do preceptor, e, por fundamentar-se na proteção da dignidade da pessoa humana, da liberdade de ação e da livre escolha.

Conclusão

A finalidade da Residência Médica consiste em viabilizar, através de um programa de formação, a capacidade do profissional em adquirir um patamar de excelência e aperfeiçoamento em um campo particular da Medicina. Os médicos em residência atuam como aprendizes dentro de uma especialidade, sendo guiados por preceptores, os quais são médicos de elevado nível ético e qualificação profissional.

O médico residente é julgado como profissional que é, e, como tal, possui responsabilidades sobre os atos praticados, na medida de sua autonomia. Ciente de que são profissionais no início de sua atuação, são acompanhados por um preceptor, o qual possui dever de vigilância sobre aqueles, bem como dever de treiná-los e orientá-los.

A responsabilidade do médico, em regra, se enquadra na responsabilidade subjetiva, sendo necessária a apreciação da culpa, podendo ser majorada ou minorada de acordo com a conduta e o dano efetivamente ocasionado, analisando-se a ocorrência de negligência, imprudência e imperícia.

Necessária ainda a análise do caso concreto para se verificar a proporção de sua responsabilidade no ato médico praticado, tanto do preceptor quanto do residente, para se aferir se a responsabilidade será aplicada de forma solidária (isonômica), de forma subsidiária (secundária) ou com culpa *in vigilando* (exclusiva), com relação ao preceptor.

Considerando que a responsabilidade do preceptor ocorre, na massiva maioria, em conjunto com o residente, essencial que este se atente aos procedimentos realizados pelos médicos residentes, possibilitando geri-los em suas atividades, evitando a ocorrência de omissões ou ações inadequadas.

Da mesma forma, o médico residente deve permanecer em estado de atenção e sempre sob vigilância do preceptor, haja vista que é plenamente responsável pelos atos praticados, tratando-se de profissional devidamente capacitado e habilitado para os atos do profissional médico.

Com relação à aplicação do código de defesa do consumidor, em que pese não ser uma norma criada originariamente para regulamentação da relação médico paciente, de fato, hoje é amplamente aceita pelos tribunais brasileiros, e, sendo um facilitador de acesso a provas e informações, deve ser atentamente observado pelos profissionais.

O direito à informação, que já é inerente ao profissional médico, tem sua relevância destacada pelo Código de Defesa do Consumidor, devendo ser aplicado regularmente nas relações médico-paciente, tanto que, a sua inobservância, por si só, é passível de caracterizar responsabilização civil.

Portanto, é crucial que o médico-residente tenha ciência da forma de aplicação das bases da legislação, especialmente da responsabilidade civil, para que tenha assim condições de realizar atos médicos de forma mais atenta e acertada, possibilitando-o atuar com clareza, segurança e tranquilidade.

Referências Bibliográficas

ALCANTARA, Hermes Rodrigues de. Responsabilidade Médica. Rio de Janeiro: José Konfino, 1971.

BRASIL. Lei nº 8.078 – 1990. Código de defesa do consumidor.

BRASIL. Presidência da República, Casa Civil, Subchefia para Assuntos Jurídicos. Lei nº 6.932, de 7 de julho de 1981. Dispõe sobre as atividades do médico residente e dá outras providências. Brasília, DF; 1981 [acesso em 01/08/2023]. Disponível em: www.planalto.gov.br/ccivil_03/Leis/L6932.html

BRASIL. Conselho Nacional de Residência Médica (CNRM). Resolução nº 4, de 9 de novembro de 1978. Estabelece normas gerais, requisitos mínimos e sistemática de credenciamento da Residência Médica. Brasília, DF; 1978 [acesso em 01/08/2023]. Disponível em: http://portal.mec.gov.br/sesu/arquivos/pdf/CNRM0478.pdf

BRASIL. Conselho Regional de Medicina do Estado da Bahia (CREMEB). Parecer nº 2/2008. Relator: Álvaro Nonato de Souza. [acesso em 01/08/2023]. Disponível em: https://sistemas.cfm.org.br/normas/visualizar/pareceres/BA/2008/2

BRASIL. Conselho Federal de Medicina (CFM). Parecer nº 3/1992. Relator: Hilário Lourenço de Freitas Junior. [acesso em 01/08/2023]. Disponível em: www.portalmedico.org.br/pareceres/CFM/1992/3_1992.htm

DANTAS, Eduardo. Direito médico. São Paulo: Editora Juspodivm, 2022.

FRANÇA, Genival Veloso de. Direito Médico. 16ª ed. Rio de Janeiro: Forense, 2020.

KFOURI NETO, Miguel. Responsabilidade Civil dos Hospitais: Código Civil e Código de Defesa do Consumidor. 4ª ed. ver., atual. e ampl. São Paulo: Thompson Reuters. Brasil, 2019.

KFOURI NETO, Miguel. Responsabilidade civil do médico. Editora Revista dos Tribunais Ltda. São Paulo: Ed. 2018.

NORONHA, Fernando. Responsabilidade Civil: uma tentativa de ressistematização. Revista de Direito Civil, nº 64.

O CONSENTIMENTO INFORMADO NA RELAÇÃO MÉDICO-PACIENTE

Gabriela Prosperi Bicalho
Eizani Rigopoulos

SUMÁRIO: Introdução. **1.** A relação médico-paciente. **2.** O consentimento informado. **3.** Termo de consentimento livre e esclarecido (TCLE). **4.** Judicialização por negligência informacional. Conclusões. Referências.

Introdução

O ato de consentir é definido pelo dicionário Aurélio como aprovação; permitir, assentir, dar consenso, ou seja, uma concordância de ideias, de opiniões[1]. Por sua vez, informar é dar informe ou parecer, comunicar, participar, dar informação ou notícia, inteirar[2].

Assim, devemos pensar o consentimento informado na relação médico-paciente como uma via de mão dupla, um diálogo entre as partes, sendo que o médico fornece as informações, o paciente sana suas dúvidas e, conjuntamente, determinam a conduta a ser tomada, compartilhando responsabilidades.

A relação médico-paciente é a base do direito médico[3]. É uma relação complexa e, ao contrário do que possa parecer, não é natural, precisa ser construída e mantida. Tanto o médico quanto o paciente precisam estar empenhados para que essa

---

1 FERREIRA, Aurélio Buarque de Holanda. **Miniaurélio século XXI: o minidicionário da língua portuguesa**. Rio de Janeiro: Nova Fronteira. 4ª ed. rev. ampliada. 2000. p. 177.

2 FERREIRA, Aurélio Buarque de Holanda. **Miniaurélio século XXI: o minidicionário da língua portuguesa**. Rio de Janeiro: Nova Fronteira. 4ª ed. rev. ampliada. 2000. p. 388.

3 SIMONELLI, Osvaldo. **Direito médico**. 1ª ed. Rio de Janeiro: Forense. 2023.

relação possa fluir da melhor forma possível, visando, sempre, o bem-estar do paciente.

Quando há um ruído nesta relação é que os problemas costumam surgir. O médico pode não se empenhar o necessário e/ou o paciente pode não aderir ao tratamento, duvidar da conduta médica e então, qualquer iatrogenia ou decurso natural da doença se torna um suposto "erro médico".

É unanime que o atendimento médico sempre esteve focado no bem-estar do paciente. O que difere ao longo do tempo é como se deu a relação entre o médico e o paciente.

Inicialmente tínhamos o médico como fonte única de saber e o paciente um mero executor dos mandos do profissional. O doente não poderia questionar, nem se opor ao tratamento preconizado, devendo, simplesmente, se limitar a cumprir as ordens. Era uma relação patriarcal, verticalizada, ou seja, a ordem vinha de cima para baixo.

Hoje, com o reconhecimento da autonomia do indivíduo, a relação é outra. O médico continua sendo o detentor do conhecimento, mas compartilha com o paciente e, a partir daí, juntos, delimitam as melhores formas de tratamento e até mesmo o momento de não mais tratar (sim, é um direito do paciente não querer se tratar, desde que não prejudique terceiros). A relação então deixou de ser patriarcal, verticalizada, e passou a ser horizontalizada, estando as duas partes praticamente no mesmo patamar, ambas com direitos e deveres.

O atual Código de Ética Médica, Resolução CFM nº 2.217/18, traz em seus princípios fundamentais a necessidade de o médico ouvir a vontade do paciente, desde que adequadas ao caso e cientificamente reconhecidas.

> XXI – No processo de tomada de decisões profissionais, de acordo com seus ditames de consciência e as previsões legais, o médico aceitará as escolhas de seus pacientes relativas aos procedimentos diagnósticos e terapêuticos por

eles expressos, desde que adequadas ao caso e cientificamente reconhecidas.[4]

Na atualidade, não basta o médico saber tratar a doença, ele também precisa ter a capacidade de se comunicar com seu paciente, de conseguir transmitir as informações claras, em linguagem acessível, para que a melhor decisão possa ser tomada em conjunto, para que o consentimento seja livre e devidamente informado.

Novamente o Código de Ética Médica, agora em seu artigo 34, trata da obrigação de o médico informar ao seu paciente sobre diagnósticos, prognósticos, riscos e objetivos do tratamento, salvo quando a comunicação direta possa lhe provocar dano, devendo, nesse caso, fazer a comunicação ao seu representante legal.[5]

A relevância do consentimento informado já chegou aos tribunais pátrios, que agora analisam não somente se houve um erro de conduta sob o ponto de vista técnico, como também se houve alguma falha na informação clara ao paciente.

Já podemos constatar em alguns processos judiciais a absolvição quanto à conduta técnica, considerando-a correta, porém, havendo punição em relação às informações direcionadas ao paciente, considerando-a deficitária.

O médico vem passando por um processo de reconhecimento de que informar ao paciente sobre o tratamento é quase tão importante quanto o próprio tratamento. O médi-

4 CONSELHO FEDERAL DE MEDICINA. Resolução 2.217/18. **Código de Ética Médica**. Publicado em 1º de novembro de 2018. Disponível em https://sistemas.cfm.org.br/normas/visualizar/resolucoes/BR/2018/2217 Acesso em 25/07/2023 às 14:42.

5 CONSELHO FEDERAL DE MEDICINA. Resolução 2.217/18. **Código de Ética Médica**. Publicado em 1º de novembro de 2018. Disponível em https://sistemas.cfm.org.br/normas/visualizar/resolucoes/BR/2018/2217 Acesso em 25/07/2023 às 14:42.

co que já incorporou esse aspecto tem uma menor chance de ter problemas, seja na justiça ou na qualidade da relação médico-paciente.

1. A relação médico-paciente

O médico tem o papel de assistir seu paciente com o melhor da sua técnica e empatia. Já o doente deve participar das decisões, se comprometer com o tratamento, manter um diálogo franco e sincero com o profissional da saúde. Somente com uma harmonia entre as partes é que o objetivo final, que é o bem-estar do paciente, pode ser alcançado.

Desde a segunda metade do século XX houve uma significativa mudança de paradigma na relação médico-paciente, na medida em que o princípio da beneficência, centrada em um paternalismo muitas vezes superprotetor (e quase tirânico), cedeu lugar à prevalência do princípio da autonomia, de tal sorte que o paciente, deixando de ocupar posição meramente passiva, assume-se como sujeito de direito na relação médico-paciente, que passa a ser mais equilibrada[6].

Deve-se entender aqui por autonomia essa capacidade de o paciente assumir o protagonismo em suas decisões quanto à sua saúde e sua vida, inclusive na aceitação de riscos que fazem parte de toda escolha.

Porém, a plena autonomia do paciente somente pode ser alcançada por meio adequado do seu consentimento para que o médico execute determinado tratamento, o qual tem como pressuposto a informação clara e adequada.

6 BRANDÃO, Luciano Correia Bueno. A responsabilidade civil do médico pela falha do dever informacional. 1ª ed. Rio de Janeiro: GZ, 2021. p. 19.

Dórea (1.999) traça quatro premissas fundamentais para o melhor desenvolvimento da atuação médica frente ao seu paciente, são elas: confortar, escutar, olhar e tocar[7].

Tepedino (2.003) classifica as obrigações do médico na nova relação médico-paciente:

> a) dever de fornecer ampla informação quanto ao diagnóstico e o prognóstico; b) emprego de todas as técnicas disponíveis para a recuperação do paciente aprovadas pela comunidade cientifica e legalmente permitidas; c) tutela do melhor interesse do enfermo em favor de sua dignidade e integridade física e psíquica.[8]

Essa autonomia do indivíduo, pode-se dizer, estaria intrínseca e indissociavelmente atrelada à própria noção de dignidade da pessoa humana[9].

2. O consentimento informado

Para que o paciente possa exercer o direito de tomada de decisões de forma autônoma, é imprescindível que tenha acesso a informação adequada, compreenda seu caso, esclareça suas dúvidas, opções de tratamento e riscos. A partir dessas informações, conjuntamente com o médico, o paciente torna-se corresponsável por determinar as diretrizes do seu tratamento[10].

---

7 DÓREA, Antônio José Pessoa da Silveira. Relação médico x paciente. 1999. Disponível em: https://portal.cfm.org.br/artigos/relacao-medico-x-paciente/ Acesso em: 13 jul. 2023.

8 TEPEDINO, Gustavo. A responsabilidade médica na experiência contemporânea brasileira. Revista Trimestral de Direito Civil. Padma: Rio de Janeiro, 2002. v. 12. p. 59-70.

9 BRANDÃO, Luciano Correia Bueno. A responsabilidade civil do médico pela falha do dever informacional. 1ª ed. Rio de Janeiro: GZ, 2021. p. 12.

10 BRANDÃO, Luciano Correia Bueno. A responsabilidade civil do médico pela falha do dever informacional. 1ª ed. Rio de Janeiro: GZ, 2021. p.17.

O Código de Ética Médica, Resolução CFM nº 2.217/2018, traz expressamente no art. 22 a necessidade de obter o consentimento do paciente antes de o procedimento ser realizado, salvo em caso de risco iminente de morte.

> (É vedado ao médico)
>
> Art. 22 Deixar de obter consentimento do paciente ou de seu representante legal após esclarecê-lo sobre o procedimento a ser realizado, salvo em caso de risco iminente de morte.[11]

O médico que descumprir tal mandamento está sujeito a responder um processo ético disciplinar, podendo inclusive ser penalizado por isso.

Via de regra, o ato médico somente deve acontecer quando houver a obtenção do consentimento do paciente ou, dependendo do caso, de seus responsáveis legais. Assim, no mundo ideal, todo procedimento médico necessita de uma autorização prévia. Isso em função do princípio da autonomia ou da liberdade, pelo qual todo individuo tem por consagrado o direito de ser autor do seu próprio destino e de optar pelo caminho que quer dar a sua vida, ainda que seja diferente do que o médico inicialmente imaginava[12].

Ressalta-se que não basta apenas o consentimento do paciente, mas além disso, que seja esclarecido. Ou seja, tomado por um indivíduo capaz civilmente, apto a entender, naquele momento, o que está sendo proposto pelo médico, isento de qualquer tipo de coação, influência ou indução.

---

11 CONSELHO FEDERAL DE MEDICINA. Resolução 2.217/18. **Código de Ética Médica**. Publicado em 1º de novembro de 2018. Disponível em https://sistemas.cfm.org.br/normas/visualizar/resolucoes/BR/2018/2217 Acesso em 25/07/2023 às 14:42.

12 FRANÇA, Genival Veloso de. **Direito médico.** 16 ed. Rio de Janeiro: Forense, 2020. p. 29.

O esclarecimento não pode ter um caráter estritamente técnico, faz-se necessário que se utilize uma linguagem leiga, de fácil compreensão para aquele indivíduo que será tratado. O doente deve ser informado tanto dos resultados normais, quanto dos riscos, reações adversas e sintomas, ainda que pouco prevalentes. O paciente precisa ter claros os riscos que corre para sopesá-los e avaliar se vale a pena seguir naquele tratamento. Além do mais, tem que ser garantido ao paciente o direito de revogar a autorização a qualquer tempo, pois só assim o paciente poderá se considerar livre.

3. Termo de consentimento livre e esclarecido (TCLE)

O termo de consentimento livre e esclarecido é um documento médico de suma importância, uma das modalidades de consentimento informado na relação médico-paciente, fundamentado em dois pilares essenciais: autonomia e liberdade de escolha.

A autonomia deve ser entendida como a liberdade para, diante de opções previamente conhecidas, escolher a que melhor se encaixa em seu contexto. Portanto, pressupõe-se que o paciente tenha ao menos duas alternativas a escolher, ainda que uma delas seja não realizar o procedimento.

O consentimento dado pelo paciente, após receber a informação médica feita em termos leigos, compreensíveis, de maneira clara e eficiente, é uma condição indispensável na atual relação médico-paciente. É uma decisão que leva em consideração os objetivos, valores, preferências e necessidades da pessoa a ser tratada, sendo por ele decidida após a devida avaliação dos riscos e benefícios.[13]

13 DINIZ, Maria Helena. **O Estado Atual do Biodireito**. Ed. Saraiva, 2ª ed., 2002, p. 580.

O termo de consentimento, enquanto documento médico, surge a partir de uma evolução bioética decorrente de inúmeros experimentos não éticos com seres humanos que se iniciam, na história recente, com o regime nazista alemão, passando pelo experimento feito em Alabama, Estados Unidos, onde uma população deixou de ser tratada de sífilis, mesmo já havendo a descoberta da cura, somente para acompanhar a evolução da doença.[14]

Todavia, hoje, em decorrência da exigência do bom relacionamento médico-paciente, passou a ser uma exigência a obtenção de tal documento em procedimentos potencialmente prejudiciais à sua saúde, bem como nas pesquisas científicas envolvendo seres humanos.[15]

O Conselho Federal de Medicina (CFM) editou a Recomendação nº 1/2016, ainda vigente, que dispõe sobre o processo de obtenção de consentimento livre e esclarecido na assistência médica e definiu consentimento livre e esclarecido como:

> O consentimento livre e esclarecido consiste no ato de decisão, concordância e aprovação do paciente ou de seu representante legal, após a necessária informação e explicações, sob a responsabilidade do médico, a respeito dos procedimentos diagnósticos ou terapêuticos que lhe são indicados[16].

A assinatura do termo de consentimento livre e esclarecido (TCLE) deve ser entendido como um processo, uma sequência

---

14 SIMONELLI, Osvaldo. **Direito médico**. 1ª ed. Rio de Janeiro: Forense. 2023. P. 167.

15 SIMONELLI, Osvaldo. **Direito médico**. 1ª ed. Rio de Janeiro: Forense. 2023. p. 167.

16 CONSELHO FEDERAL DE MEDICINA. **Recomendação 1/2016**. Dispõe sobre o processo de obtenção de consentimento livre e esclarecido na assistência médica. Publicado em 21 de janeiro de 2016. Disponível em https://sistemas.cfm.org.br/normas/visualizar/recomendacoes/BR/2016/1 Acesso em 25/07/2023 às 09:41.

de ações, que se inicia com as informações claras, em linguagem acessível acerca do procedimento passadas pelo médico ao paciente, passando pelo processamento de tais informações pelo paciente, retirada de dúvidas, até chegar finalmente na assinatura do termo. É uma fase do procedimento médico a ser realizado, por ser essencial tanto do ponto de vista jurídico, mas também da boa relação médico-paciente. O consentimento é a verdadeiro manifestação do processo de informação adequado.

Dentro da relação médico-paciente a informação advém de uma obrigação intrínseca, a partir de atitudes básicas de ouvir, olhar e dialogar, de forma bilateral, sendo essas premissas básicas para o desenvolvimento estrutural primordial do ato médico, a ser reduzido no documento de que tratamos aqui[17].

O dever informacional derivado do TCLE é tanto do médico, quanto do paciente. O médico deve esclarecer sobre o procedimento, riscos, benefícios e malefícios. Já o enfermo deve informar sobre o seu estado de saúde, medicamentos em uso, fatores de risco, todas as perguntas feitas pelo profissional da saúde e as que mais achar eficiente. Ambos os lados devem ser sinceros e não ocultar nenhum dado relevante. O médico precisa dos dados fornecidos pelo paciente para traçar a melhor conduta. O paciente também tem o papel de informar.

A informação vai ser importante também para o pós-procedimento, no qual o paciente deve ser informado quanto ao que deve esperar, o que pode ou não fazer, devendo seguir à risca as orientações médicas.

A obtenção do termo de consentimento livre e esclarecido tem a sua base no dever informacional disposto no Código de Defesa do Consumidor, mais especificamente em seu artigo 6º, inciso III:

---

17 SIMONELLI, Osvaldo. **Direito médico**. 1ª ed. Rio de Janeiro: Forense. 2023. p. 172.

> Art. 6º São direitos básicos do consumidor:
>
> III – a informação adequada e clara sobre os diferentes produtos e serviços, com especificação correta de quantidade, características, composição, qualidade, tributos incidentes e preço, bem como sobre os riscos que apresentem;[18]

É importante destacar que o consentimento livre e voluntário do paciente afasta a possibilidade de uso de formulários ou fichas padrão, que constituem, em última análise, um mero contrato de adesão, não se proporcionando uma escolha livre e esclarecida.[19]

O Código de Defesa do Consumidor define em seu artigo 54 o contrato de adesão como aquele estabelecido unilateralmente pelo fornecedor de produtos ou serviços, sem que o consumidor possa discutir ou modificar substancialmente o seu conteúdo.[20]

Porém, devemos destacar que há situações excepcionais, em que a assinatura do TCLE deve ser dispensada, como em casos de urgência e emergência. Nestas situações pressupõe-se uma concessão tácita para que o médico utilize de todos os meios ao seu alcance em benefício do paciente, não sendo necessário preenchimento de qualquer documento. Todavia, sem-

18 BRASIL. Lei nº 8.078 de 1990. **Código de Defesa do Consumidor**. Dispõe sobre a proteção do consumidor e dá outras providências. Publicado em 11 de setembro de 1990. Disponível em http://www.planalto.gov.br/ccivil_03/leis/l8078compilado.htm. Acesso em 25/07/2023 às 11:06.

19 BRANDÃO, Luciano Correia Bueno. A responsabilidade civil do médico pela falha do dever informacional. 1ª ed. Rio de Janeiro: GZ, 2021. p. 51.

20 BRASIL. Lei nº 8.078 de 1990. Código de Defesa do Consumidor. Dispõe sobre a proteção do consumidor e dá outras providências. Publicado em 11 de setembro de 1990. Disponível em http://www.planalto.gov.br/ccivil_03/leis/l8078compilado.htm. Acesso em 25/07/2023 às 11:06.
Art. 54. Contrato de adesão é aquele cujas cláusulas tenham sido aprovadas pela autoridade competente ou estabelecidas unilateralmente pelo fornecedor de produtos ou serviços, sem que o consumidor possa discutir ou modificar substancialmente seu conteúdo.

pre que possível, a informação deve ser passada ao paciente e, até mesmo, ser obtida uma autorização verbal. Ressaltando que a base informativa deve ser mantida sempre que possível.

Os Tribunais pátrios, como se verá adiante, vêm analisando não só a questão de técnica em ações de erro médico, mas também a observância do dever informacional. Por vezes, há o reconhecimento de que a técnica foi correta, porém, há condenação por ausência do dever informacional em casos sem termo de consentimento livre e esclarecido ou mesmo de um documento padrão, sem a devida individualização do caso, com condenação pecuniária.

4. Judicialização por negligência informacional

O não uso do termo de consentimento livre e esclarecido, ou mesmo o uso de modo genérico ou pouco claro, pode levar o paciente a sofrer efeitos adversos, os quais poderão ser alvo da alegação de falta de informação adequada sobre todos os aspectos do procedimento. Conforme já visto, a informação e a obtenção do consentimento são essenciais para o início do tratamento, da conduta médica, e afastam o espectro da negligência médica.

Não são incomuns, nos dias de hoje, condenações judiciais que não são causadas por efetivo erro médico ou resultado efetivamente nocivo, mas sim por insuficiência de informação, a chamada negligência informacional.

A quantidade de processos cíveis e éticos contra médicos no Brasil cresce de forma exponencial. Uma vez demonstrada a normatização legal acerca do dever informacional, nota-se com facilidade um movimento jurisprudencial na diretriz de que: ainda que não se tenha caracterizado um erro médico de qualquer espécie na conduta do profissional, eventuais danos em prejuízo do paciente, ainda que iatrogênicos, têm ensejado a obrigação indenizatória para o profissional e/ou para o hospital. Desde que constatada a ausência ou mesmo a falha do mencionado dever informacional acerca da terapêutica a ser implementada e suas consequências para o paciente.

O Superior Tribunal de Justiça, ao julgar o Recurso Especial 1.540.580[21], foi categórico, a saber:

> 3) O dever de informação é a obrigação que possui o médico de esclarecer o paciente sobre os riscos do tratamento, suas vantagens e desvantagens, as possíveis técnicas a serem empregadas, bem como a revelação quanto aos prognósticos e aos quadros clínico e cirúrgico, salvo quando tal informação possa afetá-lo psicologicamente, ocasião em que a comunicação será feita a seu representante legal. [...]
> 5) Haverá efetivo cumprimento do dever de informação quando os esclarecimentos se relacionarem especificamente ao caso do paciente, não se mostrando suficiente a informação genérica. Da mesma forma, para validar a informação prestada, não pode o consentimento do paciente ser genérico (blanket consent), necessitando ser claramente individualizado.

Cabe destacar também a decisão do Tribunal de Justiça de São Paulo[22] que, apesar de afastar a culpa do médico nos danos sofridos pelo paciente, reconheceu a responsabilidade civil pela omissão de informação.

> (...) Existência de lesão estética. Perícia médica que concluiu que não houve conduta culposa do réu, apesar de danos evidenciados. Complicações passíveis de ocorrência, conforme esclarecimento do perito. Negligência ou impe-

21 REsp 1540580/DF, Rel. Ministro Lázaro Guimarães, Quarta Turma, julgado em 02/08/2018, DJe 04/09/2018.

22 AC 1004227-13.2017.8.26.0457, Relator Angela Lopes, 09ª Câmara de Direito Privado, julgado em 15/12/2020, DJe 16/12/2020

rícia não verificada nos procedimentos médicos propriamente ditos. Termo de Consentimento Esclarecido que é genérico. Falha na prestação de serviços por violação do dever de bem informar. Responsabilidade civil do réu caracterizada pela omissão do dever de informação (...).

Nesse sentido, cumpre trazer decisões recentes sobre o tema:

APELAÇÃO. AÇÃO INDENIZATÓRIA. Sentença de parcial procedência. Inconformismo dos requeridos. Deserção. Preparo recolhido sobre condenação líquida. Observância ao art. 4º, inciso II, §2º, Lei nº 11.608/03. Deserção afastada. Cerceamento de defesa afastado. Julgamento extra petita afastado. **Falha no dever de informação que deve ser reconhecida. Ausência de Termo de Consentimento livre e esclarecido assinado pelo autor em relação aos primeiros procedimentos cirúrgicos. Inconsistências e divergências nas anotações dos prontuários médicos e ausência de descrição detalhada dos procedimentos cirúrgicos.** Negligência do profissional. Falha na prestação de serviços por violação do dever de bem informar. Responsabilidade civil do réu caracterizada pela omissão do dever de informação. Sentença mantida. RECURSO NÃO PROVIDO. (Tribunal de Justiça de São Paulo TJ-SP – Apelação Cível: AC 1011584-42.2017.8.26.0005 SP 1011584 -42.2017.8.26.0005).

APELAÇÃO. AÇÃO INDENIZATÓRIA. FALHA NA PRESTAÇÃO DE SERVIÇOS. Sentença de procedência, com indenização fixada em R$15.000,00. Inconformismo da requerida. Nulidade. Inocorrência. **A despeito do laudo pericial ter concluído pela adequação do procedimento e da técnica empregada, houve falha no dever de informação que deve ser reconhecida. Falha na prestação de serviços por violação do dever de bem informar.** Responsabilidade civil do réu caracterizada pela omissão do dever de informação. Indenização reduzida para R$ 5.000,00, com correção monetária a partir do presente julgamento e juros de mora a partir do evento danoso (Súmula 54 do STJ). Valor justo e razoável para recompor os danos sofridos e a reprimir o ato, sem implicar enriquecimento ao consumidor. Sentença reformada em parte. Sucumbência recíproca. RECURSO PARCIALMENTE PROVIDO. (TJSP - AC: 10145242620198260161 SP 1014524-26.2019.8.26.0161, Relator: Ana Maria Baldy, Data de Julgamento: 27/08/2021, 6ª Câmara de Direito Privado, Data de Publicação: 27/08/2021).

RECURSO ESPECIAL. VIOLAÇÃO AO ART. 535 DO CPC/1973. NÃO OCORRÊNCIA. RESPONSABILIDADE CIVIL DO MÉDICO POR INADIMPLEMENTO DO DEVER DE INFORMAÇÃO. NECESSIDADE DE ESPECIALIZAÇÃO DA INFORMAÇÃO E DE CONSENTIMENTO ESPECÍFICO. OFENSA AO DIREITO À AUTODETERMINAÇÃO. VALORIZAÇÃO DO SUJEITO DE DIREITO. DANO EXTRAPATRIMONIAL CONFIGURADO. INADIMPLEMENTO CONTRATUAL. BOA-FÉ OBJETIVA. ÔNUS DA PROVA DO MÉDICO. 1. Não há violação ao artigo 535, II, do CPC, quando, embora rejeitados os embargos de declaração, a matéria em exame foi devidamente enfrentada pelo Tribunal de origem, que emitiu pronunciamento de forma fundamentada, ainda que em sentido contrário à pretensão da recorrente. 2. É uma prestação de serviços especial a relação existente entre médico e paciente, cujo objeto engloba deveres anexos, de suma relevância, para além da intervenção técnica dirigida ao tratamento da enfermidade, entre os quais está o dever de informação. 3. **O dever de informação é a obrigação que possui o médico de esclarecer o paciente sobre os riscos do tratamento, suas vantagens e desvantagens, as possíveis técnicas a serem empregadas, bem como a revelação quanto aos prognósticos e aos quadros clínico e cirúrgico, salvo quando tal informação possa afetá-lo psicologicamente, ocasião em que a comunicação será feita a seu representante legal. 4. O princípio da autonomia da vontade, ou autodeterminação, com base constitucional e previsão em diversos documentos**

internacionais, é fonte do dever de informação e do correlato direito ao consentimento livre e informado do paciente e preconiza a valorização do sujeito de direito por trás do paciente, enfatizando a sua capacidade de se autogovernar, de fazer opções e de agir segundo suas próprias deliberações. 5. Haverá efetivo cumprimento do dever de informação quando os esclarecimentos se relacionarem especificamente ao caso do paciente, não se mostrando suficiente a informação genérica. Da mesma forma, para validar a informação prestada, não pode o consentimento do paciente ser genérico (blanket consent), necessitando ser claramente individualizado. 6. O dever de informar é dever de conduta decorrente da boa-fé objetiva e sua simples inobservância caracteriza inadimplemento contratual, fonte de responsabilidade civil per se. A indenização, nesses casos, é devida pela privação sofrida pelo paciente em sua autodeterminação, por lhe ter sido retirada a oportunidade de ponderar os riscos e vantagens de determinado tratamento, que, ao final, lhe causou danos, que poderiam não ter sido causados, caso não fosse realizado o procedimento, por opção do paciente. 7. O ônus da prova quanto ao cumprimento do dever de informar e obter o consentimento informado do paciente é do médico ou do hospital, orientado pelo princípio da colaboração processual, em que cada parte deve contribuir com os elementos probatórios que mais facilmente lhe possam ser exigidos. 8. A responsabilidade subjetiva do médico (CDC, art. 14, § 4º) não exclui a possibilidade de inversão do ônus da prova, se presentes os requisitos do art. 6º, VIII, do CDC, devendo o profissional demonstrar ter agido com respeito às orientações técnicas aplicáveis. Precedentes. 9. Inexistente legislação específica para regulamentar o dever de informação, é o Código de Defesa do Consumidor o diploma que desempenha essa função, tornando bastante rigorosos os deveres de informar com clareza, lealdade e exatidão (art. 6º, III, art. 8º, art. 9º). 10. Recurso especial

> provido, para reconhecer o dano extrapatrimonial causado pelo inadimplemento do dever de informação. (STJ - REsp: 1540580 DF 2015/0155174-9, Relator: Ministro LÁZARO GUIMARÃES (DESEMBARGADOR CONVOCADO DO TRF 5ª REGIÃO), Data de Julgamento: 02/08/2018, T4 - QUARTA TURMA, Data de Publicação: DJe 04/09/2018).

Haverá efetivo cumprimento do dever de informação quando os esclarecimentos se relacionarem especificamente ao caso do paciente, não se mostrando suficiente a informação genérica. Da mesma forma, para validar a informação prestada, não pode o consentimento do paciente ser genérico, necessitando ser claramente individualizado. A obrigação de informar é dever de conduta decorrente da boa-fé objetiva e sua simples inobservância caracteriza inadimplemento contratual, fonte de responsabilidade civil por si só.[23]

Portanto, conforme exposto, a responsabilização do médico pela falha no dever de informar, ainda que afastada sua culpa do profissional, poderá ocorrer. Isso porque, em atenção à doutrina e à jurisprudência a relação médico-paciente é considerada majoritariamente como de consumo. E, assim, considera-se o acesso à informação como um direito básico do consumidor, previsto não apenas no Código de Defesa do Consumidor, mas também no Código Civil e no Código de Ética Médica, que inclusive prevê a autonomia da vontade – um dos princípios condutores do consentimento informado.

Conclusões

A boa relação entre o médico e o paciente é essencial para o bom andamento do tratamento. Desde os primórdios da me-

23 Superior Tribunal de Justiça STJ – RECURSO ESPECIAL: REsp 1540580 DF 2015/0155174-9

dicina já existia essa relação entre eles, porém, a forma de relacionamento veio mudando ao longo do tempo.

Inicialmente havia uma relação verticalizada, onde o médico ditava os rumos do tratamento, cabendo ao doente apenas concordar. Com o reconhecimento da autonomia do paciente, essa relação passou a ficar mais horizontalizada. Ainda é o médico que detém o conhecimento técnico, mas hoje o paciente tem a liberdade de decidir o que entende ser melhor para ele, ainda que pense de forma diferente do médico.

Ocorre que para o paciente decidir os rumos do seu tratamento, ele deve ter conhecimento de quais são suas opções, riscos, benefícios e malefícios. Somente munido de um arcabouço seguro de informações clara e em linguagem leiga é que o paciente poderá decidir de forma livre.

Na medicina, o chamado termo de consentimento livre e esclarecido é o documento recomendado para que os médicos expliquem e entreguem aos pacientes para que seja firmada a autorização para a realização do procedimento. O termo deve vir junto com a explicação e esclarecimento de dúvidas do enfermo. É preconizado que para todo procedimento invasivo haja um termo de consentimento livre e esclarecido individualizado, claro e em linguagem acessível.

Hoje vemos que esse reconhecimento da autonomia do paciente e sua consequente liberdade de escolha já está estampada nos tribunais pátrios. Em decorrência da incidência da aplicação do Código de Defesa do Consumidor na relação médico-paciente, da obrigatoriedade do dever informacional, há lides em que se reconhece que, apesar de não ter havido negligência, imprudência ou imperícia por parte do médico em relação ao procedimento de saúde, houve a ausência do dever informacional, condenando o profissional por tal omissão.

O médico que já reconheceu a importância da boa relação médico-paciente, que este é um ser autônomo e que, a partir da informação clara e leiga, é capaz de decidir o que melhor lhe convém, tem mais chances de estabelecer uma sólida relação médico-paciente e de reduzir o risco de uma ação judicial.

Referências

BRANDÃO, Luciano Correia Bueno. **A responsabilidade civil do médico pela falha do dever informacional**. 1ª ed. Rio de Janeiro: GZ, 2021.

BRASIL. Lei nº 8.078 de 1990. **Código de Defesa do Consumidor**. Dispõe sobre a proteção do consumidor e dá outras providências. Publicado em 11 de setembro de 1990. Disponível em http://www.planalto.gov.br/ccivil_03/leis/l8078compilado.htm. Acesso em 25/07/2023 às 11:06.

CONSELHO FEDERAL DE MEDICINA. Resolução 2.217/18. **Código de Ética Médica**. Publicado em 1º de novembro de 2018. Disponível em https://sistemas.cfm.org.br/normas/visualizar/resolucoes/BR/2018/2217 Acesso em 25/07/2023 às 14:42.

CONSELHO FEDERAL DE MEDICINA. **Recomendação 1/2016**. Dispõe sobre o processo de obtenção de consentimento livre e esclarecido na assistência médica. Publicado em 21 de janeiro de 2016. Disponível em https://sistemas.cfm.org.br/normas/visualizar/recomendacoes/BR/2016/1. Acesso em 25/07/2023 às 09:41.

DINIZ, Maria Helena. O Estado Atual do Biodireito, Ed. Saraiva, 2ª ed., 2002, p. 580.

DÓREA, Antônio José Pessoa da Silveira. **Relação médico x paciente**. 1999. Disponível em: https://portal.cfm.org.br/artigos/relacao-medico-x-paciente/ Acesso em: 13 jul. 2023.

FERREIRA, Aurélio Buarque de Holanda. **Miniaurélio século XXI**: o minidicionário da língua portuguesa. Rio de Janeiro: Nova Fronteira. 4ª ed. rev. ampliada. 2000. p. 177 e 388.

FRANÇA, Genival Veloso de. **Direito médico.** 16 ed. Rio de Janeiro: Forense, 2020.

KFOURI Neto, Miguel. A Responsabilidade Civil do Médico. Revista dos Tribunais, Doutrinas Essenciais de Responsabilidade Civil. São Paulo: Revista dos Tribunais, 2011.

KFOURI NETO, Miguel. Responsabilidade Civil do Médico. 8° ed. São Paulo: Ed. Revista dos Tribunais, 2013.

LIMA, Gilberto Baumann. Consentimento informado na relação entre profissionais, instituições de saúde e seus pacientes. Londrina: GB de Lima, 2005.

SIMONELLI, Osvaldo. **Direito médico**. 1ª ed. Rio de Janeiro: Forense. 2023.

TEPEDINO, Gustavo. **A responsabilidade médica na experiência contemporânea brasileira.** Revista Trimestral de Direito Civil. Padma: Rio de Janeiro, 2002. v. 12. p. 59-70.

O SIGILO MÉDICO NA RELAÇÃO MÉDICO-PACIENTE: UMA ANÁLISE HISTÓRICA E DOUTRINÁRIA

Gabriela Prosperi Bicalho
Monica Barbosa Martírio
Rubilene Lustosa de Oliveira

Introdução

A relação médico-paciente é uma das bases fundamentais da prática médica, construída com base na confiança, ética e respeito mútuo. Nesse contexto, o sigilo médico surge como um pilar essencial dessa relação, garantindo que informações sensíveis e pessoais sejam mantidas em sigilo, assegurando o bem-estar e a privacidade do paciente. Este artigo busca explorar a evolução histórica e as vertentes doutrinárias que moldaram a abordagem do sigilo médico ao longo do tempo, assim como sua importância na prática médica contemporânea.

1. O Sigilo Médico nas Vertentes Doutrinárias

> O objetivo do segredo médico é estabelecer a confiança do paciente, cujas informações são fundamentais para assegurar um diagnóstico seguro e um tratamento eficiente. (Genival p. 35).

Neste contexto, o segredo na relação médico-paciente surgiu no juramento hipocrático. Contudo, existe três vertentes doutrinarias, vejamos:

Escola absolutista – está adora o sigilo absoluto, em qualquer em situação e em todos os casos, mesmo que tenha ocorrido um crime. Para Paul Brouardel, a obrigação do segredo não é facultativa, mas sim absoluta.

Escola abolicionista – os defensores desta teoria entendem que o segredo é uma farsa entre médico e paciente; postulam que a lei protege o interesse individual em detrimento do interesse da coletividade.

Escola Intermediária – como o próprio nome já sugere, esta entende que o sigilo médico pode ser relativo, desde que seja em razão da lei, éticas morais e sociais.

É importante ressaltar que essas vertentes não são mutuamente exclusivas e podem se sobrepor em certos contextos. Além disso, a legislação de cada país pode ter diferentes abordagens em relação ao sigilo médico, estabelecendo limites específicos. Em suma, a aplicação do sigilo médico depende de uma análise cuidadosa de cada situação, levando em consideração as necessidades e os direitos do paciente, bem como as obrigações éticas e legais do profissional de saúde.

1.1. O Sigilo Médico na História da Medicina

A trajetória histórica do sigilo médico desde o juramento hipocrático até os dias atuais sempre esteve em constante evolução. A relação de médico e paciente é moldada conforme a sociedade evolui, hoje podemos visualizar uma grande frente em defesa da autonomia do paciente, coisa que não existia de forma tão prática há 30 anos. Hipócrates já elucidava: "o que, no exercício ou fora do exercício e no comércio da vida eu vir ou ouvir, que não seja necessário revelar, conservarei como segredo". (Juramento de Hipócrates).

O sigilo médico reputa-se em uma situação complexa nas esferas particulares do indivíduo e de sua família, diante de patologia e tratamentos investigativos para obtenção de um diagnóstico devendo ficar restritos a cada um; sendo o médico o provedor da garantia de mantê-lo seguro.

O sigilo médico é tão antigo quanto a medicina, sendo um dos pilares da relação médico-paciente. O Juramento de Hipócrates, datado desde 460 AC, continua sendo a base da relação médico-paciente, vejamos parte do juramento de Hipócrates: "penetrando no interior das famílias, meus olhos serão cegos, minha língua calará aos segredos que me forem confiados".

O primeiro código médico brasileiro, então chamado de moral médica, datado em 1929 trazia no capítulo 9: do segredo do médico; aduzia em seu artigo 76 que:

> O segredo do médico é uma obrigação que depende da própria essência da profissão, o interesse público, a segurança dos enfermos, a honra das famílias, a responsabilidade do médico e Digne é dignidade da arte exige o segredo.

Tratava do segredo profissional até o artigo 88.

Em 1931 foi publicado o código de deontologia médica que revogou a anterior. Trazia o segredo médico em seu capítulo IX, artigo 73. O texto do artigo repetia o mesmo do artigo 76 do código anterior, já devidamente supracitado.

Então no Brasil foi criado o decreto-lei nº 7955/1945, o qual instituiu o conselho federal de medicina e os conselhos regionais de medicina. Foi revogado pelo decreto-lei nº 32 688/1957, ambos são historicamente importantes para a nossa história, depois foi de fundamental importância para a história da medicina em nosso país.

Após a criação dos conselhos, adveio o primeiro código de ética médica. Em todos há um capítulo que trata do sigilo médico-paciente, vejamos:

Em 1945 foi aprovado o código de deontologia médica – agora pelo conselho federal de medicina – tendo validade em todo o território nacional. Trata em seu capítulo 9: do segredo do médio, no artigo 32:

> constituirá segredo médico que os médicos vejam ouçam o descubram em função de sua profissão, ou pelos que por esse se interessem ou sejam responsáveis;

Tratava do sigilo até o artigo 37;

Em 1953, o conselho federal de medicina editou outro código, revogando uma anterior, repetia o segredo do médico em seu capítulo 5, artigo 36:

> Capítulo V: Segredo do Médico
>
> Artigo 36ª - O médico está obrigado, pela ética e pela Lei, a guardar segredo sobre fatos de que tenha conhecimento, por ter visto, ouvido ou deduzido, no exercício de sua atividade profissional, ficando na mesma obrigação todos os seus auxiliares.
>
> § Único: O consentimento do cliente não exime o médico da obrigação de guardar sigilo.

Sempre em busca de aperfeiçoar as normas que regulamentam a medicina no país, em 1965 houve a edição de mais um código, agora de nome Código de Ética Médica.

> Capítulo 5: segredo médico.
>
> Artigo 34º- O médico está obrigado, pela ética e pela Lei, a guardar segredo sobre fatos de que tenha conhecimento por ter visto, ouvido ou deduzido no exercício de sua atividade profissional.
>
> § Único: Deve o médico empenhar-se no sentido de estender aos seus auxiliares a mesma obrigação de guardar o segredo colhido no exercício de sua profissão.

Já em 1984 houve uma nova atualização e mudança de nome, o código passou a chamar-se Código Brasileiro de Deontologia Médica.

Trazia também o segredo médico, estes em capítulos, somente artigos corridos com títulos.

> Segredo Médico
>
> Artigo 44ª – Revelar fatos de que tenha conhecimento por tê-los presenciado ou deduzido no exercício da sua atividade profissional, permanecendo esta proibição mesmo que o paciente já tenha falecido, salvo em justa causa ou para obedecer a dever legal.

Tratava de segredo médico até o artigo 53.

Em 1988, o conselho não contente com as normas, nem com a nomenclatura dada ao código anterior, elaborou uma nova mudança. Desta vez, voltando a chamar código de ética médica retornando também com os capítulos. Seria então o primeiro código oficial em todo o território nacional.

Trazia o segredo médico em seu capítulo IX:

É vedado ao médico:

> Art. 102 – Revelar o fato de que tenha conhecimento em virtude do exercício de sua profissão, salvo por justa causa, dever legal ou autorização expressa do paciente.
>
> Parágrafo único – Permanece essa proibição:
>
> a) Mesmo que o fato seja de conhecimento público ou que o paciente tenha falecido.
>
> b) Quando do depoimento como testemunha. Nesta hipótese o médico comparecerá perante a autoridade e declarará seu impedimento.

Versava do segredo do médico até o artigo 109.

Em 2009, houve atualização e revisão no código de 1988, tendo sido incorporadas novas diretrizes e princípios éticos.

Introduziu também novas regras de conduta para os médicos, adaptando-se às mudanças na prática médica e sociedade.

> Capítulo IX
>
> Sigilo profissional
>
> É vedado ao médico:
>
> Art. 73. Revelar fato de que tenha conhecimento em virtude do exercício de sua profissão, salvo por motivo justo, dever legal ou consentimento, por escrito, do paciente.
>
> Parágrafo único. Permanece essa proibição:
>
> a) mesmo que o fato seja de conhecimento público ou o paciente tenha falecido;
>
> b) quando de seu depoimento como testemunha. Nessa hipótese, o médico comparecerá perante a autoridade e declarará seu impedimento;
>
> c) na investigação de suspeita de crime o médico estará impedido de revelar segredo que possa expor o paciente a processo penal.

Este trata de sigilo até o artigo 79.

Atualização seguinte foi aprovado pelo Conselho Federal de Medicina - CFM em 2019 e entrou em vigor em abril de 2020. A revisão mais recente do código busca alinhar a prática médica às mudanças sociais e tecnológicas, bem como aborda temas como a telemedicina, cuidados paliativos, sigilo profissional e relação médico-paciente.

> Capítulo IX
>
> SIGILO PROFISSIONAL
>
> É vedado ao médico:
>
> Art. 73. Revelar fato de que tenha conhecimento em virtude do exercício de sua profissão, salvo por motivo justo, dever legal ou
>
> consentimento, por escrito, do paciente.

Parágrafo único. Permanece essa proibição: a) mesmo que o fato seja de conhecimento público ou o paciente tenha falecido;

b) quando de seu depoimento como testemunha (nessa hipótese,

o médico comparecerá perante a autoridade e declarará seu impedimento);

c) na investigação de suspeita de crime, o médico estará impedido de revelar segredo que possa expor o paciente a processo penal.

Percebe-se que não houve mudanças e trata de sigilo até o artigo 79.

Deste modo, temos este quadro comparativo para melhor compreensão:

Data	Código/Norma	Abordagem ao Sigilo Médico
460 AC	Juramento de Hipócrates	Estabelecimento da obrigação de manter segredo médico
1929	Primeiro Código Médico Brasileiro	Abordagem do segredo profissional até o Artigo 88
1931	Código de Deontologia Médica	Tratamento do sigilo médico até o Artigo 37
1945	Código de Deontologia Médica (pelo Conselho Federal de Medicina)	Inclusão do segredo médico no Capítulo 9, tratando até o Artigo 37
1953	Código de Deontologia Médica (edição do Conselho Federal de Medicina)	Artigo 36 aborda o sigilo médico
1965	Código de Ética Médica	Sigilo médico tratado no Capítulo 5, até o Artigo 34

1984	Atualização do Código de Ética Médica	Continuação do tratamento do sigilo médico no Capítulo 5
1988	Código de Ética Médica	Retorno da abordagem do sigilo médico no Capítulo IX
2009	Código de Ética Médica	Documento aprovado pelo plenário do Conselho Federal de Medicina e publicado no Diário Oficial da União (Resolução CFM Nº 1931, de 17 de setembro de 2009), que contém as normas éticas que devem ser seguidas pelos médicos no exercício da profissão, independentemente da função ou cargo que ocupem.
2020	Código de Ética Médica	É importante destacar a novidade do artigo 111
		É vedado ao médico:
		Art. 111. Permitir que sua participação na divulgação de assuntos médicos, em qualquer meio de comunicação de massa, deixe de ter caráter exclusivamente de esclarecimento e educação da sociedade.

Sendo assim, podemos identificar que ao longo da história da medicina o tema do sigilo médico sempre foi tratado como tema primordial na relação entre o médico e o paciente. Podemos dizer que se trata de um princípio intrínseco desta relação e ao longo da construção deste conceito a cada geração que passa ele vai se firmando ainda mais, tanto que no Brasil no artigo 154 do Código Penal temos a tipificação da revelação de segredo profissional:

> 154 - Revelar alguém, sem justa causa, segredo, de que tem ciência em razão de função, ministério, ofício ou profissão, e cuja revelação possa produzir dano a outrem: Pena - detenção, de três meses a um ano, ou multa.

2. Sigilo e o prontuário do paciente

O prontuário é um documento muito importante, que deve conter o registro de todo o histórico de saúde do paciente, decorrente do atendimento que lhe foi prestado. Além de todas as informações relevantes a permitir o devido acompanhamento, em momento posterior, efetiva também a comunicação entre todos os outros profissionais da saúde que o atendem.

O prontuário, apesar de ser chamado de médico, é, na verdade, multidisciplinar, devendo ser evoluído e acompanhado por todos os profissionais da área de saúde que dão suporte ao paciente, entre eles, fisioterapia, fonoaudiologia, terapia ocupacional, psicologia e outros.

Além disso, o prontuário pertence ao paciente, somente ficando sob a guarda do médico ou instituição de saúde, a quem incumbe zelar pela proteção, integridade e sigilo. Como é a intimidade do paciente que está registrada no documento, o cuidado deve ser redobrado.

Sempre que houver a necessidade de se quebrar o sigilo, o médico deve fazer [1]constar no prontuário que a revelação das condições, do diagnóstico ou prognóstico foi feita a pedido do próprio paciente ou de seus responsáveis legais[2]

O artigo 88[3] do Código de Ética Médica é bem claro ao proferir que é vedado ao médico deixar de fornecer ao paciente ou,

1 **Direito médico**: SIMONELLI, Osvaldo. 1ª ed. Rio de Janeiro: Forense, 2023.

2 **Direito médico**: FRANÇA, Genival Veloso. 16ª ed. Rio de Janeiro. Forense, 2020.

3 Art. 88. (É vedado ao médico) Negar ao paciente ou, na sua impossibilidade, a seu representante legal, acesso a seu prontuário, deixar de lhe fornecer cópia quando solicitada, bem como deixar de lhe dar explicações necessárias à sua compreensão, salvo quando ocasionarem riscos ao próprio paciente ou a terceiros.

na sua impossibilidade, ao seu representante legal, o acesso ao prontuário, inclusive com direito a cópia[4].

Os dados inseridos no prontuário são fruto da relação médico-paciente, que tem como um dos pilares o sigilo médico. O paciente só confia em contar seus problemas ao médico, pois sabe que o que se fala em consultório, por lá deve ficar, por um preceito ético.

Ocorre que há um vácuo legislativo. Não há lei em sentido estrito que regule o acesso ao prontuário, ficando a cargo das normas éticas tal orientação. Os questionamentos aumentam quando não é o próprio paciente que o requer ou quando este é menor ou incapaz. Na verdade, não há nem mesmo Resoluções do Conselho Federal de Medicina que definam, mas tão somente Pareceres e Recomendações do órgão fiscalizador profissional médico.

Sigilo sobre o prontuário de menor

Quando o paciente é menor de idade, pairam dúvidas sobre até onde iria esse sigilo. Os pais podem ter acesso aos prontuários dos filhos? Um responsável poderia ter acesso? É o que nos propomos a refletir.

O paciente, independentemente da sua idade, com as devidas limitações, deve ter o seu sigilo médico resguardado, inclusive de seus pais ou responsáveis. O profissional deve avaliar o limite cognitivo da criança e do adolescente que assiste[5]. Tal conclusão pode ser tomada a partir da leitura do artigo 74 do Código de Ética Médica (CEM)[6]:

---

4 BRASIL. **Resolução CFM nº 2.217 de 2018** - Código de Ética Médica. Em: https://sistemas.cfm.org.br/normas/visualizar/resolucoes/BR/2018/2217 Acesso em: 10/07/2023.

5 **Direito médico**: SIMONELLI, Osvaldo. 1ª ed. Rio de Janeiro: Forense, 2023.

6 BRASIL. **Resolução CFM nº 2.217 de 2018** - Código de Ética Médica. Em: https://sistemas.cfm.org.br/normas/visualizar/resolucoes/BR/2018/2217 Acesso em: 10/07/2023.
Brasil. **CONSTITUIÇÃO DA REPÚBLICA FEDERATIVA DO BRASIL**. 1988. Publicada em 5/10/1988. Disponível em: http://www.planalto.gov.br/ccivil_03/constituicao/constituicao.htm Acesso em: 11/07/2023.

> É vedado ao médico:
>
> Art. 74 – Revelar sigilo profissional relacionado a paciente criança ou adolescente, desde que estes tenham capacidade de discernimento, inclusive a seus pais ou representantes legais, salvo quando a não revelação possa acarretar dano ao paciente.

A criança e o adolescente gozam de todos os direitos fundamentais inerentes à pessoa humana, dentre eles o direito à intimidade, à honra e à imagem[7]. O Estatuto da Criança e do Adolescente também segue neste sentido[8]. Porém, tal direito não é absoluto, podendo ser mitigado em determinadas

Art. 5º Todos são iguais perante a lei, sem distinção de qualquer natureza, garantindo-se aos brasileiros e aos estrangeiros residentes no País a inviolabilidade do direito à vida, à liberdade, à igualdade, à segurança e à propriedade, nos termos seguintes: X – são invioláveis a intimidade, a vida privada, a honra e a imagem das pessoas, assegurado o direito a indenização pelo dano material ou moral decorrente de sua violação;

7 Brasil. **CONSTITUIÇÃO DA REPÚBLICA FEDERATIVA DO BRASIL.** 1988. Publicada em 5/10/1988. Disponível em: http://www.planalto.gov.br/ccivil_03/constituicao/constituicao.htm Acesso em: 11/07/2023.

Art. 5º Todos são iguais perante a lei, sem distinção de qualquer natureza, garantindo-se aos brasileiros e aos estrangeiros residentes no País a inviolabilidade do direito à vida, à liberdade, à igualdade, à segurança e à propriedade, nos termos seguintes: X – são invioláveis a intimidade, a vida privada, a honra e a imagem das pessoas, assegurado o direito a indenização pelo dano material ou moral decorrente de sua violação;

8 Brasil. **Estatuto da Criança e do Adolescente.** Publicado em 13 de julho de 1990. Disponível em: http://www.planalto.gov.br/ccivil_03/leis/l8069.htm Acesso em: 11/07/2023.
Art. 3º A criança e o adolescente gozam de todos os direitos fundamentais inerentes à pessoa humana, sem prejuízo da proteção integral de que trata esta Lei, assegurando-se-lhes, por lei ou por outros meios, todas as oportunidades e facilidades, a fim de lhes facultar o desenvolvimento físico, mental, moral, espiritual e social, em condições de liberdade e de dignidade.

situações, sempre visando o melhor interesse da pessoa menor de idade.

Em 2013, o Conselho Federal de Medicina respondeu a uma consulta, gerando o Parecer CFM nº 25/13[9], ainda vigente, que traça diretrizes para o atendimento médico ao menor desacompanhando, tanto para consulta quanto para a realização de exames e administração de medicação, que deve obedecer à legislação vigente no país e aos preceitos éticos balizadores da profissão.

Uma das orientações é que há um consenso, inclusive internacional, reconhecido pela lei brasileira, de que entre os 12 e 18 anos os indivíduos já têm a sua privacidade garantida, especialmente se com mais de 14 anos e 11 meses, sendo considerados maduros quanto ao entendimento e cumprimento das orientações recebidas[10].

A privacidade deve ser entendida tanto em seu contexto de atendimento, não havendo necessidade de acompanhante, caso seja o desejo do adolescente, quanto mesmo de acesso ao seu prontuário médico.

No Parecer CFM nº 25/13 há uma ressalva de que os adolescentes entre 12 anos e 14 anos e 11 meses pode recorrer ao atendimento sem a presença de acompanhante, devendo, se necessário, comunicar aos responsáveis[11].

---

9 BRASIL. **PARECER CFM nº 25/13.** O atendimento médico ao menos desacompanhado, tanto para consulta quanto para realização de exames e administração de medicação, deve obedecer à legislação vigente no país e aos preceitos éticos da profissão. Em: https://sistemas.cfm.org.br/normas/visualizar/pareceres/BR/2013/25 Acesso em: 10/07/2023.

10 BRASIL. **PARECER CFM nº 25/13.** O atendimento médico ao menos desacompanhado, tanto para consulta quanto para realização de exames e administração de medicação, deve obedecer à legislação vigente no país e aos preceitos éticos da profissão. Em: https://sistemas.cfm.org.br/normas/visualizar/pareceres/BR/2013/25 Acesso em: 10/07/2023.

11 BRASIL. **Parecer CFM nº 25/13.** O atendimento médico ao menos desacompanhado, tanto para consulta quanto para realização de exames e ad-

Em relação ao sigilo, é feita uma dissociação entre a capacidade civil e a de determinar a manutenção do seu sigilo. A capacidade civil é trazida pelo Código Civil de 2002, sendo entendida como a capacidade de exercer, diretamente, e por si só, os atos da vida civil. Já a capacidade de determinar o que quer manter em sigilo é de acordo com a sua capacidade cognitiva de compreensão, que deve ser averiguada pelo médico no momento do atendimento.

Um parecer que determina a quebra do sigilo para os pais ou represente legal é o Parecer CFM nº 55/2015, ainda em vigor, que traz a situação específica em que seja constatada relação sexual com menores de 14 anos. Por ser considerado crime de estupro no Brasil, ainda que com consentimento, deve obrigatoriamente ser comunicado aos pais ou responsáveis. Mas, antes de comunicar, o médico deve primeiramente acolher e orientar, estando dentro da sua autonomia médica a decisão de prescrever anticoncepcional ou não[12].

Na hipótese de ser necessária a quebra do sigilo da criança ou do adolescente, antes de fazê-lo, o médico deve conversar com seu paciente, explicar a situação, informar os motivos da necessidade de quebra, inclusive legais e profissionais, que o levarão a informar a seus pais ou representantes legais, sempre

ministração de medicação, deve obedecer à legislação vigente no país e aos preceitos éticos da profissão. Em: https://sistemas.cfm.org.br/normas/visualizar/pareceres/BR/2013/25 Acesso em: 10/07/2023.

12 Brasil. **Parecer CFM nº 03/15.** A relação sexual com menores de 14 anos é crime de estupro, conforme estabelecido no Código Penal Brasileiro. No entanto, o médico, ao consultar menores nesta faixa etária com vida sexual ativa, tem a obrigação ética de acolhê-los e orientá-los, estando dentro de sua autonomia profissional a decisão de prescrever anticoncepcional, devendo obrigatoriamente comunicar o fato aos pais ou representantes legais. Em: https://sistemas.cfm.org.br/normas/visualizar/pareceres/BR/2015/55 Acesso em: 11/07/2023.

buscando o diálogo, a compreensão da situação e uma possível concordância com a sua conduta.

Podemos perceber que mesmo quando tratamos de menores, o sigilo médico, dependendo da capacidade de compreensão do adolescente, deve ser resguardado, até mesmo de seus pais ou responsáveis, desde que isso não seja maléfico à criança. O princípio norteador sempre será o melhor interesse da criança e do adolescente.

2.1.1. Sigilo sobre o prontuário de pessoa falecida

O direito ao sigilo, garantido pela legislação ao paciente vivo, também é assegurado ao de cujus. É um direito da personalíssimo, que continua a existir mesmo após o óbito.

A Recomendação do Conselho Federal de Medicina nº 3/14[13] traz para os médicos e instituições de saúde as recomendações de quando e para quem fornecer o prontuário do falecido.

O prontuário deverá ser entregue, quando solicitado, como primeira opção, ao cônjuge/companheiro do de cujos. Não havendo, pode ser fornecido aos sucessores legítimos do paciente em linha reta, ou colaterais até o quarto grau[14].

13 Brasil. **RECOMENDAÇÃO CFM Nº 3/14.** Recomendar aos profissionais médicos e instituições de tratamento médico, clínico, ambulatorial ou hospitalar no sentido de: a)fornecerem, quando solicitados pelo cônjuge/companheiro sobrevivente do paciente morto, e sucessivamente pelos sucessores legítimos do paciente em linha reta, ou colaterais até o quarto grau, os prontuários médicos do paciente falecido: desde que documentalmente comprovado o vínculo familiar e observada a ordem de vocação hereditária; b) informar aos pacientes acerca da necessidade de manifestação expressa da objeção à divulgação do seu prontuário médico após a sua morte. Publicada em 28 de março de 2014. Disponível em: https://sistemas.cfm.org.br/normas/visualizar/recomendacoes/BR/2014/3 Acesso em: 12/07/2023.

14 Brasil. **RECOMENDAÇÃO CFM Nº 3/14.** Recomendar aos profissionais médicos e instituições de tratamento médico, clínico, ambulatorial ou hospitalar no sentido de: a)fornecerem, quando solicitados pelo cônjuge/com-

Importante salientar que o médico ou instituição de saúde deve conferir a documentação que comprove o vínculo familiar entre as partes para que não ocorra qualquer tipo de vazamento de dados.

A Recomendação CFM nº 3/14 também assegura o direito ao sigilo do prontuário aos seus familiares, mesmo após o falecimento, caso seja sua vontade. Por vezes o paciente não quer que sua família saiba de alguns detalhes sobre o seu tratamento. Basta uma manifestação expressa da objeção à divulgação do seu prontuário médico após a sua morte. É um dever do médico informar sobre esse direito e registrá-lo em prontuário.[15]

---

panheiro sobrevivente do paciente morto, e sucessivamente pelos sucessores legítimos do paciente em linha reta, ou colaterais até o quarto grau, os prontuários médicos do paciente falecido: desde que documentalmente comprovado o vínculo familiar e observada a ordem de vocação hereditária; b) informar aos pacientes acerca da necessidade de manifestação expressa da objeção à divulgação do seu prontuário médico após a sua morte. Publicada em 28 de março de 2014. Disponível em: https://sistemas.cfm.org.br/normas/visualizar/recomendacoes/BR/2014/3 Acesso em: 12/07/2023.

Art. 1º -Que os médicos e instituições de tratamento médico, clínico, ambulatorial ou hospitalar: a) forneçam, quando solicitados pelo cônjuge/companheiro sobrevivente do paciente morto, e sucessivamente pelos sucessores legítimos do paciente em linha reta, ou colaterais até o quarto grau, os prontuários médicos do paciente falecido: desde que documentalmente comprovado o vínculo familiar e observada a ordem de vocação hereditária, e b) informem os pacientes acerca da necessidade de manifestação expressa da objeção à divulgação do seu prontuário médico após a sua morte.

15 Brasil. **Recomendação CFM Nº 3/14**. Recomendar aos profissionais médicos e instituições de tratamento médico, clínico, ambulatorial ou hospitalar no sentido de: a)fornecerem, quando solicitados pelo cônjuge/ companheiro sobrevivente do paciente morto, e sucessivamente pelos sucessores legítimos do paciente em linha reta, ou colaterais até o quarto grau, os prontuários médicos do paciente falecido: desde que documentalmente comprovado o vínculo familiar e observada a ordem de vocação hereditária; b) informarem aos pacientes acerca da necessidade de manifestação expressa da objeção à divulgação do seu prontuário médico após a

Assim, mesmo após a morte o sigilo será mantido, caso seja a vontade do *de cujus*. Não havendo restrição expressa, o prontuário poderá ser entregue, caso solicitado, aos familiares sobreviventes, começando pelo cônjuge/companheiro se houver e indo até os parentes reto ou colateral de quarto grau.

3. Requisição de prontuário por delegado de polícia

Como já exposto, o titular do sigilo médico é o paciente, e sempre devemos lembrar que o segredo profissional visa garantir a proteção de sua privacidade. Partindo dessa premissa, a relação médico-paciente baseia-se na confiança que o paciente tem com o médico que lhe assiste e não é crível que o médico revele fatos dos quais tomou conhecimento em razão de sua profissão.

Por essa razão as normas do Código de Ética Médica (CEM) devem ser de conhecimento dos profissionais da saúde, desde a sua base, quando estão nos bancos das faculdades de medicina.

A grande dificuldade que os profissionais possuem no dia a dia é distinguir as exceções trazidas no artigo 73 do Código de Ética Médica (CEM), que possibilitam a quebra de sigilo médico profissional.

Distinguir o que é motivo justo, dever legal ou consentimento não é tarefa fácil, por essa razão, os profissionais se sentem inseguros quando se deparam com situações excepcionais, como a requisição de prontuário pelo delegado de polícia.

E diante disso surge a questão: estaria diante de uma das exceções trazidas no artigo 73 do Código de Ética Médica (CEM), ou não?

---

sua morte. Publicada em 28 de março de 2014. Disponível em: https://sistemas.cfm.org.br/normas/visualizar/recomendacoes/BR/2014/3 Acesso em: 12/07/2023.

Primeiramente, é importante ressaltar que "dever legal" é o que consta na lei e não pode ser confundido com a requisição feita pelo delegado de polícia, mesmo que este tenha poderes de requisição de perícia, informações, documentos e dados que interessem à apuração dos fatos investigados.

Com base na Constituição Federal, artigo 144, cabe ao delegado de polícia investigar as infrações penais, tendo o poder de requisitar documentos dada pela Lei nº 12.830/2013, vejamos:

> Art. 2º As funções de polícia judiciária e a apuração de infrações penais exercidas pelo delegado de polícia são de natureza jurídica essenciais e exclusivas de Estado.
>
> (...)
>
> § 2ª Durante a investigação criminal, cabe ao delegado de polícia a requisição de perícia, informações, documentos e dados que interessem à apuração dos fatos.

Normalmente, os delegados de polícia se utilizam do fundamento do artigo 330 e 319, ambos do Código Penal, para a requisição de documentos em órgãos públicos e privados, os quais dispõem:

> Art. 330. Desobedecer a ordem legal de funcionário público:
>
> Pena - detenção, de quinze dias a seis meses, e multa.
>
> Art. 319 - Retardar ou deixar de praticar, indevidamente, ato de ofício, ou praticá-lo contra disposição expressa de lei, para satisfazer interesse ou sentimento pessoal:
>
> Pena - detenção, de três meses a um ano, e multa.

Todavia, as leis mencionadas não dizem expressamente que documentos tidos sob sigilo devem ser fornecidos, não havendo disposição legal que respalde ordens desta natureza.

Ao contrário, não há nenhum dever legal que obrigue o médico ou dirigente de hospital ou clínica médica a entregar cópia do prontuário do paciente, ocorrendo no caso de requisição de delegado de polícia nos fundamentos acima mencionados, constrangimento ilegal, porque ninguém será obrigado a fazer ou deixar de fazer alguma coisa senão em virtude de lei.

Mas, se o médico ou dirigente de hospital ou clínica médica que se encontrar nesta situação, deve responder a requisição justificando a falta de entrega por tratar-se de documento sigiloso.

É importante observar que em se tratando de investigação policial, a requisição de prontuário médico por delegado de polícia pode ser motivada por duas linhas de investigação: uma, quando a investigação é para apurar um crime no qual o paciente foi vítima e outra, quando para apurar um crime no qual o paciente é suspeito do crime.

E saber a motivação da requisição é de extrema importância, porque se a requisição do delegado de polícia for para a apuração de um crime no qual o paciente é vítima, basta que o delegado de polícia solicite a autorização por escrito da vítima para acesso ao prontuário, e isso pode constar inclusive no próprio Boletim de Ocorrência.

Mesmo que o delegado de polícia não tenha o consentimento por escrito do paciente, sendo este a suposta vítima de um crime, o delegado possui outro meio de ter acesso ao prontuário do paciente, que é solicitar ao juiz de plantão a ordem judicial. Essas práticas protegem tanto o paciente, suposta vítima de um crime, como o profissional médico, ou instituição médica que possui a guarda do prontuário sob sigilo.

Devemos ponderar o que a legislação diz em relação ao sigilo médico do paciente, e a Constituição Federal, que dispõe em seu artigo 5ª, X que: "são invioláveis a intimidade, a vida privada, a honra e a imagem das pessoas, assegurado o direito a indenização pelo dano material ou moral decorrente de sua violação", portanto, é direito do paciente ter sua intimidade resguardada através do sigilo profissional.

Ainda, o Código Penal, em seu artigo 154, dispõe que "revelar alguém, sem justa causa, segredo de que tem ciência em razão de função, ministério, ofício ou profissão, e cuja revelação possa produzir dano à outrem: Pena – detenção de 3 (três) meses a 1 (um) ano, ou multa". Neste sentido, o paciente pode processar o médico que entregar cópia de seu prontuário sem o seu consentimento.

O Código Civil, em seu artigo 404, também resguarda o sigilo do médico, quando prevê: "a parte e o terceiro se escusam de exibir, em juízo, o documento ou a coisa se: IV – sua exibição acarretar a divulgação de fatos a cujo respeito, por estado ou profissão, devam guardar segredo".

Lembrando-se sempre que o médico, ou instituição médica tem o dever de guarda da informação de forma sigilosa, mas quem tem o direito ao sigilo das informações é o paciente.

E sendo a investigação do delegado de polícia de suspeita de crime, o médico estará impedido de revelar segredo que possa expor o paciente a processo penal, conforme disciplinado no Código de Ética Médica (CEM), em seu artigo 73. O mesmo ocorrendo nos casos em que a requisição é feita por membros do Ministério Público.

Todavia, se houver uma ordem judicial, o que difere de requisição de delegado de polícia, ou mesmo de membros do Ministério Público, o médico estará respaldado, com o artigo 89, §1º e §2º do Código de Ética Médica (CEM), podendo entregar a cópia do prontuário ao juízo requisitante, sendo de boa praxe fazer a entrega em envelope lacrado, mencionando documento sigiloso, e requisitando que seja mantido em segredo de justiça.

Mesmo que o segredo de justiça não seja acatado pelo juízo, o profissional médico não estará infringindo nenhuma norma legal, pois manteve o sigilo até onde lhe competia.

A legislação e normativas pertinentes têm um papel crucial na moldagem das práticas relacionadas ao sigilo médico e à gestão do prontuário. Médicos e advogados devem estar cientes das nuances legais, destacadas neste artigo, para garantir que os direitos dos pacientes sejam protegidos, enquanto o devido processo legal é seguido.

O embasamento em fundamentos legais e éticos, como delineados nesta discussão, auxilia na tomada de decisões controladas que preservam tanto os direitos dos pacientes quanto a integridade da profissão médica.

É vital compreender que a requisição de prontuário pelo delegado de polícia, embora respaldada por certos poderes de investigação, não equivale a um dever legal. O médico ou a instituição médica tem o direito e a responsabilidade de proteger o sigilo das informações do paciente, exceto por ordem judicial.

O respeito pelo sigilo médico é inerente a um sistema de saúde robusto e ético. Em um ambiente de investigação, a devida observância dos protocolos legais e a busca por autorizações formais preservam tanto a confidencialidade do paciente quanto a integridade das práticas médicas.

Conclusões

A interseção entre a medicina e o sistema legal é moldada pela complexa teia de sigilo médico e prontuário do paciente. Neste artigo, propôs-se a explorar a relação entre esses elementos cruciais, fornecendo uma análise abrangente para advogados e profissionais da saúde, cujas atuações se entrelaçam neste contexto delicado.

O sigilo médico, erigido como uma salvaguarda da privacidade do paciente, surge como um pilar essencial na relação de confiança estabelecida entre médico e paciente. O médico, como guardião das informações eficazes, assume a responsabilidade de manter essa confidencialidade, fortalecendo o elo de confiança necessário para diagnósticos e tratamentos eficazes.

O prontuário do paciente, por sua vez, desempenha um papel vital na documentação e no acompanhamento da saúde do paciente. Sua integridade e precisão não apenas respaldam decisões clínicas importantes, mas também constituem uma peça central em procedimentos legais quando necessário.

Em síntese, o sigilo médico e o prontuário do paciente são fundamentais na conjuntura médica e jurídica. A colaboração harmoniosa entre médicos e advogados, ancorada em um entendimento profundo e respeito mútuo por esses princípios, é um passo fundamental para uma atuação ética, legal e responsável. Ao final, tal cooperação resulta na proteção dos direitos do paciente e dos profissionais da saúde e na promoção de um sistema de saúde e justiça equitativa e eficaz.

Referências

BRASIL. **CONSTITUIÇÃO DA REPÚBLICA FEDERATIVA DO BRASIL**. 1988. Publicada em 5/10/1988. Disponível em: http://www.planalto.gov.br/ccivil_03/constituicao/constituicao.htm Acesso em: 11/07/2023.

BRASIL. **Estatuto da Criança e do Adolescente.** Publicado em 13 de julho de 1990. Disponível em: http://www.planalto.gov.br/ccivil_03/leis/l8069.htm Acesso em: 11/07/2023.

BRASIL. **Decreto-Lei nº 2.848, de 7 de dezembro de 1940.** Código Penal. Disponível em: https://www.planalto.gov.br/ccivil_03/decreto-lei/del2848compilado.htm Acesso em 13/08/2023.

BRASIL. **Lei nº 12.830, de 20 de junho de 2013.** Disponível em: https://www.planalto.gov.br/ccivil_03/_ato2011-2014/2013/lei/l12830.htm Acesso em 13/082023.

BRASIL. **Parecer Cremesp nº 25.500/95. Sigilo Médico – Requisição de Prontuário por Delegado de Polícia**. Disponível em: https://www.cremesp.org.br/?siteAcao=Pareceres&dif=s&ficha=1&id=4640&tipo=PARECER&orgao=%20Conselho%20Regional%20de%20

Medicina%20do%20Estado%20de%20S%E3o%20Paulo&numero=25500&situacao=&data=00-00-1995 Acesso em 13/08/2023.

BRASIL. **Parecer CFM nº 03/15.** A relação sexual com menores de 14 anos é crime de estupro, conforme estabelecido no Código Penal Brasileiro. No entanto, o médico, ao consultar menores nesta faixa etária com vida sexual ativa, tem a obrigação ética de acolhê-los e orientá-los, estando dentro de sua autonomia profissional a decisão de prescrever anticoncepcional, devendo obrigatoriamente comunicar o fato aos pais ou representantes legais. Em: https://sistemas.cfm.org.br/normas/visualizar/pareceres/BR/2015/55 Acesso em: 11/07/2023.

BRASIL. **Parecer CFM nº 25/13**. O atendimento médico ao menos desacompanhado, tanto para consulta quanto para realização de exames e administração de medicação, deve obedecer à legislação vigente no país e aos preceitos éticos da profissão. Em: https://sistemas.cfm.org.br/normas/visualizar/pareceres/BR/2013/25 Acesso em: 10/07/2023.

BRASIL. **Resolução CFM nº 2.217 de 2018** – Código de Ética Médica. Em: https://sistemas.cfm.org.br/normas/visualizar/resolucoes/BR/2018/2217 Acesso em: 10/07/2023

BRASIL. **Recomendação CFM Nº 3/14**. Recomendar aos profissionais médicos e instituições de tratamento médico, clínico, ambulatorial ou hospitalar no sentido de: a)fornecerem, quando solicitados pelo cônjuge/companheiro sobrevivente do paciente morto, e sucessivamente pelos sucessores legítimos do paciente em linha reta, ou colaterais até o quarto grau, os prontuários médicos do paciente falecido: desde que documentalmente comprovado o vínculo familiar e observada a ordem de vocação hereditária; b) informarem aos pacientes acerca da necessidade de manifestação expressa da objeção à divulgação do seu prontuário médico após a sua morte. Publicada em 28 de março de 2014. Disponível em: https://sistemas.cfm.org.br/normas/visualizar/recomendacoes/BR/2014/3 Acesso em: 12/07/2023.

Comentários ao Código de Ética Médica. I. DANTAS, Eduardo. II. COLTRI, Marcos. 3ª edição revista, ampliada e atualizada. Salvador: Editora JusPodivm, 2020.

Conselho Federal de Medicina (CFM). Código de Ética Médica – Versões Anteriores. Disponível em: https://portal.cfm.org.br/etica-medica/codigo-versoes-anteriores/ Acesso em: [05/07/2023].

Direito médico. FRANÇA, Genival Veloso. 16ª ed. Rio de Janeiro. Forense, 2020.

Direito médico. FRANÇA, Genival Veloso, 17ª ed. Rio de Janeiro. Forense, 2020.

Direito médico. SIMONELLI, Osvaldo. 1ª ed. Rio de Janeiro: Forense, 2023.

SAÚDE E O DIREITO AO ATENDIMENTO POR HOME CARE

Arthur Jenson Beretta
Flávia Mello Tapajoz de Oliveira

SUMÁRIO: Introdução. **1.** A Constituição Federal de 1988 e o Direito à Saúde. **2.** O Home care sob a ótica da Lei nº 10.741/03 (Estatuto do Idoso) e da Lei nº 13.146/15 (Estatuto da Pessoa com Deficiência). **3.** O Direito à internação domiciliar em face do SUS. **4.** O Direito à internação domiciliar em face dos planos de saúde, uma aplicação correlata com o Código de Defesa do Consumidor.

Introdução

O direito à saúde, consagrado como direito fundamental na atual ordem constitucional, constitui-se como um pilar essencial no edifício dos direitos assegurados aos cidadãos. Classificado doutrinariamente como um direito de segunda dimensão, emergiu como parte intrínseca do constitucionalismo social que floresceu no Brasil durante o século XX, após o período pós-Guerra. Este direito firmou-se sob os princípios fundamentais da igualdade e da dignidade da pessoa humana, estabelecendo uma relação indissolúvel entre o acesso à saúde e a proteção da dignidade individual.

Na esfera do Direito, o conceito de Saúde é reconhecido como uma prerrogativa fundamental, consagrada pela Constituição Federal, em consonância com os preceitos contemporâneos. O texto constitucional, especificamente no artigo 196, expressamente estabelece que o direito à saúde não se limita apenas à disponibilização de serviços médicos e produtos, mas se materializa por meio de políticas sociais e econômicas que promovam a igualdade de acesso universal às ações e serviços voltados à promoção, proteção e recuperação da saúde.

É patente a compreensão de que a saúde é influenciada por múltiplos e intricados determinantes, demandando, assim, a formulação e execução de abrangentes políticas públicas por parte do Estado. Isso transcende a mera disponibilidade de serviços médicos e produtos, como evidenciado pelo rol de competências do Sistema Único de Saúde (SUS) no artigo 200 da Constituição Federal, que inclui ações de vigilância sanitária e epidemiológica, saúde do trabalhador, saneamento básico, pesquisa, controle de qualidade de alimentos e proteção do meio ambiente.

A saúde constitui bem atrelado à dignidade da pessoa humana. Os traços de fundamentalidade, inalienabilidade, essencialidade e plena judicialização dos direitos a ela vinculados estarão sempre presentes na dimensão do mínimo existencial, cuidando-se de direito fundamental.

Sobreleva pontuar que o direito ao acesso aos serviços de saúde tem espeque também no disposto no Art. 128 do Pacto Internacional sobre Direitos Econômicos, Sociais e Culturais, adotado pela XXI Sessão da Assembleia-Geral das Nações Unidas em 1966, que passou a integrar, pelo devido processo legal, o ordenamento jurídico pátrio por força do Decreto Presidencial n.º 591/19929.

A Lei nº 8.080/1990, que institucionalizou o SUS conforme essa ampla concepção de saúde, corrobora essa perspectiva no artigo 3º, ao enfatizar que fatores como alimentação, moradia, saneamento básico, meio ambiente, trabalho, renda, educação, transporte e lazer são elementos determinantes para a saúde da população, refletindo a organização social e econômica do país.

Assim, no Brasil, o direito à saúde implica na garantia, pelo Estado, de condições dignas de vida e acesso universal e equitativo às ações e serviços de promoção, proteção e recuperação da saúde, em todos os níveis, para todos os habitantes do território nacional. Esses serviços e ações devem ser providos de maneira descentralizada, submetidos ao controle social, alinhados com a proposta do Sistema Único de Saúde (SUS), que representa a melhor doutrina para a construção da cidadania.

A cidadania, intrinsecamente ligada à igualdade de direitos, exige uma relação recíproca de respeito entre cidadãos e Estado, materializada por meio do comprometimento mútuo de direitos e deveres. A saúde, nesse contexto, emerge como um direito fundamental dos cidadãos, incorporando a participação ativa e a redistribuição dos direitos a todos os envolvidos.

O Ministério da Saúde, por sua vez, reconheceu direitos básicos dos usuários da saúde, destacando a importância do acesso ordenado e organizado aos sistemas de saúde, tratamento adequado e efetivo, atendimento humanizado e livre de discriminação, respeito à pessoa, seus valores e direitos, responsabilidade no próprio tratamento e comprometimento dos gestores de saúde.

A saúde, enquanto conceito jurídico, transcende a mera prestação de serviços médicos e produtos. Fundamenta-se em políticas sociais e econômicas que visam à igualdade de acesso e à promoção da dignidade da pessoa humana, respeitando os direitos fundamentais e contribuindo para a construção de uma sociedade justa e igualitária.

Assim como em outros setores, em regra, o serviço público de saúde não atingiu resultados esperado em senso comum, deixando um vasto espaço para ser preenchido, o que se consolidou com as operadoras de planos de saúde no geral.

Recentemente, todo o Mundo enfrentou uma pandemia (Covid) devastadora, deixando milhares de pessoas falecidas, também em elevado número no território nacional. Em decorrência desta pandemia, outros milhares de cidadãos sobreviventes tiveram e ainda enfrentam sequelas severas. Justamente em decorrência do aumento de tratamento pós pandemia, realçou um serviço/tratamento já existente, a internação domiciliar.

A qualificação clínica do paciente desempenha um papel crucial na decisão de transferi-lo para o regime de atenção domiciliar, ou Home Care. A avaliação médica, a autorização expressa do paciente ou responsável legal, bem como a qualificação do cuidador, são aspectos legais e médicos interconectados que moldam esse processo. A integração da família e a colaboração entre todos os envolvidos são fatores que podem otimizar os resultados do tratamento em regime de Home Care, promovendo uma recuperação eficaz e personalizada.

A Equipe Multidisciplinar responsável pelos cuidados domiciliares engloba diversas abordagens, tais como: a) acompanhamento de enfermagem e/ou técnicos; b) atendimento médico domiciliar; c) fisioterapia, psicologia, fonoaudiologia, terapia ocupacional; d) serviços de nutrição e dietética; e) exames complementares domiciliares; f) fornecimento de materiais, equipamentos, medicação entre outros;

Semelhante à internação hospitalar, a equipe de atenção domiciliar composta por diversos profissionais desempenha um papel essencial no tratamento e cuidado do paciente e no contexto domiciliar, devido à proximidade da família, a presença desses profissionais é ainda mais notável e valiosa.

A capacitação da equipe de saúde em Home Care deve ser adequada e específica, considerando os desafios e a missão deste profissional em um contexto multidisciplinar. Para a implementação bem-sucedida, é necessário desenvolver padrões de equipamentos, diretrizes assistenciais e protocolos terapêuticos sólidos. A articulação entre a proposta de implantação do modelo e os programas de Educação Permanente é fundamental.

A atenção domiciliar na ótica médica representa uma abordagem holística e especializada, com foco na promoção da saúde e no bem-estar do paciente em seu próprio lar. A colaboração entre os diversos profissionais e a capacitação adequada são elementos essenciais para garantir a eficácia e a segurança desse modelo de cuidado de saúde.

Assim, o presente texto, traz a temática da regulamentação da internação domiciliar (home care) frente ao SUS e às operadoras de planos de saúde na rede privada frente ao Código de Defesa do Consumidor e aos Estatutos do Idoso e da Pessoa com Deficiência, numa ótica legislativa e jurisprudencial aplicáveis na atualidade.

1. A Constituição Federal de 1988 e o Direito à Saúde

A manutenção da saúde, e, consequentemente, da própria vida e dignidade, é direito líquido e certo do cidadão, haja vista que sem o serviço de internação domiciliar - home care, por certo, suportará prejuízo incomensurável à sua saúde.

Sobre ter direito à saúde inerente a todo ser humano, portanto, natural, inalienável, irrenunciável e impostergável, tendo sua inviolabilidade garantida pela Constituição Federal nos art. 5º, caput e art. 6º:

> Art. 5º Todos são iguais perante a lei, sem distinção de qualquer natureza, garantindo-se aos brasileiros e aos estrangeiros residentes no País a inviolabilidade do direito à vida, à liberdade, à igualdade, à segurança e à propriedade, nos termos seguintes:
>
> Art. 6º São direitos sociais a educação, **a saúde**, a alimentação, o trabalho, a moradia, o transporte, o lazer, a segurança, a previdência social, a proteção à maternidade e à infância, a assistência aos desamparados, na forma desta Constituição.

É inquestionável a importância do direito à saúde, tendo constatado na Carta Magna, Seção II, a contar do art. 196 e seguintes, destacando expressamente que é um direito de todos e dever do Estado, com acesso às ações e serviços para sua promoção, proteção e recuperação. É particularmente relevante o disposto no artigo 197 da CF/88, que estabelece que as ações e serviços públicos de saúde possuem relevância pública, mesmo quando prestados por entidades privadas, sujeitando-se à regulamentação e fiscalização do poder público devido ao interesse coletivo subjacente.

Posteriormente, o legislador trouxe a Lei nº 9.661/00, quando se criou a Agência Nacional de Saúde – ANS, sendo órgão de regulamentação, controle e fiscalização de atividades relacionada à assistência suplementar à saúde. Entre diversas atribuições, entre elas está em estabelecer critérios de controle qualidade de serviços oferecidos pelas operadoras de planos de saúde e procedimentos relacionados até mesmo ao Sistema Único de Saúde – SUS.

Adicionalmente, o artigo 198 delineia as diretrizes do SUS, incluindo a descentralização, o papel das entidades filantrópicas e a participação da comunidade. Neste contexto, a Lei nº 8.080/1990 assume um papel crucial ao regulamentar o funcionamento do SUS, esclarecendo as competências e atribuições de cada ente federativo e garantindo a efetiva implementação deste sistema público de saúde.

Com isso, a Resolução Normativa 465/2021 da ANS (antiga RN 428) dispõe que:

> Art. 4º Para fins do disposto nesta Resolução Normativa, são estabelecidas as seguintes definições:
>
> II – atenção domiciliar: termo genérico que envolve ações de promoção à saúde, prevenção, tratamento de doenças e reabilitação desenvolvidas em domicílio;
>
> III – internação domiciliar: conjunto de atividades prestadas no domicílio, caracterizadas pela atenção em tempo integral ao paciente com quadro clínico mais complexo e com necessidade de tecnologia especializada;

Em uma caminhada lógica, há sim previsão constitucional quanto ao dever do Estado (ente público) fornecer saúde ao cidadão. Há leis expressando o cabimento da internação domiciliar, tanto pelo SUS, quanto pelas operadoras de planos de saúde. Há ainda, regulamentação pela ANS e Portaria do

Ministério da Saúde. Portanto, o home care deve ser fornecido ao cidadão.

Hoje, o Home Care abrange uma ampla gama de serviços de saúde prestados no ambiente domiciliar, visando a promoção, manutenção e recuperação da saúde dos pacientes. A garantia do direito à saúde é um pilar fundamental em qualquer sociedade, sendo um compromisso com a dignidade humana e o bem-estar. Nesse cenário, o Home Care emerge como uma modalidade de atendimento que desafia tanto o Sistema Único de Saúde (SUS) quanto a Saúde Suplementar, gerando reflexões e considerações importantes sobre sua implementação, regulamentação e acesso a saúde.

Entretanto, é incomum que os órgãos públicos – Secretarias de Saúde, concederam o serviço de internação domiciliar de forma discricionária, ou seja, de forma "voluntária". Pelo contrário, é comum a negativa deste serviço/tratamento. Ocorre que, todo pedido de internação domiciliar deve ser prescrito por médico que acompanha o paciente, não cabendo à Administração Pública ou setor administrativo do plano de suade, até mesmo à pessoa do Juiz(a) decidir se deve ou não acatar à prescrição médica. É direito do cidadão e deve ser respeitado.

2. O Home *care* sob a ótica da Lei n° 10.741/03 (Estatuto do Idoso) e da Lei n° 13.146/15 (Estatuto da Pessoa com Deficiência)

A Lei nº 13.146/2015, que instituiu a Lei Brasileira de Inclusão da Pessoa como Deficiência (Estatuto da Pessoa com Deficiência), tem como finalidade "assegurar e a promover, em condições de igualdade, o exercício dos direitos e das liberdades fundamentais por pessoa com deficiência, visando à sua inclusão social e cidadania" (art. 1º). Com isso, a Lei nº 13.146/2015, em seu art. 9º, garante o atendimento prioritário à pessoa com deficiência:

> Art. 9º A pessoa com deficiência tem direito a receber atendimento prioritário, sobretudo com a finalidade de:
>
> I - **proteção e socorro em quaisquer circunstâncias; [...]**
>
> III - disponibilização de recursos, tanto humanos quanto tecnológicos, que garantam atendimento em igualdade de condições com as demais pessoas; [...]
>
> § 1º Os direitos previstos neste artigo são extensivos ao acompanhante da pessoa com deficiência ou ao seu atendente pessoal, exceto quanto ao disposto nos incisos VI e VII deste artigo.
>
> § 2º Nos serviços de emergência públicos e privados, a prioridade conferida por esta Lei é condicionada aos protocolos de atendimento médico.

Já em seu art. 18, §3º, a legislação dispôs que a intenção à saúde deveria ser de forma continuada, sem interrupções ao longo do tratamento médico. Em seu §4º, restou que cabe ao SUS assegurar atendimento domiciliar multidisciplinar, tratamento ambulatorial e internação.

No mesmo sentido, a Lei nº 10.741/03 - Estatuto do Idoso, estabeleceu que o Poder Público deve assegurar ao idoso a efetivação do direito à saúde, vedando qualquer tipo de negligência ao atendimento do idoso:

> Art. 3 É obrigação da família, da comunidade, da sociedade e do Poder Público assegurar ao idoso, com absoluta prioridade, a efetivação do direito à vida, à saúde, à alimentação, à educação, à cultura, ao esporte, ao lazer, ao trabalho, à cidadania, à liberdade, à dignidade, ao respeito e à convivência familiar e comunitária.
>
> Art. 4º Nenhum idoso será objeto de qualquer tipo de negligência, discriminação, violência, crueldade ou opressão, e todo atentado aos seus direitos, por ação ou omissão, será punido na forma da lei.

Já o art. 15, §1º, IV, e §4º do Estatuto do Idoso definem que o atendimento domiciliar é um direito do idoso e deve ser posto em prática:

> Art. 15. É assegurada a atenção integral à saúde do idoso, por intermédio do Sistema Único de Saúde - SUS, garantindo-lhe o acesso universal e igualitário, em conjunto articulado e contínuo das ações e serviços, para a prevenção, promoção, proteção e recuperação da saúde, incluindo a atenção especial às doenças que afetam preferencialmente os idosos.
>
> § 1º A prevenção e a manutenção da saúde do idoso serão efetivadas por meio de:
>
> **IV - atendimento domiciliar, incluindo a internação,** para a população que dele necessitar e esteja impossibilitada de se locomover, inclusive para idosos abrigados e acolhidos por instituições públicas, filantrópicas ou sem fins lucrativos e eventualmente conveniadas com o Poder Público, nos meios urbano e rural;
>
> § 4º Os idosos portadores de deficiência ou com limitação incapacitante terão atendimento especializado, nos termos da lei.

Pelo exposto neste, há regulamentação junto à Leis Federais de regulamentação que definem a internação domiciliar como direito às pessoas e devem ser acatados como forme de tratamento, sob pena de cometer crime de discriminação entre outros, expressamente contidos nestes Estatutos.

3. O Direito à internação domiciliar em face do SUS

O Ministério da Saúde, no ano de 2006, publicou a Portaria nº 2.529, instituindo a internação domiciliar no âmbito do SUS, posteriormente revogada pela Portaria nº 825/16, que Institui a Atenção Domiciliar no âmbito do Sistema Único de Saúde

(SUS). Como já alinhavado nestes, a Resolução Normativa 465/2021 da ANS utiliza-se definições semelhantes à postaria do Ministério da Saúde.

Adianta-se que o SUS, deve sim fornecer o atendimento domiciliar. Ainda na Carta Magna, o art. 226 garante que "a família, base da sociedade, tem especial proteção do Estado". Por sua vez, o art. 227 assegura que:

> Art. 227. **É dever** da família, da sociedade e **do Estado assegurar** à criança, ao adolescente e ao jovem, com absoluta prioridade, o direito à vida, **à saúde**, à alimentação, à educação, ao lazer, à profissionalização, à cultura, à dignidade, ao respeito, à liberdade e à convivência familiar e comunitária, além de colocá-los a salvo de toda forma de negligência, discriminação, exploração, violência, crueldade e opressão.

A saúde constitui bem atrelado à dignidade da pessoa humana. Os traços de fundamentalidade, inalienabilidade, essencialidade e plena judicialização dos direitos a ela vinculados estarão sempre presentes na dimensão do mínimo existencial, cuidando-se de direito fundamental.

Imprescindível consignar que tanto a Constituição Federal (art. 196) consagra expressamente, no tema da saúde pública, a SOLIDARIEDADE das pessoas federativas, ou seja, um dos princípios que regem a saúde pública, além da universalidade da cobertura e do atendimento e da igualdade, é o princípio da solidariedade financeira, uma vez que a saúde é financiada por toda a sociedade.

Neste sentido decisões do SUPREMO TRIBUNAL FEDERAL:

> PROCESSUAL CIVIL E ADMINISTRATIVO. AGRAVO REGIMENTAL NO RECURSO ESPECIAL. FORNECIMENTO DE MEDICAMENTOS. RESPONSABILIDADE SOLIDÁRIA DOS ENTES FEDERATIVOS. POLO PASSIVO.

> COMPOSIÇÃO ISOLADA OU CONJUNTA. POSSIBILIDADE. JURISPRUDÊNCIA REAFIRMADA NO STF. 1. O estado. As três esferas de governo. Tem o dever de assegurar a todos os cidadãos, indistintamente, os direitos à dignidade humana, à vida e à saúde, conforme inteligência dos arts. 1º, 5º, caput, 6º, 196 e 198, I, da Constituição da República. 2. Trata-se de obrigação solidária decorrente da própria Constituição Federal, razão pela qual a divisão de atribuições feita pela Lei nº 8.080/1990, que constituiu o Sistema Único de Saúde. SUS., não afasta a responsabilidade do ora demandado de fornecer medicamentos e/ou tratamentos médicos a quem deles necessite. 3. A solidariedade obrigacional entre os entes federados não enseja a formação litisconsorcial passiva necessária, cabendo à parte autora escolher contra quem deseja litigar para obter o fornecimento do fármaco pleiteado. 4. O fato de o medicamento não integrar a lista básica do SUS não tem o condão de eximir o estado do dever imposto pela ordem constitucional, sendo sua a responsabilidade de atender àqueles que, como o ora agravado, não possuem condições financeiras de adquirir o tratamento adequado por meios próprios. 5. Não se pode admitir, consoante reiterada jurisprudência desta casa de justiça, que regras burocráticas, previstas em portarias ou normas de inferior hierarquia, prevaleçam sobre direitos fundamentais como a vida e a saúde. 6. "o tratamento médico adequado aos necessitados se insere no rol dos deveres do estado, porquanto responsabilidade solidária dos entes federados. O polo passivo pode ser composto por qualquer um deles, isoladamente, ou conjuntamente" (RE 855.178/pe, relator Min. Luiz fux, julgamento: 05/03/2015, repercussão geral. Mérito, dje 16/03/2015). 7. Agravo regimental a que se nega provimento. (STJ; AgRg-REsp 1.574.021; Proc. 2015/0312488-5; PI; Primeira Turma; Rel. Min. Gurgel de Faria; DJE 12/05/2016).

A Lei nº 8.080/90, que regulamenta aos dispositivos constitucionais mencionados, prescreve que:

> Art. 2º – A saúde é um direito fundamental do ser humano, devendo o Estado prover as condições indispensáveis ao seu pleno exercício.
>
> Art. 6º Estão incluídas ainda no campo de atuação do Sistema Único de Saúde-SUS: I – a execução de ações: [...]
>
> d) **de assistência terapêutica integral**, inclusive farmacêutica.

A assistência por home care exige um conjunto de profissionais especializados em diversas áreas que mantém características de uma internação hospitalar. O Home Care não substitui totalmente o hospital, mas quando recomendado pelo seu médico oferece ao paciente a oportunidade de receber os cuidados e o tratamento em um ambiente extra institucional.

O parecer técnico nº 05/GEAS/GGRAS/DIPRO/2021 emitido pela ANS (Agência Nacional de Saúde Suplementar) deixou claro que o home care não é alta médica, pois não sendo realizado o home care, o paciente continuará internado no hospital:

> Destaca-se que, na saúde suplementar, os Serviços de Atenção Domiciliar – SAD, na modalidade de internação domiciliar podem ser oferecidos pelas operadoras como alternativa à internação hospitalar. **Somente o médico assistente do beneficiário poderá determinar se há ou não indicação de internação domiciliar em substituição à internação hospitalar e a operadora não pode suspender uma internação hospitalar pelo simples pedido de internação domiciliar.**

Neste sentido, o **SUPERIOR TRIBUNAL DE JUSTIÇA** vem decidindo há tempos:

> AGRAVO INTERNO NO AGRAVO EM RECURSO ESPECIAL. PLANO DE SAÚDE. TRATAMENTO MÉDICO DOMICILIAR (HOME CARE). AUSÊNCIA DE PACTUAÇÃO.1.**A jurisprudência do STJ firmou-se no sentido de que o pla-**

> **no de saúde pode estabelecer as doenças que terão cobertura, mas não o tipo de terapêutica indicada por profissional habilitado na busca da cura, motivo porque deve arcar com as despesas relativas ao tratamento médico domiciliar (home care).** Precedentes. 2. Agravo interno a que se nega provimento."(STJ-AgIntno AREsp:1181543SP2017/0255612-3, Relator: Ministra MARIA ISABEL GALLOTTI, Data de Julgamento: 19/06/2018, T4-QUARTATURMA, Data de Publicação: DJe01/08/2018).

Frequentemente, sequelas de Acidente Vascular Cerebral, incapacidades por acidente e de COVID, muitos cidadãos precisaram realizar procedimentos cirúrgicos como traqueostomia. Há tempos que o Conselho Federal de Enfermagem por meio da Resolução nº 557/2017 prescreveu que os pacientes graves com traqueostomia deverão ter suas vias aéreas aspiradas por profissional de enfermagem, corroborando com o parecer técnico nº 26/2015 do COFEN.

A implementação do Home Care pelo SUS enfrenta desafios significativos, como a alocação de recursos, a coordenação de equipes multidisciplinares e a garantia de qualidade dos serviços prestados. A complexidade do ambiente domiciliar, as variadas necessidades dos pacientes e as patologias a serem gerenciadas demandam critérios técnicos-científicos na tomada de decisões. Além disso, a democratização do acesso ao Home Care pelo SUS ainda é um objetivo a ser alcançado, e a falta de informações claras sobre o processo tem dificultado a sua utilização em larga escala.

No contexto da saúde suplementar brasileira, cujas raízes remontam à década de 1960, sua consolidação se efetivou por meio da Lei nº 9.656/1998, marcando uma nova fase na intervenção estatal no sistema de saúde suplementar. Essa intervenção acarretou mudanças estratégicas e contratuais nos planos privados de assistência à saúde, expandindo-se para questões sensíveis, como o atendimento home care.

É essencial reconhecer que a garantia do direito à saúde transcende os limites do âmbito privado da saúde suplementar. O Sistema Único de Saúde (SUS) desempenha um papel crucial na efetivação desse direito, incumbindo-se de fornecer atendimento médico-hospitalar gratuito e universal a toda a população. Nesse cenário, o home care também emerge como uma modalidade relevante de atenção à saúde, viabilizando tratamento no ambiente domiciliar, sob a supervisão do SUS. A inclusão do home care no âmbito do SUS apresenta desafios específicos, envolvendo considerações como a alocação de recursos, a coordenação de equipes multidisciplinares e a garantia de qualidade na prestação dos serviços.

O ponto de partida dessa discussão é a intercessão entre as necessidades de saúde da população e os modelos assistenciais delineados pela gestão do Sistema Único de Saúde (SUS), desde a formulação das políticas públicas de saúde até a implementação e gestão do sistema. Isso abrange ações de saúde conduzidas por equipes multiprofissionais, embasadas em diagnósticos da realidade em que o paciente está inserido, com o objetivo de promover, manter e reabilitar a saúde dos idosos.

No contexto brasileiro, o sistema de internação domiciliar, uma das modalidades do Home Care, ainda está em estágio inicial de desenvolvimento, enfrentando diversos desafios e obstáculos, muitos dos quais derivados da falta de compreensão adequada sobre a utilização desse serviço. Esta modalidade de atendimento não se destina apenas aos pacientes, mas também, de maneira diferenciada, aos seus familiares em várias fases de suas vidas. Isso abrange desde aqueles que aguardam sua recuperação e retorno às atividades normais, até aqueles que necessitam de um gerenciamento constante de suas atividades diárias, bem como pacientes que precisam de acompanhamento em estágios terminais de suas condições de saúde.

A regulamentação do Home Care pelo Sistema Único de Saúde (SUS) está inicialmente estabelecida pela Portaria nº

2029/11 do Ministério da Saúde, que instituiu o Serviço de Atendimento Domiciliar (SAD). Esse serviço deve ser prestado na residência do paciente idoso, com a garantia de continuidade dos cuidados de saúde. Mas, será o SAD um instrumento adequado para garantir a efetivação da disposição contida no artigo 15, inciso IV, do Estatuto do Idoso, bem como para promover a dignidade da pessoa humana e de outros pacientes não idosos?

O Ministério da Saúde ampliou a assistência aos usuários do Sistema Único de Saúde (SUS) por meio da Portaria 2.029, que garante o acesso ao Serviço de Atenção Domiciliar (SAD) para pacientes do SUS. Esse serviço é realizado na residência do paciente, com foco na continuidade dos cuidados à saúde, substituindo ou complementando a internação hospitalar e o atendimento ambulatorial. O SAD busca oferecer assistência humanizada e integração com as redes de atenção existentes na saúde pública.

O atendimento domiciliar abrange diversas situações, como reabilitação motora, idosos, pacientes crônicos em situações não agravadas ou pós-cirúrgicos. Entretanto, pacientes que necessitam de monitoramento contínuo, ventilação mecânica, assistência de enfermagem constante ou tratamento cirúrgico não são elegíveis para o SAD e devem continuar com internação hospitalar ou cuidados ambulatoriais? Estes pacientes mais graves não poderiam ser atendidos pela internação domiciliar? Deveriam estar em hospitais? Haveria vagas disponíveis?

Note que a internação domiciliar também possui um reflexo na desinternação em leito hospitalar, sendo que a falta de leito disponível, principalmente na rede pública é assunto debatido há anos e longe de solução.

A regulamentação do atendimento domiciliar pelo SUS passou por diferentes etapas, envolvendo portarias e resoluções. A Portaria 2.416/98 estabeleceu os requisitos para credenciamento de Hospitais e internação domiciliar. A Lei Federal 10.424/02 regulamentou o home care no âmbito público. A

Resolução 1.668/03 do Conselho Federal de Medicina estabeleceu critérios para empresas de home care. A Resolução 11/06 dispôs sobre requisitos de segurança. A Resolução 7/07 da ANVISA determinou a inscrição das empresas no CNES.

O Home Care é uma solução que busca promover de maneira substancial a dignidade da pessoa humana e, apesar de suas limitações atuais, é um instrumento valioso para apoiar o que é hoje conhecido como envelhecimento ativo, mas não são apenas os idosos que precisam ter esta garantia, como já demonstrados anteriormente.

De acordo com o disposto na Lei nº 10.741/2003, apenas as pessoas idosas, condicionadas por idade, teriam acesso e cobertura ao programa Home Care. Essa inovação busca provocar e viabilizar políticas contínuas de atendimento relacionadas aos diferentes processos de envelhecimento, evitando inseguranças sociais. A regulamentação da política de saúde voltada para os idosos possibilitam uma conscientização efetiva e uma reflexão sobre os aspectos sociais, neurobiológicos e psicológicos do envelhecimento, bem como seus impactos reais na melhoria da qualidade de vida dos idosos.

O cidadão tem todos os direitos fundamentais inerentes à pessoa humana, sem prejuízo da proteção integral prevista nesta Lei, sendo-lhe garantidas, por lei ou por outros meios, todas as oportunidades e facilidades para preservar sua saúde física e mental, bem como seu aprimoramento moral, intelectual, espiritual e social, em condições de liberdade e dignidade.

O acesso à saúde é um direito constitucional fundamental, derivado do direito de segunda geração, que exige do Estado uma prestação positiva que reflete a relação entre garantia e efetividade.

4. O Direito à internação domiciliar em face dos planos de saúde, uma aplicação correlata com o Código de Defesa do Consumidor

Em regra, as demandas que envolvem saúde são analisadas sob a ótica do Código de Defesa do Consumidor, porquanto inconteste que a relação jurídica travada entre as partes processuais/litigantes seja de consumo[12]. Assim, por típica relação de consumo, a aplicação da norma consumerista é inquestionável.

Com isso, a relação consumerista contratual deverá ser observada de forma mais favorável ao consumidor, senão vejamos o teor do art. 47 do Código de Defesa do Consumidor: "as cláusulas contratuais serão interpretadas de maneira mais favorável ao consumidor".

A corroborar, a própria Lei nº 8.078/90 traz o pacífico entendimento da inversão do ônus da prova, senão vejamos:

> Art. 6º São direitos básicos do consumidor:
>
> VI – a efetiva prevenção e reparação de danos patrimoniais e morais, individuais, coletivos e difusos;
>
> VIII – a facilitação da defesa de seus direitos, inclusive com a inversão do ônus da prova, a seu favor, no processo civil, quando, a critério do juiz, for verossímil a alegação ou quando for ele hipossuficiente, segundo as regras ordinárias de experiências;
>
> Art. 14. O fornecedor de serviços responde, independentemente da existência de culpa, pela reparação dos danos

---

1 Art. 2° Consumidor é toda pessoa física ou jurídica que adquire ou utiliza produto ou serviço como destinatário final.

2 Art. 3° Fornecedor é toda pessoa física ou jurídica, pública ou privada, nacional ou estrangeira, bem como os entes despersonalizados, que desenvolvem atividade de produção, montagem, criação, construção, transformação, importação, exportação, distribuição ou comercialização de produtos ou prestação de serviços.

causados aos consumidores por defeitos relativos à prestação dos serviços, bem como por informações insuficientes ou inadequadas sobre sua fruição e riscos.

Portanto, a aplicação dos princípios fundamentais do Código de Defesa do Consumidor, como a responsabilidade objetiva, o dever de informação, a solidariedade, a vulnerabilidade, a hipossuficiência, e a inversão do ônus da prova devem ser aplicadas ao caso concreto.

Ademais, é assente o posicionalmente consolidado na jurisprudência pátria, acerca da aplicação do Código de Defesa do Consumidor aos contratos de plano de saúde, conforme enunciado sumular 469 do Colendo Superior Tribunal de Justiça, in verbis:

> Súmula 469: "Aplica-se o Código de Defesa do Consumidor aos contratos de plano de saúde"

Com efeito e, especialmente, por ser o contrato firmado pelas partes de adesão (embora denominado pela operadores de plano de saúde como sendo bilateral, o que induziria ampla discussão acerca de suas cláusulas), a diretriz interpretativa das cláusulas contratuais deve ser a do artigo 47 do Código Consumerista, de modo que os abusos pactuados devem ser revistos e modificados para se chegar a um justo equilíbrio contratual (art. 6º, V, c/c art. 51, IV, ambos do CDC).

Por ser um contrato de assistência de saúde, onde, por óbvio, o bem maior é a saúde do consumidor/contratante e a vida, em última análise, esperava-se que o plano de saúde fornecesse a esperada proteção, propiciando ao cidadão o adequado tratamento para a cura perfeita de sua doença.

Observe que as regras protetivas do diploma consumerista à hipótese invectivada. Portanto, deve ser o presente feito analisado sob a ótica do Direito do Consumidor. Entretanto, algumas operadoras de planos de saúde são empresas de autogestão, o que não seria aplicável o Código de Defesa do Consumidor, nos termos da Súmula 608 do STJ.

Contudo, mesmo não sendo aplicado o Código de Defesa do Consumidor, há dispositivos do Código Civil que deverão ser analisados no presente caso, pois perfeitamente aplicáveis, em especial o art. 113, art. 421 ao art. 424, todos do Código Civil, entre outros.

Mas, na relação consumerista, há ainda o cabimento de danos morais. Diga-se, de passagem, que a indenização a ser paga é deveras um pequeno alento ao grande sofrimento e transtornos passados pelos pacientes. Seria impossível avaliar monetariamente todos os danos que os pacientes sofreram. Vale ressaltar que o ordenamento jurídico atual entende que o dano moral não decorre apenas daquele que atinge o âmbito psíquico da pessoa, mas sim como aquele que atinge os direitos da personalidade, assim como a sua dignidade.

A propósito, estes direitos da personalidade são protegidos tanto na forma preventiva quanto na reparatória, conforme preceitua o art. 12 do Código Civil: "Pode-se exigir que cesse a ameaça, ou a lesão, a direito da personalidade, e reclamar perdas e danos, sem prejuízo de outras sanções previstas em lei".

Assim, o dano moral configurado, diante da angústia decorrente da recusa do fornecimento integral do serviço de home care, abala sim o equilíbrio emocional, causando medo de ter a vida ceifada.

Outrossim, é verdade que a relação contratual entre as operadoras de planos de saúde e os usuários, regida pelo Código de Defesa do Consumidor ou não, frequentemente gera conflitos. Um dos principais pontos de discórdia é a ausência de regulamentação específica para o Home Care, o que muitas vezes leva à omissão deste tipo de atendimento nos pactos estabelecidos entre as partes. Nesse contexto, a judicialização do Home Care torna-se uma alternativa para resolver disputas relacionadas à negativa de cobertura.

Contudo, é necessário que ocorra a judicialização para o êxito no atendimento de internação domiciliar. Isso leva a divergências contratuais que, por sua vez, são levadas ao Judiciário para solução. Portanto, a judicialização é totalmente cabível e necessária ao cidadão.

Por sua vez, os operadores de plano de saúde questionam matérias em relação ao desequilibro econômico-financeiro, porém, raramente apresentam valores que demonstrassem/comprovassem suas alegações. Contudo, se confronta com o direito e responsabilidade da prescrição médica, determina o Código De Ética Médica:

> É direito do médico:
>
> II - Indicar o procedimento adequado ao paciente, observadas as práticas cientificamente reconhecidas e respeitada a legislação vigente.

Estas alegações de desequilibro financeiro omitem a existência de ferramentas de equilíbrio econômico disponibilizados as operadoras de planos de saúde, para que seu risco diminua e proporcione ao contrato uma redução no custo, tais como resseguro. A Resolução da SUSEP de nº 38020 de 04/03/2020, por meio do seu art. 2º, §1º, vem viabilizar as operadoras de planos de saúde a contratar o resseguro, possibilitando um equilíbrio nas finanças das operadoras de planos privados de assistências à saúde:

> Art. 2º O § 1º do art. 2º da Resolução CNSP nº 168, de 2007, passa a vigorar com a seguinte redação:
>
> § 1º Equiparam-se à sociedade seguradora a sociedade cooperativa autorizada a operar em seguros privados e a entidade aberta de previdência complementar (EAPC) que contratam operação de resseguro, desde que a estas sejam aplicadas as condições impostas às seguradoras pelo CNSP. (NR).

Neste sentido, apontou o julgamento do Recurso Especial nº 1.662.103 SP, de relatoria da Ministra NANCY ANDRIGHI que a negativa do plano de saúde em negar o atendimento de home care é abusivo:

> RECURSO ESPECIAL. SAÚDE SUPLEMENTAR. AÇÃO DE OBRIGAÇÃO DE FAZER. NEGATIVA DE COBERTURA DE PLANOS DE SAÚDE. CLÁUSULAS LIMITATIVAS DEVEM SER REDIGIDAS COM CLAREZA. HOME CARE. INTERNAÇÃO DOMICILIAR. ABUSIVIDADE DA NEGATIVA DE FORNECIMENTO DA OPERADORA. CONFIGURADA. PACIENTE TETRAPLÉGICA, COM SEQUELAS NEUROLÓGICAS E ALIMENTAÇÃO POR SONDA GÁSTRICA. DANO MORAL. DEMONSTRAÇÃO NECESSÁRIA. MERO ABORRECIMENTO. SÚMULA 7/STJ. [...] Recomenda-se observar circunstâncias relevantes para a internação domiciliar, assim expostas exemplificativamente: i) haver condições estruturais da residência, (ii) real necessidade do atendimento domiciliar, com verificação do quadro clínico do paciente, (iii) indicação do médico assistente, (iv) solicitação da família, (v) concordância do paciente e (vi) não afetação do equilíbrio contratual, como nas hipóteses em que o custo do atendimento domiciliar por dia não supera o custo diário em hospital. Precedentes. 7- Em relação aos litígios no campo da saúde suplementar, a conduta ilícita da operadora de plano de saúde, consubstanciada na negativa de cobertura, pode produzir danos morais ao beneficiário quando houver agravamento de sua condição de dor, de abalo psicológico e com prejuízos à saúde já debilitada. 8- Na hipótese concreta, primeiro e segundo graus de jurisdição registraram que a negativa de cobertura não produziu piora no estado de saúde da beneficiária do plano de saúde, e nenhum dano que ultrapasse o dissabor cotidiano. RECURSOS ESPECIAIS CONHECIDOS E NÃO PROVIDOS.

Por fim, os planos de saúde, costumeiramente, questionam na via judicial o fato de que o atendimento da internação domiciliar não estaria no rol da ANS. Assim, a Lei nº 14.454/2022 refirmou ser o rol de procedimentos exemplificativos. Com isso, no REsp: 1951191, de relatoria do Ministro PAULO DE TARSO SANSEVERINO, em publicação de julgamento ocorrida em 18/11/2022 deixou expresso que: "Por sua vez, a Lei nº 14.454/2022, revigorando a tese do rol exemplificativo" deixa claro o posicionamento da Corte Superior.

Mesmo, assim, por ser um contrato de assistência de saúde, onde, por óbvio, o bem maior é a saúde do contratante e a vida, em última análise, deve ser propiciado ao cidadão o adequado tratamento de sua doença.

Conclusão

Na busca pela internação domiciliar via judicialização, alguns requisitos devem ser observados. O Superior Tribunal de Justiça estabeleceu orientações nesse sentido. Por exemplo, a doença deve ser coberta pelo plano de saúde e a prescrição médica deve indicar a necessidade de internação domiciliar devido à difícil situação clínica do paciente. Mesmo na ausência de previsão contratual ou até mesmo com exclusão desta internação específica de Home Care, a operadora não pode recusar o atendimento domiciliar nessas circunstâncias.

A judicialização do Home Care é uma resposta à ausência de regulamentação e às divergências contratuais entre operadoras de planos de saúde e usuários. O Judiciário desempenha um papel crucial na determinação da necessidade e possibilidade do atendimento domiciliar, baseando-se em princípios como o da força obrigatória do contrato, boa-fé objetiva e equilíbrio contratual. As decisões judiciais têm impacto na relação entre operadoras de planos de saúde e beneficiários, definindo os limites da cobertura do Home Care e equacionando as complexidades envolvidas nesse tipo de atendimento.

O Sistema Único de Saúde (SUS) desempenha um papel fundamental na garantia do direito à saúde, incluindo o atendimento domiciliar. Entretanto, a crescente demanda por serviços de saúde, a escassez de recursos e a complexidade das necessidades dos pacientes muitas vezes levam à judicialização para garantir o acesso à internação domiciliar.

A judicialização do Home Care pelo SUS apresenta desafios distintos em relação à sua regulamentação, financiamento e efetivação. A inclusão do atendimento domiciliar no âmbito do SUS exige alocação de recursos, coordenação de equipes multidisciplinares e garantia de qualidade nos serviços prestados.

No contexto do SUS, a análise dos casos difíceis ganha contornos específicos. O Juiz, ao decidir sobre a concessão do Home Care, deve considerar não apenas a necessidade e a possibilidade, mas também os recursos disponíveis no sistema público de saúde? A ponderação entre a demanda individual e o interesse coletivo é um aspecto crucial nesses casos. Mas, qual deveria prevalecer mediante a prescrição médica de urgência/emergência?

Apesar dos desafios, há perspectivas positivas para a efetivação do Home Care pelo SUS. A evolução das políticas de saúde, a conscientização sobre a importância do atendimento domiciliar e o aprimoramento dos processos de gestão podem contribuir para tornar mais acessível e eficaz o acesso ao Home Care para os cidadãos que dependem do sistema público de saúde.

A judicialização do Home Care no âmbito do SUS revela um cenário complexo e multifacetado. Enquanto a busca por esse tipo de atendimento através de vias judiciais reflete a necessidade premente de cuidados de saúde, também ressalta as dificuldades enfrentadas pelo sistema público para atender a essa demanda. A discussão sobre a judicialização do Home Care pelo SUS deve estar em constante diálogo com as políticas de saúde, visando aprimorar a efetividade e a equidade na prestação de serviços de atenção domiciliar.

O processo de transferência de um paciente para o regime de atenção domiciliar, conhecido como Home Care, é um procedimento que requer critérios clínicos bem definidos e uma série de autorizações legais.

A Resolução CFM nº 1.668/2003 desempenha um papel central na regulamentação da assistência domiciliar de pacientes. De acordo com essa resolução, a internação domiciliar só pode ser realizada após uma avaliação médica detalhada, que deve ser devidamente registrada no prontuário do paciente. Isso significa que somente um profissional médico qualificado e devidamente registrado pode determinar se o estado de saúde do paciente é compatível com a transferência para o regime de Home Care.

Portanto, havendo enquadramento do paciente da necessidade do tratamento por meio de internação domiciliar, devidamente prescrito por equipe médica, há sim direito a este, quer seja em face do plano de saúde, mas também em face do ente público.

O direito à saúde é de todos e não se pode contemplar este direito sendo ignorado pelos entes públicos e privados sem que haja uma luta.

Referências

ARAUJO, Luiz Alberto David. A Proteção Constitucional das Pessoas com Deficiência. Ministério da Justiça- Secretaria de Estado dos Direitos Humanos- Coordenadoria Nacional para Integração da Pessoa Portadora de Deficiência-CORDE. 4ª edição. Brasília 2011. Disponível em: http://www.pessoacomdeficiencia.gov.br/app/sites/default/files/publicacoes/a-protecao-constitucional-das-pessoas-com-deficiencia_0.pdf

BRASIL. Constituição Federal de 1988. Promulgada em 5 de outubro de 1988. Disponível em: <http://www.planalto.gov.br/ccivil_03/constituicao/constituicaocompilado.htm>

CAIADO, Kátia Regina Moreno. Convenção Internacional sobre os direitos das pessoas com deficiências: destaques para o debate sobre a educação. Revista Educação Especial, v.22, nº35, set/dez 2009. Disponível em http://www.ufsm.br/revistaeducacaoespecial.

DECLARAÇÃO UNIVERSAL DOS DIREITOS HUMANOS (DUDH). Assembleia Geral das Nações Unidas em Paris. 10 dez. 1948. Disponível em: https://www.unicef.org/brazil/declaracao-universal-dos-direitos-humanos. Acesso em: 10 ago. 2021.

FACCHINI NETO, Eugênio. Reflexões históricos-evolutivas sobre a Constitucionalização do Direito Privado. In: SARLET, Ingo Wolfgang (Org.). Constituição, direitos fundamentais e direito privado. 3ª ed. Porto Alegre: Livraria do Advogado, 2010.

FARIAS, Cristiano Chaves de; CUNHA, Rogério Sanches e PINTO, Ronaldo Batista. Estatuto da Pessoa com Deficiência Comentado artigo por artigo. Salvador, JusPodivm, 2ª ed.

NUNES, Luiz Antonio Rizzatto. O Princípio Constitucional da Dignidade da Pessoa Humana doutrina e jurisprudência. São Paulo, Saraiva, 3ª ed., 2010. Disponível em: https://integrada.minhabiblioteca.com.br/books/9788502135413/pageid/59

PRESIDENCIA DA REPÚBLICA. Lei Brasileira de Inclusão da Pessoa com Deficiência nº 13.146 de 6 de julho de 2015. Disponível em < http://www.planalto.gov.br/CCIVIL_03/_Ato2015-2018/2015/Lei/L13146.htm#art124>

SCHULZE, Clenio Jair; NETO, João Pedro Gebran. Direito à saúde: análise à luz da judicialização. Porto Alegre: Verbo Jurídico, 2015.

SEGURANÇA DO PACIENTE
A relação entre a segurança do paciente, a qualidade e o custo da assistência prestada

Bruna Correia Lima Linhares

SUMÁRIO: Introdução. **1.** O direito à segurança do paciente. **2.** Eventos adversos. **3.** *Disclosure* - Aprendizado com o erro. **4.** Gestão de Riscos - *Healthcare Compliance*. Conclusões. Referências.

Introdução

Desde a Antiguidade, médicos buscam a excelência como dever, como é possível percebe nas promessas presentes no Juramento hipocrático[1], entre as quais: o uso da ciência em prol

---

1 *"**Eu juro, por Apolo médico, por Esculápio, Hígia e Panacea, e tomo por testemunhas todos os deuses e todas as deusas, cumprir, segundo meu poder e minha razão, a promessa que se segue:***
Estimar, tanto quando a meus pais, aquele que me ensinou esta arte; fazer vida comum e, se necessário for, com ele partilhar meus bens; ter seus filhos por meus próprios irmãos, ensinar-lhes esta arte, se eles tiverem necessidade de aprendê-la, sem remuneração nem compromisso escrito; fazer participar dos preceitos, das lições e de todo o resto do ensino, meus filhos, os de meu mestre e os discípulos inscritos segundo os regulamentos da profissão, porém, só a estes. Aplicarei os regimes para o bem do doente segundo o meu poder e entendimento, nunca para causar dano ou mal a alguém. A ninguém darei por comprazer nem remédio mortal nem um conselho que induza a perda. Do mesmo modo não darei a nenhuma mulher uma substância abortiva. Conservarei imaculada minha vida e minha arte. Não praticarei a talha, mesmo sobre um calculoso confirmado; deixarei essa operação aos práticos que disso cuidam. Em toda casa aí entrarei para o bem dos doentes mantendo-me longe de todo o dano voluntário e de toda a sedução sobretudo dos prazeres do amor com as mulheres ou com os homens livres ou escravizados. Aquilo que no exercício ou fora do exercício da profissão e no convívio da sociedade eu tiver visto ou ouvido que não seja preciso divulgar eu conservarei inteiramente secreto. Se eu cumprir este juramento com fidelidade que me seja dado gozar felizmente da vida e da minha profissão, honrado para sempre entre os homens; se eu dele me afastar ou infringir o contrário aconteça."

do paciente, jamais para o mal. É possível encontrar no documento, preceitos fundamentais, tais como: o respeito aos docentes das ciências médicas; a proibição da discriminação de pacientes e o dever de confidencialidade em relação às informações dos hospitalizados.

Toda atuação médica tem como finalidade o benefício do doente, ou, pelo menos, que esse benefício seja maior que qualquer mal porventura causado.

É vedado ao médico, pelas normas deontológicas e diceológicas, deixar de usar todos os meios disponíveis de promoção de saúde e de prevenção, de diagnóstico e tratamento de doenças, cientificamente reconhecidos e a seu alcance, em favor do paciente.[2]

Em suma, proíbe-se um comportamento apequenado que tenha por resultado a restrição aos cuidados fornecidos ao paciente por razões externas ao tratamento restrição esta que pode se caracterizar tanto na redução da qualidade do serviço prestado quanto em sua quantidade, quando inferior ao necessário para um atendimento seguro e adequado.[3]

Sob a ótica da bioética, assim como o significado filosófico moral, a beneficência é aquilo que faz bem. É um tratamento digno. Uma conduta respeitosa focada na pessoa e não somente no corpo. Consiste no aprimoramento da saúde e na prevenção da doença do paciente, na medida do possível. É o resultado buscado e desejado pelo paciente e seus familiares.

---

2 *Código de Ética Médica*, Art. 32 É vedado ao médico: deixar de usar todos os meios disponíveis de promoção de saúde e de prevenção, diagnóstico e tratamento de doenças, cientificamente reconhecidos e a seu alcance, em favor do paciente.

3 DANTAS, Eduardo Vasconcelos dos Santos e COLTRI, Marcos. *Comentários ao Código de Ética Médica.* 3ª ed. ver. atual. e ampl. Salvador: JusPodivm, 2020.

Por óbvio que o princípio da beneficência não pode ser exercido de modo absoluto, por encontrar limites na dignidade individual; na autonomia do paciente; na objeção de consciência do profissional, entre outras situações excepcionais.

Entretanto, ao contrário dos tempos passados, em que a saúde do paciente era avaliada e tratada unicamente pelo médico, hodiernamente, a assistência a saúde envolve um complexo e extenso sistema composto por múltiplos profissionais, processos, tecnologias, equipamentos, terceiros envolvidos, além do próprio paciente e familiares.

Desta forma, o tema da segurança do paciente passou por uma mudança de concepção na mesma proporção em que também sofreram alterações os conceitos de saúde e doença.

A complexidade está presente em todo o universo da saúde, a iniciar pelo próprio conceito "não mais restrito a uma indagação sobre ausência de doenças ou a disponibilidade de assistência médico-hospitalar aos doentes, tratando-se de um bem-estar físico, mental e social[4] bem mais amplo, determinado e condicionado por fatores econômicos e sociais (meio ambiente e saneamento básico; renda e trabalho; moradia, hábitos saudáveis, etc.)."[5] A doença, em contrapartida, consiste em ausência de saúde, ou seja, um estado que ao atingir um indivíduo provoca distúrbios das funções físicas e/ou mentais.

A segurança do paciente, por sua vez, é conceituada pela Organização Mundial da Saúde (OMS) como a redução, a um mínimo aceitável, do risco de dano desnecessário associado à

4 ORGANIZAÇÃO MUNDIAL DA SAÚDE. *Constituição da Organização Mundial da Saúde*. Disponível em: http://www.direitoshumanos.usp.br/index.php/OMS-Organiza%C3%A7%C3%A3o-MundialdaSa%C3%BAde/ constituicao -da-organizacao-mundial-da-saude-omswho.html.

5 MAPELLI JÚNIOR, Reynaldo. *Judicialização da Saúde: regime jurídico do SUS e intervenção na administração pública.* 1ª ed. Rio de Janeiro: Atheneu, 2017, página 43.

assistência à saúde; em suma, a prevenção dos chamados *eventos adversos* (EA).

Ainda que revestidos de subjetividade, os conceitos revelam que a segurança do paciente é uma obrigação moral dos profissionais da saúde, sendo irrelevante o papel desempenhado na prestação assistencial.

Este trabalho visa abordar o direito dos pacientes à segurança na assistência à saúde, bem como os reflexos que as estratégias institucionais atribuem à qualidade do serviço prestado.

1. O Direito à Segurança do Paciente

A Declaração Universal dos Direitos Humanos (DUDH), proclamada pela Assembleia Geral das Nações Unidas, no dia 10 de dezembro de 1948, em Paris, representa um marco histórico relacionado a proteção universal dos direitos humanos, entre os quais cita-se o direito à vida, à saúde e à assistência médica, previstos nos artigos 3º e 25º do diploma[6].

O documento inspirou outros textos internacionais[7] e constituições ao redor do planeta, incluindo a brasileira, que elencou os direitos fundamentais capazes de sobrepor qualquer restrição legal.

6 *Art. 3º. Todo indivíduo tem direito à vida, à liberdade e à segurança pessoal. Art. 25º. Toda a pessoa tem direito a um nível de vida suficiente para lhe assegurar e à sua família a saúde e o bem-estar, principalmente quanto à alimentação, ao vestuário, ao alojamento, à assistência médica e ainda quanto aos serviços sociais necessários, e tem direito à segurança no desemprego, na doença, na invalidez, na viuvez, na velhice ou noutros casos de perda de meios de subsistência por circunstâncias independentes da sua vontade.*

7 Como por exemplo, a Convenção Europeia de Direitos Humanos (1950), o Pacto Internacional dos Direitos Civis (1966), o Pacto Internacional dos Direitos Econômicos, Sociais e Culturais (1966), a Convenção Americana sobre Direitos Humanos (1969), a Carta Africana dos Direitos Humanos e dos Povos e a Carta dos Direitos Fundamentais da União Europeia (2000), para citar os mais importantes.

A proteção e a garantia de irrenunciabilidade, indisponibilidade e inalienabilidade dos direitos sociais são temas abordados com frequência pela jurisprudência brasileira[8].

A dignidade humana, por seu turno, sobreveio da filosofia moral, foi instituída como valor fundamental e, posteriormente, convertida em um princípio jurídico. Considera-se que esteja subjacente a todas as normas democráticas em geral, funcionando tanto como justificativa moral quanto como fundamento normativo dos direitos humanos.

Tal princípio identifica (i) o valor intrínseco de toda pessoa, significando que ninguém na vida é um meio para a realização de metas coletivas ou projetos pessoais dos outros; (ii) a autonomia individual, visto que cada pessoa deve ter autodeterminação para fazer suas escolhas existenciais e viver o seu ideal de vida boa, assegurado um mínimo existencial que a poupe da privação de bens vitais; e (iii) a limitação legítima da autonomia por valores, costumes e direitos das outras pessoas e por imposição normativa válida (valor comunitário).

---

8 *PROCESSUAL CIVIL. RECURSO ESPECIAL. FORNECIMENTO DE MEDICAMENTOS PELO ESTADO. DESCUMPRIMENTO DA DECISÃO JUDICIAL DE ANTECIPAÇÃO DE TUTELA. BLOQUEIO DE VERBAS PÚBLICAS. MEDIDA EXECUTIVA. POSSIBILIDADE, IN CASU. PEQUENO VALOR. ART. 461, §5º, DO CPC. ROL EXEMPLIFICATIVO DE MEDIDAS. PROTEÇÃO CONSTITUCIONAL À SAÚDE, À VIDA E À DIGNIDADE DA PESSOA HUMANA. PRIMAZIA SOBRE PRINCÍPIOS DE DIREITO FINANCEIRO E ADMINISTRATIVO. NOVEL ENTENDIMENTO DA E. PRIMEIRA TURMA. (...) 5. Os direitos fundamentais à vida e à saúde são direitos subjetivos inalienáveis, constitucionalmente consagrados, cujo primado, em um Estado Democrático de Direito, como o nosso, que reserva especial proteção à dignidade da pessoa humana, há de superar quaisquer espécies de restrições legais. (...) 6. A Constituição* não é ornamental, não se resume a um museu de princípios, não é meramente um ideário; reclama efetividade real de suas normas constitucionais, a exegese deve partir dos princípios fundamentais, para os princípios setoriais e, sob esse ângulo, merece destaque o princípio fundante da República que destina especial proteção à dignidade da pessoa humana. (REsp nº 850230/ RS, STJ, 1ª Turma. Relator Ministro Luiz Fux, julgado em 10/10/2006)

Direitos humanos são valores morais sob a forma de direitos ou, como sugere Habermas, "uma fusão do conteúdo moral com o poder de coerção do Direito."[9]

Deveras, a pessoa humana e sua dignidade constituem fundamento e fim da sociedade e do Estado, sendo o valor que prevalecerá sobre qualquer tipo de avanço científico e tecnológico. Consequentemente, não poderão bioética e biodireito admitir conduta que venha a reduzir a pessoa humana à condição de coisa, retirando dela sua dignidade e o direito de uma vida digna.[10]

Nesse mesmo sentido já ensinava Hipócrates: o conhecimento deve estar sempre a serviço da humanidade. De igual modo, toda conduta e gestão na área da saúde!

A ONU e o Conselho da Europa confirmaram o pensamento, respectivamente através da *Declaração sobre a Utilização do Programa Científico e Tecnológico no Interesse da Paz e em Benefício da Humanidade* (1975)[11] e da *Convenção sobre Direitos Humanos e Biomedicina* (1996)[12].

A *Declaração Universal sobre Bioética e Direitos Humanos*, adotada em 2005 pela 33ª Conferência Geral da Unesco, traduziu o pensamento ético consolidado até aquele momento,

---

9 BARROSO, Luís Roberto. *Curso de direito constitucional contemporâneo: os conceitos fundamentais e a construção de um novo modelo.* 9ª Ed. – São Paulo: Saraiva Educação, 2020, página 492.

10 DINIZ, Maria Helena. *O estado atual do biodireito.* 10ª ed. São Paulo: Saraiva, 2017, página 41.

11 Art. 6º. Todos os Estados adotarão medidas tendentes a estender a todos os estratos da população os benefícios da ciência e da tecnologia e a protegê-los, tantos nos aspectos sociais quanto materiais, das possíveis consequências negativas do uso indevido do progresso científico e tecnológico, inclusive na utilização indevida para infringir os direitos do indivíduo ou do grupo, em particular relativamente ao respeito à vida privada e à proteção da pessoa humana e de sua integridade física e mental.

12 Art. 2º. Os interesses e o bem-estar do ser humano, devem prevalecer sobre o interesse isolado da sociedade ou da ciência.

ao pontuar seus objetivos, entre os quais: promoção ao acesso equitativo aos progressos da medicina, da ciência e da tecnologia, bem como a mais ampla circulação possível e uma partilha rápida dos conhecimentos relativos a tais progressos e o acesso partilhado aos benefícios deles decorrentes (art. 2, inciso IV); a prevalência dos interesses e do bem-estar do indivíduo sobre o interesse exclusivo da ciência ou da sociedade (art. 3º).

O tema é constante e arduamente debatido na União Europeia. A *Declaração de Luxemburgo,* aprovada em 2005, reconhece que o acesso a uma assistência médica de qualidade é um direito humano fundamental. E mais, ressalta a importância da criação de uma cultura centrada na aprendizagem a partir dos eventos adversos.

Pari passu, em âmbito nacional, em 2013, o Ministério da Saúde, considerando a relevância e magnitude dos erros no país, instituiu o Programa Nacional de Segurança do Paciente (PNSP) através da Portaria MS/GM n° 529/2013, com a finalidade[13] de contribuir para a qualificação do cuidado em saúde nos estabelecimentos nacionais.

Dentre os protocolos básicos, definidos pela OMS, o documento retro citado ressalta o dever das instituições de saúde de elaborar e implantar:

> a) prática de higiene das mãos em estabelecimentos de saúde;
>
> b) cirurgia segura;
>
> c) segurança na prescrição, uso e administração de medicamentos;
>
> d) identificação de pacientes;

---

13 Art. 2º, da Portaria n° 529, de 1º de abril de 2013. "O PNSP tem por objetivo geral contribuir para a qualificação do cuidado em saúde em todos os estabelecimentos de saúde do território nacional."

> e) comunicação no ambiente dos estabelecimentos de saúde;
>
> f) prevenção de quedas;
>
> g) prevenção de úlceras por pressão;
>
> h) transferência de pacientes entre pontos de cuidado;
>
> i) uso seguro de equipamentos e materiais

Acrescenta-se ainda:

> a) relatório pormenorizado de todos os fatos relacionados ao seu estado de saúde e a assistência prestada em prontuário incluindo medicamentos utilizados e procedimentos realizados;
>
> b) identificação dos profissionais de saúde, responsáveis, direta ou indiretamente, pelo atendimento, por meio de crachás visíveis e legíveis[14];
>
> c) Comunicação efetiva entre pacientes e profissionais de saúde;
>
> d) identificação segura do paciente, com utilização de pelo menos dois métodos;
>
> e) Implementação de alarmes seguros.

As condutas constituem ferramentas a serem utilizadas para construção de uma prática assistencial segura e qualificada. São obrigatórias nos planos internos de segurança do paciente das instituições de saúde, nos termos da RDC nº 36, de 25 de julho de 2013, da ANVISA, que incorporou conceitos de gestão de risco, determinou a obrigatoriedade da criação do Núcleo de Segurança do Paciente (NSP) nos serviços de saúde, além da notificação, vigilância e monitoramento dos incidentes relacionados à assistência à saúde.

---

14 É o que ensinam: Antônio Jeová Santos, Dano Moral, cit., p. 282-6; Genival Veloso de França, *Direito Médico*, cit., p. 26-37.

2. Eventos Adversos

A medicina, que no passado costumava ser simples, pouco eficaz e relativamente segura, na atualidade tornou-se complexa, eficiente, mas potencialmente perigosa.[15]

O desenvolvimento e a inovação científico-tecnológica das últimas décadas aprimoraram significativamente os resultados em saúde, assim como tornou a prática assistencial mais arriscada. Em adição, a população mundial está mais envelhecida e as pessoas com doenças crônicas e raras alcançam maior sobrevida. O cenário é favorável ao incremento de erros, desvios e acidentes. São os chamados efeitos adversos (EA).

O maior estudo da história da medicina sobre EA relacionado à hospitalização, intitulado *Harvard Medical Practice Study*[16], apontou que 1 a cada 10 pacientes teria sofrido algum tipo de dano durante a internação hospitalar, quando de sua publicação em 1991. Os números atuais são igualmente alarmantes: 2,6 milhões de mortes são causadas anualmente por EA, somente nos países emergentes e 4,0% a 16% dos pacientes hospitalizados em países desenvolvidos. Estima-se que praticamente a metade deles poderia ter sido evitada.[17]

São exemplos de EA: quedas de leito; administração errônea de medicamentos; lesões por pressão; infecções hospitalares; acidentes perfurocortantes; cuidados de enfermagem; erro de diagnóstico; falhas de comunicação interprofissional e com o paciente; condições de trabalho adversas; preenchimento incorreto de documentação relacionada à assistência prestada;

15 CHANTLER, C. *The role and education of doctors in the delivery of health care.* Lancet. 1999; 353: 1178-81

16 BRENNAN, TA; Leape, LL; LAIRD, NM, et al. *Incidence os adverse events and negligence in hospitalized patients.* Results of the Harvard Medical Practice Study I. N. England Journal Med. 1991; 324:370-7.

17 https://www.scielo.br/j/reben/a/mBxyRmzXxjVYbDQZfg7phyj/

penúria de recursos e complicações técnicas. Entretanto, a falha de comunicação entre os profissionais da saúde é a principal causa dos eventos adversos.

O relatório *To err is human*[18] evidenciou o impacto sócio-econômico oriundo dos EA. Em 1999, estimava-se o total de custos anuais com EA evitáveis nos EUA entre U$ 17 bilhões e U$ 29 bilhões.

Ademais, o estudo marcou o ingresso do tema segurança do paciente para a agenda global.

Através do *"A pesquisa em segurança do paciente"*, a Organização Mundial da Saúde, em 2008, observou a necessidade de aprofundar estudos relacionados a infecções (até 25% dos pacientes internados podem contrair infecção relacionada à assistência à saúde e resistência a antimicrobianos); medicamentos (falha de administração); cirurgia e anestesia (estima-se que 50% dos EA registrados estão relacionados a pacientes cirúrgicos por limitações e ou deficiência nos serviços e nas instalações, falta de profissionais capacitados, tecnologia insuficiente e fornecimento deficitário de medicamentos e materiais); a administração de injeções (reutilização de seringas e agulhas); hemoderivados inseguros (falta de segurança na gestão de hemoderivados) e dispositivos médicos (obsoletos, inoperantes).

O estudo realizado no Brasil, em 2009, observou a ocorrência de EA em 7,6% dos atendimentos hospitalares, entre os quais, 67% poderiam ter sido evitados[19]. Os eventos mais frequentes estavam relacionados com procedimentos cirúrgicos. Segundo levantamento realizado pela Associação Nacional de Biossegurança (ANBio), em 2011, as infecções hospita-

---

18 KOHN, LH; CORRIGAN, JM; DONALDSON MS (eds.). *To err is human*: Building a safer health system. Washington: National Academy press; 2000.

19 MENDES, W; MARTINS, M; ROZENFELD S; TRAVASSOS, C. *The assessment of adverse events in hospitals in Brazil.* Int J Qual Health Care 2009; 21(4):279-284.

lares foram responsáveis por cem mil mortes de brasileiros anualmente.[20]

Entre 8,6 milhões de mortes evitáveis, 5 milhões foram causadas por má qualidade. É um número cinco vezes maior do que todas as mortes no mundo causadas por Aids e três vezes mais do que por diabetes. As mortes em razão de falta de assistência somaram 3,6 milhões.[21]

Não são poucos os estudos acerca do tema, cujas conclusões invariavelmente convergem no sentido de que a segurança do paciente é alcançada de modo satisfatório quando existe interação entre todos os personagens do sistema, e não somente de um profissional, tecnologia ou equipamento.

Entretanto, ao contrário de organizações altamente confiáveis como da aviação, petrolífera, automobilística, aeronáutica, militar e financeira entre outros que adotam cultura preventiva e resiliente, pouca atenção e muito menos ação, tem sido efetivamente dispensada ao tema, pelas instituições de saúde e seus respectivos gestores.

3. *Disclosure* – Aprendizado com o erro

A melhoria da segurança do paciente depende do aprendizado continuado, por todos os personagens envolvidos no cuidado assistencial, com os EA prévios, através da análise de sua causa raiz, bem como de todos os fatores contribuintes, para que, posteriormente, seja possível determinar as áreas de melhoria, assim como suas prioridades.

Ocorre que o debate dos casos reais está condicionado à divulgação dos mesmos, prática incomum em culturas defensivas,

20 KFOURI NETO, Miguel. *Responsabilidade Civil do Médico.* 9ª ed. rev., atual. e ampl. São Paulo: Editora Revista dos Tribunais Ltda., 2018.

21 Lancet, 2018.

que buscando evitar qualquer abalo reputacional e financeiro advindas de possíveis sanções e litígios, na grande maioria, invariavelmente, optam pelo sigilo dos acontecimentos.

A prática do *disclosure*[22], por exemplo, ainda é incomum nos hospitais brasileiros. O temor pela responsabilização ética, civil e até criminal é sobreposto aos benefícios da transparência.

Nos Estados Unidos, por outro lado, na tentativa de evitar altas indenizações, despesas elevadas com honorários advocatícios e custas processuais, tem crescido o interesse dos nosocômios no protocolo do *disclosure*, qual seja: 1) comunicação do evento adverso ao paciente e/ou familiares; 2) acolhimento e preocupação genuínos; 3) reconhecimento das falhas; 4) assumir responsabilidades e ônus; 5) apresentação de uma proposta de indenização pelos danos causados; 6) focar na prevenção de recorrência. Geralmente a diretriz acarreta a composição entre as partes e evita a judicialização e exposição do caso.

Mudar a cultura de omissão dos erros ou de simples reação diante dos EA por uma em que os erros não sejam considerados falhas pessoais, mas consequência da interação de diversos fatores e oportunidades para melhorar o sistema e evitar o dano é o primeiro passo para a melhoria da segurança do paciente[23] e, por via de consequência lógica, o incremento da qualidade dos serviços prestados.

Como mencionado em tópico anterior, a falha humana é somente uma das causas dos EA, os quais são resultados, individual ou conjuntamente, por imprecisões de comunicação, de

22 *Cambridge Dictionary*. Disclosure: the act of making something known or the fact that is made known. Inglaterra: Cambridge University Press & Assessment. https://dictionary.cambridge.org/pt/dicionario/ingles-portugues/disclosure

23 WOODWARD S. *Seven steps to patient safety*. Rev. Calid Asist. 2005;20:66-70

técnica e/ou do sistema; monitoramento deficiente; formação inadequada de profissionais; supervisão negligente; jornadas de trabalho extenuantes; precariedade de recursos humanos e materiais, entre outros.

Logo, quando da ciência de um EA, necessária a análise dos fatos, dos motivos, do exato momento e de que forma o problema ocorreu.

Por óbvio que a análise pode (e deve) ser feita de forma proativa, ou seja, anteriormente ao problema, por meio de estudo sistemático cuja finalidade é identificar falhas ocultas (mas presentes) no sistema organizacional instituído e corrigi-las, buscando a padronização de processos nas instituições de saúde, entre profissionais e empresas prestadoras de serviços ou que componham a cadeia de fornecimentos de suprimentos.

Invariavelmente, pacientes e familiares, ao buscarem a restituição ou prevenção da saúde, esperam, legitimamente, serviços seguros, com padrões de qualidade, para que não saiam da instituição piores do que quando ali ingressaram.

A insegurança do paciente em ambiente nosocomial, por negligência ou omissão daqueles que participam (ou deveriam participar) da proteção do enfermo, não tem sido tolerada, uma vez que pode causar graves e irreparáveis danos patrimoniais e reputacionais.

4. Gestão de Riscos - *Healthcare Compliance*

Considerando que os serviços de saúde são prestados em ambientes complexos, nos quais vários fatores (do paciente; individuais; funcionais; sociais e da equipe; formação e capacitação; equipamentos e recursos; organizacional e estratégico; de comunicação e condições de trabalho) podem contribuir para a ocorrência de incidentes relacionados à assistência, é primordial que o enfrentamento ao tema seja inaugurado pela identificação dos riscos que permeiam o paciente internado em ambiente nosocomial.

O padrão de gestão de riscos mais conhecido atualmente, é a Norma ISO 31000 (*Risk Management - Principles and Guidelines*), traduzida e adaptada pela Associação Brasileira de Normas Técnicas (ABNT) NBR ISO 31000:2009 (Gestão de Riscos e Princípios).

Após o devido e assertivo mapeamento, os riscos devem ser geridos através da revisão dos processos, cultura e sistemas internos e adequados às práticas de segurança pertinentes. Posteriormente, novos padrões de melhoria e efetividade devem ser implementados em toda a instituição, o que inclui funcionários, gestores, conselheiros, acionistas e também as partes relacionadas, por meio de treinamentos e monitoramento periódicos e contínuos, sem olvidar, todavia, da aplicação de mecanismos de controle previamente estabelecidos.

Trata-se de *healthcare compliance* ou governança no setor da Saúde, que nada mais é que um modelo de gestão hospitalar, onde se busca a orientação de comportamentos adequados às normas vigentes (inclusive acerca da segurança do paciente) relacionadas à atividade empresarial, com a finalidade de promover o melhor cuidado médico para seus usuários, através do aprendizado organizacional e melhoria contínua. O sistema é perfeitamente aplicável a clínicas; laboratórios; centros de pesquisa; operadoras de planos de saúde suplementar; cooperativas médicas; centros de pesquisa e desenvolvimento de novas tecnologias; farmácias; indústrias; importadores e distribuidores, entre outros parceiros que fazem parte da cadeia de prestação de serviços de saúde.

Não é possível elencar, taxativamente, todos os riscos que envolvem a atividade hospitalar, na medida em que cada instituição é particularmente única, no entanto, aqueles relacionados à segurança do paciente são amplamente conhecidos e certamente ocorrerão sempre que o sistema permitir[24] [25].

Os custos do não-*compliance* são altos e seus consequências podem ser irreversíveis, especialmente quando se trata de danos reputacionais.

Aproximadamente 15% dos gastos e atividade hospitalar é resultado direto de eventos adversos[26]. Um estudo conduzido pela *Society of Actuaries* (SOA) em 2008, verificou que eventos adversos preveníveis custaram ao sistema de saúde americano $19,5 bilhões de dólares.[27]

No Brasil, a Máfia das Próteses, divulgada no final do ano de 2015, escancarou um escândalo de corrupção na área da saúde que envolvia o pagamento de propinas para médicos e hospitais por indústrias e distribuidoras, para o uso, nem sempre indicado e/ou necessário para utilização de órteses e próteses, com o objetivo de aumentar o lucro dos envolvidos, prática diametralmente oposta ao conteúdo do Juramento hipocrático.

O valor das incontáveis fraudes perpetradas em contratos relacionados ao enfrentamento do coronavírus, nos anos de pandemia, provavelmente jamais será integralmente calculado, todavia em 2020 já se falava em R$ 1,5 bilhão gastos indevidos em compras de produtos com sobrepreço, sem licitação ou sem qualquer comprovação de qualidade e/ou eficácia.

Desta forma, de modo a prevenir responsabilidades e mitigar erros individuais ou sistêmicos, é cada vez mais indicada

---

24 *"Eighty-five percent of the reasons for failure are deficiencies in the systems and process rather than the employee. The role of management is to change the process rather than badgering individuals to do better".* W. Edwards Deming.

25 *"Every system is perfectly designed to get the results it gets".* Paul Batalden.

26 SLAWOMIRSKI, Auraaen A; KLAZINGA N. *Strengthening a Value-Based Approach to Reducing Patient Harm at a National Level,* OECD: 2017.

27 The Economic Measurement of Medical Errors. Society of Actuaries'Health Section, 2010.

a implantação de controles internos nas instituições de saúde de modo a garantir a segurança do paciente e a qualidade do serviço prestado, entre os quais pode-se citar: monitoramento de reincidências; indicadores de conformidade e simulações/auditorias.

"Novos tempos exigem uma nova Ética"[28].

Conclusões

Conquanto o tema da segurança do paciente tenha ganhado relevância no cenário global, o setor de saúde enfrenta enormes desafios para assegurar atendimentos seguros e qualificados aos pacientes internados.

O enfrentamento da matéria exige uma mudança de cultura, no que diz respeito as análises de riscos, causas de eventos adversos prévios e soluções de melhorias.

Para que resultados favoráveis sejam concretamente alcançados, a cultura de segurança do paciente internado em ambiente hospitalar, que atualmente é defensiva e reativa, deve ser transformada em proativa e preventiva.

Atualmente, certo é que, ambos os sistemas de saúde pública e privada, carecem de protocolos voltados para a segurança do paciente. Não é desconhecida a prática de protocolos teóricos que jamais são colocados em prática ou o são sem qualquer cuidado com atualizações e/ou supervisão.

Sendo a falha de comunicação a maior causa de eventos adversos, o aprimoramento no compartilhamento de informações entre pacientes e profissionais da saúde deveria ser prio-

28 Destaca-se o trabalho do filósofo judeu Hans Jonas (1903-1993). Nascido na Alemanha e tendo testemunhado o potencial destrutivo das tecnologias sem uma moralidade compatível, a exemplo das armas biológicas, nucleares e experimentos com prisioneiros de guerra, defendeu que "novos tempos exigem uma nova Ética."

ridade em todas as instituições de saúde, de modo a reduzir drasticamente a elevada proporção de EA evitáveis.

Princípios constitucionais, morais e éticos devem nortear não somente os profissionais de saúde e terceiros envolvidos no cuidado assistencial, mas especialmente a gestão dos hospitais, fazendo-se necessário manter o paciente como foco central da tomada de decisão e a qualidade dos serviços de saúde como um fim a ser alcançado.

Referências

ASCENSÃO, José de Oliveira. *Direito Civil, Teoria Geral – Introdução*. As pessoas. Os bens. Vol. I. Coimbra: Coimbra Editora, 2000.

ASENSI, Felipe Dutra. *Judiciário e estratégias de efetivação do direito à saúde no Brasil e em Portugal*. Revista Vía Iuris. Colombia: Fundación Universitaria los Libertadores, 2013.

Associação Brasileira de Normas Técnicas (ABNT). NBR ISSO 31000:2009. *Gestão de Riscos* – Princípios e Diretrizes.

BARROSO, Luís Roberto. *Curso de direito constitucional contemporâneo: os conceitos fundamentais e a construção de um novo modelo*. 9ª Ed. São Paulo: Saraiva Educação, 2020.

BARROSO, Luís Roberto. *Sem data vênia, um olhar sobre o Brasil e o mundo*. 1ª ed. Rio de Janeiro: História Real, 2020.

BRASIL. Agência Nacional de Vigilância Sanitária. *RDC n°. 36*. Diário Oficial da União, 2013; 26 jul.

BRASIL. Conselho Federal de Medicina. Res. n° 2.217 – *Código de Ética Médica*. Disponível em: https://sistemas.cfm.org.br/normas/visualizar/resolucoes/BR/2018/2217

BRASIL. *Lei n°8.080*, de 19 de setembro de 1910. Disponível em: http://www.planalto.gov.br/ccivil_03/leis/l8080.htm.

BRASIL. *Lei n° 9.656*, de 13 de junho de 1998. Disponível em: http://www.planalto.gov.br/ccivil_03/leis/l9656.htm.

BRASIL. Lei n° 9.961, de 28 de janeiro de 2000. Disponível em: http://www.planalto.gov.br/ccivil_03/leis/l9961.htm.

BRASIL. Ministério da Saúde. Portaria n° 529, de 1º de abril de 2013. Disponível em: https://bvsms.saude.gov.br/bvs/saudelegis/gm/2013/prt0529_01_04_2013.html

BRASIL. Planalto. *Constituição Federal de 1988*. Portal online. Disponível em: http://planalto.gov.br/ccivil_03/constituicao/constituicao.htm.

BRENNAN TA, Leape LL, LAIRD NM, et al. *Incidence of adverse events and negligence in hospitalized patients.* Results of the Harvard Medical Practice Study I. N. England Journal Med. 1991; 324:370-7.

CHANTLER, C. *The role and education of doctors in the delivery of health care.* Lancet. 1999; 353: 1178-8.

COSTA, Sérgio Ibiapina Ferreira; OSELKA, Gabriel e GARRAFA, Volnei. *Iniciação à bioética*. Brasília: Conselho Federal de Medicina, 1998.

DANTAS, Eduardo Vasconcelos dos Santos e COLTRI, Marcos. *Comentários ao Código de Ética Médica.* 3ª ed. ver. atual. e ampl. Salvador: JusPodivm, 2020.

DINIZ, Maria Helena. *O estado atual do biodireito.* 10ª ed. São Paulo: Saraiva, 2017.

DWORKIN, Ronald. *Levando os direitos a sério*. 3ª ed. São Paulo: Editora WMF Martins Fontes, 2010.

FRANCO, Isabel. *Guia prático de compliance.* 1ª ed. Rio de Janeiro: Forense, 2020.

HOLMES, Stephen; SUNSTEIN, Cass Robert. *The Cost of Rights: Why Liberty Depends on Taxes.* New York: W. W. Norton & Company, 2000.

KFOURI NETO, Miguel. *Responsabilidade Civil do Médico.* 9ª ed. rev., atual. e ampl. São Paulo: Editora Revista dos Tribunais Ltda., 2018.

KFOURI NETO, Miguel. *Responsabilidade civil dos hospitais: Código Civil e Código de Defesa do Consumidor.* 3ª ed. rev., atual. e ampl. São Paulo: Editora Revista dos Tribunais Ltda., 2018.

KIETZMANN, Felipe. In: *Manual de Compliance.* André Castro Carvalho, coordenação. 3ª ed. Rio de Janeiro: Forense, 2021.

KOHN, LH; CORRIGAN, JM; DONALDSON MS (eds.). *To err is human*: Building a safer health system. Washington: National Academy press; 2000.

MALAGÓN-LONDOÑO, Gustavo; LAVERDE, Gabriel Pontón; REYNALES, Jairo. *Gestão Hospitalar para uma administração eficaz.* 4ª ed. Rio de Janeiro: Guanabara Koogan, 2019.

MCINTOSH, Colin. *Cambridge Dictionary.* Inglaterra: Cambridge University Press & Assessment. https://dictionary.cambridge.org/pt/dicionario/ingles-portugues/disclosure.

MENDES, W; MARTINS, M; ROZENFELD, S; TRAVASSOS, C. *The assessment of adverse events in hospitals in Brazil.* Int J Qual Health Care 2009; 21(4):279-284.

MIRANDA-SÁ JR., Luiz Salvador de. *Uma introdução à Medicina.* Brasília: Conselho Federal de Medicina, 2013.

NUNES, Alexandre Morais. *O Serviço Nacional de Saúde Português: Caracterização, Classificação e Perspectivas.* Revista de Gestão em Sistemas de Saúde – RGSS. São Paulo: 2019.

OLIVEIRA, Cirlene Aparecida Hilário da Silva Oliveira; CARRIJO, Danila e LOPES, Noémia Mendes. *Caminhos da Saúde em Portugal: um estudo sob a perspectiva do Serviço Social.* (Dissertação de Doutorado) Unicamp. São Paulo: 2018.

ORGANIZAÇÃO DAS NAÇÕES UNIDAS. *Declaração Universal dos Direitos Humanos*. Disponível em: https://www.ohchr.org/EN/UDHR/Pages/Language.aspx?LangID=por.

ORGANIZAÇÃO MUNDIAL DA SAÚDE. *Constituição da Organização Mundial da Saúde*. Disponível em: http://www.direitoshumanos.usp.br/index.php/OMS-Organiza%C3%A7%C3%A3o-Mundial-da-Sa%C3%BAde/constituicao-da-organizacao-mundial-da-saude-omswho.html.

PEREIRA, André Dias. *Os Direitos das Pessoas (na saúde)*. Coimbra, 2021.

ROONEY, Anne. *A História da Medicina – Das primeiras curas aos milagres da medicina moderna*. São Paulo: M. Books do Brasil Editora Ltda., 2013.

SARLET, Ingo Wolfgang. *O Tribunal Constitucional Federal da Alemanha e o direito ao ensino superior*. Disponível em: https://www.conjur.com.br/2018-jan-05/direitos-fundamentais-tribunal-constitucional-alemanha-direito-ensino-superior.

SLAWOMIRSKI, Auraaen. A; KLAZINGA, N. *Strengthening a Value-Based Approach to Reducing Patient Harm at a National Level*, OECD: 2017.

WOODWARD, S. *Seven steps to patient safety*. Rev. Calid Asist. 2005; 20: 66-70

A REVISÃO DA NOMENCLATURA DE "ERRO MÉDICO" É O CAMINHO DO EQUILÍBRIO CONTRATUAL, EM RESPOSTA AO AVANÇO DESMEDIDO DA JUDICIALIZAÇÃO

Fernanda Nascimento
Márcia Cavalcante Chagas

Introdução

A trajetória do Direito Médico no Brasil é uma narrativa de constante evolução, espelhando as transformações na sociedade, na medicina e na legislação. Desde suas raízes nas práticas religiosas coloniais até os complexos desafios da era moderna, o Direito Médico tem acompanhado e moldado o desenvolvimento da prática médica no país. À medida que o Brasil enfrenta avanços tecnológicos e sociais, o Direito Médico continuará se adaptando para assegurar que a relação entre médicos e pacientes permaneça fundamentada em princípios éticos, legais e humanitários.

O erro médico é uma realidade intrincada e desafiadora na prática médica, gerando implicações emocionais e legais. É imperativo que pacientes, profissionais de saúde e instituições trabalhem coletivamente para evitar e minimizar tais erros, cultivando uma prática médica ética, segura e eficaz. Compreender o conceito de erro médico e manter o comprometimento constante com a melhoria dos padrões de cuidado são essenciais para garantir a confiança e a segurança na relação entre médico e paciente.

Revisar a nomenclatura do termo "erro médico" é um passo crucial na busca por uma abordagem mais abrangente e centrada nos sistemas de saúde. A terminologia atual, muitas vezes, carrega estigmas e simplificações, não capturando adequadamente a complexidade dos sistemas de saúde e os diversos fatores que contribuem para resultados indesejados.

Em resposta ao aumento notório da judicialização no âmbito do direito médico, é essencial explorar abordagens que restabeleçam o equilíbrio contratual entre médicos e pacientes, adentrando na revisão da terminologia, ao mesmo tempo em que atenuam a necessidade excessiva de envolvimento do sistema judiciário.

1. Evolução do Direito Médico no Brasil

O campo do Direito Médico no Brasil é resultado da intersecção entre os âmbitos jurídico e médico, abordando questões éticas e legais relacionadas à prática médica e à saúde dos pacientes. A história desse ramo é uma jornada rica e intrincada, refletindo os avanços científicos, sociais e jurídicos que marcaram cada período.

Os alicerces do Direito Médico no Brasil remontam aos tempos coloniais. Durante essa era, a medicina estava frequentemente entrelaçada com práticas religiosas e sob a jurisdição das instituições eclesiásticas. Era comum que atividades médicas fossem supervisionadas e regulamentadas por entidades religiosas, incluindo hospitais mantidos por ordens religiosas.

No entanto, à medida que avanços científicos e ideias iluministas ganharam espaço no final do século XVIII e início do século XIX, houve mudanças significativas na prática médica e em sua regulamentação legal. Com a chegada da Família Real

Portuguesa ao Brasil em 1808, foram estabelecidas escolas médicas e promovida uma maior profissionalização na área.

O século XIX testemunhou a consolidação do Direito Médico no Brasil com a promulgação do Código Penal em 1830. Tal código apresentava disposições que regulavam crimes relacionados à saúde pública e estabelecia normas para a prática médica. Entretanto, vale ressaltar que as regulamentações ainda eram limitadas, e a prática médica frequentemente ocorria sem uma supervisão rigorosa.

A segunda metade do século XIX marcou o início de uma medicalização mais intensa na sociedade brasileira, à medida que progressos científicos e tecnológicos moldavam a prática médica. A criação de instituições médicas, como a Academia Imperial de Medicina em 1829, contribuiu para o desenvolvimento de uma comunidade médica mais coesa e influente.

O século XX trouxe avanços significativos na medicina e uma expansão do Direito Médico no Brasil. Com a promulgação do Código Civil em 1916, questões relacionadas à responsabilidade médica e ao consentimento informado começaram a ser tratadas de maneira mais específica. No entanto, muitas vezes, a prática médica carecia de regulamentações detalhadas.

A década de 1960 foi marcada pela fundação de instituições importantes, como o Conselho Federal de Medicina (CFM) em 1960 e a Associação Médica Brasileira (AMB) em 1951. Ambas desempenharam um papel fundamental na definição de padrões éticos e profissionais para a medicina no país. A partir desse período, o Direito Médico começou a ganhar mais destaque, abordando temas como sigilo médico, responsabilidade profissional e direitos dos pacientes.

No século XXI, o Direito Médico no Brasil enfrenta novos desafios devido ao rápido avanço tecnológico e à disseminação de informações. A internet e as redes sociais trouxeram à tona questões relacionadas à privacidade dos pacientes, ao acesso a informações médicas e à prática da telemedicina. Esses avanços requerem uma adaptação constante das leis e regulamentações para garantir a ética e a segurança na prática médica.

Além disso, a complexidade crescente das relações entre médicos e pacientes, bem como as expectativas cada vez maiores em relação aos cuidados de saúde, têm enfatizado a importância do Direito Médico no Brasil. A busca por uma abordagem mais humanizada e centrada no paciente exige uma análise aprofundada das questões éticas, legais e sociais que permeiam a prática médica contemporânea.

2. Erro Médico: Exploração, Consequências e Estratégias de Prevenção

A interação entre médico e paciente representa um dos pilares fundamentais da prática médica, baseada na confiança, atenção e perícia clínica. Contudo, mesmo com os esforços mais diligentes e sinceros, equívocos médicos podem ocorrer, resultando em implicações significativas para todas as partes envolvidas.

Erro médico pode ser conceituado como uma ação ou omissão no processo de diagnóstico, tratamento ou cuidado ao paciente que não esteja alinhada com os padrões aceitos de prática médica, e que possa acarretar dano ao paciente. É fundamental salientar que nem todos os resultados indesejados podem ser categorizados como erros médicos. Por vezes, complicações ocorrem apesar dos esforços médicos mais diligentes, enquanto em outras situações, erros genuínos podem ser o fator causador.

As repercussões decorrentes de um erro médico são profundas, impactando tanto os pacientes quanto os profissionais de saúde. Para os pacientes, erros médicos podem levar a danos físicos, emocionais e financeiros consideráveis. A confiança na relação médico-paciente pode ser minada e as implicações podem ter um efeito devastador na qualidade de vida do paciente e de sua família.

Do ponto de vista ético e legal, os erros médicos levantam questões sobre responsabilidade e prestação de contas. Profissionais de saúde podem se ver enfrentando processos judiciais devido a negligência, má conduta ou violação de padrões de cuidado. O campo do Direito Médico é dedicado a abordar as complexidades destas situações, visando equilibrar os interesses dos pacientes, profissionais de saúde e princípios de justiça.

Os erros médicos podem ter diversas causas subjacentes, incluindo falhas na comunicação entre profissionais de saúde, falta de informações completas do paciente, diagnósticos equivocados, uso inadequado de tecnologias médicas e problemas relacionados à gestão do tempo. Pressões ambientais, fadiga e estresse também podem contribuir para a ocorrência de erros.

A prevenção do erro médico emerge como uma prioridade crucial. Profissionais de saúde e instituições médicas implementam medidas rigorosas para reduzir riscos, dentre outras, algumas abordagens incluem:

Comunicação Eficaz: Garantir comunicação clara e eficaz entre médicos, enfermeiros e outros membros da equipe médica é essencial para evitar mal-entendidos e erros devido à falta de informações completas.

Padrões e Protocolos: Definir padrões e protocolos médicos robustos auxilia em assegurar que a prática clínica esteja em conformidade com as melhores práticas e diretrizes atualizadas.

Educação Continuada: O aprendizado médico contínuo e atualizado é fundamental para manter os profissionais de saúde informados sobre avanços médicos e tecnológicos.

Tecnologia Inovadora: A incorporação de tecnologia, como sistemas eletrônicos de registro médico e alertas automatizados, pode contribuir para a redução de erros de medicação e melhorar a precisão diagnóstica.

Cultura de Segurança: Fomentar uma cultura de segurança, onde profissionais se sintam à vontade para relatar erros e discutir maneiras de aprimorar a prática clínica, é fundamental para a prevenção.

3. Judicialização no Brasil

A judicialização no Brasil emergiu como uma temática de relevância premente, especialmente no âmbito da saúde, manifestando-se através de demandas judiciais voltadas ao acesso a medicamentos, tratamentos e procedimentos médicos.

A judicialização no contexto da saúde tem ganhado crescente visibilidade no cenário brasileiro. Indivíduos frequentemente recorrem a instâncias judiciais para assegurar a obtenção de medicamentos de elevado custo, terapias especializadas e intervenções médicas. Esse fenômeno é mais notável quando tais serviços não são prontamente disponibilizados pelo Sistema Único de Saúde (SUS) ou por entidades privadas de assistência médica.

Em consonância com dados emitidos pelo Conselho Nacional de Justiça (CNJ), o quantitativo de ações legais relacionadas à saúde experimentou um crescimento substancial nas últimas décadas. Em 2010, foram oficialmente registradas cerca de 190 mil ações. Esse número testemunhou um salto considerável, ultrapassando a marca de 1 milhão de ações em 2019. Predominantemente, essas demandas se concentram na busca por fármacos e tratamentos não providos pelo sistema de saúde.

A judicialização no âmbito da saúde acarreta também implicações econômicas notórias para o sistema público de saúde e para as entidades de planos de saúde. A provisão de terapias de custo elevado frequentemente exerce pressão sobre recursos já limitados, possivelmente impactando a disponibilidade de serviços em outras áreas da saúde.

Além das ações individuais, é importante observar um crescimento correlato nas ações judiciais coletivas concernentes à saúde. Associações de pacientes e organizações não governamentais têm optado por empreender ações legais visando garantir o acesso a determinados fármacos ou tratamentos para grupos mais abrangentes de pacientes.

As ações que envolvem erro médico vêm crescendo significativamente nos últimos anos. Entre 2008 e 2017, o número de demandas judiciais relativas à saúde registrou um aumento de 130%, conforme revela a pesquisa *"Judicialização da Saúde no Brasil: Perfil das demandas, causas e propostas de solução"*. O estudo, elaborado pelo Instituto de Ensino e Pesquisa (Insper) para o Conselho Nacional de Justiça (CNJ), mostra que, no mesmo período, o número total de processos judiciais cresceu 50%.[1]

Os dados do Relatório Justiça em Números do Conselho Nacional de Justiça em 2020 demonstraram que, no Brasil, em 2019, foram 459.076 demandas judicializadas relacionadas à saúde. No mesmo âmbito de pesquisa, os dados da OMS mostram que 40% dos pacientes sujeitos a tratamento ambulatorial sofrem os efeitos de erros médicos.[2]

A judicialização coloca em destaque alguns dos desafios intrínsecos ao sistema de saúde do Brasil, suscitando discussões acerca da necessidade de ampliar o acesso a terapêuticas eficazes, balancear a oferta de serviços médicos e gerenciar a alocação de recursos financeiros.

A proeminência da judicialização no domínio da saúde tem instigado debates sobre como harmonizar o direito dos pacientes ao acesso a tratamentos com a sustentabilidade do sistema de saúde. Essas conversações têm engendrado movimentos de reforma e elaboração de políticas públicas direcionadas à resolução dessa problemática.

---

1 Brasil. CONSELHO NACIONAL DE JUSTIÇA. Judicialização da Saúde no Brasil: Perfil das demandas, causas e propostas de solução. Brasília: **CNJ**, 2019.

2 Brasil. CONSELHO NACIONAL DE JUSTIÇA. Justiça em Números 2020. Brasília: **CNJ**, 2020.

Em resposta ao aumento notório da judicialização no âmbito do direito médico, é essencial explorar abordagens que restabeleçam o equilíbrio contratual entre médicos e pacientes, ao mesmo tempo em que atenuam a necessidade excessiva de envolvimento do sistema judiciário. Abaixo, delineiam-se diferentes propostas que podem contribuir para essa busca por equilíbrio:

Promoção de Mediação e Conciliação: Incentivar a adoção de mediação e conciliação como alternativas à litigância judicial pode se revelar uma estratégia eficaz. A criação de mecanismos para resolução de conflitos, nos quais médicos e pacientes possam dialogar sobre suas inquietações referentes ao tratamento médico, pode facilitar a compreensão mútua e conduzir a acordos mais amigáveis.

Estabelecimento de Comissões de Ética e Revisão: A implementação de comissões de ética e revisão em ambientes hospitalares e clínicos, compostas por médicos, juristas e representantes de pacientes, pode fornecer um espaço propício para avaliar casos controversos antes que evoluam para a esfera judicial. Essas comissões teriam a tarefa de examinar os aspectos médicos, éticos e legais dos casos, com o intuito de buscar soluções equitativas.

Investimento em Educação e Informação: A promoção de programas educativos e disponibilização de informações aos pacientes sobre seus direitos e deveres, bem como sobre os possíveis riscos e benefícios dos tratamentos médicos, pode empoderar os pacientes a tomar decisões mais embasadas. Isso pode incluir a divulgação transparente das políticas de atendimento, procedimentos e alternativas de tratamento.

Adoção de Prontuários Eletrônicos do Paciente: Desenvolver prontuários eletrônicos do paciente, acessíveis tanto aos médicos quanto aos pacientes, pode facilitar a comunicação e compartilhamento de informações pertinentes. Tais registros poderiam abarcar diagnósticos, tratamentos, prescrições e histórico médico, viabilizando um acompanhamento mais eficaz do tratamento.

Implementação de Programas de Mediação Pré-Processual: A criação de programas de mediação pré-processual, nos quais médicos e pacientes possam se reunir com um mediador neutro para discutir suas preocupações e buscar resolver disputas antes de recorrerem à via judicial, pode prevenir conflitos prolongados e dispendiosos.

Estímulo ao Seguro de Responsabilidade Profissional: Incentivar médicos a adquirir seguros de responsabilidade profissional pode auxiliar na atenuação de preocupações financeiras e legais em caso de conflitos. Essa medida poderia abarcar despesas legais e possíveis compensações, conferindo uma camada adicional de proteção a ambas as partes.

Realização de Campanhas de Conscientização: A condução de campanhas de conscientização sobre os desafios decorrentes da judicialização excessiva pode contribuir para uma compreensão mais abrangente das implicações dos processos judiciais, enfatizando a relevância de buscar alternativas para a resolução de contendas.

Capacitação em Comunicação: Proporcionar capacitação em competências comunicativas aos médicos pode aprimorar a interação com os pacientes, garantindo que informações sejam transmitidas de maneira clara e compreensível, minimizando desentendimentos e potenciais divergências.

Estabelecimento de Centros de Informações e Orientações: Implementar centros de informações e orientações sobre direitos e deveres médicos para pacientes pode disponibilizar um recurso acessível, onde os pacientes possam buscar esclarecimentos e direcionamentos antes de cogitar ações judiciais.

Tais proposições visam estabelecer uma base mais sólida de equilíbrio contratual entre médicos e pacientes, simultaneamente incentivando a abordagem colaborativa para solucionar conflitos, diminuindo, assim, a necessidade de lançar mão de processos judiciais complexos e dispendiosos.

4. A Revisão da Nomenclatura de "Erro Médico"

A revisão da nomenclatura "erro médico" tem por objetivo a correção histórica de uma semântica empregada durante décadas e que carrega estigmas e simplificações, não capturando adequadamente a complexidade dos sistemas de saúde e os diversos fatores que contribuem para resultados indesejados.

A expressão "erro médico" traz a afirmação de que o resultado obtido foi decorrente de um erro seja pela ação ou omissão do profissional médico, antes mesmo de se ter uma sentença jurídica sobre a realidade dos fatos ou apurar se o ato fora praticado por médicos.

Esse vício de expressão está enraizado na fala popular, na mídia, na literatura, nas academias jurídicas e também no judiciário, e traz repercussão negativa para a classe médica, para o relacionamento médico-paciente e para a judicialização no país.

Atribui-se a culpa ao profissional antes do julgamento e aumentam os estigmas na relação médico-paciente. O conceito e a nomenclatura taxam de forma unidirecional a classe médica.

O Conselho Federal de Medicina conceitua o erro médico como a conduta (omissiva ou comissiva) profissional atípica, irregular ou inadequada, contra o paciente durante ou em face de exercício médico que pode ser caracterizada como imperícia, imprudência ou negligência, mas nunca como dolo. E dessa forma, firma-se o entendimento que erro médico é, exclusivamente, da classe médica. No entanto, a expressão é utilizada de forma genérica e abrange toda a prestação de serviço na área da saúde.

Primariamente, uma separação gramatical entre erro médico e erro do médico impactaria de forma positiva na realidade dos fatos, mas a expressão continuaria injusta à classe operante pela presença da palavra "médica", que remete inconscientemente aos profissionais da medicina.

Afirmada a natureza subjetiva e restrita, a análise da responsabilidade civil do médico exige cautela e atenção aos padrões de conduta e procedimentos diligentes do profissional. Para ser considerado erro médico é necessário um ato ilícito cometido pelo médico, no exercício de sua função, em uma das modalidades da culpa prevista no Código Civil.

Sabe-se que, nem todo resultado inesperado ou indesejado é decorrente de um erro. E que, não é apenas o profissional médico quem atua na assistência à saúde. Ao englobar todos os profissionais da saúde na expressão erro médico, reforçam a expressão negativa de que apenas os médicos erram e acobertam-se as responsabilidades dos demais profissionais.

O Painel de Estatísticas Processuais de Direito da Saúde do Conselho Nacional de Justiça (CNJ) revelou que o número de novos processos abertos contra o sistema de saúde público e privado na justiça brasileira cresceu 19% entre 2021 e 2022. Nos últimos 10 anos, os processos judiciais contra profissionais da saúde superaram 1.600%. Esse aumento exponencial, associada a manipulação midiática tem gerado uma atmosfera de terror e pânico para os profissionais médicos que se veem pressionados a contratarem seguros profissionais ou a abandonarem carreiras com maior número de processos, como acontece na obstetrícia e na pediatria.

Quando a mídia divulga uma situação de erro médico, ela reforça a figura do médico, e mesmo sem a comprovação pericial dos fatos e a sentença final, macula a imagem, o nome e a carreira do profissional, aflorando na população o sentimento de que os erros são decorrentes exclusivamente da atuação médica. Observa-se cada vez mais, a fragilidade na confiança e bom relacionamento médico-paciente.

E mesmo que, a sentença reconheça a improcedência da pretensão e o médico não seja responsabilizado pelas acusações, a retratação não tem a mesma repercussão do efeito midiático inicial. O resultado da retratação do paciente é ínfimo perante a exposição e o dano moral e material sofrido pelo profissional.

Numa sociedade justa, apenas os casos julgados como erro deveriam ser noticiados como tal. Considerando que essa não é a nossa realidade, a adequação semântica é a conduta mais prudente para a situação.

Sabemos que, a Medicina tem peso e relevância histórica e social e as causas humanas sensibilizam a população, e atingem grandes repercussões, mas não podemos deixar de olhar para os profissionais que atuam, cuidam e se dedicam a carreira e por muitas vezes, se veem coibidos nessa condição de serem taxados injustamente.

A injustiça é vista, até mesmo, dentro do judiciário. Hoje, ao questionar juridicamente sobre a qualidade e a adequação da assistência dos profissionais da área da saúde e dos serviços hospitalares as ações judiciais cíveis são protocoladas como erro médico.

Uma judicialização sem que seja adequadamente comprovado o erro, faz com que todos percam: o profissional, injustamente acusado, o sistema judiciário por receber uma demanda descabida e o paciente por ter sua realidade novamente frustrada.

O ser humano é complexo e diferente das ciências exatas, não podemos afirmar que o organismo humano será 100% prevenível para determinada condição. O resultado, na área da saúde, sobrevém à atuação profissional e interage com as particularidades do paciente, com os medicamentos, com o meio, com as burocracias do sistema e condições tecnológicas. Assim como na engenharia, em que uma falha no sistema mecânico pode causar a morte de pessoas, na saúde as falhas operacionais também podem causar efeitos adversos.

Considera-se efeito adverso qualquer resposta prejudicial ou indesejável, não intencional. Essa expressão é comumente empregada quando um evento desfavorável ocorre durante ou após o uso de medicamento ou outra intervenção. É importante ressaltar que para ser considerado um evento adverso, o medicamento ou a intervenção não necessariamente tem relação causal com o evento.

Dessa forma, é preciso clareza sobre a semântica e definições justas para enquadrar os resultados em categorias adequadas. Um erro mecânico em um aparelho de hemodiálise, uma conduta adversa do odontólogo e a administração errada da medicação não podem ser taxados como erro médico. A visão sistêmica é necessária para que o erro não recaia somente sobre a figura do médico.

A tipificação do, até então, considerado erro médico é tão complexa que conduz o julgador a um imprescindível diálogo com especialistas na matéria. Assim, se a matéria é da ciência médica, médicos peritos são acionados para estudo dos autos, da mesma forma, quando da ciência odontológica, da enfermagem e para todas as áreas.

Assim sendo, as ações na área da saúde quando não passam por uma análise técnica do especialista na matéria, pode ser erroneamente interpretada pelo advogado, cujo conhecimento jurídico diverge do entendimento especializado. Por muitas vezes, ao analisar o resultado negativo ou adverso, o advogado pressupõe a culpa e o dever dos profissionais de responder pelos danos causados, à luz da teoria geral da responsabilidade civil. Ser especialista em Direito Médico não traz aos advogados o conhecimento científico da matéria médica e sim, conhecimento jurídico dos atos médicos. A própria especialidade jurídica é complexa e abrangente, admitindo as particularidades para cada ciência analisada.

Por isso, medidas educativas, de conscientização e informação ao paciente e a valorização da relação profissional-paciente se tornam tão importantes. A preocupação com a segurança, bem-estar e saúde dos pacientes precisa ser o pilar da atuação dos profissionais, assim como, é necessário manter e respeitar a ética e a reputação dos mesmos.

A necessidade de revisão do termo é emergente e envolve a disciplina e atuação médica jurídica. Uma sugestão para adequação do termo é a expressão "suposto erro profissional" quando a matéria for especificamente da esfera profissional e "suposto erro hospitalar ou clínico" quando da esfera institucional. A palavra suposto não é taxativa de culpa e traz a interpretação de fato em análise, em investigação. Da mesma forma, a expressão erro profissional não concentra sobre o médico e especificaria quando da conduta institucional.

No erro profissional é importante a análise sistêmica e técnica das condutas (ação ou omissão) com embasamento científico e literário na matéria. A responsabilidade é sobre empregar as melhores e mais adequadas condutas em benefício do paciente, concomitante ao esclarecimento sobre os riscos, possíveis efeitos adversos e uma respeitosa comunicação. Para tanto, cabem aos profissionais a responsabilidade de adequarem os termos jurídicos de suas profissões.

Muitas vezes, o gatilho para a judicialização está na frustração do atendimento, do cuidado ou do resultado. Assim, reforçamos a importância da educação e conscientização sobre a boa relação profissional-paciente e o contínuo aprimoramento técnico.

Desencorajamos a permanência e utilização da expressão erro médico para responsabilizações que não sejam da esfera médica.

Conclusões

Revisar a nomenclatura do termo "erro médico" é necessidade emergente para maior compreensão e decisão das condutas jurídicas na área da saúde. A terminologia usada atualmente, muitas vezes, carrega estigmas e centralização sobre a medicina, ofuscando a realidade dos fatos e contribuindo para resultados imprecisos.

A revisão da nomenclatura visa adotar uma linguagem clara, objetiva evitando atribuições automáticas de culpa e contemplando a intrincada natureza dos sistemas de saúde e os variados fatores que contribuem para eventos adversos. Importa lembrar que a escolha da terminologia deve refletir uma abordagem de aprendizado contínuo e melhoria no âmbito da ciência e da saúde e retirar o peso de uma culpa precipitada sobre única classe.

Com o intuito de melhor adequá-lo, propõe-se a utilização da expressão "suposto erro profissional" em situações que dizem respeito diretamente ao aspecto individual do profissional de saúde, e a expressão "suposto erro hospitalar ou clínico" quando a análise recai sobre questões institucionais. O uso da palavra "suposto" tem o propósito de não imputar automaticamente culpa, enfatizando a abordagem investigativa dos fatos. Adicionalmente, ao empregar a expressão "erro profissional", a intenção é direcionar a atenção não apenas ao médico em si, mas também de forma específica quando se trata da conduta da instituição de saúde. Este refinamento na terminologia visa esclarecer e distinguir as responsabilidades individuais daquelas relacionadas às práticas institucionais. No entanto, é essencial ressaltar que qualquer modificação nesse âmbito deve ser minuciosamente avaliada em conjunto com profissionais especializados em medicina jurídica, considerando as particularidades legais e regulatórias pertinentes.

Referências

CARVALHO, Manoel de, VIEIRA, Alan A. Erro médico em pacientes hospitalizados. Disponível em: https://doi.org/10.1590/S0021-75572002000400004. Acesso em 15/07/2023.

CHOU R *et al.* AHRQ series paper 4: assessing harms when comparing medical interventions: AHRQ and the effective health care program. J Clin Epi, 2010; 63(2010): 502-12.

CONSELHO NACIONAL DE JUSTIÇA. Justiça em Números 2020. Brasília: CNJ, 2020.

CONSELHO NACIONAL DE JUSTIÇA. Judicialização da Saúde no Brasil: Perfil das demandas, causas e propostas de solução. Brasília: CNJ, 2019.

CORREIA-LIMA, Fernando Gomes. Erro médico e responsabilidade civil. Brasília: Conselho Federal de Medicina, Conselho Regional de Medicina do Estado do Piauí, 2012.

FIGUEIREDO, A. M.; FREIRE, H.; LANA, R. L. Profissões da saúde: bases éticas e legais. Rio de Janeiro: Revinter, 2006.

GOMES, Júlio César Meirelles; DRUMOND, José Geraldo de Freitas; FRANÇA, Genival Veloso. Erro médico. 3ª ed. rev. atual. Montes Claros: Ed. Unimontes, 2001.

KFOURI NETO, M. Responsabilidade civil do médico, 3 ed. São Paulo: Ed. Revista de Tribunais; 1999.

MORAES, Nereu Cesar de. Erro Médico: problemas jurídicos. Disponível em: https://doi.org/10.1590/S0102-76381996000200002. Acesso em: 14/06/2023.

NERY JUNIOR, Nelson. ANDRADE NERY, Rosa Maria. Código de processo civil comentado e legislação extravagante. 11. Ed., 2014.

ORDEM DOS ADVOGADOS DO BRASIL. Código de Ética da OAB. Disponível em: https://www.oab.org.br/visualizador/19/codigo-de-etica-e-disciplina. Acesso em: 29/03/2023.

PEDUZZI M. Equipe multiprofissional de saúde: a interface entre trabalho e interação. Tese de Doutorado. Faculdade de Ciências Médicas, Universidade Estadual de Campinas, Campinas, 1998.

O REFLEXO DO DIREITO MÉDICO PREVENTIVO NA UTILIZAÇÃO DO PRONTUÁRIO ELETRÔNICO

Simone Silva de Sousa Neta
Maiana Martinez Campos
Eleilza Souza

Introdução

A implantação de um Prontuário Eletrônico do Paciente (PEP) tem demonstrado o impacto positivo sobre a saúde. Desta forma, os benefícios do uso do PEP, no Brasil e na União Europeia (UE), têm chamado a atenção dos gestores em saúde, para a utilização de maneira segura pelos profissionais e instituições de saúde.

O professor Genival Veloso de França (2020) define o prontuário como sendo um dossiê, com a função de servir para o acompanhamento da evolução do paciente, para fins de estatísticas dos sistemas de saúde e, ainda, para a defesa do profissional em um eventual processo de responsabilidade[1].

Portanto, o prontuário é um documento essencial e obrigatório na prática médica, que consiste na reunião de vários outros documentos médicos, exames e informações a respeito do estado de saúde do paciente, além do registro sobre seu tratamento e atendimento.

---

1 FRANÇA, Genival Veloso. *Direito Médico.* Rio de Janeiro: Editora Forense, 2020, p.26.

Desde 1918, segundo dados do *Institute of Medicine* (IOM - 1991), da Academia Nacional de Ciências dos Estados Unidos, quase todas as pessoas norte-americanas que tinham sido atendidas em hospitais possuem um prontuário[2]. Contudo, os primeiros prontuários eletrônicos surgiram na década de 1970, nos Estados Unidos da América (EUA), com a finalidade de estabelecer estruturas mínimas para os registros médicos ambulatoriais.

Na década de 1990, o *Institute of Medicine* propôs um estudo, com o propósito de definir o que era PEP, e também estabelecer melhorias em função da evolução tecnológica. Entretanto, no resultado desse estudo, constatou-se que, embora o registro da informação fosse eletrônico, a pobreza do registro comprometia a prestação dos serviços de saúde, pois não oferecia suporte às necessidades diversas dos consumidores da informação, isto é, profissionais de saúde, pacientes, administradores e pesquisadores[3]. Apesar de o resultado não ter sido promissor, este instituto americano definiu o PEP da seguinte forma:

> É um registro eletrônico que reside em um sistema especificamente projetado para apoiar os usuários fornecendo acesso a um completo conjunto de dados corretos e precisos, alertas, lembretes, sistemas de apoio à decisão clínica, links para conhecimento médico e outros recursos[4].

---

2 INSTITUTE OF MEDICINE (1991). The computer-based patient record: Meeting Health Care Needs. In: *The Computer-Basead Patient Record An Essential Technology for Heath Care.* Richard S. Dick e Elaine B. Steen, Editors. Washington, DC: The National Academies Press. Pags. 30-55. Disponível em: https://doi.org/10.17226/18459. Acesso em: 03 ago. 2023.

3 PATRÍCIO, C. M.; MAIA, M. M.; MACHIAVELLI, J. L.; NAVAES, M. A. *O prontuário eletrônico do paciente no sistema de saúde brasileiro: uma realidade para os médicos?* Scientia Medica: Porto Alegre, v. 21, n.3, p. 121-131, 2011.

4 INSTITUTE OF MEDICINE (1991). *The Computer-Based Patient Record: An Essential Technology for Heath Care.* Richard S. Dick e Elaine B. Steen, Editors. Washington, DC: The National Academies Press. Pag. 11. Disponível em: https://doi.org/10.17226/18459. Acesso em: 03 ago. 2023.

No Brasil, em 1999, uma ação[5] do Ministério da Saúde determinou um conjunto de informações que deveriam constar no prontuário eletrônico, visando permitir a integração dos diversos sistemas e fortalecer a sua implantação.

Posteriormente, em 2002, o Ministério da Saúde propôs um conjunto mínimo de informações sobre o paciente que deveriam constar no prontuário médico, e deliberou sobre o PEP, representando um marco regulatório a ser seguido, e que teve aprimoramento por meio das suas resoluções[6].

Alguns anos depois, em 2007, diante da busca de padronização das informações dos pacientes com os sistemas de dados de saúde do país, o Conselho Federal de Medicina (CFM) editou a Resolução nº 1.821[7], de modo a regulamentar a eliminação do prontuário de papel, permitindo sua digitalização e uso de ferramentas de informática para os registros dos prontuários. Esta resolução também reconheceu o PEP como forma legítima de arquivamento das informações dos pacientes[8].

Vale ressaltar que, embora a Resolução CFM nº 1.821/2007 seja um regramento limitado aos profissionais médicos, ela foi

5 MINISTÉRIO DA SAÚDE (BRASIL). *DATASUS trajetória 1991-2002*. P. 42. Disponível em: https://bvsms.saude.gov.br/bvs/publicacoes/trajetoria_datasus.pdf. Acesso em: 05 ago. 2023.

6 MINISTÉRIO DA SAÚDE (BRASIL). *Portaria nº 1.560*, de 29 de agosto de 2002. Disponível em: https://bvsms.saude.gov.br/bvs/saudelegis/gm/2002/prt1560_29_08_2002_rep.html. Acesso em: 04 de ago. 2023.

7 CONSELHO FEDERAL DE MEDICINA. *Resolução nº 1.821*, de 23 de novembro de 2007. Aprova as normas técnicas concernentes à digitalização e uso dos sistemas informatizados para a guarda e manuseio dos documentos dos prontuários dos pacientes, autorizando a eliminação do papel e a troca de informação identificada em saúde. Disponível em: https://sistemas.cfm.org.br/normas/visualizar/resolucoes/BR/2007/1821. Acesso em: 04 ago. 2023.

8 BARAÚNA JÚNIOR, Haroldo Ventura. *Documentos médicos eletrônicos: uma abordagem jurídica*. Rio de Janeiro: Editora Lumen Juris, 2019, p.47.

posteriormente transformada na Lei Federal nº 13.787/2018, sendo reconhecida como a "Lei do Prontuário Eletrônico", que alcança todos os profissionais e instituições de saúde. Esta norma dispõe sobre a digitalização e a utilização de sistemas informatizados para a guarda, armazenamento e o manuseio de prontuário eletrônico. A importância do mandamento legal em questão se dá em razão de disciplinar todas as espécies de prontuários, seja em suporte de papel, eletrônico ou digitalizado, não fazendo qualquer diferenciação entre eles, consoante o artigo 1º:

> A digitalização e a utilização de sistemas informatizados para a guarda, o armazenamento e o manuseio de prontuário de paciente são regidos por esta Lei e pela Lei nº 13.709, de 14 de agosto de 2018[9].

Na UE, o uso do prontuário eletrônico abrange todos os países, cabendo ao Parlamento Europeu a responsabilidade pela edição dos regulamentos de saúde, e não ao país isoladamente. O prontuário eletrônico, na Europa, denominado Resumo de Saúde Eletrônico[10], condensa todos os dados de saúde de qualquer indivíduo que resida na UE, podendo ser atendido em qualquer dos países membros. Ademais, existem também dois

9 BRASIL. *Lei nº 13.787*, de 27 de dezembro de 2018. Dispõe sobre a digitalização e a utilização de sistemas informatizados para a guarda, o armazenamento e o manuseio de prontuário de paciente. Disponível em: https://www.planalto.gov.br/ccivil_03/_ato2015-2018/2018/lei/l13787.htm. Acesso em: 10 ago. 2023.

10 No Resumo de Saúde Eletrônico constam os seguintes dados do paciente: nome do paciente, identificação dos médicos que já consultou, histórico das doenças e intervenções cirúrgicas, dispositivos médicos, alergias (especialmente a medicamentos), tratamentos, vacinas, dentre outros.

serviços de saúde eletrônicos transnacionais, quais sejam: a receita e a dispensa eletrônica[11], e os resumos de saúde[12].

A evolução da Medicina e o uso das novas tecnologias impulsionam a evolução do prontuário do paciente. Diante da informatização do prontuário do paciente, surgem vários questionamentos quanto à segurança das informações ali registradas, ao seu manuseio e utilização, que vão desde a ótica da legislação referente à proteção de dados, até a defesa do consumidor e a ética médica. Surgem, assim, inúmeros riscos de responsabilização para profissionais e instituições de saúde.

É nesse contexto que se pode valer da prática preventiva do Direito Médico, para levar a segurança jurídica, quando da utilização do PEP, e minimizar os riscos jurídicos que a utilização do prontuário eletrônico em desconformidade com a legislação pode acarretar a todos os envolvidos nessa relação.

11 A receita e a dispensa eletrônica permitem aos cidadãos europeus obter medicamentos numa farmácia noutro país da UE graças à transferência da receita eletrônica do seu país de residência, por cujo sistema de saúde estão cobertos, para o país onde se encontram. Disponível em: https://health.ec.europa.eu/ehealth-digital-health-and-care/electronic-cross-border-health-services_pt. Acesso em: 31 jul. 2023.

12 Os resumos de saúde fornecem informações sobre aspetos importantes relacionados com o estado de saúde da pessoa, como alergias, medicação em curso, doenças anteriores, cirurgias etc., e fazem parte de um conjunto mais vasto de dados relativos à saúde denominado registo de saúde eletrônico. O resumo de saúde eletrônico visa fornecer aos médicos, na sua própria língua, as principais informações sobre os doentes, quando estes são oriundos de outros países da UE e possa haver uma barreira linguística. A longo prazo, estarão também disponíveis em toda a UE imagens médicas, resultados laboratoriais e relatórios de alta hospitalar e, numa fase posterior, o registo de saúde completo. O intercâmbio de receitas eletrônicas e de resumos de saúde está aberto à participação de todos os países da UE. Disponível em: https://health.ec.europa.eu/ehealth-digital-health-and-care/electronic-cross-border-health-services_pt. Acesso em: 31 jul. 2023.

1. A evolução e o novo paradigma do PEP sob a responsabilidade médica

Em um primeiro momento, conhecer a evolução do prontuário é de suma importância para elucidar como se deu o processo para melhoria da vida e saúde das pessoas, como também para os profissionais e estabelecimentos que tratam dos cuidados dos indivíduos.

Como é sabido, em todo estudo científico, a evolução ocorre gradativamente. Assim, quanto ao prontuário, conforme Van Bemmel[13], na versão em papel, vem sendo usado há muitos anos. Hipócrates, no século V a.C., estimulou os médicos a fazerem registros escritos, dizendo que o prontuário tinha dois propósitos: refletir, de forma exata, o curso da doença, e indicar as possíveis causas das enfermidades. Até o início do século XIX, os médicos baseavam suas observações e, consequentemente, suas anotações, no que ouviam, sentiam e viam, e as registravam em ordem cronológica, estabelecendo, assim, o chamado prontuário orientado pelo tempo.

Como visto, o prontuário já vinha sendo usado há alguns anos. Entretanto, na Guerra da Crimeia (1853-1856), Florence Nightingale, precursora da Enfermagem Moderna, ao tratar dos feridos durante a guerra, relatou a necessidade de documentar as informações do paciente, para a continuidade dos cuidados de saúde, principalmente no que se referia à assistência de Enfermagem. Por isso, a clássica frase de Nightingale, quando observa a importância dos registros de saúde:

> Na tentativa de chegar à verdade, eu tenho buscado em todos os locais, informações; mas, em raras ocasiões eu tenho obtido os registros hospitalares possíveis de serem usados para comparações. Estes registros poderiam nos

---

13 VAN BEMMEL, J. H.; MUSEN, M.A. *Handbook of medical informatics*. Netherlands: Springer-Verlag, 1997. ISBN 3-540-63351-0.

> mostrar como o dinheiro tem sido usado, o quê de bom realmente foi feito com ele...[14].

Desta forma, o prontuário do paciente se torna o documento mais importante para qualquer instituição hospitalar e órgãos públicos de saúde. Por isso, todos os profissionais médicos, enfermagem, e demais cuidadores devem fazer as anotações no prontuário eletrônico, detalhando todo o ocorrido, atentamente, uma vez que é significativo para o cuidado com o paciente, para a produção do conhecimento e para os serviços onde se prestou o atendimento.

O acompanhamento clínico é o elemento essencial para obter um diagnóstico preciso e melhores resultados. Além dos médicos, muitos outros profissionais produzem, atualmente, registros sobre a atenção que desenvolveram com o paciente. Isso faz com que os prontuários se tornem cada vez mais volumosos, levando a uma preocupação crescente com a documentação de todos os procedimentos, face a possíveis questionamentos jurídicos. Ademais, há a necessidade de preservação do sigilo das informações registradas, as quais têm sido questões rotineiras a serem equacionadas nos serviços de saúde.

No tocante à segurança das informações, o registro médico eletrônico trouxe alguns problemas. No entanto, suas vantagens são enormes: ganhou-se espaço, qualidade de informação, agilidade de processamento e, sobretudo, mobilidade.

A ética e a legislação da privacidade, no universo da Medicina, não mudaram suas essências com o advento do registro eletrônico. Porém, assim como a Telemedicina, apresentam

14 MASSAD, Eduardo; MARIN, Heimar de Fátima; AZEVEDO NETO, Raymundo Soares de; colaboradores Antônio Carlos Onofre Lira. *O prontuário eletrônico do paciente na assistência, informação e conhecimento médico.* São Paulo: USP, 2003. Pág. 2. Disponível em: http://www.sbis.org.br/biblioteca_virtual/prontuario.pdf. Acesso em: 02 ago. 2023.

alguns aspectos legais inusitados e ainda em amadurecimento. O progresso na área tecnológica apresenta avanços muito mais rápidos do que no terreno jurídico, fato que implica em dificuldades nos registros eletrônicos.

Como se sabe, os erros médicos podem ocorrer por falhas humanas, defeitos do sistema de acesso, e por falta de qualidade do registro. Assim sendo, os aspectos éticos e legais foram bastante estudados em vários países, a exemplo da Inglaterra e dos EUA, e já existem legislações específicas para a prática da Telemedicina, assim como normas para padrões de qualidade. No Brasil, avançou-se mais após a pandemia da Covid-19, especialmente a Telemedicina, cuja utilização cresceu notavelmente, exigindo que o CFM regulamentasse, em 2020, o uso da teleconsulta em caráter emergencial. Em abril de 2022, o Conselho regulamentou, em definitivo, o uso da Telemedicina no Brasil, incluindo a teleconsulta como uma de suas modalidades. Em dezembro do mesmo ano, o Governo Federal sancionou a lei da Telessaúde, que instituiu e regulamentou a Telemedicina em todo o território nacional, ampliando sua atuação para as demais áreas da saúde, não somente a Medicina.

Importante salientar que é essencial que todas as informações de saúde constem no prontuário do paciente, para que lhe seja oferecido o melhor tratamento. No entanto, pode haver uma falha e não constar informações imprescindíveis como, por exemplo: indivíduo alérgico à dipirona monoidratada faz cirurgia cardíaca de angioplastia, em que o paciente fica consciente. Durante o procedimento, foi-lhe injetada esta substância e, imediatamente, o paciente informou ser alérgico a ela, sendo-lhe aplicado um antialérgico. Este exemplo refere-se a um caso concreto ocorrido em centro cirúrgico de um hospital, no Brasil, tendo o paciente reagido e sobrevivido. Posteriormente, foi verificado pelo médico cirurgião cardiovascular que a informação da alergia não constava no prontuário. O problema jurídico aparece se houver falha no prontuário e, sendo este eletrônico, poderá ser: (i) do médico, situação esta que não difere do prontuário de papel; (ii) do sistema de registro, em que a responsabilidade pode ser do fabricante, da rede instalada, da manutenção terceirizada, ou feita pelo próprio hospital. Em muitos casos envolvendo PEP, existem situações jurídicas ainda não enfrentadas pela legislação brasileira.

A assinatura digital consiste numa garantia de proteção de dados e um respaldo legal para todos os envolvidos - médicos e pacientes, permitindo agilidade e clareza de quem assina o prontuário eletrônico, para que seja concluída uma investigação administrativa e judicial. O registro eletrônico, para que adquira o mesmo valor, precisará ter recursos de rastreamento que permita à técnica pericial identificar a veracidade das informações. Assim, alguns aspectos devem ser levados em consideração na construção de uma base de registro eletrônico para validade jurídica: identificação exata do usuário que está lançando os dados (senha e/ou identificador de impressão digital); gravação da data e hora do lançamento de dados; impossibilidade de alterações dos dados, após a confirmação do lançamento do mesmo; cópia de dados sem sobregravação, de forma a permitir uma reconstituição cronológica, podendo chegar à conclusão se houve falha médica (não fez constar a informação) e/ou do hospital (não contratou uma empresa com sistema seguro).

Desta forma, a responsabilidade civil poderá recair somente no médico, que tem o dever de fazer todas as anotações no prontuário do paciente. Inclusive, antes de qualquer procedimento, o médico precisa conversar novamente com o paciente, para maior segurança do seu trabalho, evitando problemas difíceis de serem reparados, ou situações de dano efetivo ao paciente.

Uma grande variedade de aplicações e de recursos de telecomunicação suplementam as funções do PEP e, graças à integração dos dados clínicos e administrativos de prontuários individuais ou de coleções de prontuários mantidos em bases de dados especializadas, é possível, em pouco tempo, obter um diagnóstico e tratamento, com sucesso, do paciente.

2. O prontuário eletrônico e a saúde global

As informações registradas no prontuário médico vão subsidiar a continuidade e a verificação do estado evolutivo dos cuidados de saúde, além de quais procedimentos resultam na melhoria ou não do problema que originou a busca pelo atendimento. Daí a relevância de manter-se continuamente atualizado o registro dos cuidados médicos prestados, a identificação de novos problemas de saúde, e as condutas diagnósticas e terapêuticas associadas. Portanto, não é apenas o registro da anamnese, mas de todo o atendimento, assim como o receituário, relatório de alta e os demais documentos referentes à assistência prestada ao paciente.

Na prática cotidiana, pode-se afirmar que o sistema de saúde e o complexo de pesquisa científica de um país são estabelecidos graças ao que se tem documentado em um prontuário, uma vez que dele são extraídas as informações sobre a saúde dos cidadãos que formam a nação.

A universalização da experiência digital na saúde segue a tendência global, conforme visto na pandemia da Covid-19. Os órgãos reguladores em todo o mundo têm pressionado as provedoras de saúde a abrirem seus sistemas de armazenagem, uma pré-condição para a integração de dados. A UE, por exemplo, já está promovendo um padrão eletrônico para prontuários médicos, bem como suas questões em matéria de saúde vêm sendo discutidas pelos representantes das autoridades nacionais e da Comissão Europeia, no âmbito de um grupo de trabalho sobre saúde pública.

Ainda sobre a saúde e a uniformização dos dados através de um prontuário eletrônico, cabe aos países-membros da UE a principal responsabilidade pela organização e prestação de serviços de saúde e cuidados médicos. Por conseguinte, a política de saúde da UE visa complementar as políticas nacionais, assegurar a proteção da saúde em todas as outras políticas da UE, e trabalhar em prol de uma "União Europeia da Saúde" mais forte.

As políticas e ações da UE em matéria de saúde pública têm por objetivo: 1) proteger e melhorar a saúde dos cidadãos da UE; 2) apoiar a modernização e digitalização dos sistemas e infraestruturas de saúde; 3) melhorar a resiliência dos sistemas de saúde na Europa; 4) dotar os países da UE de instrumentos para uma melhor prevenção e abordagem a futuras pandemias[15].

Cabe destacar que houve grandes mudanças em todo o mundo, a partir do início de 2020 (marco da pandemia da Covid-19) e, com elas, se busca uma projeção, a curto prazo, que depende de políticas públicas e cooperações nacionais e internacionais, para a construção de um acervo universal de dados e informações coletadas do prontuário e anonimizados, que sejam disponibilizados como fonte para pesquisa, ensino e gestão em saúde.

No Brasil, também foram adotadas várias medidas para melhor atender aos cidadãos, através do Ministério da Saúde e secretarias do governo federal. Diante da necessidade de emergência e/ou urgência, foi elaborado o projeto "Estratégia de Saúde Digital (ESD) para o Brasil 2020-2028"[16].

---

15 PARLAMENTO EUROPEU (UNIÃO EUROPEIA). *Saúde Pública*. Disponível em: https://www.europarl.europa.eu/erpl-app-public/factsheets/pdf/pt/FTU_2.2.4.pdf. Acesso em: 02 ago. 2023.

16 A Estratégia de Saúde Digital para o Brasil 2020-2028 foi desenvolvida para sistematizar e consolidar o trabalho realizado ao longo da última década, materializando em diversos documentos, em especial, na Política Nacional a Informação e Informática em Saúde – PNIS (BRASIL-2015), e em revisão em 2020, na Estratégia e-Saúde para o Brasil (BRASIL-2017) e no Plano de Ação, Monitoramento e Avaliação de Saúde Digital (PAM&A 2019-2023). A PNIIS estabelece a fundação conceitual para a Saúde Digital, incluindo a sua relação com outras políticas públicas e de saúde, com o Plano Nacional

Ainda nesse contexto da execução do projeto, são elencados vários benefícios para os cidadãos e para o sistema de saúde brasileiro. Merecem destaque: melhoria do atendimento pela acessibilidade às informações de saúde; maior confiabilidade e segurança nas informações fornecidas pelo paciente; maior precisão no diagnóstico por facilitar a busca de dados e histórico clínico do paciente; e, consequentemente, melhora na produtividade, resolutividade de casos e eficiência do sistema. Dentre estas melhorias, todas com a utilização de coleta de dados digitais, busca-se, também, a promoção da Telessaúde e de serviços digitais, que trata da capacidade de interoperabilidade das informações coletadas nos estabelecimentos de saúde ou serviços remotos de assistência, o que abrange desde a necessidade de padronização das informações, para permitir uma linguagem comum entre diferentes sistemas de informação em saúde, até a definição das regras e limites de compartilhamento entre os atores envolvidos.

A Rede Nacional de Dados em Saúde (RNDS) deve viabilizar a interoperabilidade de Sistemas de Prontuário Eletrônico do Paciente em todos os níveis de atenção, entendendo a atenção primária à saúde como elemento fundamental e ordenador do cuidado. Em associação com outras iniciativas que fazem parte da ESD, como a integração com a "Atenção Especializada e Hospitalar", espera--se que sistemas de suporte à atenção primária, abertos à interoperabilidade, resultem em um estímulo

de Saúde (BRASIL, 2016) e com outras estratégias e iniciativas de governo Digital. Como o próprio título central do projeto em execução "Saúde Digital", dentre as prioridades contidas, reflete a necessidade de informatização dos serviços de saúde, acelerando a adoção de sistemas de prontuários eletrônicos e de gestão de unidades de saúde, como parte integradora dos serviços e processos de saúde. MINISTÉRIO DA SAÚDE (BRASIL). *Estratégia de Saúde Digital para o Brasil.* Disponível em: https://bvsms.saude.gov.br/bvs/publicacoes/estrategia_saude_digital_Brasil.pdf. Acesso em: 02 de ago. 2023.

para que as práticas de atenção primária à saúde - já consolidadas no Sistema Único de Saúde (SUS) - sejam absorvidas e expandidas pela Saúde Suplementar em benefício de todo o sistema de saúde brasileiro[17].

Dentre as inúmeras estratégias de saúde digital, ainda se desenvolveu o "Lago de Dados", que consiste em uma arquitetura tecnológica capaz de armazenar e disponibilizar um alto volume de dados, sem necessidade de tratamento prévio, em altíssima velocidade, permitindo que haja um repositório centralizado para compartilhamento de informações, com ferramentas de acesso e análise em tempo real. Por meio do "Lago de Dados", organizações de saúde podem acessar uma miríade de dados advindos de fontes diversas, como sistemas públicos e privados de saúde, registros eletrônicos de saúde, prontuários eletrônicos, registros de imunização, internações e altas hospitalares, assim como de sensores e aplicativos diversos[18].

Nesse contexto, evidencia-se a importância do prontuário eletrônico no mundo globalizado e digital, onde todos os governos, através de políticas públicas de saúde, se juntaram para buscar soluções para o problema instalado (a pandemia da Covid-19), e como atender as necessidades de urgências na saúde, sem que as pessoas ficassem desassistidas, tivessem um atendimento dentro das condições adequadas, e continuassem com seus tratamentos, consultas médicas, e medicamentos para suas comorbidades. A diplomacia da saúde é uma necessidade compartilhada, já que os desafios da saúde global transcendem fronteiras.

Por fim, é necessário trazer a importância da implantação do prontuário eletrônico como ferramenta favorável à organi-

---

17 MINISTÉRIO DA SAÚDE (BRASIL). *Estratégia de Saúde Digital para o Brasil.* Disponível em: https://bvsms.saude.gov.br/bvs/publicacoes/estrategia_saude_digital_Brasil.pdf. pág. 79.

18 Idem. Pág.19.

zação de uma rede de serviços, com integração horizontal entre a equipe de profissionais e promoção de uma gestão mais democrática e participativa nos serviços de saúde. Neste sentido, o prontuário eletrônico foi apontado como promotor de mudanças nos modos de cuidar e de gerir, sem a dissociação entre a integralidade do cuidado e integração dos processos de trabalho.

3. Práticas Preventivas na utilização do PEP

A utilização do PEP, de forma segura, tanto pelo profissional médico, como pela instituição de saúde, que realizará a implantação desta nova tecnologia, e ainda pelos demais profissionais de saúde, que utilizarão o documento para constar toda a evolução e informações de saúde do paciente, implica na observância de algumas práticas preventivas na sua utilização, que vão desde a escolha do PEP a ser implantado, até mesmo a forma como este é armazenado e manuseado.

Nesse diapasão, para que sejam inseridas práticas preventivas para a utilização do PEP, é preciso, antes, ficar claro o que não é considerado um prontuário eletrônico. Assim, considera-se PEP o documento onde seja possível haver manipulação de dados e informações. Por este motivo, um prontuário físico não se torna eletrônico pela sua simples digitalização[19].

Na atualidade, é comum encontrar instituições e profissionais que utilizam a digitalização de prontuário físico para melhor armazenamento dos documentos e guarda destes, o que é plenamente permitido, conforme estabelece a Resolução nº 1.821/2007[20], do Conselho Federal de Medicina. No entanto,

---

19 BARAÚNA JÚNIOR, Haroldo Ventura. *Documentos médicos eletrônicos: uma abordagem jurídica*. Rio de Janeiro: Editora Lumen Juris, 2019, p.49.

20 CONSELHO FEDERAL DE MEDICINA. *Resolução nº 1.821*, de 23 de novembro de 2007. Aprova as normas técnicas concernentes à digitalização e uso dos sistemas informatizados para a guarda e manuseio dos documentos

muitos acreditam que, após a digitalização deste documento, estariam diante de um prontuário eletrônico, o que não é verdade.

Derivado do conceito do PEP, surgiu a ideia de Registro Eletrônico em Saúde, que possibilita a troca de informações entre instituições de uma cidade, estado, ou até mesmo entre países[21]. Por esse motivo é importante que tal documento seja utilizado seguindo critérios de segurança da informação, para que se tenha confiabilidade nas informações ali compartilhadas, além de validade jurídica.

A prática preventiva fundamental a ser implantada, quando da utilização do PEP, é verificar se o programa de processamento e armazenamento escolhido possui certificação digital, ou seja, é preciso que haja a assinatura válida do prontuário eletrônico, quando do manuseio deste.

No Brasil, foi instituída a Infra-Estrutura de Chaves Públicas Brasileira ICP-Brasil, para dar validade jurídica às assinaturas de documentos eletrônicos, o que visa garantir a autenticidade e integridade do documento, conforme estabelece a Medida Provisória n º 2.200-2/2001, em seu artigo 1º:

> Art. 1º Fica instituída a Infra-Estrutura de Chaves Públicas Brasileira – ICP-Brasil, para garantir a autenticidade, a integridade e a validade jurídica de documentos em forma eletrônica, das aplicações de suporte e das aplicações

---

dos prontuários dos pacientes, autorizando a eliminação do papel e a troca de informação identificada em saúde. Disponível em: https://sistemas.cfm.org.br/normas/visualizar/resolucoes/BR/2007/1821. Acesso em: 06 ago. 2023.

21 CONSELHO FEDERAL DE MEDICINA; SOCIEDADE BRASILEIRA DE INFORMÁTICA EM SAÚDE (2012). Cartilha sobre prontuário eletrônico: a certificação de sistemas de registro eletrônico. Disponível em: http://www.sbis.org.br/certificacao/Cartilha_SBIS_CFM_Prontuario_Eletronico_fev_2012.pdf. P. 6. Acesso em: 14 ago. 2023.

habilitadas que utilizem certificados digitais, bem como a realização de transações eletrônicas seguras.[22]

Outra prática preventiva importante para que haja a adequada utilização do PEP é a verificação do sistema de prontuário eletrônico, analisando se o escolhido atende aos critérios da Certificação de Software definidos pela Sociedade Brasileira de Informática em Saúde (SBIS), em conjunto com o Conselho Federal de Medicina (CFM).

Compreende-se que o Registro Eletrônico de Saúde inserido em um sistema é denominado pela sigla S-RES[23], que é definido pela SBIS como um programa que permite reunir, anexar e transmitir informação identificada do paciente, com todos os dados que permitem a individualização de uma pessoa[24]. Por meio deste sistema, é possível ter segurança e eficácia quando da utilização do PEP, através do compartilhamento de informações entre profissionais e instituições.

Portanto, para que os S-RES sejam considerados adequados, estes são submetidos a um processo de certificação, que avalia a qualidade do sistema, privacidade dos dados, para que possam ser inseridos e compartilhados com segurança, bem como em conformidade com a legislação. Frisa-se que todos os critérios para definição desse processo de certificação foram

22 BRASIL. *Medida provisória nº 2.200-2*, de 24 de agosto de 2001. Institui a Infra-Estrutura de Chaves Públicas Brasileira – ICP-Brasil, transforma o Instituto Nacional de Tecnologia da Informação em autarquia, e dá outras providências. Disponível em: https://www.planalto.gov.br/ccivil_03/mpv/antigas_2001/2200-2.htm. Acesso em: 06 ago.2023.

23 A sigla S-RES significa Sistema de Registro Eletrônico de Saúde.

24 SOCIEDADE BRASILEIRA DE INFORMÁTICA EM SAÚDE. O que é Certificação de S-RES SBIS. *Portal SBIS*. Disponível em: http://sbis.org.br/certificacao-sbis/. Acesso em: 14 ago.2023.

criados por profissionais especializados na matéria de informática em saúde[25].

A cartilha sobre PEP e certificação de sistemas de registro eletrônico de saúde, realizada pelo Conselho Federal de Medicina em conjunto com a Sociedade Brasileira de Informática em Saúde, orienta e informa, quanto aos níveis de garantia de segurança (NGS) do S-RES, da seguinte maneira:

> NGS1: define uma série de requisitos obrigatórios de segurança, tais como controle de versão do software, controle de acesso e autenticação, disponibilidade, comunicação remota, auditoria e documentação.
>
> NGS2: exige a utilização de certificados digitais ICP-Brasil para os processos de assinatura e autenticação.
>
> O NGS2 é o nível mais elevado de segurança; para atingi-lo é necessário que o S-RES atenda aos requisitos já descritos para o NGS1 e apresente ainda total conformidade com os requisitos especificados para o Nível de Garantia 2.[26]

Dessa forma, ao realizar a escolha de um sistema eletrônico para os registros das informações de saúde, é importante conferir se esse sistema atende a todos os requisitos indicados no Manual de Certificação de Sistemas de Registro Eletrônico em Saúde, documento que elenca todo o processo de certificação de S-RES SBIS, que é pautado nos seguintes princípios:

25 SOCIEDADE BRASILEIRA DE INFORMÁTICA EM SAÚDE. O que é Certificação de S-RES SBIS. *Portal SBIS*. Disponível em: http://sbis.org.br/certificacao-sbis/. Acesso em: 14 ago.2023.

26 CONSELHO FEDERAL DE MEDICINA; SOCIEDADE BRASILEIRA DE INFORMÁTICA EM SAÚDE (2012). Cartilha sobre prontuário eletrônico: a certificação de sistemas de registro eletrônico. Disponível em: http://www.sbis.org.br/certificacao/Cartilha_SBIS_CFM_Prontuario_Eletronico_fev_2012.pdf. P. 6. Acesso em: 14 ago. 2023

imparcialidade, competência, responsabilidade, transparência, confidencialidade, capacidade de respostas, e reclamações[27].

Além das práticas preventivas que visam à verificação de segurança e validade do documento eletrônico, quando da sua utilização, o PEP também precisa seguir os mesmos critérios éticos do prontuário de papel, desde a observância do sigilo profissional, não permitindo o manuseio deste a quem não tem obrigação ética de segredo, conforme preceitua o artigo 85, do Código de Ética Médica (CEM)[28].

Quanto ao seu preenchimento, deve-se ater, como prática preventiva, à inclusão dos dados clínicos completos dos pacientes, bem como sua evolução e, ainda, ao registro de todos os exames realizados, desde exames físicos ao de informações quanto a resultados laboratoriais, que devem obedecer a ordem cronológica do atendimento, sob pena de incorrer em infração ética prevista no artigo 87, §1°, do CEM, que diz ser vedado ao médico:

> Art. 87. Deixar de elaborar prontuário legível para cada paciente.
>
> § 1° O prontuário deve conter os dados clínicos necessários para a boa condução do caso, sendo preenchido, em cada avaliação, em ordem cronológica com data, hora, assinatura e número de registro do médico no Conselho Regional de Medicina.

---

27 KIATAKE, Luis Gustavo Gasparini; VIRGINIO JUNIOR, Luiz Aparecido; SILVA, Marcelo Lúcio da; Osmeire Sanzovo, Aparecida Chamelette. *Manual de Certificação de Sistemas de Registro Eletrônico em Saúde*. São Paulo: Sociedade Brasileira de Informática em Saúde – SBIS, 2021. Disponível em: http://novosite.sbis.org.br/certificacao/Manual_Certificacao_S-RES_SBIS_v5.1.pdf. Acesso em: 14 ago.2023.

28 CONSELHO FEDERAL DE MEDICINA. *Resolução CFM nº 2.217*, 27 de setembro de 2018. Aprova o Código de Ética Médica. Disponível em: https://portal.cfm.org.br/images/PDF/cem2019.pdf. Acesso em: 10 ago. 2023.

Observando as referidas práticas preventivas, ou seja, utilizando-se do PEP em conformidade com toda a legislação pertinente, é possível se beneficiar de todas as facilidades que a nova tecnologia propõe, sem colocar em risco normas deontológicas.

Desta maneira, a implantação de programas de Direito Médico Preventivo que viabilizem práticas diligentes, quando da implantação do PEP, é essencial para levar proteção jurídica para o médico, instituição, e qualidade de serviço de saúde ao paciente.

4. O PEP à luz do Direito Médico Preventivo

Em um futuro próximo, é provável que o conhecido prontuário físico se torne uma ferramenta do passado. Tanto a iniciativa pública como a privada estão entusiasmadas em promover a adoção de tecnologia de informação em saúde e sistemas de registro eletrônico de saúde como meios para transformar e melhorar os cuidados dessa área. Isto porque esses sistemas podem facilitar o acesso dos médicos e de outros profissionais de saúde a informações críticas do paciente e agregar mais informações clínicas para salvar vidas, evitando potenciais litígios por erro médico. Porém, mesmo com toda tecnologia, a clínica é soberana na identificação do diagnóstico e do melhor tratamento disponível.

Sob a ótica do Direito Médico Preventivo, é possível identificar as seguintes vantagens na adoção do PEP:

- Facilidade de acesso aos prontuários médicos dos pacientes – O PEP permite que os prestadores de cuidados de saúde obtenham informações médicas críticas sobre seus pacientes assim que surgir a necessidade, em razão da interoperabilidade pelos múltiplos profissionais de saúde envolvidos na equipe médica. Considerando que o PEP é interoperável, permite-se que diversos médicos com autorização adequada acessem informações relevantes sobre um paciente, incluindo histórico médico, listas de medicamentos, alergias etc. Ademais, tais registros não sofrem com caligrafias ilegíveis, siglas incompreensíveis, bem como são menos vulneráveis à perda ou destruição do que aqueles feitos em papel.

• Melhoraria na qualidade do atendimento e redução de decisões de tratamento questionáveis – O PEP pode reduzir os erros, dando mais segurança ao tratamento do paciente, especialmente por meio de recursos de suporte à decisão; ou seja, pode-se associar um sistema para auxiliar o processo de tomada de decisão pelo profissional de saúde prescritor, o qual sugere informação sobre opções de medicamentos, posologia, exames necessários ao diagnóstico informado, cuidados preventivos, dentre outros. O sistema auxiliar pode incorporar lembretes, *prompts* e *links* para literatura médica (ex.: sítios de sociedades de especialidades reconhecidas pelo Conselho Profissional de Medicina), promovendo informações precisas, oportunas, e cuidado responsável, evitando, sobretudo, erros de prescrição. O PEP, inclusive, mostra-se relevante para evidenciar a adesão do clínico aos protocolos institucionais e escolha do tratamento baseado na melhor ciência. Em suma, é um mecanismo para evitar a prática da medicina defensiva, pois os médicos podem refletir sobre a decisão de tratamento em conjunto com os mecanismos de apoio, de modo a ponderar se determinados procedimentos diagnósticos ou tratamentos são necessários.

• Economia de custos – Apesar das despesas de aquisição, implantação e operação do PEP, é possível a diminuição de custos, em razão, por exemplo, de menos exames duplicados e redução das despesas administrativas de armazenagem.

• Promoção da pesquisa – O acúmulo de dados de saúde permite que o PEP seja utilizado para promover pesquisas médicas e a coleta de evidência sobre a eficácia de tratamentos que, embora reconhecidos cientificamente, ainda são pouco documentados. A tomada de decisão pelo médico prescritor (que pode ser também o médico assistente), enraizada na ciência conhecida como "medicina baseada em evidências", fica registrada no sistema, permitindo que o paciente seja monitorado por anos depois que as drogas foram aprovadas pela Agência Nacional de Vigilância Sanitária (ANVISA), bem como a detecção de padrões de eventos adversos, evitando danos contínuos aos pacientes.

- Evolução para um prontuário único do paciente – No Brasil, futuramente, espera-se que todas as informações de saúde de um indivíduo estejam agregadas em um único prontuário, permitindo que o médico, ou qualquer outro profissional de saúde, conheça todos os atendimentos pelos quais o indivíduo tenha passado, desde seu nascimento. Este prontuário único seria vinculado ao registro geral do indivíduo ou ao cadastro de pessoa física. Quando da inscrição no conselho de classe, momento este que o profissional regulariza-se para o exercício de sua profissão, seria habilitado formalmente para acessar tais informações, desde que previamente consentido pelo paciente ou seu representante legal.

Tendo em vista os argumentos acima, observa-se que um bom registro médico atende aos interesses do profissional de saúde e de seus pacientes, de modo que é muito importante para o médico assistente documentar adequadamente o tratamento do paciente sob seus cuidados. A chave para a dispensabilidade da maioria das alegações de má prática médica está na qualidade desses registros médicos. A manutenção do registro é a única forma de o médico comprovar que o tratamento foi realizado corretamente. Muitas vezes, os registros médicos são a única fonte da verdade, sendo, provavelmente, muito mais confiáveis do que a memória do indivíduo.

Partindo desta premissa, faz-se necessária a análise de alguns elementos que compõem o prontuário, seja ele físico ou digital, à luz do Direito Médico Preventivo, haja vista suas informações serem usadas como argumentos de defesa ou acusação por má prática em saúde. Neste sentido, serão considerados a história clínica do paciente, os exames físicos e complementares, o diagnóstico, o termo de consentimento livre e esclarecido (TCLE), o tratamento e prescrição, a ficha de frequência, e a evolução da Enfermagem.

Na maioria das vezes, o início do atendimento a um paciente passa pela coleta da história clínica. É um momento que demanda sensibilidade do profissional de saúde, pois está a lidar-se com a história de vida do indivíduo e sua árvore genealógica, haja vista que são feitas perguntas acerca da intimidade e se questiona possíveis doenças de familiares. Ademais, coletam-se informações sobre o histórico cirúrgico passado, histórico social (ex.: etilismo e tabagismo), alergias e medicamentos que o paciente está tomando ou pode ter parado de tomar recentemente. Esta é a oportunidade em que o médico avalia os sintomas e comorbidades apresentados. Portanto, a história da pessoa é fator decisivo para o diagnóstico.

Estas informações são relevantes para elucidar se o médico as coletou com preciosidade e detalhamento ou se foram inseridas de forma incompleta. A riqueza das informações coletadas permite suspeitar, por exemplo, numa eventual discussão de erro de prescrição medicamentosa, se o paciente ingeriu medicamento com álcool, de forma contraindicada, ou se o médico assistente prescreveu medicamento que levou a uma reação anafilática, por não ter questionado alergias conhecidas do paciente – isto porque pode ocorrer uma alergia ou efeito colateral desconhecido por conta de medicamento nunca utilizado pelo paciente.

Posteriormente à coleta de informações relativas à história clínica, faz-se a anamnese e o exame físico do paciente, em que, usualmente, afere-se a pressão arterial, frequência cardíaca, oximetria, temperatura, perfusão das extremidades, etc. Este é um momento crucial para demarcar, na linha do tempo do atendimento prestado, o estado em que o paciente chegou para o primeiro atendimento, e será o parâmetro para os atendimentos futuros. Qualquer exame complementar, seja ele solicitado anteriormente por outro profissional de saúde ou pelo profissional que o está atendendo atualmente, deve ter seus resultados inseridos no prontuário, para corroborar o diagnóstico. Hoje em dia, com o PEP, é possível anexar as imagens digitalizadas e os laudos com assinatura eletrônica do radiologista.

O diagnóstico do paciente está entre os processos mais importantes do atendimento, pois o protocolo de tratamento depende desta etapa. Diagnosticar depende de uma estrutura de raciocínio clínico, ou seja, é a tomada de decisão clínica, sendo o ponto final de um processo complexo centrado no paciente, considerando-se a história clínica e outras fontes de informações médicas, para raciocinar de trás para frente quanto ao possível problema de saúde que está causando a condição atual do paciente.

O ilustre professor Miguel Kfouri Neto (2019, pág. 215), tratando do tema erro de diagnóstico, na obra *Responsabilidade Civil dos Hospitais*, bem elucida:

> Já afirmamos não ser propriamente o erro de diagnóstico que incumbe ao juiz examinar, mas sim se o médico teve culpa no modo pelo qual procedeu ao diagnóstico. Deve-se indagar se o profissional recorreu, ou não, a todos os meios a seu alcance para a investigação do mal, desde as preliminares auscultações até os exames radiológicos e laboratoriais – tão desenvolvidos em nossos dias, mas nem sempre acessíveis a todos os profissionais. Impõe-se verificar, ainda, se em busca da cura da doença diagnosticada, foram aplicados os remédios e tratamentos indicados pela ciência e pela prática. O médico enfrenta dúvidas científicas, com várias alternativas possíveis e variados indícios, por vezes equívocos, quanto aos sintomas do paciente. Não raro, as próprias queixas do doente induzem o médico a imaginar a ocorrência de patologia inexistente. Há casos

> duvidosos, com alternativas idôneas, todas a merecer respaldo da ciência médica. Por isso, o erro de diagnóstico, em princípio, é escusável.
> *Não será, por óbvio, em se tratando de erros grosseiros, evidentes, em caso de grave negligência ou imperícia, de natureza científica.*[29]

Numa perspectiva preventiva ao erro de diagnóstico, ainda que escusável (se não for hipótese de erro grosseiro), impõe-se que quaisquer alterações posteriores devem ser compartilhadas com o paciente, especialmente quando o diagnóstico é modificado e refinado com a incorporação adicional de dados. Às vezes, testes arriscados ou invasivos são necessários para o diagnóstico, quando as informações disponíveis são inadequadas para explicar o problema de saúde ou desmentem o diagnóstico inicial.

Algumas vezes, é possível que o início do tratamento do paciente preceda à chegada a um diagnóstico final, mas o cuidado adicional pode ser otimizado, assegurando a garantia de que a incerteza em torno do diagnóstico seja progressivamente reduzida a cada etapa. O próprio resultado do tratamento, inicial ou provisório, fornece informações importantes que podem refinar tal diagnóstico.

Uma vez estabelecido o diagnóstico inicial, apresenta-se ao paciente o plano de tratamento e todas as implicações envolvidas, tais como: medicações disponíveis, tempo de recuperação, efeitos colaterais e adversos, consequências da sua interrupção, etc. Este é o momento em que se consagra o exercício da autonomia do paciente, respeitando-se os cuidados de tratamento que ele deseja receber, ou não, desde que esteja ple-

---

29 KFOURI NETO, Miguel. *Responsabilidade civil dos hospitais:* Código Civil e Código de Defesa do Consumidor. 4a ed. rev. atual. ampl. São Paulo: Thompson Reuters Brasil, 2019.

namente capaz para a tomada de decisão. Verificando-se a incapacidade, deve ser respeitada a vontade de seu representante legal ou eventual procurador para cuidados de saúde.

A "peça de ouro" do prontuário, físico ou eletrônico, é o Termo de Consentimento Livre e Esclarecido (TCLE), que merece atenção, desde sua elaboração, de preferência por especialista em Direito Médico, até o momento da coleta do consentimento (ou dissentimento). A Resolução do Conselho Nacional de Saúde nº 466[30], de 12 de dezembro de 2012, define o TCLE como:

> Documento no qual é explicitado o consentimento livre e esclarecido do participante e/ou de seu responsável legal, de forma escrita, devendo conter todas as informações necessárias, em linguagem clara e objetiva, de fácil entendimento, para o mais completo esclarecimento sobre a pesquisa a qual se propõe participar.

Cabe ao profissional de saúde ou instituição clínica pensar no TCLE como documento que leva clareza do que está sendo proposto para tratar o paciente, de modo que a informação esteja no nível de compreensão deste, de seu representante legal, ou do apoiador para tomada de decisão. Esta é a consagração do direito informacional, cujas raízes constitucionais protegem a autodeterminação do paciente. Inclusive, vale destacar que, mesmo que o tratamento ocorra com o melhor desfecho possível, o profissional de saúde ainda pode responder por falha no dever informacional, caso tenha omitido informação relevante para a tomada de decisão. Neste sentido, o professor e jurista Eduardo Dantas (2021, pág. 137) esclarece:

30 CONSELHO NACIONAL DE SAÚDE. *Resolução CNS nº 466*, de 12 de dezembro de 2012. Disponível em: https://conselho.saude.gov.br/resolucoes/2012/Reso466.pdf. Acesso em: 03 ago. 2023.

> Mesmo um resultado satisfatório do ponto de vista clínico, pode mais tarde vir a ser interpretado como falho, se confrontado com outros possíveis desfechos esperados a partir de outros métodos terapêuticos não informados ao paciente.
>
> Esta ausência de informação não significa necessariamente uma atitude negligente, mas sim a expressão da convicção do médico, baseado em sua própria experiência ou na literatura especializada, de que o tratamento proposto era o mais adequado ao caso concreto. Ocorre que tal não é suficiente para suprir, de maneira completa, os princípios éticos e jurídicos que o obrigam a apresentar toda a informação disponível ao paciente. A não indicação de todas as alternativas possíveis pode ser entendida, em um eventual procedimento disciplinar, ou mesmo jurídico, como indução ao tratamento através de omissão de informações, o que contraria os princípios da autonomia e boa-fé objetiva.

Neste contexto, para demonstrar a adesão do paciente ao tratamento proposto e por ele (ou seu representante legal) consentido, é de extrema relevância manter a ficha de frequência do paciente em dia. Havendo a falta periódica ou contínua do paciente, pode-se caracterizar que a negligência com a saúde foi do próprio paciente e não da equipe profissional que o acompanhava.

O registro de comparecimento às consultas de tratamento, provando eventual descuido do paciente com a própria saúde, tem ensejado que os tribunais reconheçam a culpa exclusiva ou concorrente desse paciente, na hipótese de abandono do tratamento[31].

31 Outras hipóteses de reconhecimento da culpa do paciente, concorrente ou exclusiva, são: não observância a prescrição médica, omissão de sintomas, automedicação, posologia incorreta (uso de doses maiores ou menores do que as clinicamente recomendadas), ausência de repouso e inobservância das instruções em pós-operatório, dentre outras.

Nessa análise de eventual culpa, os operadores do Direito fazem uso das informações da ficha de evolução da Enfermagem, que são uma verdadeira mina preciosa, contendo: (i) a checagem periódica dos sinais vitais do paciente; (ii) a medicação administrada, posologia, horário e via de administração (oral, retal, sublingual, subcutânea, endovenoso, dermatológica, nasal, oftálmica, etc.); (iii) queixas sintomáticas do paciente; (iv) comportamento do acompanhante; (v) reavaliação do médico assistente ou plantonista, dentre outros detalhes relevantes.

Por fim, é importante destacar que todas as informações do PEP são protegidas pelo sigilo por qualquer profissional de saúde, independente de sua função numa equipe multidisciplinar. Essa proteção estende-se à própria instituição, clínica ou consultório, que faz a guarda destes prontuários, estando todas elas submetidas ao regramento da Lei Geral de Proteção de Dados (LGPD)[32].

5. O PEP como meio essencial de defesa do profissional de saúde

O arcabouço legal brasileiro e a crescente judicialização da saúde refletem como a responsabilidade civil médica tem sido construída para evitar a má prática, especialmente pela propagação da informação, quase que instantaneamente, em mídias sociais, levando a um "julgamento social" antes de uma decisão tecnicamente jurídica.

No Brasil, a responsabilidade médica é subjetiva, sendo dever do médico cuidar do paciente, sem prometer uma cura, que depende de vários fatores individuais, coletivos e estruturais, e não apenas da atuação do médico. Este é o entendimento

32 Lei nº 13.709, de 14 de agosto de 2018, que entrou em vigor em 18 de setembro de 2020, à exceção das sanções administrativas, que passaram a ser exigíveis a partir de 1º agosto de 2021, nos termos da Lei nº 14.010/2020.

de que o ato médico é uma obrigação de meio e não de resultado. Portanto, é necessário caracterizar a existência de culpa por parte do profissional para confirmar a presença de erro na prática médica. A culpa, por sua vez, se manifesta por uma conduta médica inadequada, baseada em negligência, imprudência ou imperícia. A prova do erro, na maioria das vezes, consta nas entrelinhas do prontuário médico (físico ou eletrônico).

Maria Teresa Ribeiro de Andrade Oliveira e Eduardo Dantas (*apud* KFOURI NETO & NOGAROLLI, 2020, pg. 314), tratando da responsabilidade civil, penal e ética do médico, bem elucidam:

> Ainda que a jurisdição seja una e indivisível, a responsabilidade do médico abrange três esferas independentes e que, na atualidade, não se confundem. Se um mesmo ato representar ilícito penal, civil e ético, poderá ensejar responsabilidade nesses três âmbitos. Devido a natureza distinta entre eles, devem ser provocados de modo autônomo, princípio da independência e autonomia[33].

Entretanto, nas três esferas de responsabilidade, o elemento de defesa (ou imputação de ilícito) é o prontuário médico, sendo este o documento que poderá desvendar o cerne do problema. Ou seja, o prontuário, seja ele físico ou eletrônico, é o elemento de convergência para as partes envolvidas, em que o profissional de saúde busca se defender, e o paciente ou familiar pretende provar uma má prática. Inclusive, em muitos casos, é possível evidenciar a motivação individual do médico para desempenhar o melhor nível de sua capacidade, a cultura profissional de todos os envolvidos na relação médico-paciente-família, e as restrições sociais no local do atendimento.

33 KFOURI NETO, Miguel; NOGAROLI, Rafaella (coordenadores). *Debates contemporâneos em direito médico e da saúde.* São Paulo: Thompson Reuters Brasil, 2020.

Em relação ao prontuário eletrônico, a solução mais importante para prevenir o litígio médico é o uso adequado da tecnologia, aliado à prática médica baseada no conhecimento de evidências científicas e nos princípios éticos da Medicina, para o benefício dos pacientes. No entanto, ainda que o prontuário eletrônico esteja perfeitamente preenchido, o mau relacionamento com o médico assistente e/ou com a equipe de saúde, além da percepção de que o paciente não está sendo informado, é um passo adiante no litígio.

Fato é que os erros médicos têm várias fontes, que podem ser facilmente identificadas no conteúdo do prontuário, especialmente no eletrônico, pela facilidade no tratamento dos dados disponíveis: desrespeito às diretrizes e protocolos de segurança, falhas na disseminação do conhecimento sobre tratamentos/medicamentos e disponibilidade inadequada de informações do paciente, indisponibilidade de equipamentos, atraso de exames (agendas lotadas da instituição de internação), e sobrecarga da equipe médica (um simples cruzamento de dados permite identificar quantos pacientes um determinado profissional estava acompanhando durante um plantão).

Tais erros são capazes de levar a uma responsabilização médica, da instituição de saúde, e até ao próprio sistema de saúde como um todo, se o litígio envolver o SUS. Nesse cenário, é inegável que o medo de penalidades pode induzir à prática de uma medicina defensiva, que, por natureza, é antiética, aumenta os custos da prática médica e, sobretudo, não impede litígios futuros.

Conclusão

O Direito Médico Preventivo tem como principais reflexos a proteção jurídica do médico, da instituição de saúde e, ainda, a entrega de um serviço de saúde de qualidade ao paciente, ou seja, um serviço que atenda a todos os critérios éticos, técnicos e legais. Sobretudo, deve-se ter em mente que sua função social é desafogar o judiciário de litígios evitáveis.

A utilização do PEP, se observadas as práticas preventivas, apresenta inúmeros benefícios se comparado ao prontuário de papel, tanto no que tange a prestação de um melhor atendimento ao paciente, como também para a segurança jurídica do profissional e instituição, em um eventual processo de responsabilização, e, ainda, menor custo aos sistemas de saúde.

A adoção de medidas preventivas para o PEP, como a implementação de protocolos de segurança, a capacitação dos profissionais, e a ajuda da tecnologia, pode ser uma estratégia eficaz, bem como garante uma prática médica mais segura dentro do contexto preventivo.

De fato, a prevenção, através do Direito Médico, remonta às guerras, especialmente à Guerra da Crimeia (1853-1856), quando a precursora da Enfermagem Moderna, Florence Nightingale, já realizava a documentação das informações relativas aos doentes. Contudo, com a evolução da Ciência e Tecnologia, os EUA deram o pontapé inicial nos prontuários eletrônicos, de modo que, através de pesquisas e estudos, chegaram aos mais avançados meios preventivos para o paciente, os profissionais e estabelecimentos da Medicina. Na recente pandemia da Covid-19, evidenciou-se que o mundo precisava se prevenir, e a Ciência buscava uma cura em tempo recorde, sendo essenciais as informações dos PEPs para desenvolvimento de uma vacina que evitasse o maior número de mortes ao redor do mundo.

Hoje em dia, o Direito Médico Preventivo tem maior destaque nos EUA, tendo em vista haver, naquele País, a maior consciência dos direitos dos pacientes, fenômeno que tem vasto crescimento, também, no Brasil, conforme se verifica no grande volume de processos judiciais contra médicos e odontólogos, assim como nos Conselhos de Ética.

Nesse contexto, a segurança do PEP costuma ser abordada pela qualidade do sistema escolhido, confiança no treinamento de seus utilizadores, além das políticas e procedimentos da instituição. Ainda assim, há muitas quebras da segurança e falhas humanas associadas, podendo listar algumas razões: tamanho da equipe; falta de conhecimento técnico ou de uma infraestrutura para apoiar a tomada de decisão; falta de reconhecimento do erro (porque o dano é removido no tempo ou no espaço do erro); falta de sistemas de dados para rastrear e aprender com o erro; a velocidade da mudança e a introdução de novas tecnologias; e, claramente, as mesmas barreiras culturais que existem em qualquer organização, de modo que consultórios, clínicas e hospitais não estariam excluídos. Porém, ainda assim, o PEP é uma vantagem, pelo alto prêmio colocado na perfeição médica e autonomia do paciente, além da cooperação interprofissional pela efetiva comunicação.

Do ponto de vista histórico, o sistema de saúde tem buscado formas eficazes de lidar com indivíduos perigosos (negligentes e/ou imprudentes), ou incompetentes (imperitos), e garantir que eles não prejudiquem os pacientes. Os sistemas atuais de PEP são uma solução viável, cuja relação custo-benefício compensa. Em termos de evolução, pode-se sugerir que o comitê de ética dos hospitais, diretores técnicos de clínicas, ou o próprio profissional que gerencia um consultório, usem o PEP e adotem estratégias para estarem continuamente identificando e corrigindo erros no sistema, através do retreinamento de médicos, odontólogos, enfermeiros, farmacêuticos, ou outros utilizadores envolvidos. Com sistemas de segurança eficazes, profissionais inseguros serão identificados e tratados antes que causem algum dano ao paciente.

Sob a ótica de que, em tese, numa demanda que versa sobre erro médico ou negligência informacional, o ônus da prova recai sobre o profissional ou instituição de saúde, ao apresentar como meio de prova documental o prontuário eletrônico do paciente, inúmeras possibilidades de questionamentos e impugnações poderão ser, desde logo, afastadas como, por exemplo, alegação da parte contrária de inclusão de novas informações, ou ainda retirada, ou alterações dos dados ali inseridos. Em um legítimo PEP, a possibilidade de fraude por alterações de informações é ínfima, após a assinatura com certificado digital.

Portanto, é necessário privilegiar a prevenção, em que se evita, além de uma possível insatisfação do paciente, consequências mais graves relativas à má prática médica, que poderão ter resultados negativos e de grande proporcionalidade, solucionando ou mitigando os riscos de judicialização e possíveis condenações na esfera judicial e ética profissional.

Referências

BARAÚNA JÚNIOR, Haroldo Ventura. *Documentos médicos eletrônicos:* uma abordagem jurídica. Rio de Janeiro: Editora Lumen Juris, 2019.

BRASIL. *Lei nº 13.787*, de 27 de dezembro de 2018. Dispõe sobre a digitalização e a utilização de sistemas informatizados para a guarda, o armazenamento e o manuseio de prontuário de paciente. Disponível em: https://www.planalto.gov.br/ccivil_03/_ato2015-2018/2018/lei/l13787.htm. Acesso em: 10 ago. 2023.

BRASIL. *Medida provisória nº 2.200-2*, de 24 de agosto de 2001. Institui a Infra-Estrutura de Chaves Públicas Brasileira – ICP-Brasil, transforma o Instituto Nacional de Tecnologia da Informação em autarquia, e dá outras providências. Disponível em: https://www.planalto.gov.br/ccivil_03/mpv/antigas_2001/2200-2.htm. Acesso em: 10 ago.2023.

CONSELHO FEDERAL DE MEDICINA. *Resolução nº 1.821*, de 23 de novembro de 2007. Disponível em: https://sistemas.cfm.org.br/normas/visualizar/resolucoes/BR/2007/1821. Acesso em: 06 ago. 2023.

CONSELHO FEDERAL DE MEDICINA. *Resolução CFM nº 2.217*, 27 de setembro de 2018. Aprova o Código de Ética Médica. Disponível em: https://portal.cfm.org.br/images/PDF/cem2019.pdf. Acesso em: 10 ago. 2023.

CONSELHO FEDERAL DE MEDICINA; SOCIEDADE BRASILEIRA DE INFORMÁTICA EM SAÚDE (2012). Cartilha sobre prontuário eletrônico: a certificação de sistemas de registro eletrônico. Disponível em: http://www.sbis.org.br/certificacao/Cartilha_SBIS_CFM_Prontuario_Eletronico_fev_2012.pdf. P. 6. Acesso em: 14 ago. 2023.

CONSELHO NACIONAL DE SAÚDE. *Resolução CNS nº 466*, de 12 de dezembro de 2012. Disponível em: https://conselho.saude.gov.br/resolucoes/2012/Reso466.pdf. Acesso em: 03 ago. 2023.

DANTAS, Eduardo. *Direito Médico*. 5a ed. rev. ampl. e atual. Salvador: Editora JusPodivm, 2021.

FRANÇA, Genival Veloso. *Direito Médico*. Rio de Janeiro: Editora Forense, 2020.

FRANÇA, Genival Veloso. *Comentários ao Código de Ética Médica*. Rio de Janeiro: Guanabara Koogan, 2021.

INSTITUTE OF MEDICINE (1991). *The Computer-Based Patient Record An Essential Technology for Heath Care*. Richard S. Dick e Elaine B. Steen, Editors. Washington, DC: The National Academies Press. Disponível em: https://doi.org/10.17226/18459. Acesso em: 03 ago. 2023.

KFOURI NETO, Miguel. *Responsabilidade civil dos hospitais:* Código Civil e Código de Defesa do Consumidor. 4a ed. rev. atual. ampl. São Paulo: Thompson Reuters Brasil, 2019.

KFOURI NETO, Miguel; NOGAROLI, Rafaella (coordenadores). *Debates contemporâneos em direito médico e da saúde*. São Paulo: Thompson Reuters Brasil, 2020.

KIATAKE, Luis Gustavo Gasparini; VIRGINIO JUNIOR, Luiz Aparecido; SILVA, Marcelo Lúcio da; Osmeire Sanzovo, Aparecida Chamelette. *Manual de Certificação de Sistemas de Registro Eletrônico em Saúde*. São Paulo: Sociedade Brasileira de Informática em Saúde – SBIS, 2021. Disponível em: http://novosite.sbis.org.br/certificacao/Manual_Certificacao_S-RES_SBIS_v5.1.pdf. Acesso em: 14 ago.2023.

MASSAD, Eduardo; MARIN, Heimar de Fátima; AZEVEDO NETO, Raymundo Soares de; colaboradores Antônio Carlos Onofre Lira. *O prontuário eletrônico do paciente na assistência, informação e conhecimento médico.* São Paulo: USP, 2003. Disponível em: http://www.sbis.org.br/biblioteca_virtual/prontuario.pdf. Acesso em: 02 ago. 2023.

MINISTÉRIO DA SAÚDE (BRASIL). *DATASUS trajetória 1991-2002*. Disponível em: https://bvsms.saude.gov.br/bvs/publicacoes/trajetoria_datasus.pdf. Acesso em: 05 ago. 2023.

MINISTÉRIO DA SAÚDE (BRASIL). *Estratégia de Saúde Digital para o Brasil.* Disponível em: https://bvsms.saude.gov.br/bvs/publicacoes/estrategia_saude_digital_Brasil.pdf. Acesso em 03 ago. 2023.

MINISTÉRIO DA SAÚDE (BRASIL). *Portaria nº 1.560*, de 29 de agosto de 2002. Disponível em: https://bvsms.saude.gov.br/bvs/saudelegis/gm/2002/prt1560_29_08_2002_rep.html. Acesso em: 04 ago. 2023.

PARLAMENTO EUROPEU (UNIÃO EUROPEIA). *Saúde Pública.* Disponível em: https://www.europarl.europa.eu/erpl-app-public/factsheets/pdf/pt/FTU_2.2.4.pdf. Acesso em: 02 ago. 2023.

PATRÍCIO, C. M.; MAIA, M. M.; MACHIAVELLI, J. L.; NAVAES, M. A. *O prontuário eletrônico do paciente no sistema de saúde brasileiro: uma realidade para os médicos?* Scientia Medica: Porto Alegre, v. 21, n.3, 2011.

SOCIEDADE BRASILEIRA DE INFORMÁTICA EM SAÚDE. O que é Certificação de S-RES SBIS. *Portal SBIS*. Disponível em: http://sbis.org.br/certificacao-sbis/. Acesso em: 14 ago.2023.

VAN BEMMEL, J. H.; MUSEN, M.A. *Handbook of medical informatics*. Netherlands: Springer-Verlag, 1997. ISBN 3-540-63351-0.